研究&方法

量表編製與SPSS

第2版

涂金堂　著

五南圖書出版公司 印行

序言

　　進行量化研究時，常需使用量表，蒐集所需的量化資料，例如：想探討消費者對品牌形象與品牌忠誠度之關係研究，則可藉由「品牌形象量表」與「品牌忠誠度量表」來獲得所需的研究資料。

　　量表編製是件相當艱辛的工作，倘若可找到適合自己研究目的的現成量表，對研究者而言，絕對是一件值得高興的大事。相對地，找不到可用的現成量表，得自行編製量表或改編量表時，絕對是令人困擾的一件大事。

　　量表的編製歷程，有許多地方需要他人的協助才能完成。例如：協助題目品質審查的專家、協助量表填答的受試者、協助量表施測的施測人員等。在人員的挑選部分，即是一個令人困擾的問題。另外，量表的心理計量特質（信度與效度）檢定，需採用項目分析、因素分析與信度分析等統計方法，對不熟悉統計方法的量表編製者，是另一個惱人的問題。

　　一般而言，量表編製得經過「確定所欲測量的構念」、「決定量表型態與編寫題目」、「聘請專家進行量表審閱」、「進行量表的預試」、「進行項目分析」、「進行探索性因素分析」、「進行信度分析」、「進行驗證性因素分析」與「呈現完整的量表資料」等九個歷程。

　　「確定所欲測量的構念」步驟，主要是研讀相關文獻，選定量表變項所採用的理論依據；「決定量表型態與編寫題目」步驟，主要是決定所要採用的量表型態，以及開始編擬題目；「聘請專家進行量表審查」步驟，主要是將編擬好的題目，請專家進行題目品質的主觀性評判；「進行量表的預試」步驟，主要是根據專家審題的建議，將保留的優良題目，編輯成預試量表，並進行預試量表的施測；「進行項目分析」步驟，主要是將回收的預試量表資料，透過統計方法，評估題目的品質，將品質不佳的題目刪除；「進行探索性因素分析」步驟，主要是採用探索性因素分析的統計方法，找尋每道目所歸屬的因素向度；「進行信度

分析」步驟，主要是採用信度分析的統計方法，評估量表所具有的信度；「進行驗證性因素分析」步驟，主要是採用驗證性因素分析的統計方法，考驗由探索性因素分析所找出的因素模式，是否獲得實證資料的支持；「呈現完整的量表資料」步驟，則是最後提供量表的完整相關訊息。

　　本書的章節規劃，第1章先介紹量表編製的基本概念、第2章至第10章的內容，即是根據上述量表編製的九個歷程，為了讓讀者清楚量表的實際編製歷程，本書以編製「數學態度量表」為例，每個章節先介紹理論依據，再以「數學態度量表」的編製實例，協助讀者將量表編製的理論依據與實務經驗結合。

　　本書使用到的統計軟體，除了以SPSS進行項目分析、探索性因素分析、信度分析外，也採用AMOS進行驗證性因素分析。每種使用到的統計方法，都會先說明統計軟體的操作步驟，再進行統計報表的解說，最後說明統計結果的呈現方式，透過這三個步驟的引導，相信能減低讀者對統計軟體操作的恐懼感。

　　本書這次改第二版，在第7章探索性因素分析部分，增加探索性因素分析的理論概念；在第8章信度估算部分，增加介紹「ω係數」與「分層α係數」（stratified alpha）；在第9章驗證性因素分析部分，增加介紹「雙因素分析模式」（bifactor model），這是讀者較不熟悉的概念，建議可以花較多的時間進行閱讀。

　　本書第一版有諸多錯誤，非常感謝讀者們的指正，特別感謝高雄師範大學教育系傅翠馨教授提供許多錯誤之處的建議修正方向。本書思慮不周與錯誤之處，尚請大家繼續不吝指正。

　　本書得以順利改版，要特別感謝內人佳蓉老師與小女昕妤，她們對筆者全力的支持，提供十分幽靜的寫作環境；本書得以順利出版，要特別感謝五南圖書出版公司的鼎力支持，尤其是編輯部的諸多協助。

涂金堂 謹誌
2023 年 9 月

目錄

序言   iii

Chapter 1

量表編製的基本概念   **1**

壹、量表對量化研究的重要性   2

貳、量表組成成分   3

  一、量表名稱   3

  二、量表介紹語   4

  三、作答指導語   5

  四、背景資料調查   5

  五、題目   6

  六、致謝詞   6

參、是否需要自行編製量表   7

  一、現成量表是否符合自己的研究目的   7

  二、現成量表是否具有良好的信度與效度   7

  三、現成量表的適用對象，是否符合自己研究的對象   7

  四、現成量表的編製年代是否過於久遠   8

  五、現成量表是否容易取得授權   8

肆、自編量表的步驟   8

Chapter 2

確定所欲測量的構念   **11**

壹、「確定所欲測量的構念」之理論基礎   12

  一、文獻蒐集的管道   12

  二、確定構念的向度   13

  三、多向度量表的題目編排   14

貳、「確定所欲測量的構念」之實例分析   17

Chapter
3

決定量表型態與編寫題目   **21**

壹、「決定量表型態與編寫題目」之理論基礎   22
    一、決定量表型態   22
    二、編寫題目   26

貳、「決定量表型態與編寫題目」之實例分析   34
    一、決定量表的型態   34
    二、編寫量表的題目   35

Chapter
4

聘請專家進行量表審閱   **39**

壹、「聘請專家進行量表審閱」之理論基礎   40
    一、先聯繫專家，取得專家的同意   40
    二、聘請的專家人數   40
    三、寄發一封致謝信給專家   41
    四、提供研究計畫，供專家參考   42
    五、每道題目需提供專家評判題目品質的選項   44
    六、將專家的建議，整理成表格   45

貳、「聘請專家進行量表審閱」之實例分析   47

Chapter
5

進行量表的預試   **61**

壹、「進行量表的預試」之理論基礎   62
    一、進行量表預試時，應選取具代表性的樣本   62
    二、不適合以非母群體的樣本，進行量表的預試   63
    三、預試受試者的人數數量   63
    四、預試的樣本資料，不能與正式施測的樣本資料混合使用 67

貳、「進行量表的預試」之實例分析   67

Chapter 6

進行項目分析   **83**

壹、「進行項目分析」之理論基礎   84

    一、資料的輸入與檢核   84

    二、反向題的資料轉換   103

    三、項目分析的評判指標   109

貳、「進行項目分析」之實例分析   117

    一、題目的遺漏值百分比、平均數、變異數與偏態係數
       之項目分析 SPSS 操作步驟   117

    二、高低分組獨立樣本 t 考驗的項目分析 SPSS 操作步驟   121

    三、修正後題目與總分之相關與刪除該題的 α 係數之
       SPSS 操作步驟   134

Chapter 7

進行探索性因素分析   **143**

壹、「進行探索性因素分析」之理論基礎   144

    一、探索性因素分析與構念效度的關聯性   144

    二、探索性因素分析的重要概念   147

    三、探索性因素分析的實施步驟   193

貳、「進行探索性因素分析」之實例分析   235

Chapter 8

進行信度分析   **293**

壹、「進行信度分析」之理論基礎   294

    一、信度的基本概念   294

    二、信度的內涵與類型   300

    三、α 係數與其95% 信賴區間的估算   302

    四、分層 α 係數的估算   315

    五、ω 係數的估算   341

貳、「進行信度分析」之實例分析   347

一、根據探索性因素分析結果，進行數學態度各分量表
　　α係數與其95%信賴區間的估算　347

二、根據探索性因素分析結果，進行數學態度總分量表
　　的分層α係數之估算　359

三、根據探索性因素分析結果，進行數學態度各分量表
　　ω係數的估算　376

Chapter 9

進行驗證性因素分析 387

壹、「進行驗證性因素分析」之理論基礎　388

一、探索性因素分析與驗證性因素分析的比較　388

二、進行驗證性因素分析的步驟　393

三、驗證性因素分析的類型　405

四、驗證性因素分析的AMOS 操作步驟　417

貳、「進行驗證性因素分析」之實例分析　540

一、數學態度量表單向度因素分析模式之驗證性
　　因素分析　549

二、數學態度量表一階四相關因素分析模式之驗證性
　　因素分析　565

三、數學態度量表二階因素分析模式之驗證性因素分析　587

四、數學態度量表雙因素分析模式之驗證性因素分析　609

Chapter 10

呈現完整的量表資料 625

壹、「呈現完整的量表資料」之理論基礎　626

一、呈現量表編製的理論依據　626

二、呈現量表的效度考驗結果　627

三、呈現量表信度考驗結果　627

四、說明量表正式題目與適用對象　628

貳、「呈現完整的量表資料」之實例分析　628

一、編製數學態度量表的理論依據　628

二、數學態度量表效度考驗結果　　　　　　630

三、數學態度量表信度考驗結果　　　　　　640

四、數學態度量表的正式題目與適用對象　　642

參考書目　　　　　　　　　　　　　**647**

1

量表編製的基本概念

壹、量表對量化研究的重要性

貳、量表組成成分

參、是否需要自行編製量表

肆、自編量表的步驟

　　量表編製對研究人員而言，是一項相當艱鉅的工作。本書目的即在協助研究者對量表編製歷程有更清楚瞭解，第一章先介紹量表編製的基本概念，底下將根據「量表對量化研究的重要性」、「量表組成成分」、「是否需要自行編製量表」與「自編量表的步驟」等四個部分來介紹。

壹、量表對量化研究的重要性

　　一項量化研究的進行，在確定研究主題後，則需界定數量夠大的母群體，再從母群體中抽出具代表性的樣本，樣本人數不能太少，最好在三、四百人以上。為了在有限時間內，針對三、四百人以上的樣本，蒐集研究所需資料，最快速且簡便方式，便是透過測驗（test）、問卷（questionnaire）或量表（scale）來進行資料的蒐集工作。

　　採用測驗的目的，在於蒐集受試者的認知能力表現，測驗試題常是有正確的標準答案，智力測驗則是相當典型的測驗類型。使用問卷或量表的目的，主要是蒐集受試者的意見、態度或行為傾向，問卷或量表的題目通常是沒有明確標準答案，顧客滿意度的意見調查是很常使用的問卷或量表類型。

　　問卷與量表常被視為是相同的測量工具，若要加以區分的話，問卷適用範圍比量表廣，問卷的題目可以用來測量名義變項的屬性，也可以用來測量等距變項的資料；而量表的題目通常比較偏向測量等距變項的資料。圖 1-1 為一道測量名義變項的題目，用來瞭解受試者得知表演訊息的來源管道。測量名義變項的題目，常是以卡方分析（chi-square）進行單題的統計分析。

　　圖 1-2 為測量等距變項的題目，它是屬於李克特量表（Likert scale）題目，

你如何得知本次表演訊息的來源？
□ 網際網路
□ 電子媒體
□ 報章雜誌
□ 親友
□ 同事
□ 其他（請寫出來源：＿＿＿＿＿＿＿＿＿＿＿＿＿＿＿＿）

圖 1-1　測量名義變項的題目

	非常不同意	不同意	不確定	同意	非常同意
我覺得這次的表演活動很精彩。………………………………………	☐	☐	☐	☐	☐

圖 1-2　測量等距變項的題目

用以瞭解受試者對於表演活動的滿意程度。測量等距變項的題目，每個選項有一個固定數據，進行統計分析時，通常是將題目加總起來進行的。

　　進行量化的社會科學研究時，研究者常得自行編製問卷或量表，才能蒐集到符合自己研究目的的資料。但問卷或量表的編製，編製者除了需具備測驗理論的概念，還需懂得如何透過統計軟體，來評估問卷或量表的信效度。因此，問卷或量表的編製，對研究者而言，是一項艱難的挑戰。

　　為了協助研究者進行問卷或量表的編製工作，本書將針對問卷或量表的基本概念與編製步驟，先作理論上的介紹，然後再輔以實例說明。雖然問卷或量表的編製原理與步驟很相似，但本書將只針對測量等距變項的量表來介紹。

貳、量表組成成分

　　一份完整量表會包含「量表名稱」、「量表介紹語」、「作答指導語」、「背景資料調查」、「題目」，以及「致謝詞」等六個部分，底下將針對這六個部分作介紹。

一、量表名稱

　　「量表名稱」應出現在量表最上方，受試者由量表名稱，便容易瞭解量表所欲調查的研究變項。當調查的資料可能會受到社會期望的影響，量表編製者擔心受試者可能會受到量表名稱的影響，而不願意據實填答時，可將量表的名稱改採較中性的名稱。例如：想探討國中生是否有網路成癮的習慣，若將量表名稱訂為「國中生網路成癮量表」，如此的量表名稱很容易讓受試者不願意誠實填答，因此可考慮將量表修改為「國中生網路使用量表」，較能避免受到社會期望的影響，而產生作答不真實的情形。

二、量表介紹語

在量表名稱下方，會有說明本研究主要目的的量表介紹語，藉由量表介紹語來提高受試者填答的意願。Frankfort-Nachmias 與 Nachmias（2000）認為量表介紹語應該包含下列四項訊息：

1. 明確交代執行本研究的贊助單位或個人。

2. 清楚說明本研究的目的。

3. 陳述受試者的填答資料，對本研究的重要性。

4. 向受試者保證他們所填答的資料，只供學術研究上，不會有洩漏填答資料的情形。

上述的四項訊息，一開始先說明本研究的目的，其次強調受試者的填答資料之重要性，並且鄭重保證填答資料絕對保密，最後表明研究的單位或個人。若屬碩博士論文所編製的量表，應清楚寫出系所名稱、指導教授與研究生的姓名，圖1-3 即是一個量表介紹語的實例。

> 親愛的小朋友：
>
> 　　你好！本問卷的主要目的，在於瞭解你平時對於數學知識的看法及對數學學習的動機，請你依實際情況作答，每一題都沒有標準答案，且與你的成績無關，作答的結果僅供學術研究之用，絕對保密，且不會針對個人做分析比較，請你放心作答。這份問卷包括二個部分，請從第一部分第一題開始回答，請你先讀一遍題目內容，再把最符合的在□內打 ✓，每一題請都勾選一個答案，且每一題都要作答，問卷作答完畢後，請再檢查是否有漏填，如果有的話，請補上填完，再將問卷交給你的老師，非常謝謝你的協助。敬祝　學業進步
>
>
>
> 國立高雄師範大學教育系課程與教學碩士班
>
> 指導教授：凃金堂博士
>
> 研　究　生：吳蕙如敬上
>
> 中華民國九十六年十二月
>
>

資料來源：引自國小高年級學生數學知識信念、數學學習動機與數學學業成就之研究（未出版之碩士論文）（頁196），吳蕙如，2008，高雄師範大學。

圖 1-3　量表介紹語的實例

三、作答指導語

作答指導語是用來說明如何填答題目，對於年紀較小的受試者，或是填答方式不是受試者熟悉的題型時，應該要提供清楚的施測指導語，圖 1-4 為一個指導語的實例。相對地，若是屬於受試者熟悉的答題方式，例如：李克特五點量表作答方式，則可省略指導語。

四、背景資料調查

使用量表主要是蒐集研究所需的資料，量化研究常探討不同組別受試者的意見或態度是否有所差異，為了掌握受試者的組別屬性，量表都會需要蒐集受試者的背景資料，例如：性別、年級、學歷、工作經歷、婚姻狀態、收入……等。背景資料出現的位置，有些量表將背景資料擺放在題目前面，有些量表則將背景資料擺在題目後面。背景資料該擺放在哪個位置，可視背景資料的調查，是否牽涉到個人隱私而定。假設背景資料的調查有涉及到個人隱私部分（例如：調查婚姻狀態或個人收入等資料時），則建議將背景資料置於題目之後，以避免受試者先接觸涉及個人隱私的背景資料，而降低受試者繼續填答題目的意願。

小朋友：

　　請你仔細閱讀每一個題目後，想想「它與自己實際經驗」的相同程度，以 1 至 5 分來表示。如果你覺得與你自己的「完全不符合」，請圈選 1；如果與自己的感覺「大部分不符合」，請圈選 2；如果與自己的感覺「一半符合」，請圈選 3；如果與自己的感覺「大部分符合」，請圈選 4；如果與自己的感覺「完全符合」，請圈選 5。

例題	如果你覺得例題中所表達的意思跟你平常的作法完全符合，請你在「完全符合」下面將數字圈起來。	完全不符合	大部分不符合	一半符合	大部分符合	完全符合
1	上課時，我很認真聽講…………………………	1	2	3	4	⑤

◎注意喔！每一題只能 選一個 答案。
◎每一題都要作答，千萬 不要留空白 喔！
◎若是有看不懂的題目，可以舉手發問！

資料來源：引自國小高年級學生認知風格、自我調整學習策略與學業成就關係之研究（未出版之碩士論文）（頁196），劉盈利，2010，高雄師範大學。

圖 1-4　量表的指導語實例

五、題目

　　題目是量表用來蒐集資料的主要來源，在量表題目編寫方面，應注意題目用語是否符合受試者閱讀程度？題意是否清楚？題目是否需要反向題？題目數量是否過多？等等問題。在題目編排方面，應該考量題目字體大小是否合適？題目間距是否太窄？題目選項是否安排適切？等等問題。

六、致謝詞

　　在量表的最後面，常會有簡短的致謝詞，用以感謝受試者的填答，例如：「謝謝您的用心填答」。

　　上述六項是一份完整量表的組成元素，有些量表可能會省略其中的指導語或致謝詞的部分，至於量表名稱、量表介紹語、背景資料調查與題目則是一份量表必備的部分。一般而言，量表主要有圖 1-5 與圖 1-6 兩種不同格式，這兩種格式的主要差別在於背景資料調查出現在題目前面位置或題目後面位置。

圖 1-5　背景資料調查出現在題目前面的量表格式

圖 1-6　背景資料調查出現在題目後面的量表格式

參、是否需要自行編製量表

　　許多研究生在撰寫量化碩博士論文時，常遇到是否需要自編量表的問題。尋求這個問題的解答，應先根據論文研究目的，看看研究目的是否需要透過量表，才能蒐集到研究所需資料。確定需要量表來協助完成論文時，再來考慮是採用符合自己研究目的的現成量表，或是自行編製適合自己研究目的的量表。一旦決定採用現成量表時，需認真考慮下面幾點事項：

一、現成量表是否符合自己的研究目的

　　這個是選用現成量表最需考量的因素，量表編製會根據特定研究目的，故選用現成量表時，必須考慮此量表是否符合自己的研究目的。例如：在進行「台北市國中學生英語學習態度與學業成就之相關研究」的研究主題時，若論文主要目的是透過調查研究法，研究 600 名國中七年級學生英語學習態度與學業成就之關聯性。則若找到一份因應實驗研究目的，是以台北市某個國中七年級學生為研究對象，所編製而成的「國中生英語學習態度量表」現成量表，則是不合適的現成量表。因編製實驗研究法的「國中生英語學習態度量表」，只以台北市某個國中七年級學生為樣本，但調查研究法是以全台北市國中七年級學生為研究對象，考慮到樣本的代表性，故不適合直接採用該現成「國中生英語學習態度量表」，作為進行「台北市國中學生英語學習態度與學業成就之相關研究」的量表使用。

二、現成量表是否具有良好的信度與效度

　　量表的信度是指量表測量分數的一致性，效度是指測量分數的精準性，測量結果出現不一致與不精準的情形，是因為受到測量誤差的影響。一份量表的測量誤差越小，則測量結果一致性越高且精準性也越高。因量表分數的信度與效度是評估一份量表品質的最重要兩個指標。故在選用現成量表時，應挑選具有良好信度與效度的量表。

三、現成量表的適用對象，是否符合自己研究的對象

　　每份量表的編製，量表編製者都會確定研究母群體，故每份量表都有其適用對象。假使你自己的研究對象，與現成量表的適用對象不同時，並不適合直接採用該量表。若要採用該現成量表時，最好重新針對你的研究對象，進行該量表的信效度考驗。例如：你自己的研究目的是想探討國小學生生活適應情形，但只找

到一份現成「國中生生活適應量表」，則此現成量表並不適合你直接予以採用，建議徵求「國中生生活適應量表」原編製者的同意，進行重新以國小學生為研究對象的量表信效度考驗。

四、現成量表的編製年代是否過於久遠

有些現成量表雖然符合你自己的研究目的，且具有良好的信度與效度，也符合你自己的施測對象，但還需注意該量表編製的年代。測量情意態度的量表，容易隨時間改變而影響量表所欲測量的特質。故量表編製年代過於久遠，則較不適合採用。

五、現成量表是否容易取得授權

若挑選的現成量表屬於已正式出版的量表，只要向出版單位洽購，即可合法使用。若屬碩博士論文編製的量表，只要取得量表編製者的使用同意權，即可安心使用。採用現成量表一定要取得量表編製者或出版單位的授權，故挑選現成量表時，需考量是否容易取得授權。

在挑選現成量表時，可以綜合考量上述的幾點注意事項。一旦無法找到符合自己研究目的的現成量表時，則需考量自行編製量表。

肆、自編量表的步驟

量表編製是一項艱辛的工作，它需要經歷許多步驟。筆者綜合測驗學者們對量表編製歷程的主張（DeVellis, 2003; Netemeyer, et al., 2003; Pett, et al., 2003; Spector, 1992），提出圖 1-7 的量表編製歷程。圖 1-7 的量表編製步驟，主要包含「確定所欲測量的構念」、「決定量表型態與編寫題目」、「聘請專家進行量表審閱」、「進行量表的預試」、「進行項目分析」、「進行探索性因素分析」、「進行信度分析」、「進行驗證性因素分析」與「呈現完整的量表資料」等 9 個步驟。

量表編製的首要步驟，是界定所要測量的構念（construct），construct 也被翻譯為「建構」。構念是社會科學研究領域中，被假定存在的一種理論特質，此種理論特質無法直接測量，必須藉由間接測量來推測其所具有的特質，例如：智力、動機、焦慮、後設認知……等等。

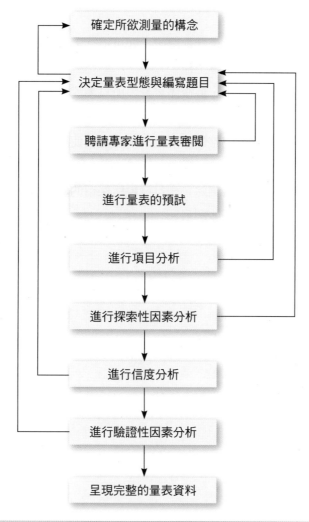

確定所欲測量的構念

決定量表型態與編寫題目

聘請專家進行量表審閱

進行量表的預試

進行項目分析

進行探索性因素分析

進行信度分析

進行驗證性因素分析

呈現完整的量表資料

圖 1-7　量表的編製歷程

　　確定測量的構念後，量表編製者應大量閱讀所欲測量構念的相關文獻，然後進行第二個步驟：決定量表型態與編擬題目。在編擬題目的過程中，若遭遇不知如何編寫題目的困境時，可回到第一個步驟，重新對構念內涵進行探究。

　　題目編擬好之後，為了確保題目適切性，得經過專家學者的審題。透過專家學者對量表題目的審查，可協助將不適切題目刪除，讓量表具有較佳的內容效度。

　　專家學者對於題目的審查，是屬於主觀性的評鑑。除了主觀性的題目評鑑之外，還需要客觀性的題目評鑑，包括項目分析、探索性因素分析、信度分析與驗證性因素分析。在進行客觀性題目評鑑前，需將量表的題目進行預試，才能蒐集

題目的相關訊息。

　　將預試回收資料，輸入統計軟體後，即可進行項目分析、探索性因素分析、信度分析與驗證性因素分析等工作。

　　經過上述各項統計分析，最後需將量表所具備的相關資料，例如：量表適用對象、量表的信效度、量表包含幾個分量表、每個分量表有幾道題目、題目是否有反向題……等等資料，完整的呈現出來，讓量表使用者能清楚瞭解。

　　上述 9 個量表編製步驟中，第 3、第 5、第 6、第 7 與第 8 個步驟等 5 個步驟，都得將品質不佳的題目刪除，一旦發現所保留的題目數量不夠時，則需回到第 2 個步驟，重新再編擬一些題目。

Chapter

2

確定所欲測量的構念

壹、「確定所欲測量的構念」之理論基礎

貳、「確定所欲測量的構念」之實例分析

確定所要測量的構念，是量表編製的首要工作。底下將分別介紹「確定所欲測量的構念」之理論基礎，以及「確定所欲測量的構念」之實例分析等兩個部分。

壹、「確定所欲測量的構念」之理論基礎

量表是進行量化研究時，相當重要的資料蒐集工具。為了讓量表所蒐集的資料，能符合研究需求。在編製量表時，應先根據研究動機與目的，決定所要探究的變項，然後進行變項的文獻探討。經過詳盡且周延的文獻閱讀後，確定量表所要測量的建構，以作為編製量表題目的參考依據。底下將分成「文獻蒐集的管道」、「確定構念的向度」與「多向度量表的題目編排」等三個部分介紹。

一、文獻蒐集的管道

確定研究變項時，可先參考期刊論文或博碩士論文，來決定所欲探究的研究變項，是否與期刊論文或博碩士論文完全相同？自己所欲研究的變項是否已有太多的論文探究過？是否沒有任何人研究過此變項？藉由上述的問題，來判斷自己所擬定的研究變項是否合適。

在蒐集國內期刊論文的部分，可利用「國家圖書館全球資訊網」網頁中的「臺灣期刊論文索引系統」，看看能否找到期刊的電子全文。若找不到電子全文，可考慮透過各校圖書館的「館際合作」，代印紙本的期刊文獻。而英文期刊文獻部分，可利用各校圖書館的電子資料庫，例如：EBSCOhost、ProQuest、Science Direct、Springer Link、Wilson Web……等等電子資料庫，蒐集電子全文。

欲蒐集國內博碩士論文，可利用「國家圖書館全球資訊網」網頁中的「臺灣博碩士論文系統」，進入「臺灣博碩士論文網」之後，即可查詢已完成的國內博碩士論文。只要登錄為「臺灣博碩士論文網」的會員，即可下載有提供全文檔案的博碩士論文。在「臺灣博碩士論文網」中找不到電子全文時，可考慮至該論文的原畢業學校圖書館，嘗試能否找到電子全文的博碩士論文。在蒐集英文博碩士論文部分，可利用各校圖書館電子資料庫中「ProQuest 數位化論文典藏聯盟」，然後下載所要蒐集的論文。

二、確定構念的向度

相關文獻蒐集後，便是認真閱讀文獻資料，在文獻閱讀歷程中，應釐清研究變項的意涵與理論基礎。不同學派或不同學者對相同變項，可能有不同的定義或詮釋。故量表編製者應在研讀不同學派或不同學者的理論後，確定自己所欲編製的量表，是以哪個學派或哪個學者的理論，作為編製量表的理論依據。

除了確定所採用的理論依據外，在文獻探討階段，還有項重要工作，便是確定量表所包含的層面，亦即所欲編製的量表是屬於單向度（unidimension）量表或多向度（multidimension）量表。

所謂單向度量表是指一份量表只有一個總量表，並沒有細分成幾個分量表。而多向度量表則是一份量表包含兩個以上的分量表。

量表應設計為單向度量表或多向度量表，需取決於文獻探討所得到的理論依據。如同前面所提及的，不同學派或不同學者對同一變項，常會有不同的見解。因而測量某個變項的量表，也會因量表編製者所採用的理論依據，而有不同向度的情形。

以自我概念（self concept）為例，有些學者主張自我概念量表是屬於單向度量表，亦即只有一個總量表，稱為一般自我概念（general self concept）；有些學者主張自我概念是屬於多向度量表，包含學術自我概念（academic self concept）、社會自我概念（social self concept）、身體自我概念（physical self concept）與情緒自我概念（emotional self concept）等四個面向，亦即有四個分量表（Byrne, 1996）。有關自我概念是屬於單向度與多向度的問題，Byrne 曾統整學者專家的論點，並以圖 2-1 呈現自我概念單向度模式，以及圖 2-2 呈現自我概念多向度模式。

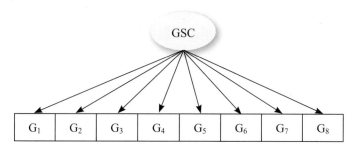

資料來源：引自 *Measuring self-concept across the life span: Issues and instrumentation* (p. 10), by B. M. Byrne, 1996, American Psychological Association.

圖 2-1　自我概念的單向度模式

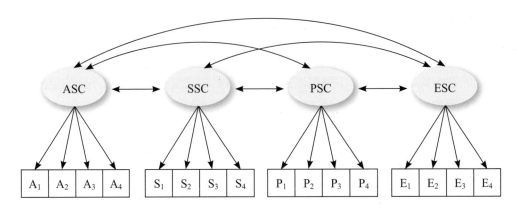

資料來源：引自 *Measuring self-concept across the life span: Issues and instrumentation* (p. 11), by B. M. Byrne, 1996, American Psychological Association.

圖 2-2　自我概念的多向度模式

　　圖 2-1 自我概念單向度模式，「自我概念」是由 8 道一般自我概念的題目所組成之量表。

　　圖 2-2 自我概念多向度模式中，「自我概念」是由「學術自我概念」、「社會自我概念」、「身體自我概念」與「情緒自我概念」等四個分量表所組成，這 4 個分量表兩兩之間皆具有相關性，而每個分量表各有 4 道題目。

三、多向度量表的題目編排

　　當欲測量的構念若屬多向度量表時，則每個向度的題目編排方式，大致可分成「題目隨機排列」與「題目集中同一區塊」兩種方式。

　　題目隨機排列的方式是將每個向度的題目與其他向度的題目混在一起，如圖 2-3 所示。圖 2-3 是康雅芳（2007）所修編的「數學態度量表」（版面的關係，只選取前 20 道題目），康雅芳修編的「數學態度量表」分成「數學自信」、「數學有用性」、「數學動機」與「數學焦慮」等四個分量表，全部有 34 道題目。「數學自信」分量表包含第 1、3、5、8、12、15、19、32 等 8 題；「數學有用性」包含第 2、6、13、16、20 等 5 題；「數學動機」包含第 3、7、10、17、21、23、24、26、29、31、34 等 11 題；「數學焦慮」包含第 11、14、18、22、25、27 等 6 題。

		非常同意	同意	不同意	非常不同意
（　）	1. 數學對我而言是很難的科目。	1	2	3	4
（　）	2. 我覺得數學對我很有用處。	1	2	3	4
（　）	3. 我認為應該主動把握機會學習數學。	1	2	3	4
（　）	4. 數學是一門輕鬆的課。	1	2	3	4
（　）	5. 我有能力把數學學好。	1	2	3	4
（　）	6. 在日常生活中常會用到數學。	1	2	3	4
（　）	7. 看到數學題目我不會想去算算看。	1	2	3	4
（　）	8. 數學會讓我產生恐懼感。	1	2	3	4
（　）	9. 我覺得自己再怎麼用功，也不能把數學考好。	1	2	3	4
（　）	10. 數學可以幫助我們解決很多困難。	1	2	3	4
（　）	11. 我會積極的去學習數學。	1	2	3	4
（　）	12. 數學會給我很大的壓力。	1	2	3	4
（　）	13. 同學們會算的數學題目，對我而言還是太困難了。	1	2	3	4
（　）	14. 學習數學可以使我的腦筋更靈活。	1	2	3	4
（　）	15. 一想到要上數學課，我就覺得沒有精神。	1	2	3	4
（　）	16. 我上數學課會覺得精神緊張。	1	2	3	4
（　）	17. 我覺得自己的數學能力比不上其他同學。	1	2	3	4
（　）	18. 學習數學使我的反應能力更好。	1	2	3	4
（　）	19. 我會主動向老師請教數學方面的問題。	1	2	3	4
（　）	20. 數學是會讓我擔心的科目。	1	2	3	4

資料來源：引自國小五年級學童認知風格、數學態度與數學解題表現之關係研究（未出版之碩士論文）（頁153），康雅芳，2007，高雄師範大學。

圖 2-3　量表題目隨機排列的實例

　　題目集中同一區塊的方式是將每個向度的題目集中在同一區塊，不與其他向度的題目混在一起，如圖 2-4 所示。圖 2-4 是方雅雯（2010）所編製的「正向心理量表」，「正向心理量表」共有四個分量表，總共 22 道題目，其中「樂觀」

分量表的題目分布是第 1 題至第 4 題等 4 題;「正向意義」分量表是第 5 題至第 11 題等 7 題;「正向情緒」分量表是第 12 題至第 16 題等 5 題;「內在動機」分量表是第 17 題至第 22 題等 6 題,每個分量表的題目都是集中在一起。

	少許符合	部分符合	普通符合	相當符合	完全符合
一、樂觀					
1. 我覺得只要自己願意做,就可以完成任何事。	□	□	□	□	□
2. 我對自己的能力很有信心。	□	□	□	□	□
3. 我相信只要自己肯努力就會成功。	□	□	□	□	□
4. 事情出錯時,我相信我還是有機會改正。	□	□	□	□	□
二、正向意義					
5. 我能在教學中,找到教育的真正價值。	□	□	□	□	□
6. 我認為當老師是很有意義的工作。	□	□	□	□	□
7. 我能從教學的挫折中,獲取寶貴的教學經驗。	□	□	□	□	□
8. 我會將挫折視為自我成長的動力。	□	□	□	□	□
9. 我會以成功的經驗來肯定自我價值。	□	□	□	□	□
10. 我認為施比受更有福。	□	□	□	□	□
11. 我認同「沒有教不會的學生」這句話。	□	□	□	□	□
三、正向情緒					
12. 我認為自己是個快樂的人。	□	□	□	□	□
13. 我認為我的生活充滿喜樂。	□	□	□	□	□
14. 我對我現在的生活感到滿意。	□	□	□	□	□
15. 遇到挫折時,我會想辦法調適自己的心情。	□	□	□	□	□
16. 即使生活中有許多不如意的事情,我還是會以愉快的心情迎接明天的到來。	□	□	□	□	□
四、內在動機					
17. 當我專注於某件事時,我不會去想完成後能得到什麼。	□	□	□	□	□
18. 當我專注於某件事時,我會對周遭事件無所察覺。	□	□	□	□	□
19. 當我專注於某件事時,常會忘了時間的存在。	□	□	□	□	□
20. 我會因為某件事而廢寢忘食。	□	□	□	□	□
21. 我會去做我感興趣的事情,即使難度較高,我也會想辦法完成。	□	□	□	□	□
22. 我感興趣的事情,即使遇到瓶頸,我也不會放棄。	□	□	□	□	□

資料來源:引自**高雄市國中教師正向心理與情緒管理關係之研究**(未出版之碩士論文)(頁 131),方雅雯,2010,高雄師範大學。

圖 2-4　量表題目集中同一區塊的實例

上述兩種題目的編排方式，各有其優缺點。Schriesheim, Kopelman 與 Solomon（1989）認為採用題目隨機排列方式，能讓填答者較無法瞭解量表編製者意圖，藉此可降低答題偏誤。Schriesheim 與 DeNisi（1980）認為採用題目集中方式，可提升填答者對量表編製者的信任，進而增加填答動機。

由於兩種題目排列方式，各有其支持的理由，該選擇哪一種較合適呢？Sparfeldt, Schilling, Rose 與 Thiel（2006）曾針對這樣的問題，進行題目編排方式對量表的心理計量特質有何影響的探究。他們的研究同時採用題目隨機排列與題目集中同一區塊兩種方式，研究結果發現，兩種方法所獲得的量表平均數、標準差、因素結構都相似，顯示兩種題目的排列方式並沒有影響量表的心理計量特質。

由於相關研究結果顯示，採用題目隨機排列與題目集中同一區塊兩種題目編排方式，對量表心理計量特質並沒有明顯差異，故量表編製者可自行決定採用哪種題目的編排方式。

貳、「確定所欲測量的構念」之實例分析

數學對中小學生而言，是一門重要的學科。由於中小學生對數學的態度，會影響其對數學課程的認真程度，故探討中小學生數學態度與數學成就之關聯性，一直是重要的教育研究議題。

數學態度是指個人對數學的一般性觀感、看法、喜歡或厭惡的程度（譚寧君、涂金堂，2000），對數學態度的測量，大多採用自陳量表的方式。其中以 Fennema 與 Sherman（1976）所編製的數學態度量表（Fennema-Sherman Mathematics Attitude Scales）最常被使用，Fennema-Sherman Mathematics Attitude Scales 包含九個分量表，共 108 道題目，九個分量表可單獨使用，也可合併幾個分量表使用。九個分量表包括「對數學成功的態度量表」（Attitude Toward Success in Mathematics Scale）、「數學是男生領域量表」（Mathematics as a Male Domain Scale）、「父親對數學興趣量表」（Father Scale）、「母親對數學興趣量表」（Mother Scale）、「教師對數學興趣量表」（Teacher Scale）、「數學學習信心量表」（Confidence in Learning Mathematics Scale）、「數學焦慮量表」（Mathematics Anxiety Scale）、「數學學習動機量表」（Effectance Motivation Scale in Mathematics）與「數學實用性量表」（Mathematics Usefulness Scale）等九個分量表（引自 Tapia & Marsh, 2004）。

　　雖然 Fennema-Sherman Mathematics Attitude Scales 有九個分量表，但有些分量表與學生的數學態度並沒有直接關聯性，Chamberlin（2010）即認為直接與學生數學態度較有關的只有「對數學成功的態度量表」、「數學學習動機量表」、「數學焦慮量表」與「數學實用性量表」等四個分量表。故許多研究者會從 Fennema-Sherman Mathematics Attitude Scales 九個分量表，自行挑選適合自己研究目的的分量表，來探究受試者的數學態度。

　　國內探討國小學童數學態度的數學態度量表，魏麗敏（1988）選用 Fennema-Sherman Mathematics Attitude Scales 九個分量表中的「學習數學的信心」、「對數學成功的態度」、「數學為男生領域」、「數學探究動機」與「數學有用性」等五個分量表。曹宗萍與周文忠（1998）則挑選「學習數學的信心」、「數學有用性」、「數學探究動機」、「對數學成功的態度」、「重要他人的數學態度」與「數學焦慮」等六個分量表。

　　筆者認為 Fennema-Sherman Mathematics Attitude Scales 九個分量表，與學生數學態度有直接關聯性的分量表是「數學學習信心量表」、「數學學習動機量表」、「數學焦慮量表」與「數學的實用性量表」等四個分量表，故選用這四個分量表來探討國小學生的數學態度。這四個分量表的內涵，如表 2-1 所示。而數學態度的理論架構，如圖 2-5 所示。由圖 2-5 可知，數學態度是包含四個分量表的多向度模式，每個分量表假定彼此之間具有關聯性。本書即以此數學態度量表的編製，作為整個編製歷程的實例介紹。

表 2-1

數學態度量表每個分量表的內涵

數學態度分量表	數學態度分量表內涵
數學學習信心	指學生對自己學習數學的能力與表現，所持的信心程度。
數學學習動機	指學生學習數學時，所展現出投入、堅持的意願與傾向。
數學焦慮	指學生接觸數學時，所引發不安、緊張、害怕等情緒反應。
數學的實用性	指學生認定數學對其有何實用價值的看法。

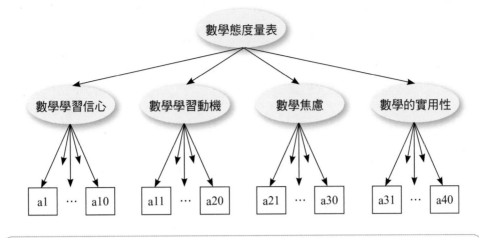

圖 2-5　數學態度量表的四個向度

決定量表型態與編寫題目

壹、「決定量表型態與編寫題目」之理論基礎

貳、「決定量表型態與編寫題目」之實例分析

　　確定所要測量的構念後，接著是決定量表型態，以及開始編擬題目。底下將分別介紹「決定量表型態與編寫題目」之理論基礎，以及「決定量表型態與編寫題目」之實例分析兩個部分。

壹、「決定量表型態與編寫題目」之理論基礎

　　確定研究變項內涵與量表向度後，第二步驟即是決定量表型態與編寫題目。底下將分成「決定量表型態」與「編寫題目」等兩個部分。

一、決定量表型態

　　量表有許多不同題目類型，例如：李克特量表（Likert scale）、Thurstone scale、Guttman scale、Semantic differential scale……等等。上述的不同量表型態，以李克特量表最常被使用，故底下只著重李克特量表的介紹，讀者對於其他量表有興趣的話，建議可參考 Nunnally 與 Bernstein（1994）的介紹。

　　李克特量表是一種「總和評定量表」（summated rating scale），它是將多道題目的分數加總，用總分來測量某個變項的特質。Spector（1992）認為總和評定量表有下列四個特徵：

(一) 總和評定量表必須是由多道題目所組成

　　雖然有少數量表是由單一題目所構成，但由單一題目所組成的量表，與由多道題目組成的量表相比較，單一題目量表無法完整代表某個變項的特質。另外，單一題目量表也容易產生較大誤差，例如：受試者 A 在單一題目量表上，原本想勾選「非常同意」的選項，但不小心勾選「非常不同意」的選項。另一位受試者 B 在由 5 道題目所組成的總和評定量表上，同樣將一道原本欲勾選「非常同意」選項，不小心勾選了「非常不同意」選項。由於受試者 B 接受由 5 道題目的量表，其計分方式採用 5 道題目的總分，因而其受到填答誤差的影響較小。

　　McIver 與 Carmines（1981）即認為單一題目量表有如下的缺點：單一題目無法充分表徵一個複雜變項、單一題目缺乏測量精準性（precision）、單一題目容易產生更大測量誤差，以及單一題目無法獲得量表有關信度與效度的相關資料。因此，他們強烈建議應該採用多道題目的總和評定量表。

(二) 總和評定量表的每道題目應以量化數值來測量變項

　　所謂評定量表是指以不同數值大小來顯示心理學或社會學某項特質的強度大

小，故每道題目需以量化方式來呈現。例如：李克特五點量表，常以 1 表示填答「非常不同意」的選項；以 2 表示填答「不同意」選項；以 3 表示填答「不確定」選項；以 4 表示填答「同意」選項；以 5 表示填答「非常同意」選項。

(三) 總和評定量表的每道題目並沒有所謂的「正確答案」

一般而言，認知測驗為了測量受試者的認知能力高低，試題有固定的正確答案。相對地，情意態度量表是為測量受試者的情意態度傾向，試題沒有固定的正確答案。總和評定量表是用來測量受試者的情意態度，故總和評定量表的試題是沒有正確答案的。

(四) 總和評定量表的每道題目是一個陳述句，受試者必須針對每個陳述句的內容，進行認同程度的評定工作

總和評定量表每道題目會同時包含陳述句與反應選項，受試者根據自己對該陳述句的感受，來勾選符合自己的選項（例如：「非常不同意」、「不同意」、「不確定」、「同意」、「非常同意」等選項）。

讀者若想進一步瞭解總和評定量表的性質，建議可參考 Spector（1992）的專書介紹。

李克特量表是由李克特（Likert）於 1932 年所發展，用來測量態度的一種評定量表，他以美國大學生為研究對象，探討大學生對美國扮演世界強權的態度。李克特測量態度的方式，是讓受試者針對每道題目所敘述的內容，從「非常不同意」、「不同意」、「不確定」、「同意」、「非常同意」等五個選項，挑選適合自己的選項。受試者若挑選「非常不同意」選項則記為 1 分，挑選「不同意」選項為 2 分，挑選「不確定」選項為 3 分，挑選「同意」選項為 4 分，挑選「非常同意」選項為 5 分（引自 Colton & Covert, 2007）。

李克特量表一開始是用來測量受試者的態度，後來被廣泛應用在測量受試者的意見、信仰、情緒等心理特質。李克特量表會因為測量的特質不同，而有不同反應選項，表 3-1 是較常見的反應選項。

表 3-1

李克特量表較常採用的測量向度與選項

測量的向度	反應選項類型（以五個選項為例）
同意程度	非常同意、同意、不確定、不同意、非常不同意
符合程度	非常符合、符合、不確定、不符合、非常不符合
重要程度	非常重要、重要、不確定、不重要、非常不重要
頻率程度	總是、經常、有時、很少、從不

　　李克特量表開始出現時，其反應選項是「非常不同意」、「不同意」、「不確定」、「同意」、「非常同意」等五個選項。但使用結果發現有些受試者容易傾向挑選中間的「不確定」選項，為此，有些研究者將中間的「不確定」選項刪除，把五點量表型態改成四點量表型態，讓受試者在「同意」（包括非常同意與同意兩個選項）或「不同意」（包括非常不同意與不同意兩個選項）兩個層面上，清楚挑選其中一個層面。

　　雖然採用四點量表可避免受試者傾向挑選「不確定」的選項，但也會造成受試者的填答困擾。因為有些題目，受試者確實是處於既不是「同意」也不是「不同意」的狀態。當採用四點量表時，由於缺乏「不確定」的反應選項，容易造成受試者的填答困擾。

　　基於上述理由，在設計李克特量表的反應選項時，使用單數點（3、5、7、9）選項，或是採用偶數點（4、6、8、10）選項，都是可以採用的。然而在進行統計分析時，我們通常將李克特量表的計分，視為連續的等距變項（interval variable），當反應選項的個數越少時（例如：三點或四點），則李克特量表得分容易造成偏向類別的次序變項（ordinal variable），如此易產生較大的統計誤差。故設計李克特量表時，筆者建議最好採用五點以上的量表型態，Spector（1992）即建議李克特量表的反應選項最好介於 5 個與 9 個之間。

　　李克特量表的選項，可採用空格（□）的方式，或是直接採用數字的方式。對於空格選項（□），受試者是採用勾選的作答方式；若是數字選項，受試者則採用圈選的答題方式。

　　至於選項的排列方式，可採用由左至右，由負向選項排至正向選項，或是由左至右，由正向選項排至負向選項。圖 3-1 與圖 3-2 皆是採用由負向選項排至正

	非常不同意	不同意	不確定	同意	非常同意
1. 我常購買這個品牌的產品。⋯⋯⋯⋯⋯⋯⋯⋯⋯	□	□	□	□	□
2. 我很信任這個品牌的品質。⋯⋯⋯⋯⋯⋯⋯⋯⋯	□	□	□	□	□
3. 購物時，我**不會**選固定的品牌。⋯⋯⋯⋯⋯⋯	□	□	□	□	□
4. 這個品牌推出新產品時，我會立即購買。⋯⋯	□	□	□	□	□
5. 我很認同這個品牌的經營理念。⋯⋯⋯⋯⋯⋯⋯	□	□	□	□	□

圖 3-1　李克特量表採空格選項由負向至正向的排列方式

向選項的排列方式，但圖 3-1 採用空格選項（□）的方式，圖 3-2 則是採用數字
選項的方式。

　　相對地，圖 3-3 與圖 3-4 皆是採用由正向選項排至負向選項的排列方式，但
圖 3-3 採用空格選項（□）的方式，圖 3-4 則是採用數字選項的方式。

	非常不同意	不同意	不確定	同意	非常同意
1. 我常購買這個品牌的產品。……………………………	1	2	3	4	5
2. 我很信任這個品牌的品質。……………………………	1	2	3	4	5
3. 購物時，我**不會**選固定的品牌。…………………	1	2	3	4	5
4. 這個品牌推出新產品時，我會立即購買。…………	1	2	3	4	5
5. 我很認同這個品牌的經營理念。……………………	1	2	3	4	5

圖 3-2　李克特量表採數字選項由負向至正向的排列方式

	非常同意	同意	不確定	不同意	非常不同意
1. 我常購買這個品牌的產品。……………………………	□	□	□	□	□
2. 我很信任這個品牌的品質。……………………………	□	□	□	□	□
3. 購物時，我**不會**選固定的品牌。…………………	□	□	□	□	□
4. 這個品牌推出新產品時，我會立即購買。…………	□	□	□	□	□
5. 我很認同這個品牌的經營理念。……………………	□	□	□	□	□

圖 3-3　李克特量表採空格選項由正向至負向的排列方式

	非常同意	同意	不確定	不同意	非常不同意
1. 我常購買這個品牌的產品。……………………………	5	4	3	2	1
2. 我很信任這個品牌的品質。……………………………	5	4	3	2	1
3. 購物時，我**不會**選固定的品牌。…………………	5	4	3	2	1
4. 這個品牌推出新產品時，我會立即購買。…………	5	4	3	2	1
5. 我很認同這個品牌的經營理念。……………………	5	4	3	2	1

圖 3-4　李克特量表採數字選項由正向至負向的排列方式

　　由於李克特量表在使用上非常方便，故許多量表設計都是採用此種方式，但需注意的是：並非所有的研究問題，都可採李克特量表型態，來蒐集所需要的資料。例如：某研究者想調查消費者是透過何種管道獲得產品的訊息，則採用如圖 3-5 所示的李克特量表題目，便無法達到所希冀的研究目的。因為李克特量表是屬於總和評定量表，它是將所有題目的分數加總起來，最後得到一個總分。如此，並無法個別瞭解消費者獲得產品訊息的管道，主要是來自電視？廣播？網路？報紙？或雜誌？

您如何得知本產品的訊息？	非常不同意	不同意	不確定	同意	非常同意
1. 由電視得知。	□	□	□	□	□
2. 由廣播得知。	□	□	□	□	□
3. 由網路得知。	□	□	□	□	□
4. 由報紙得知。	□	□	□	□	□
5. 由雜誌得知。	□	□	□	□	□

圖 3-5　不適合採用李克特量表的實例

　　若欲調查消費者最常透過何種管道獲得產品的訊息，最好採用複選題型態，如圖 3-6 所示。透過複選題方式，可以清楚調查出消費者最常獲得的訊息管道。

您如何得知本產品的訊息？(可複選)
□ 由電視得知。
□ 由廣播得知。
□ 由網路得知。
□ 由報紙得知。
□ 由雜誌得知。

圖 3-6　調查消費者從何種管道獲得訊息的複選題型態

二、編寫題目

　　一旦確定採用何種量表型態後，即可開始進入題目的編寫工作。在開始編寫題目前，還需確定要採用何種題目類型。一般而言，題目類型大致可區分為開放性題目與封閉性題目兩類。開放性題目是指題目沒有提供任何選項讓受試者挑

選，故受試者可以比較自由的回答。封閉性題目是指題目提供特定選項供受試者挑選，因受試者只能從題目所提供的選項中挑選，故較無法自由的回答。表 3-2 即是針對開放性題目與封閉性題目的特性、優缺點的比較分析。

表 3-2

開放性題目與封閉性題目的比較

	開放性題目	封閉性題目
性質	題目未提供任何可挑選的選項，答題者必須自行建構答案。	題目提供答題者特定的選項，答題者只能從所提供的特定選項中，挑選符合自己實際狀況的選項。
優點	1. 受試者可自行建構答案。 2. 可以蒐集較深入的資料。 3. 可獲得較多元的答案。	1. 受試者較易填答，且填答時間較短。 2. 受試者填答意願較高。 3. 資料容易進行統計分析。 4. 資料可以進行不同群組的比較。
缺點	1. 受試者較不易填答，且填答時間較長。 2. 受試者答題意願較低。 3. 資料較難整理與分析。 4. 不同受試者的資料不易進行比較。	1. 受試者只能挑選量表中的選項，無法自行建構答案。 2. 只能蒐集比較簡單的資料。 3. 無法獲得更多元的答案。
實例	你認為當前最急需解決的教育問題是什麼？ _____	你認為當前最急需解決的教育問題是什麼？ □國、高中升學問題 □城鄉教育的差距 □大學生的素質 □中小學生課後輔導

在設計題目時，為了增加受試者的填答意願，原則上，題目數量不要太多，題目也不要太難回答。因開放性題目需要受試者花較多時間填答，故一份量表的開放性題目數量不要太多，以 5 題以下為原則。同時，為提高受試者填寫開放性題目的動機，在題目位置的安排上，開放性題目應避免擺放在封閉性題目的前面，最好擺放在封閉性題目的後面。因為受試者填答量表時，若一開始即遭遇開放性題目，容易導致降低其填答意願。

確定開放性與封閉性題目的題型後，在正式編擬題目前，還得注意底下幾點事項：

(一) 需初擬多少道題目

由於初擬的題目無法保證都是優良題目，故在編擬題目時，需多編寫一些題

目，以確保剔除不良題目後，最後定稿的量表有足夠的題目。

　　有關初擬多少道題目的問題，Hinkin（1998）建議，初擬題目的數量至少是定稿題目數量的 2 倍；Noar（2003）建議，初擬題目的數量可設定為定稿題目數量的 2 至 3 倍；而 DeVellis（2003）則建議，初擬題目的數量是定稿題目數量的 3 或 4 倍，倘若題目不易編擬時，則初擬題目數量至少是定稿題目數量的 1.5 倍。根據上述學者的主張，筆者建議若編製標準化量表，初擬題目數量可考慮選擇定稿題目的 3 至 4 倍；若編製量表是用於學位論文的研究，則初擬題目數量可考慮為定稿題目的 1.5 至 2 倍。

(二) 定稿的量表需多少道題目

　　一份量表所包含的題目若太少，易導致無法有效測量到變項的實際內涵；相對地，量表題目太多時，則易造成受試者的填答疲倦。

　　在思考定稿的量表題數該有多少題時，需考量量表是屬單向度量表或多向度量表。一般而言，單向度量表的總題數比多向度量表的總題數少。Harvey 等人（1985）認為測量一個潛在構念（latent construct），每個分量表至少需要 4 道題目才合適；Noar （2003）主張編製單向度量表時，定稿題目為 10 題或 10 題以下的數量是足夠的；Netemeyer 等人（2003）則認為單向度量表的題數，以 5 題至 10 題的數量是可以的。

　　綜合學者專家的看法，筆者建議在編製量表時，初擬的題目與定稿的題目，可參考表 3-3 的建議數量。假若測量的變項較為複雜時，則初擬與定稿題目數量都應考慮比表 3-3 的建議數量多一些。

表 3-3

初擬題目與正式題目數量的建議參考表

量表型態	初擬題目數量	定稿題目數量
單一總量表	至少 16 題	8 至 12 題
包含四個以下分量表的量表	每個分量表至少 10 題	每個分量表 5 至 8 題
包含五個以上分量表的量表	每個分量表至少 8 題	每個分量表 4 至 6 題

(三) 編寫題目的參考資料來源

　　題目編寫不是件容易的工作，許多量表編製者常不知如何編寫題目。在編擬題目時，建議可參考如下的資料來源。

1. 從文獻探討中找尋

文獻探討可協助量表編製者瞭解研究變項的內涵，量表編製者可根據文獻探討所整理的理論依據，去編擬符合理論內涵的題目。

2. 參考現成量表的題目

若欲編製的量表，已有別人編好的現成量表，則可參考現成量表的題目，但應清楚交代參考來源。另外，要特別注意的是，雖然量表名稱相同，但有可能所採用的理論依據是不同的，故參考現成量表的題目時，需特別注意現成量表對研究變項的內涵定義，是否與自己研究變項的內涵定義相同。

3. 專家學者的意見

專家學者所提供的意見，是編寫題目的重要參考來源。量表編製者若能獲得專家學者的允許，可對專家學者進行訪談，從訪談資料中，找尋編寫題目的線索。

4. 受試者的意見

除了專家學者的意見外，也可找具代表性的受試者，根據研究變項的內涵，對受試者進行深度訪談，從受試者觀點也能找到編寫題目的方向。

透過上述幾種方式，都可協助量表編製者找尋編寫題目的靈感。而藉由「文獻探討」與「參考現成量表的題目」這兩種方式，是編擬題目最主要的參考依據。

(四) 編擬優良題目的原則

編擬一道適切題目並不容易，有許多專家學者就提出編擬優良題目的原則（Bradburn, et al., 2004; Czaja & Blair, 2005; Dillman, et al., 2009; Peterson, 2000），筆者綜合整理如下：

1. 題目若只有部分受試者符合資格回答，則需採篩選題（filter item）的型態

量表編製者在編擬題目時，常容易忽略一個重要問題：編擬的題目是否所有受試者皆符合資格回答。若所編擬的題目只有部分受試者符合資格回答時，而沒有透過篩選題的管控，容易造成統計結果的錯誤。

例如：想調查大學生一個星期花多少時間從事社團活動，某研究者擬定如圖3-7 的題目。

你一個星期平均花多少時間從事社團活動？
☐ 1 小時以內
☐ 1 至 2 小時以內
☐ 2 至 3 小時以內
☐ 3 至 4 小時以內
☐ 4 至 5 小時以內
☐ 5 小時以上

圖 3-7　適用篩選題的題目

　　圖 3-7 的題目已先假定所有受試者都參加社團，但並非所有大學生都會參加社團。當填答此題的大學生沒有參加任何社團時，自然不會有從事社團活動的時間。有些沒有參加社團的受試者面對圖 3-7 的題目時，常不知如何選擇而放棄填答，如此易造成此題產生較多拒答的情形。而有些沒有參加社團的受試者為了避免沒有填答此題的窘境，易傾向挑選「不到 1 小時」這個選項，導致研究結果出現「不到 1 小時」這個選項的人數，超過實際的人數，進而影響研究結果的正確性。

　　由於圖 3-7 的題目只適用在參加社團的大學生，故需先採用篩選題，如圖 3-8 所示，篩選符合資格的大學生來填答，沒有參加任何社團的大學生，則不必填答圖 3-7 的題目。

1. 你是否有參加學校的任何一個社團？
☐ 有
☐ 沒有（請直接跳到第3題填答）

2. 你一個星期平均花多少時間從事社團活動？
☐ 不到 1 小時
☐ 1 至 3 小時
☐ 4 至 6 小時
☐ 7 小時以上

圖 3-8　篩選題的實例

2. 題目應以簡單易懂的字詞陳述

　　由於無法確定所有受試者的語文程度，為了讓所有受試者都能清楚瞭解題

意，題目應使用簡單易懂的詞句。

- 不佳的題目：我認為我的上級主管常推諉卸責。
- 較佳的題目：我認為我的主管只想爭取功勞，卻不願負責任。

3. 避免使用專門術語

專門術語常是某個領域人員才熟悉的用語，為了避免某些受試者因不清楚專門術語的意涵，而無法正確回答，故題目的用詞應避免使用專門術語。

- 不佳的題目：您是贊成或反對公布國中基測的 PR 值？
- 較佳的題目：您是贊成或反對公布國中基本學力測驗的百分等級？

4. 題目長度盡量簡短，不要過於冗長

冗長題目會增加受試者填答時間，易降低受試者填答意願，故題目長度應簡短，只呈現重要資料，避免出現無關訊息。

- 不佳的題目：現今是網際網路相當發達的年代，網路世界存在許多有用的訊息，因此，我覺得不會使用網際網路是一種落伍的行為。
- 較佳的題目：我覺得不會使用網際網路是一種落伍的行為。

5. 一道題目應避免同時包含兩個概念

一道題目只要測量一個概念，應避免一道題目同時測量兩個概念，當受試者對兩個概念有不同看法時，容易造成受試者不知如何勾選選項的困境。例如：圖3-9 同時測量受試者對看書與聽音樂的態度，對同時喜歡看書與聽音樂的受試者而言，回答此題不會產生困擾。但對只喜歡看書不喜歡聽音樂，或不喜歡看書但喜歡聽音樂的受試者，容易造成不知如何回答的困擾。

	非常不同意	不同意	不確定	同意	非常同意
1. 我很喜歡看書和聽音樂。	☐	☐	☐	☐	☐

圖 3-9　同時測量兩個概念的不適切題目

針對圖 3-9 的題目，建議可改成圖 3-10 的兩道題目，受試者可個別針對看書與聽音樂，回答喜歡的程度，能避免受試者答題的困擾。

	非常不同意	不同意	不確定	同意	非常同意
1. 我很喜歡看書。………………………………………………	□	□	□	□	□
2. 我很喜歡聽音樂。……………………………………………	□	□	□	□	□

圖 3-10　各自測量一個概念的題目

6. 避免使用雙重否定的敘述句

出現雙重否定的語句，易使語意較難理解，除增加閱讀理解困難外，也容易導致受試者對題意的誤解，故題目應避免採用雙重否定。

- 不佳的題目：我不是沒有意願選修社區大學的課程。
- 較佳的題目：我有意願選修社區大學的課程。

7. 題目應使用精準的用語

使用不精準的用語，易造成不同受試者有不同的解讀，導致施測結果出現較大誤差，故應使用精準語詞。

- 不佳的題目：你對上學期學業表現的滿意程度？
- 較佳的題目：你對111學年度第一學期英文成績的滿意程度？

8. 避免採用引導式問題

題目若有引導式用語，容易主導受試者的答題方向，造成受試者無法根據自己的意見回答，而產生填答不實的情形。例如：下面不佳的題目中，使用「你同學都很有意願參加社團活動」這樣的引導語句，容易造成受試者因從眾行為，而挑選較高意願的選項。

- 不佳的題目：你同學都很有意願參加社團活動，你是否有意願參加社團活動？
- 較佳的題目：你有或沒有意願參加社團活動？

9. 避免出現超出受試者記憶範圍的問題

題目應避免要求受試者回憶多年前的狀況，受試者可能因超出記憶範圍，而無法正確回答當年的真實狀況。

- 不佳的題目：你父母親對你幼年時的管教方式，你有何看法？
- 較佳的題目：你父母親對你現在的管教方式，你有何看法？

10. 避免出現超出受試者能力的問題

編寫的題目若超出受試者答題能力，常導致受試者隨便填答，造成回收不正確的資料。故編擬題目時，務必得思考受試者是否有能力回答此題。例如：一般社會大眾對貨幣政策通常不太瞭解，請社會大眾回答有關貨幣政策的問題，則是不適切的問題。建議可採用篩選題目，篩選瞭解貨幣政策的受試者來回答此問題。

- 不佳的題目：針對中央銀行所採取的貨幣政策，您有何看法？
- 較佳的題目：1. 您是否清楚瞭解中央銀行所採取的貨幣政策？
  - □ 是（請接續第 2 題回答）
  - □ 不是（請直接跳到第 3 題回答）
  - 2. 針對中央銀行所採取的貨幣政策，您有何看法？

編擬題目時，若能注意上述 10 點編寫原則，較能避免編寫出不良的題目。題目編寫完成後，最好逐題檢查是否有錯別字？是否使用不當語詞？受試者是否有意願或能力回答？題目是否會涉及個人隱私？等等問題。

(五) 量表是否需要反向題？

關於量表是否需要反向題的問題，Anastasi （1988）認為應該要有反向題，才能避免受試者在填答時，產生反應心向（response set）。所謂反應心向，是指受試者傾向重複勾選相同選項，例如：從第一題至最後一題都勾選「非常同意」選項。但DeVellis（2003）、Streiner 與 Norman（2008）則主張應避免採用反向題，因反向題容易造成受試者填答的困擾，導致反向題變成不適切的題目。

上述支持與反對反向題的雙方皆各有其論點，筆者建議量表編製者可根據研究變項的特性，來決定是否需要有反向題。有些狀況使用反向題較能測量出受試者的意向，但採用反向題確實容易出現較不佳的題目品質（例如：導致量表的信度降低）。若量表編製者決定採用反向題時，筆者建議題數不要太多（每個分量表可考慮在 3 題以下），如此可避免因反向題過多而影響量表的信效度。故編寫題目時，根據研究變項的性質，可讓整份量表都沒有反向題，也可讓量表有少數的反向題。

量表若包含反向題時，在進行題目心理計量特質分析前，應先將反向題進行分數轉換，才能避免獲得不理想統計結果。以李克特五點量表為例，其反向計分的方式如表 3-4 所示。

表 3-4

李克特五點量表的正向與反向計分方式

	非常同意	同意	無意見	不同意	非常不同意
正向題計分	5 分	4 分	3 分	2 分	1 分
反向題計分	1 分	2 分	3 分	4 分	5 分

由表 3-4 可知，正向題的陳述句與負向題的陳述句，兩個選項總和恰好為 6 分，例如：挑選「非常同意」這個選項，正向題陳述語句得 5 分，反向題陳述語句得 1 分，兩者相加得到 5 + 1 = 6 分。由此類推，李克特 N 點量表時，正向題與反向題的分數總和恰好為（N + 1），若正向題的計分為 2，則反向題的計分為（N + 1）– 2 = N – 1。

為了讓題目能測量到所要蒐集的資料，建議將編擬好的題目，選擇具有代表性的受試者 5 至 8 位，請他們根據實際作答情形，提供修改題目的建議，例如：是否有語意不清的題目？是否有不易回答的題目？是否有容易誤解的題目？題目數量是否太多？等等。根據這些受試者所提供的意見，量表編製者再重新將題目進行修改。

貳、「決定量表型態與編寫題目」之實例分析

底下將針對決定量表型態與編寫題目這兩個部分，以編製數學態度量表為例，說明如何決定數學態度量表的型態，以及如何編寫數學態度量表的題目。

一、決定量表的型態

經過文獻的整理與研讀後，決定將「數學態度量表」界定為包含「數學學習信心」、「數學學習動機」、「數學焦慮」與「數學的實用性」等四個向度。由於數學態度量表是屬於一種對態度的調查，故決定採用李克特量表型態。根據 Spector（1992）的建議李克特量表的反應選項最好介於 5 個與 9 個之間，考量受試者為小學五年級學生，避免因選項過多而造成填答困擾，故決定採用李克特五點量表的型態。

二、編寫量表的題目

數學態度量表包含「數學學習信心」、「數學學習動機」、「數學焦慮」與「數學的實用性」四個向度，每個向度的內涵，界定如下。

1. **數學學習信心**：指學生對自己學習數學的能力與表現，所持的信心程度。
2. **數學學習動機**：指學生學習數學時，所展現出投入、堅持的意願與傾向。
3. **數學焦慮**：指學生接觸數學時，所引發不安、緊張、害怕等情緒反應。
4. **數學的實用性**：指學生認定數學對其有何實用價值的看法。

數學態度量表的題目編擬，除了根據每個向度的內涵實際編寫外，也參考高石城（1999）、曹宗萍與周文忠（1998）、魏麗敏（1988）等人所編製的數學態度量表題目。根據表 3-3 的建議，四個分量表在編擬題目時，每個分量表至少10 題，故每個向度擬定編製 10 道題目，總共編擬的題目共有 40 題，其中包含26 道正向題與 14 道反向題。

「數學學習信心」分量表包含8道正向題與 2 道反向題；「數學學習動機」分量表包含 9 道正向題與 1 道反向題；「數學焦慮」分量表包含 3 道正向題與 7道反向題；「數學的實用性」分量表包含 6 道正向題與 4 道反向題，四個向度每個向度的正向題與反向題分布，如表 3-5 所示。由於數學焦慮分量表屬於負向的數學態度，故採用反向題型態較能測量到受試者的真正感受，故數學焦慮分量表的反向題題數比正向題題數多。數學態度量表初擬的 40 道題目內容，如表 3-6所示。

表 3-5

初擬 40 道題目的數學態度量表每個向度題目的分布情形

向度	題號	總題數
數學學習信心	1, 2, 3, 4(r), 5(r), 6, 7, 8, 9, 10	10
數學學習動機	11, 12(r), 13, 14, 15, 16, 17, 18, 19, 20	10
數學焦慮	21(r), 22(r), 23, 24, 25(r), 26, 27(r), 28(r), 29(r), 30(r)	10
數學的實用性	31, 32(r), 33, 34, 35, 36(r), 37(r), 38, 39, 40(r)	10

註：r 表示反向題。

表 3-6

數學態度量表初擬的 40 道題目

向度（分量表）	定義	題數	題目
數學學習信心	指學生對自己學習數學的能力與表現，所持的信心程度。	10	1. 我覺得我的數學和班上其他同學比起來還不錯。 2. 只要真正瞭解數學課本的內容，我就可以把數學學好。 3. 我覺得要將數學學好**不是**一件困難的事。 4. 我**沒有**信心學好數學。 5. 我認為數學是一門困難的科目。 6. 我覺得數學很簡單。 7. 只要上課用心學習，我就可以瞭解老師所教的內容。 8. 老師出的數學題目，我大部分都能算出來。 9. 只要努力，我就可以把數學考好。 10. 只要多做一些練習題目，我就可以更加瞭解數學課本的內容。
數學學習動機	指學生在學習數學時，所展現出投入、堅持的意願與傾向。	10	1. 我自己會想把數學學好。 2. 遇到**不會算**的數學題目，我就會放棄，不再去想它。 3. 不必人家提醒，我就會自己主動算數學。 4. 把數學學好，會讓我成為同學羨慕的對象。 5. 算出正確的數學答案，會讓我很有成就感。 6. 如果我的數學成績沒有達到我的理想標準時，我會更用功。 7. 因為師長們常常鼓勵我，所以我會想多做數學。 8. 除了老師指定的數學作業以外，我還會主動找其他題目練習。 9. 我會事先預習老師要教的內容。 10. 我會複習老師今天所教的內容。
數學焦慮	指學生接觸數學時，所引發出的不安、緊張、害怕等情緒反應。	10	1. 上數學課時，我很怕老師問我問題。 2. 我很害怕上數學課。 3. 我**不會**怕數學。 4. 上數學課時，我**不會**緊張。 5. 需要用到數學時，我會很緊張。 6. 我認為數學不難，沒什麼好怕的。 7. 當我看到數學題目時，就覺得**不舒服**。 8. 想到要考數學，我就會很焦慮。

表 3-6

（續）

向度（分量表）	定義	題數	題目
			9. 碰到和數學有關的問題時，我會感到很頭痛。
			10. 數學問題解不出來時，我會覺得很厭煩。
數學的實用性	指學生認定數學對其有何助益的看法。	10	1. 把數學學好，以後找工作比較容易。
			2. 學數學除了考試之外，對我幫助不大。
			3. 學數學讓我的思考更敏銳。
			4. 學數學對我日常生活幫助很大。
			5. 把數學學好，可以讓我以後讀比較好的學校。
			6. 我覺得學數學，很浪費時間。
			7. 我覺得長大以後，用到數學的機會不多。
			8. 我覺得學數學，可以讓我更聰明。
			9. 學好數學有助於解決遭遇的困難。
			10. 數學一點用也沒有。

4

聘請專家進行量表審閱

壹、「聘請專家進行量表審閱」之理論基礎

貳、「聘請專家進行量表審閱」之實例分析

　　量表題目編寫好後，為了確保題目品質，需聘請專家對量表題目進行審閱。底下將分別介紹「聘請專家進行量表審閱」之理論基礎，以及「聘請專家進行量表審閱」之實例分析兩個部分。

壹、「聘請專家進行量表審閱」之理論基礎

　　題目編寫後，必須藉助專家審題，確保題目內容效度（content validity）。在聘請專家進行量表審查工作時，應注意底下幾件事項。

一、先聯繫專家，取得專家的同意

　　聘請專家審查初擬的題目時，相當重要的是需先徵求專家同意，才能將相關資料寄給專家。筆者有幾次「突然」收到聘請擔任量表的審閱工作，特別用「突然」兩個字，是因為量表編製者事先未與筆者有任何聯繫，收到量表的當下，有「強迫中獎」的感受。故聘請專家協助審題時，基於基本的尊重，務必先取得專家的同意。

二、聘請的專家人數

　　越多專家提供題目修改意見，當然能讓量表具較佳的內容效度，但在聘請專家的歷程中，確有實務上難處。Lester 與 Bishop（2000）建議專家人數以 5 至 7人為原則，而 Streiner 與 Norman （2008）則提出量表編製採用的專家人數大多是 3 至 10 人。筆者建議專家人數可設定在 6 至 10 人，為提高量表的內容效度，專家人數不宜低於 5 人。

　　除考量專家人數外，也該關注專家的代表性，專家的背景應具多樣化，避免只聘請同質性的專家。例如：編製「國中教師教師專業成長量表」時，除聘請教育行政、課程與教學、測驗統計等專長的大學教授外，也應聘請對於此議題有深入研究的國中校長、主任、組長和資深教師，如此才能兼顧理論層面與實務層面的觀點。

　　若屬於碩博士論文的量表編製，聘請的專家對象，並非由研究生自行決定，是由指導教授來推薦，因指導教授比較清楚哪些專家的學術專長，比較符合你的研究主題。

三、寄發一封致謝信給專家

　　寄給專家的相關資料中，應該有一封致謝信函。在信函中說明你的身分、編製量表的目的、信件內附有哪些資料、需要完成的期限，以及你的聯絡方式等等。量表的審查時間，通常會請專家能否在 2 個星期內完成，建議可將 2 個星期後的正確日期寫在致謝信，好讓專家瞭解最後完成的截止時間。另外，應留下自己的聯絡電話或電子信箱，以便專家審題時，若有任何問題，可快速與你聯繫，圖 4-1 即為一封致謝信函。

○○○○○○量表（專家審題）

○○○道鑑：

　　後學是○○大學○○系研究生，目前在○○○博士指導下正進行「國小高年級學童認知風格、數學態度與數學成就關係之研究」，素仰您對此主題有深入研究，為建立研究工具之內容效度，懇請　撥冗審閱並惠賜卓見，由衷感激！附陳之資料如下：

1. 研究架構圖
2. 審查的量表題本
3. 回郵信封

　　為了讓量表能在預定時間內完成，懇請　您在○○年○○月○○日（星期○）前完成審閱工作。非常感謝您在百忙之中協助審查量表，您的寶貴意見對本量表的編製有莫大助益。若您有任何疑問，歡迎隨時聯繫，附上聯絡方式如下：

聯絡電話：0920123456
電子信箱：test@nknu.edu.tw
　　敬祝
身體健康
順心如意

○○大學○○系
研究生○○○敬上
中華民國○○年○○月

圖 4-1　致謝信函的實例

四、提供研究計畫，供專家參考

　　量表編製主要用來達成所要進行的研究，量表若無法與研究議題配合，便無法測量到所要研究的資料。基於這樣的理由，聘請專家進行量表審查時，應提供專家有關量表編製者的研究計畫，請專家先瞭解研究計畫，再針對量表題目，進行審題工作。倘若無法提供完整的研究計畫，至少應提供專家有關研究目的、研究方法、研究架構圖、研究假設、採用的統計考驗方法等資料，如圖 4-2 即是提供研究架構圖的實例。

國小學童認知風格、數學態度與數學成就關係之研究

一、研究架構圖

　　本研究之研究架構圖，係根據研究文獻與研究目的所設計而成的，如圖 1 所示。

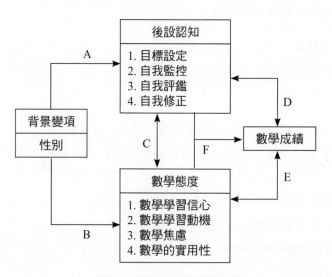

圖 1　本研究的研究架構圖

　　針對圖 1 研究架構圖中的各條路徑，其探討的問題與對應的統計方法，分別說明如下：

A. 探究不同性別國小五年級學生在後設認知上的差異情形

　　以 t 考驗分析不同性別國小五年級學生，在後設認知量表得分之差異情形。

B. 探究不同性別國小五年級學生在數學態度上之差異情形

　　以 *t* 考驗分析不同性別國小五年級學生，在數學態度量表得分之差異情形。

C. 探討國小五年級學生後設認知與數學態度之相關情形

　　以積差相關分析，探究國小五年級學生後設認知量表得分與數學態度量表得分之相關情形。

D. 探討國小五年級學生後設認知與數學成績之相關情形

　　以積差相關分析，探究國小五年級學生後設認知量表得分與數學成績之相關情形。

E. 探討國小五年級學生數學態度與數學成績之相關情形

　　以積差相關分析，探究國小五年級學生數學態度量表得分與數學成績之相關情形。

F. 探討國小五年級學生後設認知與數學態度對數學成績的預測情形

　　以逐步多元迴歸分析，探究國小五年級學生後設認知量表得分與數學態度量表得分，對數學成績之預測力情形。

二、研究假設

　　本研究之研究假設係根據研究目的與待答問題所擬定，總共有六個研究假設，分列如下：

假設 1：國小五年級不同性別學生其後設認知量表得分有顯著性差異。

假設 2：國小五年級不同性別學生其數學態度量表得分有顯著性差異。

假設 3：國小五年級學生其後設認知量表得分與數學態度量表得分有顯著性相關。

假設 4：國小五年級學生其後設認知量表得分與數學成績有顯著性相關。

假設 5：國小五年級學生其數學態度量表得分與數學成績有顯著性相關。

假設 6：國小五年級學生其後設認知量表得分、數學態度量表得分對數學成績有顯著性預測力。

三、研究方法

　　本研究採用調查研究法，先從文獻探討著手，分析後設認知、數學態度與數學成績之關係，以作為本研究的理論基礎；其次，採用「後設認知量表」與「數學態度量表」，以探討國小五年級學生其後設認知量表得分、數學態度量表得分與數學成績之關係。

四、研究對象

　　本研究的母群體為高雄市國小五年級學生，預計從高雄市十一個行政區，抽取 13 所學校（有兩個行政區因學生人數較多，各抽取 2 所學校，其餘九個行政區各抽取 1 所學校），再從所抽取的學校中，各抽取一個五年級班級的學生，作為正式研究的對象。

五、研究工具

　　本研究的研究工具包含「後設認知量表」與「數學態度量表」，「後設認知量表」決定採用現成量表，「數學態度量表」則為研究者自編之量表。

圖 4-2　研究架構圖實例

　　除應避免未提供專家任何研究議題之相關訊息外，對每個分量表的變項內容，也需要提供清楚的內涵定義。先前已提及，不同學派或不同學者對相同的研究變項，可能有不同定義，故請專家審題時，應該清楚說明你的量表所採用之概念性定義，以避免造成專家審題時的困擾，圖 4-3 即為提供每個變項概念性定義的實例。

五、每道題目需提供專家評判題目品質的選項

　　為了讓專家審題工作進行更順利，每道題目都應提供專家評判試題品質的選項。針對每道題目的品質評判，通常會提供「適切」、「需修改」與「需刪除」等三個選項，並且每題也需提供空白的一行，作為需修改時的修正處。

　　倘若量表包含幾個分量表，為確定題目所歸屬的向度是否合適，較嚴謹的作法，是請專家同時進行題目向度的歸類。

（一）行動控制調整策略量表

適合	修正	刪除	【名詞解釋】行動控制調整策略是指學習者在學習歷程中，為保護其學習意向，避免其他行動意向干擾而使用的策略，包含注意力的控制、情緒控制、堅持努力的控制及環境控制等四類。	完全相符	大部分相符	一半相符	大部分不符	完全不符
□	□	□	當我很懶得讀書時，我還是會想辦法唸完預定的進度。修正意見：	5	4	3	2	1
□	□	□	當我讀書不專心時，會想到如果沒考好的話，自己原先的努力或犧牲就白費了。 修正意見：	5	4	3	2	1

資料來源：引自**國小學童課業壓力、自我調整學習策略與課業成就之相關研究**（未出版之碩士論文）（頁128），呂明勳，2008，高雄師範大學。

圖 4-3　提供每個變項概念性定義的實例

六、將專家的建議，整理成表格

專家的建議常有不一致的情形，若屬博碩士論文的量表編製，此時應由指導教授，根據論文研究目的與量表編製目的，做最後的綜合判斷。為了方便指導教授進行綜合判斷，研究生最好把專家的建議，綜合整理成表格，如表 4-1 所示。

表 4-1

專家審閱意見的整理表

○○○○量表					
總共聘請 8 位專家，分別以 A、B、C、D、E、F、G、H 代碼標示專家提供的修正建議。					
題號	適合	修正	刪除	修正意見	修改後的題目
1					
2					
3					
4					
5					
6					

研究生與指導教授討論專家審閱意見前，應先將表 4-1 中「適合」、「修正」、「刪除」與「修正意見」這四個欄位的資料整理好。「適合」、「修正」

與「刪除」這三個欄位的資料，是整理專家對此道題目所表示的意見之數量，由這三個欄位的數據，可以清楚瞭解專家對此道題目的看法。而「修正意見」這個欄位，則是整理專家主張「修正」或「刪除」的理由。

「修改後的題目」這個欄位資料，是指導教授綜合判斷專家審查意見後，針對需修改的題目，呈現修改後的題目。圖 4-4 是專家審閱意見統整表的實例。

適 修 刪 合 正 除	貳、【樂觀信念量表】題目 分量表一：對正向結果抱持自信	專家意見	修正後題目
8 0 0	1. 我覺得我在未來的日子會過得很開心。	無	保　留
8 0 0	2. 我認為未來會有好事發生在我身上。	無	保　留
6 2 0	3. 即使碰到不如意的事，我仍相信最後會變好。	B：修正，改為我仍相信最後事情會變好 F：即使碰到不如意的事，我仍相信最後事情會變好。	即使碰到不如意的事，我仍相信最後事情會變好。
8 0 0	4. 我對自己的能力充滿了信心。	無	保　留
8 0 0	5. 我覺得我能把生活中大部分的事做好。	無	保　留
4 2 1	6. 不論發生什麼事，總是會有同學關心我。	C：刪除 (與信心無關) D：修正 H：修正	刪　除

資料來源：引自高雄市國小高年級學童樂觀信念與挫折容忍力之相關研究（未出版之碩士論文）（頁128），蔡旻凌，2011，高雄師範大學。

圖 4-4　專家審閱意見統整表的實例

如何根據專家的建議，來決定題目的保留與否，Hinkin（1998）認為，專家們勾選「題目適合」選項的一致程度至少需達 75% 以上，才能保留該道題目；Lester 與 Bishop（2000）則認為，專家們勾選「題目適合」選項的一致程度至少需達 80% 以上，才能保留該道題目。

筆者認為雖然參考專家對「題目適合」選項一致性程度，是一個較為客觀的評判指標，但要特別注意的是，對於專家的建議，不能只單獨依賴一致性的指標，還要判斷專家的建議理由。例如：請 8 位專家協助進行量表的審查。回收的專家意見中，某道題目有 7 位專家勾選「題目適合」選項，另外有 1 位專家勾

選「題目需要修改」選項，則不宜認為專家對「題目適合」選項一致性為 7/8 = 87.5%，由於一致性程度高於 80%，故就決定將此題目保留，不做任何的修改。最好應仔細研讀勾選「題目需要修改」那位專家所提供的修改建議，來判斷所提供的修改建議是否合適。假若判斷結果發現該位專家的建議相當合適，雖然有 7 位專家認定該題是合適的，還是應將該題進行修改。

　　舉上述的例子，只是要提醒量表編製者，對題目的保留與否，不能完全只依靠專家一致性的數值大小，需同時參酌專家提供的修改建議。

　　量表經過專家審查後，綜合考量專家的建議，統整需修改或需刪除的題目後，即可編排成預試的量表。

貳、「聘請專家進行量表審閱」之實例分析

　　以第 3 章編擬好的 40 題數學態度量表為例，數學態度量表包含數學學習信心、數學學習動機、數學焦慮，以及數學的實用性等四個分量表，每個分量表已編擬 10 道題目。

　　聘請專家審題的型態可分成兩種：第一種是先請專家判斷題目歸屬哪個分量表，再評判題目的品質；第二種是直接請專家針對題目品質進行判斷。當量表編製者不太確定題目的向度時，建議採用第一種方式，此種方式請專家針對題目進行歸類，可確保題目歸屬到較適合的向度，是一種比較嚴謹的作法。當量表編製者能確定題目向度時，則可採用第二種方式，但此種方式易造成題目歸屬不適切的向度。茲呈現兩種數學態度量表之專家審題實例，圖 4-5 的實例即採用第一種方法，圖 4-6 的實例採用第二種方法。

數學態度量表（專家審題）

　　本量表目的在測量國小五年級學生的數學態度，量表共分成數學學習信心、數學學習動機、數學焦慮、數學的實用性等四個向度，每個向度的內涵，請參考下列的說明。受試者作答時，是採用李克特（Likter）五點量表，由「非常不同意」選項至「非常同意」選項，代表不同程度的同意情形。

一、數學學習信心：指學生對自己學習數學的能力與表現，所持的信心程度。

二、數學學習動機：指學生學習數學時，所展現出投入、堅持的意願與傾向。

三、數學焦慮：指學生接觸數學時，所引發不安、緊張、害怕等情緒反應。

四、數學的實用性：指學生認定數學對其有何實用價值的看法。

　　請您根據上面對每個分量表的內涵定義，在下面的左邊欄位中，勾選您認為該題歸屬於哪個向度，並在下面的右邊欄位中，勾選該題是合適？需修改？或不合適？若您勾選需修改，也煩請在修正處提供您寶貴的修正建議。

數學學習信心	數學學習動機	數學焦慮	數學的實用性	無法分類		題目適合	題目需修改	題目不適合
☐	☐	☐	☐	☐	1. 我覺得我的數學和班上其他同學比起來還不錯。 修正意見：＿＿＿＿＿＿＿＿＿＿＿＿＿＿	☐	☐	☐
☐	☐	☐	☐	☐	2. 只要真正瞭解數學課本的內容，我就可以把數學學好。 修正意見：＿＿＿＿＿＿＿＿＿＿＿＿＿＿	☐	☐	☐
☐	☐	☐	☐	☐	3. 我覺得要將數學學好**不是**一件困難的事。 修正意見：＿＿＿＿＿＿＿＿＿＿＿＿＿＿	☐	☐	☐
☐	☐	☐	☐	☐	4. 我沒有信心學好數學。 修正意見：＿＿＿＿＿＿＿＿＿＿＿＿＿＿	☐	☐	☐
☐	☐	☐	☐	☐	5. 我認為數學是一門困難的科目。 修正意見：＿＿＿＿＿＿＿＿＿＿＿＿＿＿	☐	☐	☐
☐	☐	☐	☐	☐	6. 我覺得數學很簡單。 修正意見：＿＿＿＿＿＿＿＿＿＿＿＿＿＿	☐	☐	☐
☐	☐	☐	☐	☐	7. 只要上課用心學習，我就可以瞭解老師所教的內容。 修正意見：＿＿＿＿＿＿＿＿＿＿＿＿＿＿	☐	☐	☐
☐	☐	☐	☐	☐	8. 老師出的數學題目，我大部分都能算出來。 修正意見：＿＿＿＿＿＿＿＿＿＿＿＿＿＿	☐	☐	☐
☐	☐	☐	☐	☐	9. 只要努力，我就可以把數學考好。 修正意見：＿＿＿＿＿＿＿＿＿＿＿＿＿＿	☐	☐	☐
☐	☐	☐	☐	☐	10. 只要多做一些練習題目，我就可以更加瞭解數學課本的內容。 修正意見：＿＿＿＿＿＿＿＿＿＿＿＿＿＿	☐	☐	☐

數學學習信心	數學學習動機	數學焦慮	數學的實用性	無法分類		題目適合	題目需修改	題目不適合
☐	☐	☐	☐	☐	11. 我自己很想把數學學好。	☐	☐	☐
					修正意見：＿＿＿＿＿＿＿＿＿＿＿＿＿＿＿			
☐	☐	☐	☐	☐	12. 遇到**不會**算的數學題目，我就會放棄，不再去想它。	☐	☐	☐
					修正意見：＿＿＿＿＿＿＿＿＿＿＿＿＿＿＿			
☐	☐	☐	☐	☐	13. 不必人家提醒，我就會自己主動算數學。	☐	☐	☐
					修正意見：＿＿＿＿＿＿＿＿＿＿＿＿＿＿＿			
☐	☐	☐	☐	☐	14. 把數學學好，會讓我成為同學羨慕的對象。	☐	☐	☐
					修正意見：＿＿＿＿＿＿＿＿＿＿＿＿＿＿＿			
☐	☐	☐	☐	☐	15. 算出正確的數學答案，會讓我很有成就感。	☐	☐	☐
					修正意見：＿＿＿＿＿＿＿＿＿＿＿＿＿＿＿			
☐	☐	☐	☐	☐	16. 如果我的數學成績沒有達到我的理想標準時，我會更用功。	☐	☐	☐
					修正意見：＿＿＿＿＿＿＿＿＿＿＿＿＿＿＿			
☐	☐	☐	☐	☐	17. 因為師長們常常鼓勵我，所以我會想多做數學。	☐	☐	☐
					修正意見：＿＿＿＿＿＿＿＿＿＿＿＿＿＿＿			
☐	☐	☐	☐	☐	18. 除了老師指定的數學作業以外，我還會主動找其他題目練習。	☐	☐	☐
					修正意見：＿＿＿＿＿＿＿＿＿＿＿＿＿＿＿			
☐	☐	☐	☐	☐	19. 我會事先預習老師要教的內容。	☐	☐	☐
					修正意見：＿＿＿＿＿＿＿＿＿＿＿＿＿＿＿			
☐	☐	☐	☐	☐	20. 我會複習老師今天所教的內容。	☐	☐	☐
					修正意見：＿＿＿＿＿＿＿＿＿＿＿＿＿＿＿			
☐	☐	☐	☐	☐	21. 上數學課時，我很怕老師問我問題。	☐	☐	☐
					修正意見：＿＿＿＿＿＿＿＿＿＿＿＿＿＿＿			
☐	☐	☐	☐	☐	22. 我很害怕上數學課。	☐	☐	☐
					修正意見：＿＿＿＿＿＿＿＿＿＿＿＿＿＿＿			
☐	☐	☐		☐	23. 我**不會**怕數學。	☐	☐	☐
					修正意見：＿＿＿＿＿＿＿＿＿＿＿＿＿＿＿			
☐	☐	☐	☐	☐	24. 上數學課時，我**不會**緊張。	☐	☐	☐
					修正意見：＿＿＿＿＿＿＿＿＿＿＿＿＿＿＿			
☐	☐	☐	☐	☐	25. 需要用到數學時，我會很緊張。	☐	☐	☐
					修正意見：＿＿＿＿＿＿＿＿＿＿＿＿＿＿＿			
☐	☐	☐	☐	☐	26. 我認為數學不難，沒什麼好怕的。	☐	☐	☐
					修正意見：＿＿＿＿＿＿＿＿＿＿＿＿＿＿＿			

數學學習信心	數學學習動機	數學焦慮	數學的實用性	無法分類		題目適合	題目需修改	題目不適合
☐	☐	☐	☐	☐	27. 當我看到數學題目時，就覺得**不舒服**。 修正意見：＿＿＿＿＿＿＿＿＿＿＿	☐	☐	☐
☐	☐	☐	☐	☐	28. 想到要考數學，我就會很焦慮。 修正意見：＿＿＿＿＿＿＿＿＿＿＿	☐	☐	☐
☐	☐	☐	☐	☐	29. 碰到和數學有關的問題時，我會感到很頭痛。 修正意見：＿＿＿＿＿＿＿＿＿＿＿	☐	☐	☐
☐	☐	☐	☐	☐	30. 數學問題解不出來時，我會覺得很厭煩。 修正意見：＿＿＿＿＿＿＿＿＿＿＿	☐	☐	☐
☐	☐	☐	☐	☐	31. 把數學學好，以後找工作比較容易。 修正意見：＿＿＿＿＿＿＿＿＿＿＿	☐	☐	☐
☐	☐	☐	☐	☐	32. 學數學除了考試之外，對我幫助不大。 修正意見：＿＿＿＿＿＿＿＿＿＿＿	☐	☐	☐
☐	☐	☐	☐	☐	33. 學數學對我日常生活幫助很大。 修正意見：＿＿＿＿＿＿＿＿＿＿＿	☐	☐	☐
☐	☐	☐	☐	☐	34. 學數學讓我的思考更敏銳。 修正意見：＿＿＿＿＿＿＿＿＿＿＿	☐	☐	☐
☐	☐	☐	☐	☐	35. 把數學學好，可以讓我以後讀比較好的學校。 修正意見：＿＿＿＿＿＿＿＿＿＿＿	☐	☐	☐
☐	☐	☐	☐	☐	36. 我覺得學數學，很浪費時間。 修正意見：＿＿＿＿＿＿＿＿＿＿＿	☐	☐	☐
☐	☐	☐	☐	☐	37. 我覺得長大以後，用到數學的機會不多。 修正意見：＿＿＿＿＿＿＿＿＿＿＿	☐	☐	☐
☐	☐	☐	☐	☐	38. 我覺得學數學，可以讓我更聰明。 修正意見：＿＿＿＿＿＿＿＿＿＿＿	☐	☐	☐
☐	☐	☐	☐	☐	39. 學好數學有助於解決遭遇的困難。 修正意見：＿＿＿＿＿＿＿＿＿＿＿	☐	☐	☐
☐	☐	☐	☐	☐	40. 數學一點用也沒有。 修正意見：＿＿＿＿＿＿＿＿＿＿＿	☐	☐	☐

圖 4-5　數學態度量表（專家審題用）量表型態實例一

數學態度量表（專家審題）

　　本量表目的在測量國小五年級學生的數學態度，量表共分成數學學習信心、數學學習動機、數學焦慮、數學的實用性等四個向度，每個向度的內涵，請參考下列的說明。受試者作答時，是採用李克特（Likter）五點量表，由「非常不同意」選項至「非常同意」選項，代表不同程度的同意情形。

　　請您參考本研究對每個分量表內涵的定義，在下面的右邊欄位中，勾選該題是合適？需修改？或不合適？若您勾選需修改，也煩請在修正處提供您寶貴的修正建議。

一、數學學習信心：指學生對自己學習數學的能力與表現，所持的信心程度。	題目適合	題目需修改	題目不適合
1. 我覺得我的數學和班上其他同學比起來還不錯。 修正意見：_____	□	□	□
2. 只要真正瞭解數學課本的內容，我就可以把數學學好。 修正意見：_____	□	□	□
3. 我覺得要將數學學好**不是**一件困難的事。 修正意見：_____	□	□	□
4. 我沒有信心學好數學。 修正意見：_____	□	□	□
5. 我認為數學是一門困難的科目。 修正意見：_____	□	□	□
6. 我覺得數學很簡單。 修正意見：_____	□	□	□
7. 只要上課用心學習，我可以瞭解老師所教的內容。 修正意見：_____	□	□	□
8. 老師出的數學題目，我大部分都能算出來。 修正意見：_____	□	□	□
9. 只要努力，我就可以把數學考好。 修正意見：_____	□	□	□
10. 只要多做一些練習題目，我就可以更加瞭解數學課本的內容。 修正意見：_____	□	□	□

二、數學學習動機：指學生學習數學時，所展現出投入、堅持的意願與傾向。	題目適合	題目需修改	題目不適合
11. 我自己很想把數學學好。	☐	☐	☐
修正意見：_____			
12. 遇到**不會**算的數學題目，我就會放棄，不再去想它。	☐	☐	☐
修正意見：_____			
13. 不必人家提醒，我就會自己主動算數學。	☐	☐	☐
修正意見：_____			
14. 把數學學好，會讓我成為同學羨慕的對象。	☐	☐	☐
修正意見：_____			
15. 算出正確的數學答案，會讓我很有成就感。	☐	☐	☐
修正意見：_____			
16. 如果我的數學成績沒有達到我的理想標準時，我會更用功。	☐	☐	☐
修正意見：_____			
17. 因為師長們常常鼓勵我，所以我會想多做數學。	☐	☐	☐
修正意見：_____			
18. 除了老師指定的數學作業以外，我還會主動找其他題目練習。	☐	☐	☐
修正意見：_____			
19. 我會事先預習老師要教的內容。	☐	☐	☐
修正意見：_____			
20. 我會複習老師今天所教的內容。	☐	☐	☐
修正意見：_____			

三、數學焦慮：指學生接觸數學時，所引發不安、緊張、害怕等情緒反應。	題目適合	題目需修改	題目不適合
21. 上數學課時，我很怕老師問我問題。	☐	☐	☐
修正意見：_____			
22. 我很害怕上數學課。	☐	☐	☐
修正意見：_____			
23. 我**不會**怕數學。	☐	☐	☐
修正意見：_____			
24. 上數學課時，我**不會**緊張。	☐	☐	☐
修正意見：_____			
25. 需要用到數學時，我會很緊張。	☐	☐	☐
修正意見：_____			

三、數學焦慮：指學生接觸數學時，所引發不安、緊張、害怕等情緒反應。	題目適合	題目需修改	題目不適合
26. 我認為數學不難，沒什麼好怕的。 修正意見：＿＿＿＿＿＿＿＿＿＿＿＿＿＿＿＿	☐	☐	☐
27. 當我看到數學題目時，就覺得**不舒服**。 修正意見：＿＿＿＿＿＿＿＿＿＿＿＿＿＿＿＿	☐	☐	☐
28. 想到要考數學，我就會很焦慮。 修正意見：＿＿＿＿＿＿＿＿＿＿＿＿＿＿＿＿	☐	☐	☐
29. 碰到和數學有關的問題時，我會感到很頭痛。 修正意見：＿＿＿＿＿＿＿＿＿＿＿＿＿＿＿＿	☐	☐	☐
30. 數學問題解不出來時，我會覺得很厭煩。 修正意見：＿＿＿＿＿＿＿＿＿＿＿＿＿＿＿＿	☐	☐	☐

四、數學的實用性：指學生認定數學對其有何實用價值的看法。	題目適合	題目需修改	題目不適合
31. 把數學學好，以後找工作比較容易。 修正意見：＿＿＿＿＿＿＿＿＿＿＿＿＿＿＿＿	☐	☐	☐
32. 學數學除了考試之外，對我幫助不大。 修正意見：＿＿＿＿＿＿＿＿＿＿＿＿＿＿＿＿	☐	☐	☐
33. 學數學對我日常生活幫助很大。 修正意見：＿＿＿＿＿＿＿＿＿＿＿＿＿＿＿＿	☐	☐	☐
34. 學數學讓我的思考更敏銳。 修正意見：＿＿＿＿＿＿＿＿＿＿＿＿＿＿＿＿	☐	☐	☐
35. 把數學學好，可以讓我以後讀比較好的學校。 修正意見：＿＿＿＿＿＿＿＿＿＿＿＿＿＿＿＿	☐	☐	☐
36. 我覺得學數學，很浪費時間。 修正意見：＿＿＿＿＿＿＿＿＿＿＿＿＿＿＿＿	☐	☐	☐
37. 我覺得長大以後，用到數學的機會不多。 修正意見：＿＿＿＿＿＿＿＿＿＿＿＿＿＿＿＿	☐	☐	☐
38. 我覺得學數學，可以讓我更聰明。 修正意見：＿＿＿＿＿＿＿＿＿＿＿＿＿＿＿＿	☐	☐	☐
39. 學好數學有助於解決遭遇的困難。 修正意見：＿＿＿＿＿＿＿＿＿＿＿＿＿＿＿＿	☐	☐	☐
40. 數學一點用也沒有。 修正意見：＿＿＿＿＿＿＿＿＿＿＿＿＿＿＿＿	☐	☐	☐

圖 4-6　數學態度量表（專家審題用）量表型態實例二

　　數學態度量表的審閱工作，聘請 8 位專家學者，包括 2 位學術專長為數學教育的大學教授、1 位學術專長為教育心理學的大學教授、1 位學術專長為心理測驗編製的大學教授、2 位國教輔導團數學科老師，以及 2 位資深國小高年級數學教師。

　　經過 8 位專家的審題後，根據專家提供的修正建議，刪除「數學學習信心」分量表的第 3、6 與 10 等三題；刪除「數學學習動機」分量表的第 3 與 8 等兩題；刪除「數學焦慮」分量表的第 3 與 10 等兩題；刪除「數學的實用性」分量表的第 2、7 與 9 等三題。四個分量表總共刪除 10 題，原本數學態度量表有 40 題，刪題後數學態度量表變成 30 題。在保留的 30 道題目中，有 13 道題目根據專家的建議，進行局部修改。有關數學態度量表 40 道題目的刪除、保留或修正之相關資料，如表 4-2 所示。

表 4-2

經專家審題後的題目修正結果

向度	初擬的 40 道數學態度量表題目	經專家修正後的 30 道題目
數學學習信心	1. 我覺得我的數學和班上其他同學比起來還不錯。	1. 我覺得我的數學能力和班上其他同學相比，還算不錯（修改）。
	2. 只要真正瞭解數學課本的內容，我就可以把數學學好。	2. 只要真正瞭解數學課本的內容，我就可以把數學學好（保留原題目）。
	3. 我覺得要將數學學好不是一件困難的事。	刪此題。
	4. 我沒有信心學好數學。	3. 我很有信心可以把數學學好（修改）。
	5. 我認為數學是一門困難的科目。	4. 我認為數學是一門困難的科目（保留原題目）。
	6. 我覺得數學很簡單。	刪此題。
	7. 只要上課用心學習，我就可以瞭解老師所教的內容。	5. 只要上課用心學習，我就可以瞭解老師所教的內容（保留原題目）。
	8. 老師出的數學題目，我大部分都能算出來。	6. 老師出的數學題目，我大部分都能算出來（保留原題目）。
	9. 只要努力，我就可以把數學考好。	7. 只要肯努力，我就可以把數學考好（修改）。
	10. 只要多做一些練習題目，我就可以更加瞭解數學課本的內容。	刪此題。

表 4-2

（續）

向度	初擬的 40 道數學態度量表題目	經專家修正後的 30 道題目
數學學習動機	1. 我自己會想把數學學好。	8. 我自己很想把數學學好（修改）。
	2. 遇到不會算的數學題目，我就會放棄，不再去想它。	9. 遇到不會算的數學題目，我就會放棄，不再去想它（保留原題目）。
	3. 不必人家提醒，我就會自己主動算數學。	刪此題。
	4. 把數學學好，會讓我成為同學羨慕的對象。	10. 把數學學好，會讓我成為同學羨慕的對象（保留原題目）。
	5. 算出正確的數學答案，會讓我很有成就感。	11. 算出正確的數學答案，會讓我很有成就感（保留原題目）。
	6. 如果我的數學成績沒有達到我的理想標準時，我會更用功。	12. 數學成績沒有達到我的目標時，我會更用功（修改）。
	7. 因為師長們常常鼓勵我，所以我會想多做數學。	13. 我會因師長的鼓勵，而想多做一些數學題目（修改）。
	8. 除了老師指定的數學作業以外，我還會主動找其他題目練習。	刪此題。
	9. 我會事先預習老師要教的內容。	14. 我會事先預習老師要教的內容（保留原題目）。
	10. 我會複習老師今天所教的內容。	15. 我會複習老師今天所教的內容（保留原題目）。
數學焦慮	1. 上數學課時，我很怕老師問我問題。	16. 上數學課時，我很怕老師問我問題（保留原題目）。
	2. 我很害怕上數學課。	17. 我很害怕上數學課（保留原題目）。
	3. 我不會怕數學。	刪此題。
	4. 上數學課時，我不會緊張。	18. 上數學課時，我不會緊張（保留原題目）。
	5. 需要用到數學時，我會很緊張。	19. 需要用到數學時，我會很緊張（保留原題目）。
	6. 我認為數學不難，沒什麼好怕的。	20. 我認為數學不難，沒什麼好怕的（保留原題目）。
	7. 當我看到數學題目時，就覺得不舒服。	21. 當我看到數學題目時，就覺得不舒服（保留原題目）。
	8. 想到要考數學，我就會很焦慮。	22. 想到要考數學，我就會很焦慮（保留原題目）。
	9. 碰到和數學有關的問題時，我會感到很頭痛。	23. 碰到和數學有關的問題時，我就會很頭痛（修改）。
	10. 數學問題解不出來時，我會覺得很厭煩。	刪此題。

表 4-2

（續）

向度	初擬的 40 道數學態度量表題目	經專家修正後的 30 道題目
數學的實用性	1. 把數學學好，以後找工作比較容易。	24. 把數學學好，以後比較容易找到好工作（修改）。
	2. 學數學除了考試之外，對我幫助不大。	刪此題。
	3. 學數學讓我的思考更敏銳。	25. 學數學讓我的思考更敏銳（保留原題目）。
	4. 學數學對我日常生活幫助很大。	26. 學數學對我的日常生活幫助很大（修改）。
	5. 把數學學好，可以讓我以後讀比較好的學校。	27. 學好數學可以讓我以後讀比較好的學校（修改）。
	6. 我覺得學數學，很浪費時間。	28. 我覺得學數學很浪費時間（修改）。
	7. 我覺得長大以後，用到數學的機會不多。	刪此題。
	8. 我覺得學數學，可以讓我更聰明。	29. 我覺得學數學可以讓我更聰明（修改）。
	9. 學好數學有助於解決遭遇的困難。	刪此題。
	10. 數學一點用也沒有。	30. 我覺得數學一點用也沒有（修改）。

　　將表 4-2 最後定稿的 30 道題目，與初擬的 40 道題目相比較，整理成表 4-3 數學態度量表初擬題目與預試題目的對照表。由表 4-3 可知，「數學學習信心」分量表初擬 10 題，經專家意見修改成7題；「數學學習動機」分量表初擬 10 題，經專家意見修改成 8 題；「數學焦慮」分量表初擬 10 題，經專家意見修改成 8 題；「數學的實用性」分量表初擬 10 題，經專家意見修改成 7 題。

　　初擬 40 題中有 26 道正向題與 14 道反向題，而修正後的 30 道題目中，則包含 19 道正向題與 11 道反向題。

表 4-3

40 道初擬題目與修正後 30 道題目之對照表

總量表	分量表	初擬試題題號	預試問卷題號	預試題數
	數學學習信心	1	1	7
		2	2	
		3	刪除	
		4(r)	3(r)	
		5(r)	4(r)	
		6	刪除	
		7	5	
		8	6	
		9	7	
		10	刪除	
	數學學習動機	11	8	8
		12(r)	9(r)	
		13	刪除	
		14	10	
		15	11	
		16	12	
		17	13	
		18	刪除	
		19	14	
		20	15	
數學態度總量表	數學焦慮	21(r)	16(r)	8
		22(r)	17(r)	
		23	刪除	
		24	18	
		25(r)	19(r)	
		26	20	
		27(r)	21(r)	
		28(r)	22(r)	
		29(r)	23(r)	
		30(r)	刪除	
	數學的實用性	31	24	7
		32(r)	刪除	
		33	25	
		34	26	
		35	27	
		36(r)	28(r)	

表 4-3

（續）

總量表	分量表	初擬試題題號	預試問卷題號	預試題數
		37(r)	刪除	
數學態度總量表	數學的實用性	38	29	
		39	刪除	
		40(r)	30(r)	

註：r 表示反向題。

　　將表 4-2 最後定稿的 30 道題目，編排成圖 4-7 數學態度量表的預試版本。為避免因「數學態度量表」的名稱，影響受試者的資料填答真實性，故將「數學態度量表」的名稱改成「數學學習狀態調查表」的名稱。

數學學習狀態調查表

親愛的小朋友：

　　下面的問題只是想要知道你對數學的感覺。這不是考試，也不會計算分數。每個題目也沒有標準答案，只要按照你自己的想法回答就可以了。每一題都要填寫，填寫完畢之後，請仔細檢查是否有漏答的題目！最後祝各位小朋友

　　學 業 進 步

〇〇〇〇大學〇〇系
指導教授：〇〇〇博士
研 究 生：〇〇〇敬上
中華民國〇〇年〇〇月

_____國 小 五 年____班____號　姓 名：_____性別：□男　　□女

	非常不同意	不同意	不確定	同意	非常同意
1. 我覺得我的數學能力和班上其他同學相比，還算不錯。………	□	□	□	□	□
2. 只要真正瞭解數學課本的內容，我就可以把數學學好。………	□	□	□	□	□
3. 我很有信心可以把數學學好。…………………………………	□	□	□	□	□
4. 我認為數學是一門困難的科目。……………………………	□	□	□	□	□
5. 只要上課用心學習，我可以瞭解老師所教的內容。…………	□	□	□	□	□
6. 老師出的數學題目，我大部分都能算出來。…………………	□	□	□	□	□
7. 只要肯努力，我就可以把數學考好。…………………………	□	□	□	□	□
8. 我自己很想把數學學好。……………………………………	□	□	□	□	□
9. 遇到**不會**算的數學題目，我就會放棄，不再去想它。………	□	□	□	□	□
10. 把數學學好，會讓我成為同學羨慕的對象。…………………	□	□	□	□	□
11. 算出正確的數學答案，會讓我很有成就感。…………………	□	□	□	□	□
12. 數學成績沒有達到我的目標時，我會更用功。………………	□	□	□	□	□
13. 我會因師長的鼓勵，而想多做一些數學題目。………………	□	□	□	□	□
14. 我會事先預習老師要教的內容。……………………………	□	□	□	□	□
15. 我會複習老師今天所教的內容。……………………………	□	□	□	□	□
16. 上數學課時，我很怕老師問我問題。………………………	□	□	□	□	□
17. 我很害怕上數學課。…………………………………………	□	□	□	□	□
18. 上數學課時，我**不會**緊張。………………………………	□	□	□	□	□
19. 需要用到數學時，我會很緊張。……………………………	□	□	□	□	□
20. 我認為數學不難，沒什麼好怕的。…………………………	□	□	□	□	□
21. 當我看到數學題目時，就覺得**不舒服**。…………………	□	□	□	□	□
22. 想到要考數學，我就會很焦慮。……………………………	□	□	□	□	□
23. 碰到和數學有關的問題時，我會感到很頭痛。………………	□	□	□	□	□
24. 把數學學好，以後比較容易找到好工作。……………………	□	□	□	□	□
25. 學數學對我的日常生活幫助很大。…………………………	□	□	□	□	□
26. 學數學讓我的思考更敏銳。…………………………………	□	□	□	□	□
27. 學好數學可以讓我以後讀比較好的學校。……………………	□	□	□	□	□
28. 我覺得學數學很浪費時間。…………………………………	□	□	□	□	□
29. 我覺得學數學可以讓我更聰明。……………………………	□	□	□	□	□
30. 我覺得數學一點用也沒有。…………………………………	□	□	□	□	□

圖 4-7　數學態度量表的預試版本

Chapter

5

進行量表的預試

壹、「進行量表的預試」之理論基礎

貳、「進行量表的預試」之實例分析

　　量表題目經過專家審閱後，將專家的建議整理成預試量表後，即可開始進行量表的預試。底下將分別介紹「進行量表的預試」之理論基礎，以及「進行量表的預試」之實例分析兩個部分。

壹、「進行量表的預試」之理論基礎

　　編擬的量表參酌專家的審查意見後，需將保留的題目組成一份預試用的量表。這份預試用量表的題目，已根據專家審查建議修改，雖具備一定程度的內容效度，但仍無法保證組合這些保留的題目後，即可成為一份合適的量表。還需將預試用量表，選取具代表性樣本，進行量表的預試。藉由預試量表的統計結果，以考驗量表的信效度。在進行量表的預試時，需注意下列幾點事項：

一、進行量表預試時，應選取具代表性的樣本

　　進行量表的預試時，首要工作是確定研究對象的母群體，然後從母群體中，抽取具代表性的樣本。

　　例如：想探討「高雄市國中九年級學生數學態度與數學成績之相關研究」，在進行「數學態度量表」的預試時，先要確定高雄市國中九年級學生的總人數，可透過高雄市教育局網站所提供的高雄市在學學生人數統計資料，獲得高雄市國中九年級學生的總人數，即為研究對象的母群體人數。

　　確定母群體人數後，接著需從母群體中，抽取具代表性的樣本。若想抽取具代表性的樣本，則所抽取的樣本，在各種屬性上（例如：性別、年齡、能力、個性……等）比例分配情形，應與母群體人數在各種屬性上之比例分配情形相似。

　　以「高雄市國中九年級學生數學態度與數學成績之相關研究」為例，要從高雄市國中九年級學生的母群體中抽出具代表性的受試樣本，需考慮國中九年級學生的性別、不同數學能力、學校班級數的規模大小、學校所在地……等等的問題。以中小學生為研究對象時，常採用叢集抽樣（cluster sampling）方式，即以一個班級為抽樣單位，被抽選到的班級，班上所有同學都接受施測。目前國中編班方式是採常態編班，不同班級的男女生人數不會有太大差異，故就不同性別因素，採叢集抽樣所抽選的樣本應具有代表性。同時因常態編班的關係，每個班級的學生數學能力，也呈現常態分配，亦即每個班級同時包含高數學能力、中數學能力與低數學能力的學生，就不同數學能力的因素而言，採叢集抽樣所抽選的樣本，也應具有代表性。

但就學校規模大小的因素而言，由於母群體包含不同學校規模的學生，故抽樣上應根據高雄市教育局對學校規模的分類標準：大型學校、中型學校與小型學校，先計算母群體的大、中、小型三種學校規模的學生人數比例，再按照母群體三種學校規模的學生人數比例進行抽樣，如此可避免抽到不具代表性的樣本。

同樣地，就學校所在地的因素而言，由於母群體包含不同學校所在地（市區或郊區）的學生，抽樣時應根據高雄市政府對市區與郊區的界定，先計算母群體中不同學校所在地的學生人數比例，再按照母群體不同學校所在地的學生人數比例進行抽樣，如此才能避免可能全部抽到市區學校學生的誤差。

二、不適合以非母群體的樣本，進行量表的預試

進行量表預試時，應挑選母群體的樣本，避免挑選非母群體的樣本。由於非母群體的樣本屬性特質，可能不同於母群體的樣本屬性特質，故挑選非母群體的樣本進行量表預試，易造成量表預試結果，不適用於母群體的樣本。

以「高雄市國中九年級學生數學態度與數學成績之相關研究」為例，若預試樣本採用屏東縣的國中九年級學生，則可能造成以屏東縣國中九年級學生為預試樣本的量表，無法精準測量高雄市國中九年級學生的數學態度。

造成採用非母群體樣本進行預試，較常的原因是母群體人數不夠大，例如：母群體人數只有 3、4 百人左右，為了將母群體的樣本保留到正式量表的施測上，有些量表編製者會採用非母群體的樣本進行預試。筆者建議，若遇到母群體人數不夠大時，應設法擴大母群體的範圍，或是改採質性研究，不適合採用非母群體的樣本進行量表的預試。例如：想探討「高雄市國中音樂教師的教師專業成長與教學效能之相關研究」，考慮到高雄市國中音樂教師的母群體人數只有一百多人，此時可考慮擴大母群體範圍，將南部縣市（台南市、高雄市、屏東縣）的國中音樂教師納入研究範圍，而將研究題目改為「南部縣市國中音樂教師的教師專業成長與教學效能之相關研究」。或是改採質性研究方法，只探討一位高雄市國中音樂教師的教師專業成長與教學效能的關係。

三、預試受試者的人數數量

預試人數越多，量表的信效度估算能越準確，但受限預試樣本不易選取的緣故，故預試至少需要多少人，便成為量表編製者很關切的重要問題。

預試獲得的資料，主要用來進行項目分析、因素分析與信度分析等三種統計分析，以檢驗量表的信效度。由於因素分析結果較易受到樣本人數多寡的影響，

故思考預試需多少人數的問題，便需同時考量進行因素分析所需的樣本人數。考量預試需多少人數時，得先釐清一個問題：預試獲得的資料，只進行探索性因素分析，或是同時要進行探索性因素分析與驗證性因素分析。

　　傳統對量表構念效度（construct validity）的檢驗，只透過探索性因素分析來評判，近年來隨著執行結構方程模式（structure equations modeling [SEM]）的統計軟體（例如：AMOS、EQS、LISREL、MPLUS……等），越來越容易操作，驗證性因素分析的使用也越來越普遍（驗證性因素分析屬於結構方程模式的一種）。故在構念效度的檢驗上，越來越多的量表編製者，會同時進行探索性因素分析與驗證性因素分析。

　　同時進行探索性因素分析與驗證性因素分析，兩種因素分析不適合採用相同的受試樣本，不宜將探索性因素分析所採用的受試者，直接用來進行驗證性因素分析。探索性因素分析與驗證性因素分析的受試樣本若相同時，易造成進行驗證性因素分析獲得的參數估計與整體模式估計，出現較大的估計誤差（Raykov & Widaman, 1995）。

　　因而同時進行探索性因素分析與驗證性因素分析時，抽樣的樣本應多一些，然後採隨機方式，將抽樣樣本分成兩個部分，第一部分的樣本先進行探索性因素分析，再根據探索性因素分析結果，提出一個因素模式，然後以第二部分的樣本，進行驗證性因素分析，以考驗所提出的因素模式是否獲得支持。

　　底下將分成探索性因素分析所需的樣本人數、驗證性因素分析所需的樣本人數，以及同時進行探索性因素分析與驗證性因素分析所需的樣本人數等三個部分來探討。

(一) 進行探索性因素分析所需的樣本人數

　　預試人數太少，進行探索性因素分析時，易造成統計結果有較大的誤差值。想抽取較多的預試樣本，又易受時間或經濟上的限制，故抽取探索性因素分析的適當人數，便成了一件很重要的工作。

　　進行探索性因素分析至少需多少位受試者，測驗與統計學者對此問題採用兩種決定方式：一種是直接設定至少需多少人，另一種則採人數與題目的比例去估算。

　　採用直接設定最低人數的方式，主張進行探索性因素分析時，至少應有多少人數以上，所獲得的統計參數估計才能較穩定。例如：Gorsuch（1983）建議進行探索性因素分析至少需要 100 人；Guadagnoli 與 Velicer（1988）主張當題目的積差

相關係數不低時，則樣本人數在 150 人以上，即適合進行探索性因素分析；Clark
與 Watson（1995）建議，進行探索性因素分析的樣本人數介於 100 至 200 人即
可；DeVellis（2003）則主張至少 300 人以上，才適合進行探索性因素分析。

　　採用人數與題目比例的推估方式，主張題目數量是一個重要的影響因素，故
考量探索性因素分析所需人數時，應同時考量題目數量。Nunnally（1978）建議
人數與題數比例至少需 10：1，也就是假若量表有 20 題時，則人數至少需 200
人以上。Stevens（2002）建議人數與題數比例至少是 5：1，也就是假使量表有
20 題時，則人數至少是 100 人以上。Gorsuch（1997）則建議人數與題數比例至
少需 3：1，也就是假若量表有 20 題時，則人數至少需 60 人以上。

　　上述兩種決定探索性因素分析所需人數的方式，筆者建議不論採用何種方
式，人數最好不要低於 100 人，否則易產生較大的估計誤差。綜合上述學者的
主張，進行探索性因素分析的樣本人數若是 300 人以上，或是人數與題數比例
為 10：1 時，是屬於較理想的樣本人數；若樣本人數高於 150 人，或是人數與題
數比例為 5：1 時，則屬普通的樣本人數；當樣本人數低於 100 人時，或是人數
與題數比例為 3：1 時，則不適合進行探索性因素分析。筆者綜合上述學者的觀
點，整理成表 5-1。

表 5-1

探索性因素分析所需樣本人數參考表

人數決定的方式	較不合適的取樣人數	普通的取樣人數	較合適的取樣人數
以直接設定最低人數	100 人	150 至 200人	300 人以上
以人數與題目的比例	3：1	5：1	10：1

(二) 驗證性因素分析所需的樣本人數

　　決定驗證性因素分析所需人數，並不是件簡單的事，因為它受到每個因素
所包含的題目數量、每個因素與每道題目的因素負荷量高低、資料符合多變項
常態分配（multivariate normality）的程度，以及所使用的模式估計方法等的影響
（Jackson, 2003）。

　　進行驗證性因素分析需要多少的樣本人數，對此問題，有些學者主張採用最
低人數的決定方式，有些學者建議採用人數與估計參數的比例估算。

　　採用最低人數的建議方式，學者大多建議進行驗證性因素分析的人數應該在
200人以上（Hoyle, 2000; Jackson, 2003; Kline, 2016）。Hoyle（2000）除了主張
進行驗證性因素分析的人數至少要 200 人以上，更建議最好是 400 人以上。

Schumacker 與 Lomax（1996）曾整理發現大多數進行結構方程模式分析的樣本人數是介於 250 至 500 人之間。而 Hair 等人（2010）曾對進行結構方程模式（SEM）分析所需的樣本人數，提出如表 5-2 的建議。

表 5-2

進行結構方程模式分析的建議樣本人數

SEM 模式的狀況	所需樣本人數
SEM 模式包含低於 5 個因素，每個因素包含超過 3 道題目，題目的共同性高於 .6	至少 100 人
SEM 模式包含低於 7 個因素，有普通的共同性（.5），沒有不足辨識的構念（no underidentified constructs）	至少 150 人
SEM 模式包含低於 7 個因素，有低的共同性（.45），有多個不足辨識的構念（multiple underidentified constructs）	至少 300 人
SEM 模式包含許多個因素，有低的共同性，有些構念的題目低於 3 道題目	至少 500 人

資料來源：引自 *Multivariate data analysis: A global perspective* (p. 662), by J. Hair, W. Black, B. Babin, & R. Anderson, 2010, Pearson Prentice Hall.

由於驗證性因素分析是結構方程模式的一個分支，故進行驗證性因素分析時，也可參考上述學者對進行結構方程模式分析所提的參考樣本人數。

採用人數與估計參數比例的方法，較常建議人數與估計參數比例至少需要 10：1，亦即 1 個估計參數至少應該有 10 位受試者 (Jackson, 2003; Kline, 2016)。

綜合上述的討論，進行驗證性因素分析所需的樣本人數，若採用最低樣本人數的方法，則至少需 200 人以上。若採樣本人數與估計參數比例的方法，則最好採人數與估計參數比例至少 10：1 的樣本人數。

(三) 同時進行探索性因素分析與驗證性因素分析所需的樣本人數

當前測驗與統計學界對量表的效度考驗，最完整的考驗歷程，是先抽取足夠數量的樣本，然後用隨機方式，將所抽取的樣本分成兩部分。第一部分的樣本，先進行探索性因素分析，再根據探索性因素分析結果，提出一個量表構念的理論模式，最後以第二部分的樣本，進行驗證性因素分析，以檢驗所提出的理論模式是否獲得支持。

若同時進行探索性因素分析與驗證性因素分析時，較簡單的人數決定方式，是採用設定最低人數的方式。一般而言，同時進行探索性因素分析與驗證性因素分析時，樣本人數不宜低於 350 人，樣本人數介於 450 至 500 人，則屬於普通的樣本人數，人數高於 600 人則屬於較理想的人數。當抽樣的樣本數夠大（例如：

抽樣人數高於 600 人），可考慮將樣本人數隨機分成相等的兩半，分別進行探索性因素分析與驗證性因素分析；若抽樣人數低於 500 人時，則將樣本分成不相等的兩半，人數較少的樣本用以進行探索性因素分析，人數較多的樣本（至少不應低於 200 人）用來進行驗證性因素分析。

四、預試的樣本資料，不能與正式施測的樣本資料混合使用

由於預試量表的題目，經過項目分析、因素分析與信度分析等統計方法的檢驗後，常會刪除一些題目，故預試量表的題目與正式量表的題目，常常不會完全一樣的。基於標準化程序的要求，不同題數的量表（預試量表與正式量表）會影響受試者的填答結果，故不適合將預試的樣本資料，與正式施測的樣本資料混合使用。另外，正式量表已具良好的信效度，但預試量表不一定具良好的信效度，因而進行研究結果的統計分析時，應只能使用正式施測的樣本資料。

貳、「進行量表的預試」之實例分析

底下將以數學態度量表為例，說明如何將預試樣本，透過隨機取樣的方式，分成兩個部分。第一部分的樣本進行探索性因素分析，第二部分的樣本則進行驗證性因素分析。

數學態度量表的預試樣本抽樣，是採分層叢集抽樣的方式，從高雄縣市未合併前之原高雄市十一個行政區的五年級學生，挑選 13 個五年級的班級（大型學校抽取 6 個班級，中型學校抽取 5 個班級，小型學校抽取 2 個班級），總共抽取 418 位樣本，扣除 14 位填答不完全的無效樣本，預試的有效樣本共有 404 位。由於數學態度量表的預試樣本，打算同時來進行探索性因素分析與驗證性因素分析，基於驗證性因素分析所需的樣本人數需高於探索性因素分析的樣本人數，故參考表 5-1 與表 5-2 的人數建議表，決定將 404 位受試者，隨機選取 150 位受試者先進行探索性因素分析，其餘 254 位受試者進行驗證性因素分析。

要將蒐集的樣本隨機分成兩部分，可利用 SPSS 所提供的「選擇觀察值」程序，如圖 5-1 所示。

步驟 1：在「數學態度量表 (反向題已轉換).sav」的檔案中，點選「資料 (D)」→「選擇觀察值 (C)」，如下圖所示。

步驟 2：在「選擇觀察值」的對話窗中，將原本內定的「◎全部觀察值
(A)」，改為點選「◎觀察值的隨機樣本(D)」，並按下「樣本
(S)」，如下圖所示。

步驟3：在「選擇觀察值：隨機樣本式」的對話窗中，點選「◎恰好(E)」，在第一個空格中輸入所要選取的樣本人數 150 人，在右方第二個空格中輸入所有受試者人數 404 人，如下圖所示。則此語句便成「◎恰好 (E) 150 觀察值來自第一個 (F) 404 觀察值」，代表從 404 位受試者中，隨機選取 150 位受試者的意思。由於是隨機取樣，所以每次所取的樣本是不一樣的。

故若要從 M 個樣本中選取其中 N 個樣本，則在「◎恰好 (E)」右方空格中，需填入 N 的數字，而在「觀察值來自第一個 (F)」右方空格中，填入 M 的數字。

步驟4：在「選擇觀察值」的對話窗中，按下「確定」按鈕，如下圖所示。

步驟 5：在「資料檢視」工作窗中最左邊的欄位，由下圖可以看到標示受試者代號 1、2、3、5、6、8 的樣本，都出現斜線「/」，代表這些樣本沒有被選入 150 位樣本中。相對地，4 與 7 的樣本沒有出現斜線「/」，代表 4 與 7 被選入 150 位樣本中。

步驟 6：在「資料檢視」工作窗中最右邊的欄位，會自動出現「filter_$」的變項名稱。若受試者代號出現斜線「/」，則在「filter_$」這個變項中會以 0 表示；相對地，若受試者代號未出現斜線「/」，則在「filter_$」這個變項中會以 1 表示，如下圖所示。

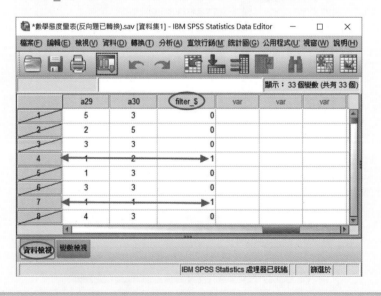

圖 5-1　將預試樣本隨機分成兩部分的步驟 1

透過下面圖 5-2 的操作步驟，可獲得一個「隨機取樣」的變數，用來隨機將原本 404 位的受試者，區隔成第一部分的樣本人數 150 位，以及第二部分的樣本人數 254 位。

步驟 1：在「數學態度量表 (反向題已轉換).sav」的檔案中，點選「資料 (D)」→「選擇觀察值 (S)」，如下圖所示。

步驟 2：在「選擇觀察值」的對話窗中，將點選「◎觀察值的隨機樣本 (D)」，更改為點選「◎全部觀察值(A)」，並按下方的「確定」按鈕，如下圖所示。

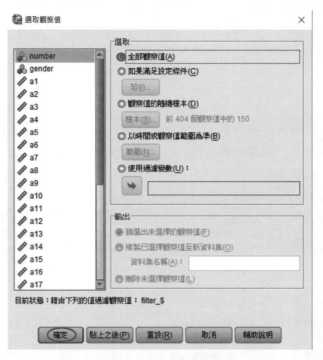

步驟 3：點選「資料檢視」的工作窗，如下圖所示。最左邊受試者代號原本有些受試者有出現斜線「/」的部分，現在全部變成沒有出現斜線「/」的部分。

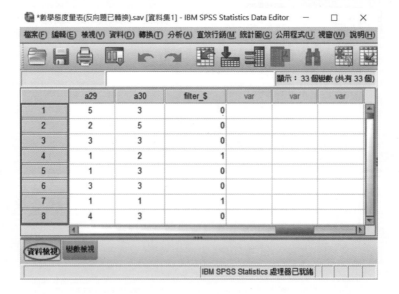

步驟 4：點選「變數檢視」的工作窗，將游標移至「filter_$」變項名稱上，如下圖所示。

步驟 5：在「變數檢視」的工作窗中，將「filter_$」變項名稱更改為「隨機取樣」的變項名稱，並調整「隨機取樣」變項的「寬度」、「標記」、「欄」、「對齊」等性質，如下圖所示。

步驟 6：點選「資料檢視」的工作窗，即可看到「隨機取樣」這個變項，如下圖所示。

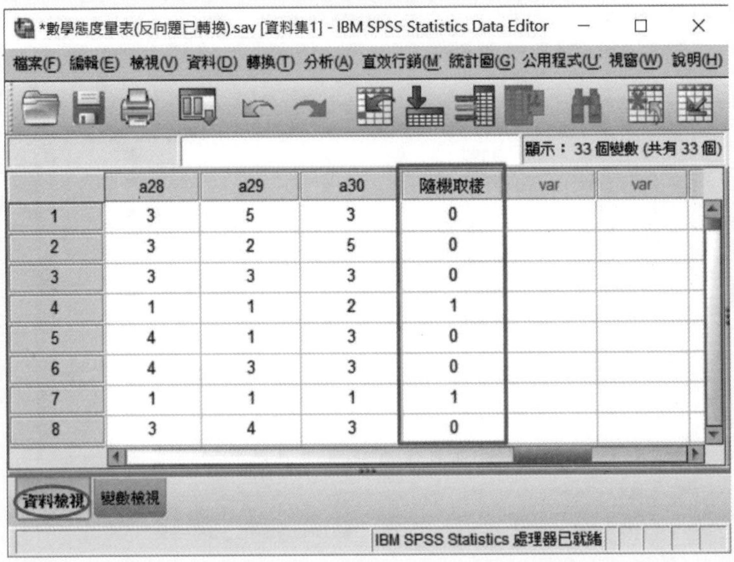

	a28	a29	a30	隨機取樣
1	3	5	3	0
2	3	2	5	0
3	3	3	3	0
4	1	1	2	1
5	4	1	3	0
6	4	3	3	0
7	1	1	1	1
8	3	4	3	0

圖 5-2 將預試樣本隨機分成兩部分的步驟 2

經過下面圖 5-3 操作步驟，透過觀察值排序，可將「隨機取樣」這個變項的數值為 1 的受試者（總共 150人）集中在一起。然後儲存成一個新的檔案名稱「數學態度量表（項目分析與探索性因素分析）」，以作為進行項目分析與探索性因素分析的分析樣本。

步驟 1：在「資料檢視」的工作窗中，點選「資料(D)」→「觀察值排序(O)」，如下圖所示。

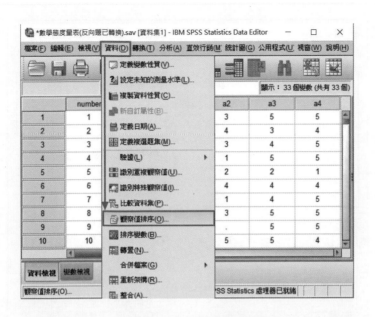

步驟 2：在「觀察值排序」的對話窗中，將「隨機取樣」這個變項從左方變數清單中，移至右邊的「排序依據(S)」，如下圖所示。

步驟 3：在「觀察值排序」的對話窗中，在「排序順序」這個表格中，將原先內定的「遞增(A)」改為「遞減(D)」，並按「確定」按鈕，如下圖所示。

步驟 4：在「資料檢視」的工作窗中，可以看到在「number」這個變項中，
　　　　　出現所選取的編號，在「隨機取樣」這個變項中，出現 1 的個數恰
　　　　　好是 150 次，其餘出現 0 的個數為 254。

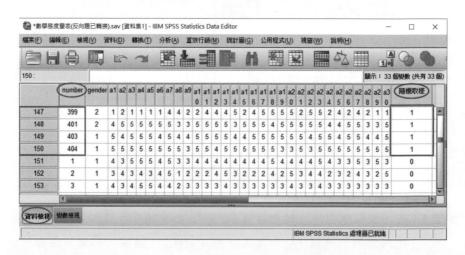

步驟 5：在「資料檢視」的工作窗中，點選「檔案 (F)」→「另存新檔
　　　　　(A)」，如下圖所示。

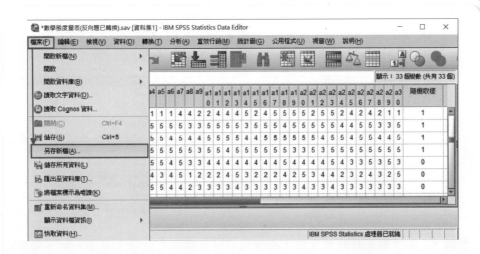

步驟 6：在「儲存資料為」的對話窗中，在「搜尋：」的右方，點選檔案所
　　　　要儲存的位置，在下方「檔案名稱：」的右方空格中，輸入「數學
　　　　態度量表 (已進行隨機取樣)」，用以表明此檔案已經進行隨機取樣
　　　　的分析。最後，按「儲存 (S)」按鈕，如下圖所示。

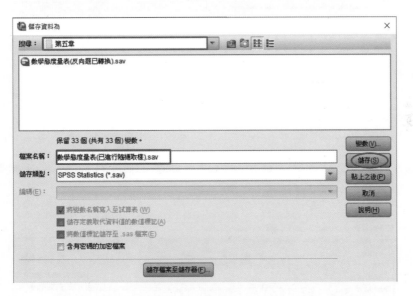

步驟 7：在「資料檢視」的工作窗中，選取「隨機取樣」欄位的數字為 0 的
　　　　所有受試者，如下圖所示。

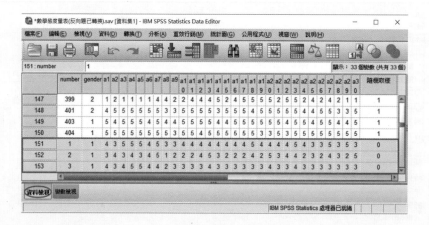

步驟8：在選取資料的最左方，按滑鼠右鍵，點選「清除」選項，如下圖所示。

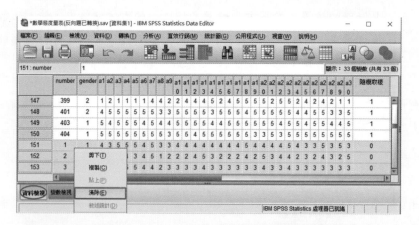

步驟9：在「資料檢視」的工作窗中，點選「檔案(F)」→「另存新檔(A)」，如下圖所示。

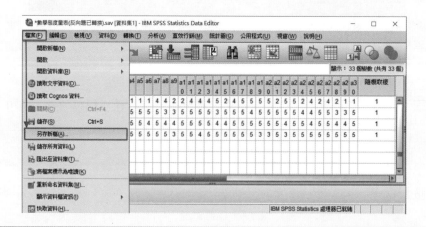

步驟 10：在「儲存資料為」的對話窗中，在「搜尋：」的右方，點選檔案
　　　　　所要儲存的位置，在下方「檔案名稱：」的右方空格中，輸入
　　　　　「數學態度量表 (項目分析與探索性因素分析)」，用以表明此檔
　　　　　案是第一部分的樣本，用來進行項目分析與探索性因素分析。最
　　　　　後，按「儲存 (S)」按鈕，如下圖所示。

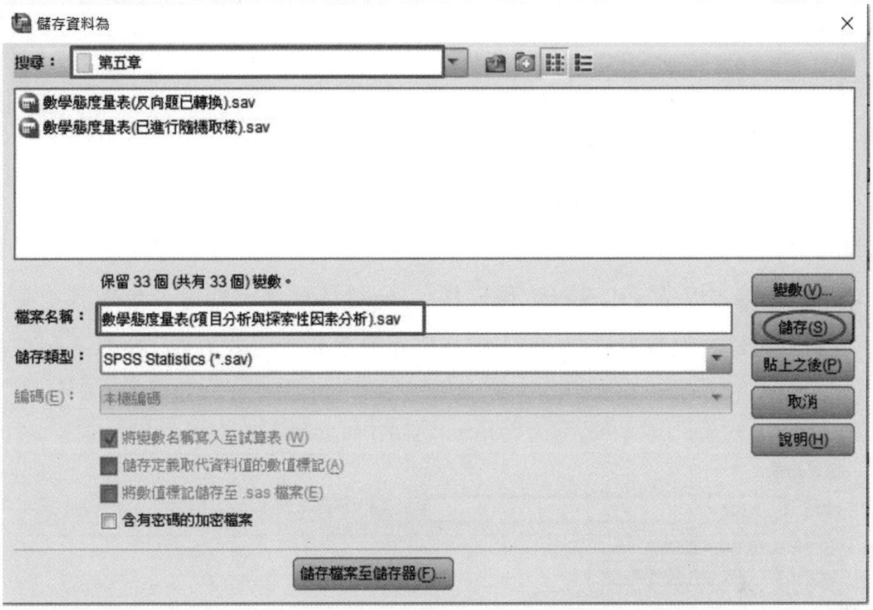

圖 5-3　將預試樣本隨機分成兩部分的步驟 3

　　透過下面圖 5-4 操作步驟，可選取第二部分的隨機樣本，儲存為「數學態度
量表(驗證性因素分析)」檔名，作為進行驗證性因素分析所使用的樣本。

步驟 1：在「資料檢視」的工作窗中，點選「檔案 (F)」→「開啟舊檔 (O)」
　　　　　→「資料 (A)」，如下圖所示。

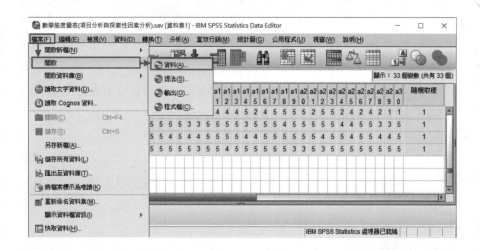

步驟 2：在「開啟資料」的對話窗中，在「搜尋：」右方選擇剛剛存放「數學態度量表 (已進行隨機取樣)」的檔案位置，點選「數學態度量表 (已進行隨機取樣) .sav」檔，按右下方的「開啟 (O)」按鈕，如下圖所示。

步驟 3：在「資料檢視」的工作窗中，選取「隨機取樣」欄位數值為 1 的所有受試者，如下圖所示。

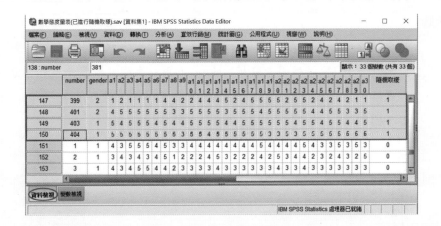

步驟4：在選取資料的最左方，按滑鼠右鍵，點選「清除」選項，如下圖所示。

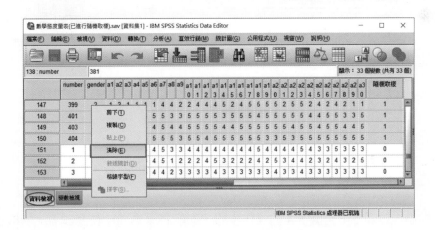

步驟5：在「資料檢視」的工作窗中，點選「檔案(F)」→「另存新檔(A)」，如下圖所示。

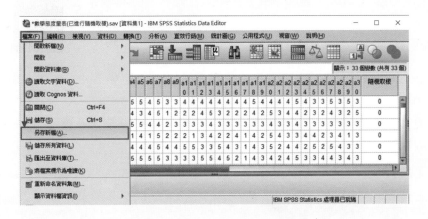

步驟 6：在「儲存資料為」的對話窗中，在「搜尋：」的右方，點選檔案所要儲存的位置，在下方「檔案名稱：」的右方空格中，輸入「數學態度量表 (驗證性因素分析) .sav」，用以表明此檔案是第二部分的樣本，用來進行驗證性因素分析。最後，按「儲存 (S)」按鈕，如下圖所示。

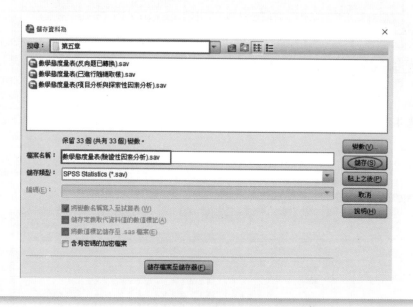

圖 5-4　將預試樣本隨機分成兩部分的步驟 4

　　經過上述圖 5-1 至圖 5-4 的操作步驟，即能將原本 404 位受試者，隨機選取第一部分 150 位樣本，以作為進行項目分析與探索性因素分析的樣本，其餘 254 位樣本，則作為進行驗證性因素分析的樣本。

6

進行項目分析

壹、「進行項目分析」之理論基礎

貳、「進行項目分析」之實例分析

　　蒐集預試的答題資料後，接續即是進行項目分析的工作。底下將分別介紹「進行項目分析」之理論基礎，以及「進行項目分析」之實例分析兩個部分。

壹、「進行項目分析」之理論基礎

　　回收後的預試資料，在輸入統計軟體前，應先經過篩選，將答題資料有問題的量表剔除，例如：量表有 5 題以上的題目未填答，或是出現特定答題型態（例如：出現 S 形答題狀況）等情形，都應被摒除在項目分析之外，以免有問題的答題情形影響到項目分析統計結果。底下將分別介紹資料的輸入與檢核、反向題的轉換，以及項目分析的評判指標等三個部分。

一、資料的輸入與檢核

　　資料輸入與資料檢核是進行項目分析的第一步工作，底下將分別介紹資料的輸入、SPSS 的資料檢核，以及 EXCEL 的資料檢核等三個部分，介紹如何將蒐集的資料輸入到統計軟體中，以及如何確保所輸入的資料正確無誤。

(一) 資料的輸入

　　資料輸入到統計軟體前，應先對每份量表進行標記數字代碼的動作，以便出現資料輸入錯誤時，可找出原始資料加以修改。較常用的標記方式，是以粗體的紅色筆，在量表左上方，標示一個數字代碼，如圖 6-1 所示。當樣本人數未超過一千人時，數字代碼就以三位數，從 001、002、003……開始標示。

```
001              數學學習狀態調查表

親愛的同學：
    這份量表是想瞭解你的數學學習狀況，下面的每道題目沒有標準答案，
只要按照自己的想法回答就可以了。每一題都要填寫，填寫完畢後，請仔細
檢查是否有漏答的題目。你的回答內容對本研究有很大的助益，謝謝你的填
答，祝大家

健康快樂，學業進步

                              ○○○○大學○○學系
                              ○○○   老師敬上
                              民國○○○年○○月


                    個人基本資料


一、你就讀的學校是：_____國小

二、你就讀的班級是：□五年_____班
                    □六年_____班

三、你的座號是：____號

四、你的性別是？  □男生    □女生。
```

圖 6-1　量表的資料標記實例

　　量表標記數字代碼後，即可開始將量表資料輸入統計軟體中（底下將介紹較常被使用的統計分析軟體 SPSS）。把資料輸入 SPSS 統計軟體時，建議一開始先界定變項名稱，然後才開始每筆資料的輸入作業，如此較能清楚掌握資料輸入的狀態。在 SPSS 所命名的變項名稱，第一個變項名稱最好設定為「編號」，用來顯示每份量表上的數字代碼，一旦遇到資料輸入錯誤時，才有辦法根據量表的數字代碼，找出原始的量表，進行資料的改正。資料檔案的其他變項名稱，則配合量表背景變項與題目來命名，圖 6-2 即是呈現如何將量表的背景變項與題目，轉換成資料檔案的變項名稱。圖 6-2 的量表變項有「標記」、「性別」與20道題目，與其相對應之 SPSS 變項名稱，則為「編號」、「性別」、「a1」、「a2」……「a20」。

圖 6-2　量表的變項與對應的 SPSS 變項名稱

想更清楚瞭解如何將資料輸入到 SPSS 統計軟體，建議可參考涂金堂（2023a）《SPSS 與量化研究》第一章的介紹。

(二) SPSS 的資料檢核

由於資料輸入過程中，常會發生資料輸入錯誤情形，例如：原本要輸入 5，結果卻不小心輸入 55。為避免這種不小心輸入錯誤的情形，資料輸入完成後，務必要對資料進行檢核，透過資料檢核，找出可能輸入錯誤的資料。

為了讓讀者瞭解如何透過 SPSS 進行資料檢核，底下就以一個名為**「如何進行資料檢核」**的 SPSS 資料檔，說明資料檢核的方式。在「如何進行資料檢核」檔案中，包含「編號」、「性別」、「t1」、「t2」、「t3」等五個變項，「編號」是代表每一位受試者的數字標記，由 001 開始依序編碼；「性別」編碼為 1 與 2（1 代表男生，2 代表女生）；t1 至 t3 代表第 1 題至第 3 題。題目是採李克特五點量表計分方式，1 表示勾選「非常不同意」，2 表示勾選「不同意」，3 表示勾選「不確定」，4 表示勾選「同意」，5 表示勾選「非常同意」。

在 SPSS 中進行資料檢核，只需進行簡單的「次數分配」統計分析程序，即可確定是否有輸入錯誤的情形。SPSS 資料檢核的操作步驟，如圖 6-3 所示。

步驟 1：點選「分析 (A)」→「敘述統計 (E)」→「次數分配表 (F)」，如下
　　　　圖所示。

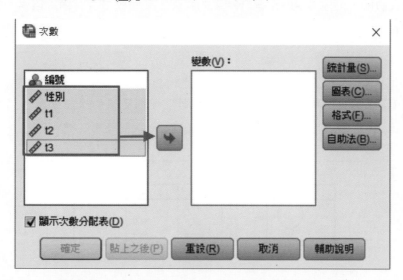

步驟 2：在「次數分配表」的對話窗中，將所有變項由左方變數清單中，移
　　　　至右邊「變數 (V)」的空格中，如下圖所示。

步驟 3：所有欲檢核的變項移至右方的變數清單之後，再按下「確定」的按
　　　　鈕即可，如下圖所示。

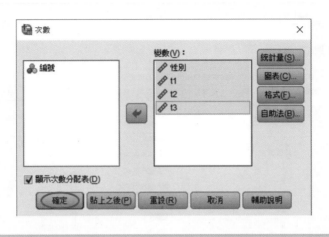

圖 6-3　資料檢核的操作步驟

　　圖 6-3 透過 3 個操作步驟，SPSS 即能分析所有變項（性別、t1、t2、t3）的
實際輸入數據，再根據 SPSS 統計結果的報表，來檢核是否有輸入錯誤的數據。
經過圖 6-3 的操作步驟，即可得到圖 6-4 的統計報表。

報表 1：在輸出的統計結果檔中，「性別」這個變項的次數分配，只出現
　　　　「1」與「2」的數據，顯示沒有輸入錯誤的情形。

性別

		次數	百分比	有效百分比	累積百分比
有效的	1	23	46.0	46.0	46.0
	2	27	54.0	54.0	100.0
	總和	50	100.0	100.0	

報表 2：在輸出的統計結果檔中，「t1」這個變項的次數分配，除了出現
　　　　「1」、「2」、「3」、「4」與「5」的數據外，還有一個「23」
　　　　的數據。由於 t1 代表第 1 題的答題情形，而題目的作答方式是採李
　　　　克特五點量表，故 t1 的數據應介於 1 至 5 的整數。出現「23」的數
　　　　據，顯示該筆數據是輸入錯誤。

t1

		次數	百分比	有效百分比	累積百分比
有效的	1	2	4.0	4.0	4.0
	2	13	26.0	26.0	30.0
	3	19	38.0	38.0	68.0
	4	10	20.0	20.0	88.0
	5	5	10.0	10.0	98.0
	23	1	2.0	2.0	100.0
	總和	50	100.0	100.0	

報表 3：在輸出的統計結果檔中，「t2」這個變項的次數分配，除了出現「2」、「3」、「4」與「5」的數據外，沒有出現任何「1」的數據。未出現 1 的數據，只是顯示所有受試者都沒有人挑選「非常不同意」的選項。另外有一個「9」的數據（遺漏值是以 9 表示），顯示該筆數據是遺漏值。

t2

		次數	百分比	有效百分比	累積百分比
有效的	2	5	10.0	10.2	10.2
	3	17	34.0	34.7	44.9
	4	21	42.0	42.9	87.8
	5	6	12.0	12.2	100.0
	總和	49	98.0	100.0	
遺漏值	9	1	2.0		
總和		50	100.0		

報表 4：在輸出的統計結果檔中，「t3」這個變項的次數分配，除了出現「1」至「5」的數據之外。另外也出現 2 次的「12」與 1 次的「45」，顯示有 3 筆輸入錯誤的資料。

t3

		次數	百分比	有效百分比	累積百分比
有效的	1	3	6.0	6.0	6.0
	2	3	6.0	6.0	12.0
	3	13	26.0	26.0	38.0
	4	22	44.0	44.0	82.0
	5	6	12.0	12.0	94.0
	12	2	4.0	4.0	98.0
	45	1	2.0	2.0	100.0
	總和	50	100.0	100.0	

圖 6-4　資料檢核操作步驟之 SPSS 統計結果報表

　　由圖 6-4 的統計報表可知，所檢核的「性別」、「t1」、「t2」與「t3」
等四個變項中，「性別」與第二題「t2」沒有資料輸入錯誤的問題，但第一題
「t1」有 1 筆輸入錯誤的資料（錯誤數據為 23），而第三題「t3」有 3 筆輸入錯
誤的資料（錯誤數據為 12、12、45）。

　　當檢核發現資料輸入錯誤時，需先找出資料輸入錯誤的量表，再根據受試者
在量表的實際答題情形，進行資料的修正。找尋錯誤資料較快速有效的方法，便
是透過 SPSS 的「尋找」功能。底下以第三題「t3」為例，說明如何進行資料的
修正，如圖 6-5 所示。

步驟 1：將所需修正資料的變項「t3」反白，如下圖所示。

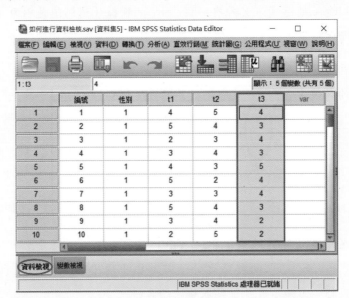

步驟 2：點選「編輯 (E)」→「尋找 (F)」的程序，如下圖所示。

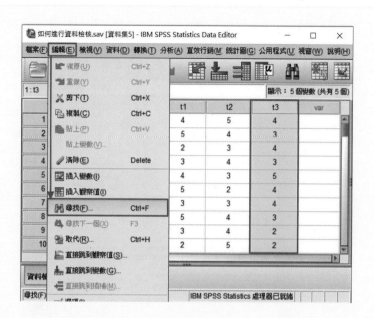

步驟 3：在「尋找與置換-資料檢視」的「尋找 (N)」空格中，輸入所欲尋找的數值 12，並按左下方「找下一筆 (F)」的按鍵，如下圖所示。

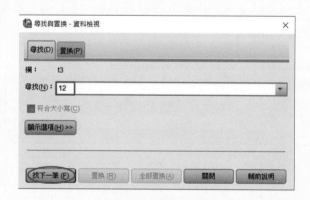

步驟 4：在「t3」欄位中，會將找到的錯誤資料「12」反白起來，如下圖所示。

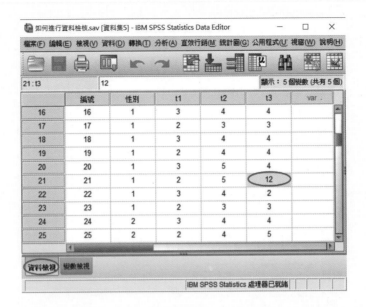

步驟 5：找到輸入錯誤資料「12」的位置後，接續尋找「編號」這個欄位，
以確定是哪位受試者（編號 21 號）的資料輸入錯誤，再找出編號
21號受試者的量表，檢查其在 t3 的實際作答情形，最後將錯誤資料
12 改為正確的資料，如下圖所示。

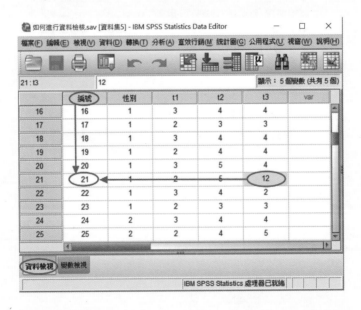

步驟 6：由於有 2 筆錯誤資料「12」，步驟 5 只修改 1 筆錯誤的「12」，故
還需繼續按左下方「找下一筆 (F)」的按鍵，如下圖所示。

步驟7：找到第 2 筆錯誤資料「12」的位置後，接續尋找「編號」這個欄位，以確定是哪位受試者（編號 48 號）的資料輸入錯誤，再找出編號 48 號受試者的量表，檢查其在 t3 的實際作答情形，最後將錯誤資料 12 改為正確的資料，如下圖所示。

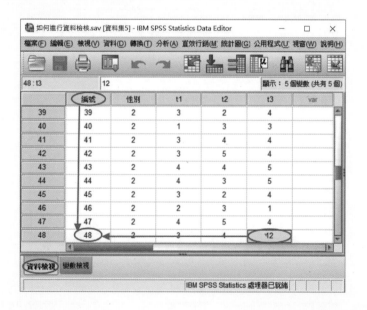

步驟8：由於還有 1 筆錯誤的資料「45」，故還需在「尋找與置換-資料檢視」的「尋找 (N)」空格中，將原本輸入的 12 更改為 45，並且按左下方「找下一筆 (F)」的按鍵，如下圖所示。

步驟 9：找到輸入錯誤資料「45」的位置後，接續尋找「編號」這個欄位，
以確定是哪位受試者（編號 31 號）的資料輸入錯誤，再找出編號
31號受試者的量表，檢查其在 t3 的實際作答情形，最後將錯誤資料
45 改為正確的資料，如下圖所示。

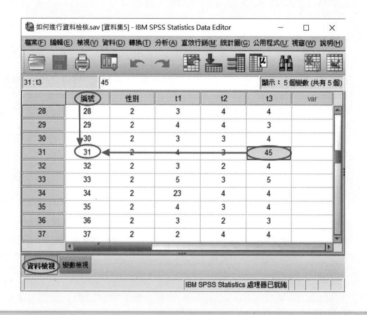

圖 6-5　資料修正的操作步驟

透過圖 6-3 的操作步驟與圖 6-4 的統計報表解讀，即可找出是否有輸入錯誤
的數值。若發現有輸入錯誤的資料，藉由圖 6-5 的操作步驟，即可更改輸入錯誤
的資料。

(三) EXCEL 的資料檢核

　　為避免資料輸入錯誤，EXCEL 有一個非常好用的「驗證 (L)」功能，當輸入的資料超出變項的實際範圍值，EXCEL 會主動提醒輸入資料有誤。底下以圖 6-5 所使用的「編號」、「性別」、「t1」、「t2」、「t3」等五個變項，說明如何使用 EXCEL「驗證 (L)」功能，進行輸入資料的檢核，EXCEL 的操作步驟，如圖 6-6 所示。

步驟 1：開啟 EXCEL 檔之後，請在 A1 至 E1 欄位，輸入「編號」、「性別」、「t1」、「t2」、「t3」等五個變項的名稱，如下圖所示。

步驟 2：請至 A2 開始輸入受試者的編號，由 1、2、3……開始輸入。較快速的輸入方式是，先在 A2 欄位輸入 1，A3 欄位輸入 2，然後用游標同時選取 A2 與 A3 欄位，並將游標移至 A3 欄位的右下角，此時會出現一個黑色的「＋」符號，如下圖所示。

步驟 3：將游標所變成的黑色「＋」符號，往下拖曳至所有受試者的編號，
例如：假設有 50 位受試者，便將游標拖曳至 A51 的欄位（因為 A1
欄位是變項名稱，故第 50 位受試者會出現在 A51 欄位），即快速
完成受試者編號的輸入工作，如下圖所示。

步驟 4：B2 至 B51 的欄位範圍是輸入受試者性別的資料區塊（習慣男生輸入 1，女生輸入 2），用游標將 B2 至 B51 的區塊標示起來，如下圖所示。

步驟 5：點選「資料」→「資料驗證」，如下圖所示。

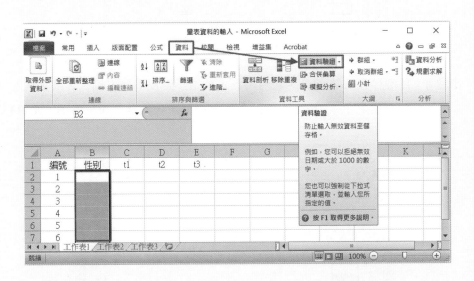

步驟 6：出現「資料驗證」的對話窗後，點選「儲存格內允許 (A)：」下方的按鈕，將內定的「任意值」更改為「整數」，如下圖所示。

步驟 7：在「最小值 (**M**)：」下方空格中輸入 1，在「最大值 (**X**)：」下方空格中輸入 2，同時按下方的「確定」按鈕，如下圖所示。

由於性別的編碼男生是 1，女生是 2，故性別編碼的數字範圍為 1 至 2，透過上述的數值設限，一旦輸入的數值超出 1 至 2 的範圍，EXCEL 就自動會出現錯誤的提示。

步驟 8：將游標移至 B 欄位，在剛剛設定的 B2 至 B51 所有欄位，只要輸入的數值是 1 或 2，EXCEL 是不會出現任何提示，如下圖 B2 或 B3 欄位。

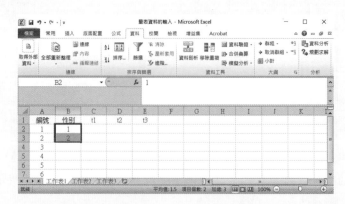

步驟 9：一旦輸入的數值超出 1 至 2 範圍，如下圖在 B4 欄位輸入 3，按下
「Enter」鍵後，如下圖所示。

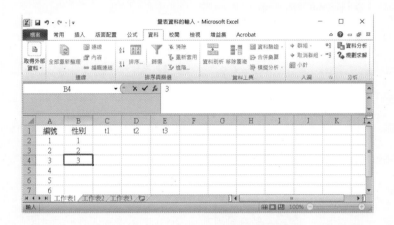

步驟 10：EXCEL 立即會出現「您所輸入的值不正確」提示標語，代表你輸
入的數值超出「性別變項」所允許的 1 或 2 數值，請點選「重試
(R)」，如下圖所示。

步驟 11：EXCEL 會將輸入錯誤數據的 B4 欄位，用黑色背景呈現，如下圖
所示。將游標移至 B4 欄位，輸入正確數據 1 或 2 即可。

步驟 12：用游標將 C2 至 E51 的區塊標示起來，標示 C2 至 E51 這個區塊，主要是用來輸入受試者「t1」、「t2」與「t3」這 3 道題目的答題資料，如下圖所示。

步驟 13：點選「資料」→「資料驗證」，如下圖所示。

步驟14：出現「資料驗證」的對話窗後，點選「儲存格內允許(A)：」下方的按鈕，將內定的「任意值」更改為「整數」，如下圖所示。

步驟15：在「最小值 (M)：」下方空格中輸入1，在「最大值 (X)：」下方空格中輸入 5，同時按下方的「確定」按鈕，如下圖所示。

由於 t1、t2 與 t3 這 3 道題目的數值範圍為 1 至 5（因採用李克特五點量表的緣故），透過上述的數字設限，一旦輸入數值超出 1 至 5 的範圍，EXCEL 就自動會出現錯誤的提示。

步驟16：將游標移至 C 欄位至 E 欄位，在設定的 C2 至 E51 所有欄位，只要輸入的數值是 1 至 5 的範圍，EXCEL 是不會有任何提示的，如下圖的 C2 至 D6。

步驟 17：一旦輸入數值超出 1 至 5 的範圍，例如：下圖在 E2 輸入 6，按下「Enter」鍵後，如下圖所示。

步驟 18：EXCEL 立即會出現「您所輸入的值不正確」提示標語，代表你輸入的數值超出允許的 1 至 5 範圍，請點選「重試 (R)」，如下圖所示。

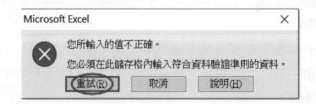

步驟 19：EXCEL 會將輸入錯誤數據的 E2 欄位，用黑色背景呈現，如下圖所示。將游標移至 E2 欄位，輸入正確的 1 至 5 數據即可。

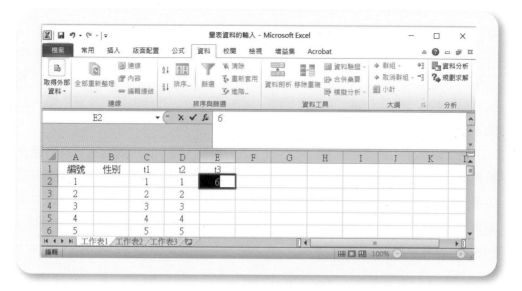

圖 6-6 使用 EXCEL 進行資料檢核的的操作步驟

透過圖 6-6 EXCEL 資料驗證方式，可確保資料輸入不會超出應有的數值範圍。在 EXCEL 完成資料的輸入工作後，可透過簡單的步驟，即可將 EXCEL 的資料檔，轉換成 SPSS 資料檔。有關將 EXCEL 資料檔，轉換成 SPSS 資料檔的方式，建議參考涂金堂（2023a）《SPSS 與量化研究》第 34 至第 37 頁的介紹。

二、反向題的資料轉換

在前面第 3 章有關題目編擬的介紹，已提過有些學者主張量表應需有反向題，以避免受試者產生反應心向的作答情形，但有些學者主張反向題易造成受試者填答上的困擾。對量表是否該有反向題的問題，並沒有一個定論，故量表編製者可自行根據理論依據，決定是否要有反向題。

一旦量表出現反向題時，則需針對反向題進行分數的轉換，以李克特五點量表為例，當勾選的選項為「非常同意」時，對正向題的計分為 5 分，但對反向題的計分則為 1 分。

處理反向題的分數轉換時，有些人習慣採用輸入資料時，自行將分數轉換，亦即輸入到反向題分數時，將勾選「非常同意」的受試者輸入 1 分，勾選「同意」輸入 2 分，勾選「不確定」輸入 3 分，勾選「不同意」輸入 4 分，勾選「非常不同意」輸入 5 分。當輸入資料很龐大時，採用此種自行轉換的輸入方式，很容易造成正向題與反向題的分數轉換錯誤。因此，對反向題分數的轉換，應借助

統計軟體的幫忙，而非由資料輸入人員，在輸入資料時透過人腦的轉換方式。

　　在一開始輸入資料的階段，不論正向題與反向題，勾選「非常同意」都應統一輸入 5 分，勾選「同意」都輸入 4 分，勾選「不確定」都輸入 3 分，勾選「不同意」都輸入 2 分，勾選「非常不同意」都輸入 1 分。然後再透過統計軟體的協助，將反向題的分數進行轉換。

　　為了協助讀者熟悉如何進行反向題分數的轉換，底下以**「如何進行反向題分數轉換」**檔案，介紹如何透過 SPSS 協助進行反向題的分數轉換。「如何進行反向題分數轉換」檔案中，有 t1、t2 與 t3 等 3 道題目，其中 t1 與 t3 為反向題，必須將 t1 與 t3 的分數，重新進行分數的轉換。t1 與 t3 的分數轉換，可透過圖 6-7 的 SPSS 操作步驟。

步驟 1：點選「轉換 (T)」→「重新編寫成同一變數 (S)」，如下圖所示。

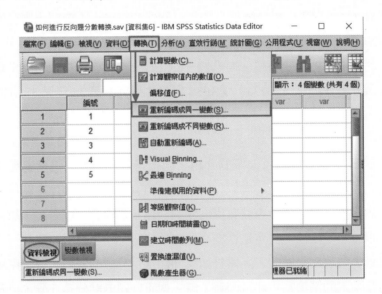

步驟 2：出現「重新編碼成同一變數」對話窗之後，將第 1 題（t1）與第 3 題（t3），由左方變數清單中，移至右邊的「變數 (V)」空格中，如下圖所示。這個步驟允許將所有反向題，全部一起進行轉換。只要將所有要轉換的反向題，從左方變數清單中，移至右邊的「變數 (V)」，即可一次完成所有反向題的轉換工作。

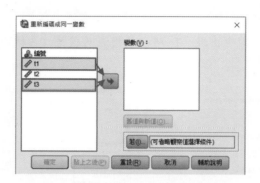

步驟 3：點選「舊值與新值(O)」，如下圖所示。

步驟 4：出現「重新編碼成同一變數：舊值與新值」對話窗之後，在左邊「舊值」的「◎數值 (V)」的輸入框中輸入「1」，在右邊「新值為」的「◎數值 (A)」的輸入框中輸入「5」，再按下「新增 (A)」按鈕，如下圖所示。

步驟 5：按下步驟 4「新增 (A)」按鈕後，在右邊中間的「舊值→新值 (D)」空格中，即會出現「1→5」，代表舊值是 1，轉換成新值 5，如下圖所示。

步驟 6：持續步驟 4 的動作，在左邊的舊值輸入「2」，右邊的新值輸入「4」，按「新增 (A)」；在左邊的舊值輸入「3」，右邊的新值輸入「3」，按「新增 (A)」；在左邊的舊值輸入「4」，右邊的新值輸入「2」，按「新增 (A)」；在左邊的舊值輸入「5」，右邊的新值輸入「1」，按「新增 (A)」，並按「繼續」按鈕，如下圖所示。

步驟 7：回到「重新編碼成同一變數」對話窗，按「確定」按鈕，如下圖所示。

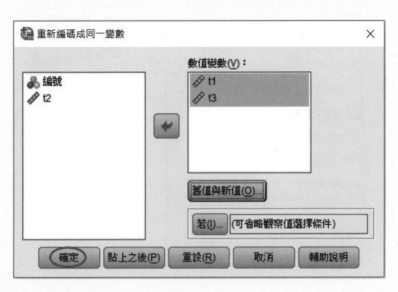

步驟 8：回到「資料檢視」工作窗中，看到 t1 與 t3 這兩道題目的分數，已經完成反向題轉換的工作了。

步驟 9：點選「檔案 (F)」→「另存新檔 (A)」，如下圖所示。

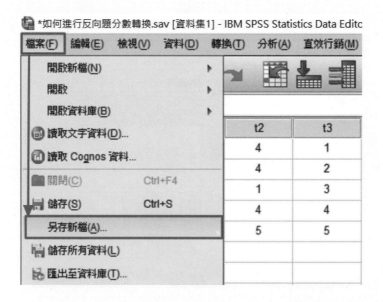

步驟 10：點選「搜尋：」的檔案夾，設定檔案所要儲存的檔案夾，並且在「檔案名稱：」空格中，將原檔名增加「(反向題已轉換)」的文字，亦即輸入「如何進行反向題分數轉換(反向題已轉換).sav」，用以說明此檔案的資料已將反向題分數轉換。再按「儲存 (S)」按鈕，如下圖所示。

圖 6-7　進行反向題分數轉換的步驟

圖 6-7 的反向題轉換方式，是採用「重新編碼成同一變數」方式，SPSS 會
直接將轉換後的資料，覆蓋在原始資料檔上。為了保留原始資料檔，以便日後進
行資料檢核工作，建議讀者進行反向題轉換後，應立即以「另存新檔」的程序，
儲存一個新檔名，建議新檔名可設定為在原始檔案名稱之後，加註一個「(反向
題已轉換)」的檔名，此即圖 6-7 步驟 10 所進行的動作。

三、項目分析的評判指標

　　項目分析主要目的在於剔除品質不佳的題目，保留品質良好的題目。評判一
道題目的品質，應從多個面向來思考。例如：題目是否因文字敘述方式而讓許多
受試者拒答？題目的平均數是否太高或太低？題目的變異情形是否太小？題目的
偏態情形是否嚴重？高分組與低分組受試者在題目得分上是否沒有顯著性差異？
題目與量表其他題目的相關性是否太低？題目是否會增加量表的信度？等等的問
題，底下即針對上述問題來探討。

(一) 題目若出現許多遺漏值，顯示該題可能有問題

　　當受試者未填答或漏答某道題目時，則以遺漏值來表示受試者沒有回答該
題。進行試題分析時，一道題目的遺漏值數量，可作為判斷試題品質的參考依
據。倘若題目的遺漏值數量過多，則該題可能是有問題的題目。例如：全部 300
位受試者中，有 100 位受試者沒有填答某題，亦即該題遺漏值約占全體受試者的
33%，顯然該題很可能有問題。出現高遺漏值的題目，常起因於題意不清，讓受
試者不知如何回答，或是題目涉及個人隱私或社會規範，導致受試者不願作答。

　　一旦題目的遺漏值超過所有受試者 10% 時，則該題便可能是不良題目。故
可將該題在「遺漏值」這個指標上，視為符合不良指標的題目。

(二) 題目的平均數太高或太低時，顯示該題的試題品質可能不佳

　　題目的平均數若太高或太低，顯示所有受試者在該題的填答結果過於一致，
此題便缺乏鑑別力，無法區辨出不同屬性受試者的差異情形。以李克特五點量表
為例，李克特五點量表的計分方式是 1 分（非常不同意）至 5 分（非常同意），
而其平均數為 3 分。假設某題的所有受試者平均得分為 4.6 分，顯示大部分受試
者都勾選「非常同意」這個選項；相對地，若某題的所有受試者平均得分為 1.2
分，顯示大部分受試者勾選「非常不同意」這個選項。上述這兩種狀況，皆顯示
大部分受試者勾選相同的選項，易造成該題無法有效鑑別不同組別受試者的得分
差異情形，就統計分析觀點而言，該題並非合適的題目。

　　在量表編製的擬題階段，若題目編擬不適切，常會發生此種平均數太高或太低的狀況，例如：想探究國中教師對 108 課綱的看法，若量表題目出現「我認為國中教師應該清楚瞭解 108 課綱的內容」，相信大部分國中教師都會勾選「同意」或「非常同意」，如此便造成該題平均數太高的情形。

　　以李克特五點量表為例，較合適的題目平均數是越接近 3 越好，Lester 與 Bishop（2000）建議當題目的平均數高於 4.5 或低於 1.5 時，則該題即可能是不良的題目，在「題目平均數」這個評判指標上，即屬於不良指標。

(三) 題目的變異數太小時，顯示該題的試題品質可能不佳

　　當題目的變異數太小時，顯示所有受試者的填答結果很一致，便會出現如同題目平均數太高或太低的情形一樣，無法有效鑑別出不同受試者得分的差異情形。

　　以李克特五點量表為例，Lester 與 Bishop（2000）建議當題目的變異數低於 1 時，則該題即可能是不良的題目，故在「題目變異數」這個評判指標上，即屬於不良指標。

(四) 題目得分呈現正偏態或負偏態時，顯示該題的試題品質可能不佳

　　題目得分情形呈現正偏態時，顯示所有受試者的填答結果偏向低分的選項（例如：「非常不同意」的選項）；當題目得分情形呈現負偏態時，顯示所有受試者的填答結果偏向高分的選項（例如：「非常同意」的選項）。如此便會出現如同題目平均數太高或太低的情形一樣，無法有效鑑別出不同受試者得分的差異情形。

　　以李克特五點量表為例，Noar（2003）建議當題目的偏態數值高於絕對值 1 時，則該題即可能是不良的題目，故在「題目偏態」這個指標上，即屬於不良指標。

(五) 題目的高低分組獨立樣本 *t* 考驗，若未達顯著差異水準，顯示該題的試題品質可能不佳

　　有關項目分析的方法，Likert 曾提出採用內在一致性效標（criterion of internal consistency）的評判方式。所謂內在一致性效標是先求出每位受試者的總分，然後依總分高低排列，挑選最高分的 25% 人數作為高分組，最低分的 25% 人數作為低分組，然後比較高分組平均數與低分組平均數的差異情形。由於內在一致性效標只考量高低分組各組的平均數，未考量各組的變異情形，容易產生較大的偏誤。因此，後來被 Edwards 於 1957 年修改為採用決斷值（critical ratio）

的評判方式。所謂決斷值，即是以高分組與低分組受試者在該題的得分情形，進行獨立樣本 t 考驗，以考驗高低分組的受試者在該題得分是否有顯著性差異（引自 Mclver & Carmines, 1981）。由於決斷值是以高分組與低分組受試者的得分，所進行的獨立樣本 t 考驗，故也被稱為高低分組的 t 考驗。

　　早期進行項目分析時，由於電腦統計軟體在使用上很不方便，故常以決斷值大於 3 作為符合優良題目的指標。近年來，電腦統計軟體在使用上相當簡便，故可直接採用該題在高低分組的獨立樣本 t 考驗是否有顯著性差異，作為題目是否適切的判斷依據。

　　當該題在高低分組的獨立樣本 t 考驗沒有顯著性差異時，顯示該題不具有鑑別效果，顯示該題可能是不良題目，故在「高低分組的 t 考驗」這個評判指標上，即屬於不良指標。

　　對於高低分組的分法，除了以總分最高分前 25% 為高分組，總分最低分後 25% 為低分組外；也可採用總分最高分前 27% 為高分組，總分最低分後 27% 為低分組。這兩種高低分組的方式，統計結果常很相似，故兩種皆可採用。

(六) 修正後題目與總分之相關太低時，顯示該題的試題品質可能不佳

　　對於項目分析的方法，Likert 除了提出採用內在一致性效標的評判方式外，也提出採用求出題目與量表總分之積差相關的評判方法（引自 Mclver & Carmines, 1981）。透過求出某題與量表總分之積差相關係數大小，來判斷該題是否與所有題目測量相同的變項。當題目與總分之積差相關係數越高，顯示該題與所有題目較可能是測量相同構念；相反地，當題目與總分之積差相關係數越小，顯示該題與所有題目可能是測量不相同構念。

　　對於題目與量表總分之積差相關的計算方式，可分成「題目與總分之相關」（item-total correlation）與「修正後題目與總分之相關」（corrected item-total correlation）兩類。「題目與總分之相關」是計算某題與所有題目總分之積差相關係數，而「修正後題目與總分之相關」則是計算某題與扣除該題的其他題目總分之積差相關係數。

　　舉例來說，假若一個量表有 5 道題目，圖 6-8 即是計算「題目與總分之相關」的方式，而圖 6-9 則是「修正後題目與總分之相關」的求法。

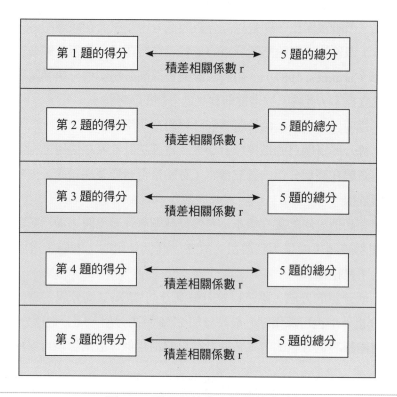

圖 6-8　題目與總分之相關的求法

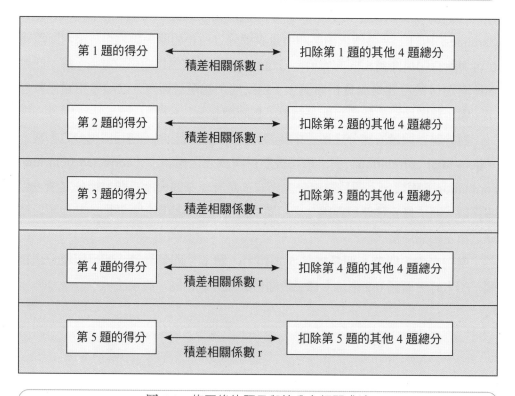

圖 6-9　修正後的題目與總分之相關求法

　　由於計算「題目與總分之相關」時，所使用的總分是包含該道試題，容易造成高估該題與總分之相關情形。故許多測驗評量學者建議應採「修正後題目與總分之相關」較為合適（Devellis, 2003; Mclver & Carmines, 1981）。理論上，修正後題目與總分之積差相關計算方式，是計算該題與扣除該題的其他題目總分之積差相關係數，但實際上若採用此種算法，易造成繁瑣的計算歷程。故 Peters 與 Van Voorhis 於 1940 年推算出公式 6-1 的算法（引自Mclver & Carmines, 1981），此種算法簡化了計算歷程。

$$r_{i\,(t-i)} = \frac{r_{it}\sigma_t - \sigma_i}{\sqrt{\sigma_i^2 + \sigma_t^2 - 2\sigma_i\sigma_t r_{it}}} \tag{6-1}$$

　　公式 6-1 中的 r_{it} 表示第 i 題與總分（total）的積差相關係數；σ_t 表示總分的標準差；σ_i 表示第 i 題的標準差；σ_t^2 表示總分的變異數；σ_i^2 表示第 i 題的變異數。

　　題目與總分之相關係數應多高才是理想狀況，Streiner 與 Norman（2008），認為修正後題目與總分之相關係數應介於 .2 與 .8 之間，才是合適的題目。Spector（1992）主張修正後題目與總分之相關係數至少應高於 .4。Hair 等人（2006）則建議修正後題目與總分之相關係數至少應高於 .5。

　　根據上述學者的主張，筆者建議應採用修正後題目與總分之相關係數，取代採用題目與總分之相關係數的評判方式，當修正後題目與總分之相關係數低於 .3 時，則該題可能是不良題目，亦即在「修正後題目與總分之相關」這個評判指標上，是屬於不良指標。

(七) 刪除該題後的 α 係數提高時，顯示該題與其他題目不是測量相同向度的構念

　　量表某題與其他題目若是測量相同向度的構念，則增加該題會提高量表的信度。相反地，量表某題與其他題目不是測量相同向度的構念時，則包含該題的量表，反而會降低量表的信度。

　　根據上述的概念，透過刪除該題後的 α 係數大小，也可作為判斷題目品質的參考依據，若刪除該題後的 α 係數提高，顯見該題與其他題目並非測量相同構念，則該題即屬不良題目。

　　綜合上述討論評判題目品質的指標，進行項目分析時，應同時考量「遺漏值的百分比」、「題目平均數」、「題目變異數」、「題目偏態係數」、「題目高

低分組獨立樣本 t 考驗」、「修正後題目與總分之相關」與「刪除該題後的 α 係數」等指標，表 6-1 為採用李克特五點量表的項目分析評判指標參考。

表 6-1

李克特五點量表的項目分析評判參考

項目分析的評判指標	不良指標的參考數據
1. 遺漏值的百分比	遺漏值超過全體受試者的 10%
2. 題目的平均數	題目的平均數高於 4.5 或是低於 1.5
3. 題目的變異數	題目的變異數低於 1
4. 題目的偏態係數	題目的偏態係數高於 1 或低於 -1
5. 題目的高低分組獨立樣本 t 考驗	高低分組獨立樣本 t 考驗未達顯著差異水準
6. 修正後題目與總分之相關	修正後題目與總分之積差相關係數低於 .3
7. 刪除該題後的 α 係數	刪除該題後的 α 係數提高

上述這七項評判指標中，第 2 項的「題目的平均數」、第 3 項的「題目的變異數」、第 4 項的「題目的偏態係數」與第 5 項的「題目的高低分組獨立樣本 t 考驗」等四項評判指標，其目的都是用來檢查題目分數的分散情形，而以第 5 項「題目的高低分組獨立樣本 t 考驗」較常作為檢查題目分數分散的評判指標。

第 6 項的「修正後題目與總分之相關」與第 7 項的「刪除該題後的 α 係數」這兩項評判指標，其目的都是用來檢查題目分數的內在一致性，而以第 6 項「修正後題目與總分之相關」較常作為檢查題目分數內在一致性的評判指標。

基於上述的說明，有些量表編製者只採用第 5 項「題目高低分組獨立樣本 t 考驗」與第 6 項「修正後題目與總分之相關」這兩項評判指標。當採用第 5 與第 6 項這兩項評判指標時，若採較嚴苛的評判標準，則兩項評判標準只要有一項是不良指標，則將該題視為不良題目。若採較寬鬆的評判標準，則兩項評判標準皆屬不良指標時，才將該題視為不良題目。

有些量表編製者會採用第 5、第 6 與第 7 等三項評判指標，若採較嚴苛的評判標準，則這三項評判標準只要有一項是不良指標，則將該題視為不良題目。若採普通嚴苛的評判標準，當這三項評判標準有兩項是不良指標時，則將該題視為不良題目。較寬鬆的評判標準，當這三項評判標準皆屬不良指標時，才將該題視為不良題目。

若採用上述全部七項評判指標時，較嚴苛的評判標準，是設定有三項以上的不良指標時，則將該題視為不良題目。普通嚴苛的標準則是有四項以上的不良指

標，將該題視為不良題目。較寬鬆的評判標準是五項以上的不良指標時，才將該題視為不良題目。

　　一旦經過項目分析後，被評判為不良的題目，則這些不良題目不再進行下一階段的探索性因素分析。進行項目分析時，可採表 6-2 的表格，協助進行不良指標的判斷，透過表 6-2 可清楚呈現每題在這些項目分析評判指標之實際情形。

表 6-2

項目分析的評判指標

題號	題目內容	遺漏值的百分比	題目的平均數	題目的變異數	題目的偏態係數	題目的高分獨立本樣 t 考驗	修正後題目與分總目之相關	刪除該題後的 α 係數	不良指標數量	題目評判結果
1	我常購買這個品牌的產品。								0	保留
2	我很信任這個品牌的品質。				×				1	保留
3	購物時，我不會選固定的品牌。		×	×			×		3	刪除
4	這個品牌推出新產品時，我會立即購買。		×		×				2	保留
5	我很認同這個品牌的經營理念。								0	保留

註：不良指標的參考依據如下：遺漏值的百分比高於 10%；平均數高於 4.5 或低於 1.5；變異數低於 1；偏態係數高於絕對值 1；高低分組獨立樣本 t 考驗的顯著性高於 .05；修正後的題目與總分相關低於 .3；刪除該題的 α 係數提高。
X 表示不良指標記號。

　　圖 6-10 為呈現項目分析評判指標之實例，圖 6-10 將每題在每個評判指標的實際數據呈現出來，並將不佳的數據，以黑體字方式呈現。

表 3-4-5 數學知識信念量表項目分析結果

分量表	預試題號	遺漏值 %	平均數	標準差	偏態	極端組檢定	題目總分相關	因素負荷量	不良指標數量	保留（○）或刪除（X）
	1	.0	2.88	1.38	.005	-7.051***	**.3821**	.643	1	○
	2	.3	2.21	1.31	**.717**	-8.865***	.5046	.497	1	○
	3	.3	3.14	1.29	.003	-8.050***	.4610	.620	0	○
知	4	1.0	2.76	1.39	.211	-8.477***	.4781	.695	0	○
識	5	1.0	2.57	1.42	.448	-9.821***	.5187	.581	0	○
確	6	1.3	2.58	1.46	.468	**-.719**	**.0067**	.570	2	○
定	7	1.3	3.04	1.48	.037	-7.424***	.4558	.482	0	○
性	8	1.7	2.54	1.42	.468	-7.514***	.4628	.578	0	○
	9	.7	**1.92**	1.29	**1.175**	-10.269***	.5683	.599	2	○
	10	2.0	2.12	1.29	**.894**	-10.751***	.6216	.613	1	○
	11	2.0	**1.76**	1.03	**1.385**	-3.325**	**.1790**	.587	3	X

資料來源：引自國小高年級學生數學知識信念、數學學習動機與數學學業成就之研究（未出版之碩士論文）（頁83），吳蕙如，2008，高雄師範大學。

圖 6-10　項目分析的評判指標實例

　　項目分析的評判指標，除了上述所提的七項外，也有些測驗編製者會採用「因素負荷量」與「共同性」等評判指標，有關這兩項指標的概念與求法，建議可參考吳明隆（2011）的《SPSS 操作與應用：問卷統計分析實務》，該書有詳盡的說明。

貳、「進行項目分析」之實例分析

進行量表的項目分析，應同時考量「遺漏值的百分比」、「題目的平均數」、「題目的變異數」、「題目的偏態係數」、「題目的高低分組獨立樣本 t 考驗」、「修正後題目與總分之相關」與「刪除該題後的 α 係數」等七項指標，這些指標以「題目的高低分組獨立樣本 t 考驗」與「修正後題目與總分之相關」這兩項最具代表性。底下將以數學態度量表為例，介紹項目分析的進行步驟。

一、題目的遺漏值百分比、平均數、變異數與偏態係數之項目分析 SPSS 操作步驟

在 SPSS 操作步驟中，「遺漏值的百分比」、「題目的平均數」、「題目的變異數」與「題目的偏態係數」等四項評判指標，可透過「觀察值摘要」的統計程序獲得，如圖 6-11 所示。

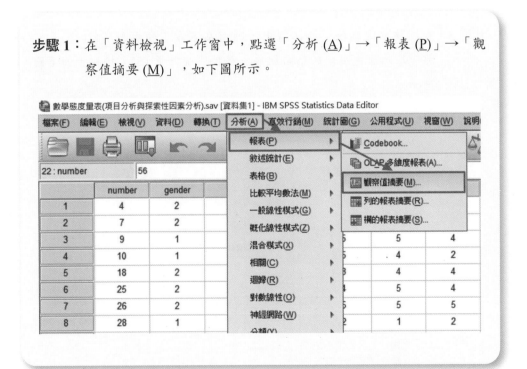

步驟 1：在「資料檢視」工作窗中，點選「分析 (A)」→「報表 (P)」→「觀察值摘要 (M)」，如下圖所示。

步驟 2：在「摘要觀察值」對話窗中，將 a1 至 a30 等 30 個變項，由左方變數清單中，移至右邊「變數 (V)」空格中，如下圖所示。

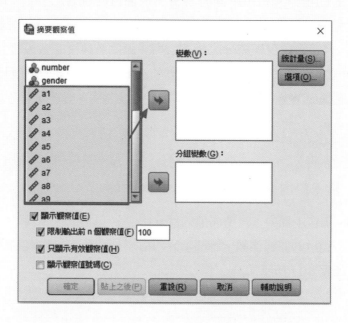

步驟 3：在「摘要觀察值」對話窗中，點選左下方「顯示觀察值 (E)」空格，取消原先設定的打勾狀態，並按「統計量 (S)」按鈕，如下圖所示。

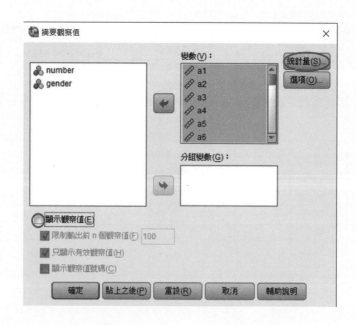

步驟4：在「摘要報表：統計分析」對話窗中，將「平均數」、「變異數」與「偏態」等三個項目，從左方「統計量 (S)」清單中，移至右方「儲存格統計量 (C)」空格，並按下方的「繼續」按鈕，如下圖所示。

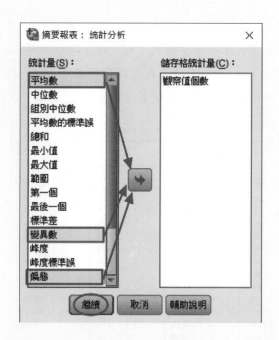

步驟5：在「摘要觀察值」對話窗中，按「確定」按鈕，如下圖所示。

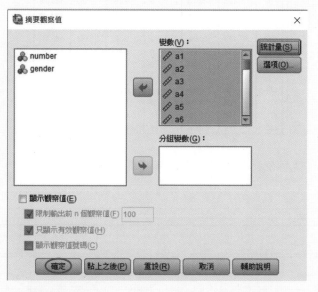

圖 6-11　題目遺漏值、平均數、變異數與偏態之項目分析步驟

　　透過圖 6-11 的 5 個操作步驟，即可得到圖 6-12 之項目分析統計報表。圖 6-12 的報表 1，可獲得題目的遺漏值數量；報表 2 可獲得題目的平均數、變異數與偏態係數等數值。

報表 1： 在「觀察值處理摘要」報表中的「排除」這個欄位，可從「個數」這個欄位，看出每個變項的遺漏值個數，可從「百分比」這個欄位，看出遺漏值占所有受試者的百分比。

觀察值處理摘要

| | 觀察值 | | | | | |
| | 包括 | | 排除 | | 總和 | |
	個數	百分比	個數	百分比	個數	百分比
a1	150	100.0%	0	0.0%	150	100.0%
a2	148	98.7%	2	1.3%	150	100.0%
a3	148	98.7%	2	1.3%	150	100.0%
a4	150	100.0%	0	0.0%	150	100.0%
a5	148	98.7%	2	1.3%	150	100.0%
a6	150	100.0%	0	0.0%	150	100.0%
a7	150	100.0%	0	0.0%	150	100.0%
a8	150	100.0%	0	0.0%	150	100.0%
a9	149	99.3%	1	0.7%	150	100.0%
a10	150	100.0%	0	0.0%	150	100.0%
a11	150	100.0%	0	0.0%	150	100.0%
a12	149	99.3%	1	0.7%	150	100.0%
a13	150	100.0%	0	0.0%	150	100.0%
a14	150	100.0%	0	0.0%	150	100.0%
a15	150	100.0%	0	0.0%	150	100.0%
a16	150	100.0%	0	0.0%	150	100.0%
a17	150	100.0%	0	0.0%	150	100.0%
a18	150	100.0%	0	0.0%	150	100.0%
a19	150	100.0%	0	0.0%	150	100.0%
a20	150	100.0%	0	0.0%	150	100.0%
a21	150	100.0%	0	0.0%	150	100.0%
a22	148	98.7%	2	1.3%	150	100.0%
a23	150	100.0%	0	0.0%	150	100.0%
a24	150	100.0%	0	0.0%	150	100.0%
a25	150	100.0%	0	0.0%	150	100.0%
a26	150	100.0%	0	0.0%	150	100.0%

報表 2： 在「觀察值摘要」報表中，可得到每題在「平均數」、「變異數」與「偏態」等三項指標的數據，如下圖所示。

觀察值摘要

	a1	a2	a3	a4	a5	a6	a7	a8	a9	a10	a11	a12	a13	a14	a15	a16	a17	a18	a19	a20	a21
個數	150	148	148	150	148	150	150	150	149	150	150	149	150	150	150	150	150	150	150	150	150
平均數	3.84	3.29	3.54	3.89	3.84	3.58	4.04	3.53	2.99	3.25	3.79	2.96	4.09	3.21	3.87	3.81	3.97	3.75	3.93	3.81	
變異數	1.665	1.255	1.570	1.613	1.457	1.628	1.166	1.204	1.115	1.194	1.149	1.269	1.293	1.387	1.401	1.284	1.254	1.160	1.315	1.357	1.374
偏態	-.929	-.243	-.419	-.913	-.766	-.545	-.988	-.380	-.056	-.138	-.857	-.179	-1.295	-.110	.147	-.894	-.758	-1.011	-.532	-.992	-.669

圖 6-12　題目遺漏值、平均數、變異數與偏態之統計報表

二、高低分組獨立樣本 *t* 考驗的項目分析 SPSS 操作步驟

　　進行每題高低分組獨立樣本 *t* 考驗，是想分析高分組受試者與低分組受試者，在每題得分情形是否有顯著性差異。若一道題目的高低分組獨立樣本 *t* 考驗達顯著性差異，顯示該題具有鑑別效果，即符合優良試題的評判指標。

　　進行每題的高低分組獨立樣本 *t* 考驗統計分析時，需透過「計算所有題目的總分」、「根據總分區分高分組與低分組」，以及「進行獨立樣本 *t* 考驗」等三道程序，才能得到所要的資料。

(一) 計算所有題目的總分

　　在區隔高分組與低分組的受試者時，是根據受試者的總分，因而第一道程序需先計算所有受試者的總分。將所有題目總分加總的 SPSS 操作步驟，如圖 6-13 所示。

步驟 1：在「資料檢視」工作窗中，點選「轉換 (<u>T</u>)」→「計算變數 (<u>C</u>)」，如下圖所示。

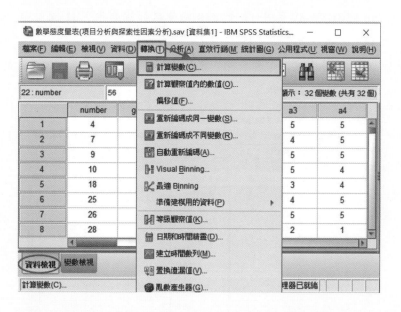

步驟 2：在「計算變數」對話窗中，在左上方「目標變數 (<u>T</u>)」空格中，輸入「量表總分」，在右上方「數值運算式 (<u>E</u>)」空格中，輸入「sum(a1 to a30)」，再按「確定」按鈕，如下圖所示。

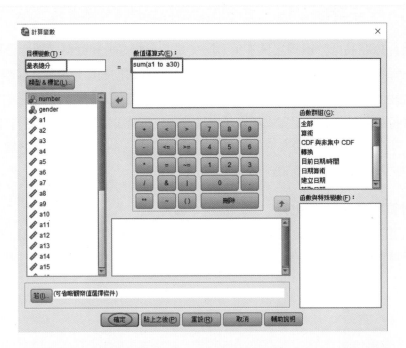

此步驟主要是計算 a1 至 a30 這 30 題的總分，並以「量表總分」作為變項名稱。在「數值運算式 (E)」空格中，輸入的指令「sum(a1 to a30)」，代表將 a1 至 a30 的分數加總起來，a1 至 a30 中間的 to，必須前後各空一格。

步驟 3：在「資料檢視」工作窗中，最右邊欄位會出現「量表總分」的變項名稱，如下圖所示。

圖 6-13　計算受試者所有題目的總分之操作步驟

(二) 決定高分組與低分組的受試者

　　根據圖 6-13 所獲得的總分，以最高分的前 27% 作為高分組受試者，以最低分的後 27% 作為低分組受試者。區隔高低分組受試者的 SPSS 操作步驟，如圖 6-14 所示。

步驟 1： 在「資料檢視」工作窗中，點選「分析 (<u>A</u>)」→「敘述統計 (<u>E</u>)」→「次數分配表 (<u>F</u>)」，如下圖所示。

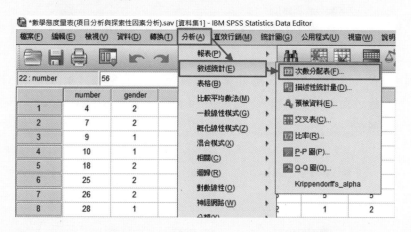

步驟 2： 在「次數分配表」對話窗中，將「量表總分」這個變項，由左方變數清單，移至右邊「變數 (<u>V</u>)」空格中，如下圖所示。

步驟 3： 在「次數分配表」對話窗中，按「統計量 (<u>S</u>)」按鈕，如下圖所示。

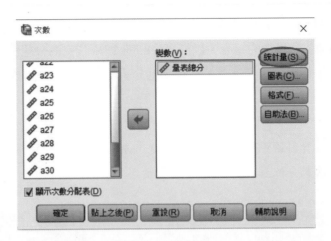

步驟 4：在「次數分配表：統計量」對話窗中，先點選「百分位數 (P)」
後，在右方空格輸入「27」，並按下方「新增 (A)」按鈕，如下圖
所示。

此步驟是為了找出百分等級 27 的原始分數，作為區分低分組的依
據。

步驟 5：接續步驟 4 動作，在「百分位數 (P)」右方空格輸入「73」，並按
下方「新增 (A)」按鈕，如下圖所示。

此步驟是為了找出百分等級 73 的原始分數，作為區分高分組的依
據。

步驟 6：在「次數分配表：統計量」對話窗中，按「繼續」按鈕，如下圖所示。

步驟 7：在「次數分配表」對話窗中，按「確定」按鈕，如下圖所示。

步驟 8：在輸出結果的「統計量」報表中，記下百分等級 27 的原始分數是
94 分，百分等級 73 的原始分數是 120.23 分。

步驟 9：在「資料檢視」工作窗中，點選「轉換 (<u>T</u>)」→「重新編碼成不同
變數 (<u>R</u>)」，如下圖所示。

步驟 10：在「重新編碼成不同變數」對話窗中，將「量表總分」這個變
項，由左方變數清單中，移至右邊「輸入變數 (<u>V</u>) → 輸出變數」
空格，如下圖所示。

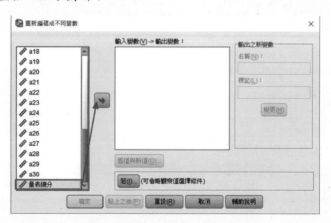

步驟 11：在「重新編碼成不同變數」對話窗中，在右上方「名稱 (N)」空格
中，輸入「高低組別」這個變項名稱（表示將產生一個新的變項
名稱「高低組別」），並按「變更 (H)」按鈕，如下圖所示。

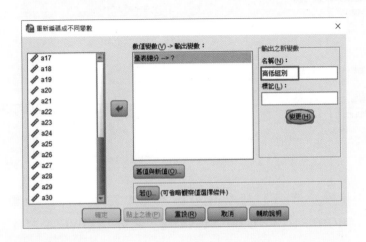

步驟 12：在「重新編碼成不同變數」對話窗中，按「舊值與新值 (O)」按
鈕，如下圖所示。

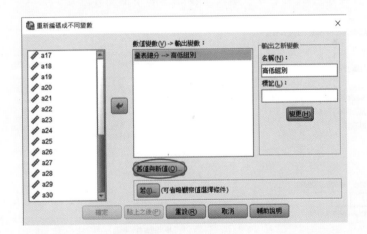

步驟 13：在「重新編碼成不同變數：舊值與新值」對話窗中，點選左下方
「範圍，值到 HIGHEST(E)」按鈕，並在空格中輸入由步驟 11 所
獲得的百分等級 73 之原始分數 120.23。同時在右上方「◎數值
(A)」空格中輸入 1，並按「新增 (A)」按鈕，如下圖所示。

此步驟的目的是將得分高於 120.23 的受試者，設定為代碼 1 的高分
組。

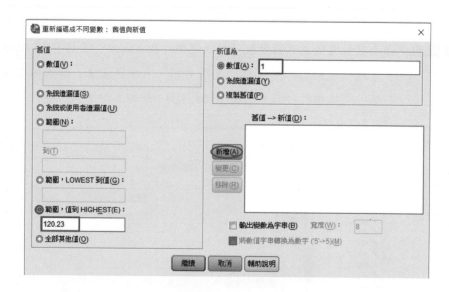

步驟 14：接續步驟 13 的動作，將原先點選左下方「範圍，值到
　　　　　HIGHEST(E)」按鈕，改為點選「範圍，LOWEST 到值 (G)」按
　　　　　鈕，並在空格中輸入由步驟 11 所獲得的百分等級 27 之原始分數
　　　　　94。同時在右上方「◎數值 (A)」空格中輸入 2，按「新增 (A)」
　　　　　按鈕，以及下方「繼續」按鈕，如下圖所示。

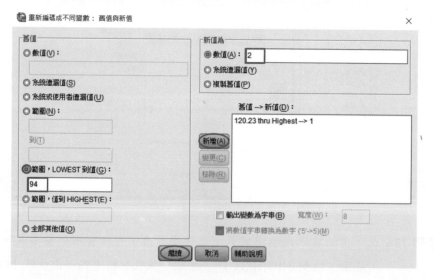

　　　　　此步驟的目的是將得分低於 94 的受試者，設定為代碼 2 的低分
　　　　　組。

步驟 15：在「重新編碼成不同變數」對話窗中，按下方「確定」按鈕，如
下圖所示。

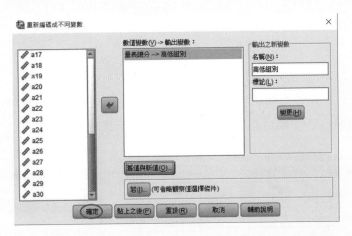

步驟 16：在「資料檢視」工作窗中，將游標移至最右邊的變項，即可看到
多出一個名為「高低組別」的變項名稱，如下圖所示。

在高低組別這個變項中，數字 2 代表低分組，數字 1 代表高分
組，出現的「.」符號代表遺漏值，遺漏值則表示不隸屬於低分組
或高分組。

圖 6-14 區隔高低分組受試者之 SPSS 操作步驟

(三) 進行每道題目的獨立樣本 *t* 考驗

確定高低分組的受試者後，最後一個程序是將每道題目，進行高低分組的獨立樣本 *t* 考驗，以判斷高低分組的受試者在每題得分情形是否有顯著性差異。進行每題高低分組獨立樣本 *t* 考驗的 SPSS 操作步驟，如圖 6-15 所示。

步驟 1： 在「資料檢視」工作窗中，點選「分析 (A)」→「比較平均數法 (M)」→「獨立樣本 T 檢定 (T)」，如下圖所示。

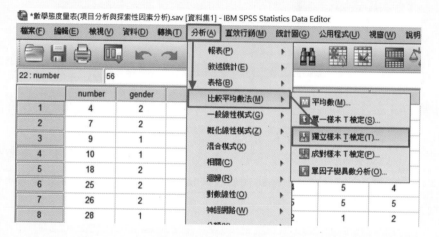

步驟 2： 在「獨立樣本 T 檢定」對話窗中，將 a1 至 a30 等 30 個變項，由左方變數清單中，移至右邊「檢定變數 (T)」空格，如下圖所示。

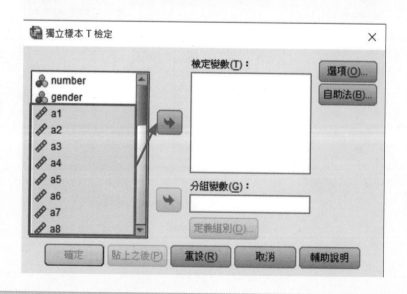

步驟 3：在「獨立樣本 T 檢定」對話窗中，將「高低組別」這個變項，由左
方變數清單中，移至右邊「分組變項 (G)」空格，如下圖所示。

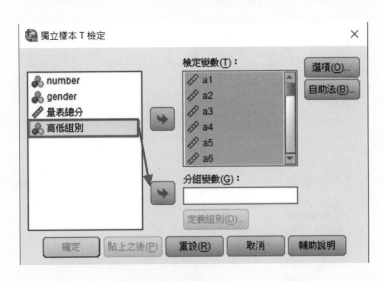

步驟 4：接續步驟 3，在「獨立樣本 T 檢定」對話窗中，按「定義組別
(D)」按鈕，如下圖所示。

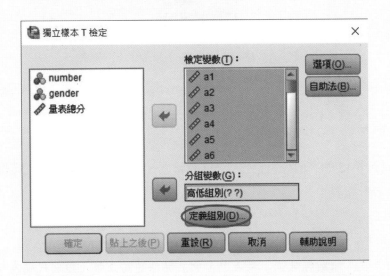

步驟 5：在「定義組別」對話窗中，在「組別 1(1)：」右邊空格中，輸入高
分組代碼 1，在「組別 2(2)：」右邊空格中，輸入低分組代碼 2，
如下圖所示。

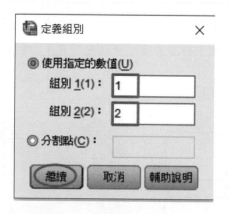

步驟6：在「獨立樣本 T 檢定」對話窗中，按「確定」按鈕，如下圖所示。

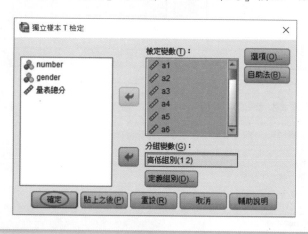

圖 6-15　每題高低分組獨立樣本 *t* 考驗之 SPSS 操作步驟

　　經過圖 6-15 的高低分組獨立樣本 *t* 考驗之 SPSS 操作步驟，即可獲得圖 6-16 的 SPSS 統計報表。

報表 1：在「組別統計量」報表中，會呈現每題高分組（組別代碼為 1）與低分組（組別代碼為 2）的人數、平均數與標準差等統計數據，如下圖所示。因版面關係，下圖只呈現前 14 題的統計數據，並未呈現全部 30 題的統計結果。

<table>
<thead>
<tr><th colspan="6">組別統計量</th></tr>
<tr><th></th><th>高低組別</th><th>個數</th><th>平均數</th><th>標準差</th><th>平均數的標準誤</th></tr>
</thead>
<tbody>
<tr><td>a1</td><td>1.00</td><td>40</td><td>4.75</td><td>.742</td><td>.117</td></tr>
<tr><td></td><td>2.00</td><td>41</td><td>2.61</td><td>1.317</td><td>.206</td></tr>
<tr><td>a2</td><td>1.00</td><td>40</td><td>4.28</td><td>.751</td><td>.119</td></tr>
<tr><td></td><td>2.00</td><td>40</td><td>2.23</td><td>.947</td><td>.150</td></tr>
<tr><td>a3</td><td>1.00</td><td>40</td><td>4.58</td><td>.844</td><td>.133</td></tr>
<tr><td></td><td>2.00</td><td>39</td><td>2.51</td><td>1.167</td><td>.187</td></tr>
<tr><td>a4</td><td>1.00</td><td>40</td><td>4.98</td><td>.158</td><td>.025</td></tr>
<tr><td></td><td>2.00</td><td>41</td><td>2.76</td><td>1.356</td><td>.212</td></tr>
<tr><td>a5</td><td>1.00</td><td>40</td><td>4.78</td><td>.733</td><td>.116</td></tr>
<tr><td></td><td>2.00</td><td>39</td><td>2.95</td><td>1.255</td><td>.201</td></tr>
<tr><td>a6</td><td>1.00</td><td>40</td><td>4.53</td><td>.751</td><td>.119</td></tr>
<tr><td></td><td>2.00</td><td>41</td><td>2.61</td><td>1.339</td><td>.209</td></tr>
<tr><td>a7</td><td>1.00</td><td>40</td><td>4.88</td><td>.404</td><td>.064</td></tr>
<tr><td></td><td>2.00</td><td>41</td><td>3.07</td><td>1.104</td><td>.172</td></tr>
<tr><td>a8</td><td>1.00</td><td>40</td><td>4.23</td><td>.800</td><td>.127</td></tr>
<tr><td></td><td>2.00</td><td>41</td><td>2.85</td><td>1.085</td><td>.170</td></tr>
<tr><td>a9</td><td>1.00</td><td>39</td><td>3.26</td><td>1.292</td><td>.207</td></tr>
<tr><td></td><td>2.00</td><td>41</td><td>2.59</td><td>.999</td><td>.156</td></tr>
<tr><td>a10</td><td>1.00</td><td>40</td><td>4.03</td><td>1.025</td><td>.162</td></tr>
<tr><td></td><td>2.00</td><td>41</td><td>2.49</td><td>.810</td><td>.127</td></tr>
<tr><td>a11</td><td>1.00</td><td>40</td><td>4.65</td><td>.483</td><td>.076</td></tr>
<tr><td></td><td>2.00</td><td>41</td><td>2.90</td><td>.970</td><td>.151</td></tr>
<tr><td>a12</td><td>1.00</td><td>40</td><td>3.80</td><td>.966</td><td>.153</td></tr>
<tr><td></td><td>2.00</td><td>41</td><td>2.24</td><td>1.044</td><td>.163</td></tr>
<tr><td>a13</td><td>1.00</td><td>40</td><td>4.93</td><td>.267</td><td>.042</td></tr>
<tr><td></td><td>2.00</td><td>41</td><td>3.12</td><td>1.288</td><td>.201</td></tr>
<tr><td>a14</td><td>1.00</td><td>40</td><td>3.93</td><td>1.047</td><td>.166</td></tr>
<tr><td></td><td>2.00</td><td>41</td><td>2.29</td><td>.955</td><td>.149</td></tr>
</tbody>
</table>

報表 2： 在「獨立樣本檢定」報表中，會呈現「題目名稱」、「變異數相等的 Levene 檢定」與「平均數相等的 t 檢定」等三個主要欄位。

在解讀報表時，先查看「變異數相等的 Levene 檢定」欄位中的「顯著性」，當顯著性 p 值大於 .05 時，顯示符合「變異數同質性」假定，接著查看「平均數相等的 t 檢定」欄位對應的「t」與「顯著性（雙尾）」，由「t」欄位可以查看 t 值大小，由「顯著性（雙尾）」可以查看 p 值是否小於 .05，當 p 值小於 .05 時，顯示高低分組這兩組別的平均數有顯著性差異。因版面關係，下圖只呈現前 8 題的統計數據，並未呈現全部 30 題的統計結果。

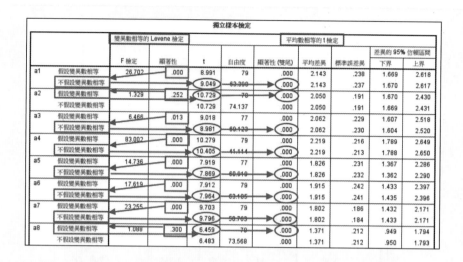

圖 6-16　每題高低分組獨立樣本 *t* 考驗的 SPSS 統計報表

三、修正後題目與總分之相關與刪除該題的 α 係數之 SPSS 操作步驟

　　一道題目與量表總分之積差相關係數越高，顯示該題與量表所有題目較可能是測量相同的變項，即符合優良試題的評判指標。對於題目與量表總分之積差相關求法，可分成「題目與總分之相關」與「修正後題目與總分之相關」兩種。筆者建議量表編製者，應採用「修正後題目與總分之相關」較為合適，故底下只介紹「修正後題目與總分之相關」的 SPSS 操作步驟，如圖 6-17 所示。

步驟 1： 在「資料檢視」工作窗中，點選「分析 (<u>A</u>)」→「尺度 (<u>A</u>)」→「信度分析 (<u>R</u>)」，如下圖所示。

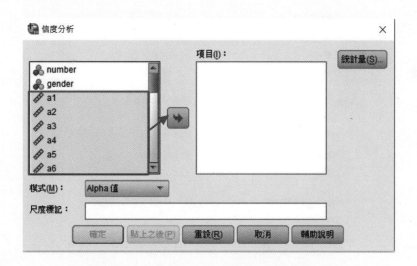

步驟 2： 在「信度分析」對話窗中，將 a1 至 a30 等 30 個變項，由左方變數清單中，移至右邊「項目 (I)」空格，如下圖所示。

步驟 3： 在「信度分析」對話窗中，按「統計量 (S)」按鈕，如下圖所示。

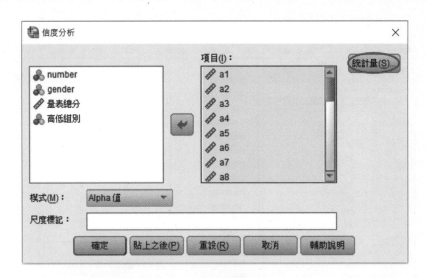

步驟 4：在「信度分析：統計量」對話窗中，勾選左上方「敘述統計量對
象」中「□刪除項目後之量尺摘要 (A)」的選項，並按「繼續」按
鈕，如下圖所示。

步驟 5：在「信度分析」對話窗中，按「確定」按鈕，如下圖所示。

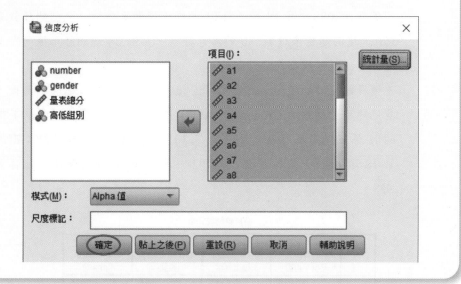

圖 6-17　修正後題目與總分之相關的 SPSS 操作步驟

經過圖 6-17「修正後題目與總分之相關」的 SPSS 操作步驟後，即可得到圖 6-18 的 SPSS 統計報表。

報表 1：在「可靠性統計量」報表中，會出現「Cronbach's Alpha 值」與「項目的個數」兩個欄位。從「項目的個數」可知有 30 題，從「Cronbach's Alpha值」可知這30題 α 係數為 .928。

可靠性統計量

Cronbach's Alpha 值	項目的個數
.928	30

報表 2：在「項目整體統計量」報表中，會有「項目刪除時的尺度平均數」、「項目刪除時的尺度變異數」、「修正的項目總相關」與「項目刪除時的 Cronbach's Alpha 值」等四個欄位。

「修正的項目總相關」這個欄位可獲得項目分析所需的「修正後

題目與總分之相關」，其中第 9 題（a9）的修正後題目與總分之相關係數為 .088，第 18 題（a18）的修正後題目與總分之相關係數為 .261，這兩題皆未達到 .30 的參考標準。其他 28 題的修正後題目與總分之相關係數都高於 .30。

「項目刪除時的 Cronbach's Alpha 值」這個欄位可知刪除該題後，其他題目會得到的 Cronbach's Alpha 值。其中刪除第 9 題（a9）後的 α 係數提高為 .930，高於全部 30 道題目的 α 係數 .928；刪除第 18 題（a18）後的 α 係數為 .928，等於全部 30 道題目的 α 係數 .928。

項目整體統計量

	項目刪除時的尺度平均數	項目刪除時的尺度變異數	修正的項目總相關	項目刪除時的 Cronbach's Alpha 值
a1	104.49	338.568	.584	.925
a2	105.02	341.376	.637	.924
a3	104.80	339.033	.600	.924
a4	104.43	336.952	.646	.924
a5	104.54	340.969	.557	.925
a6	104.75	341.186	.547	.925
a7	104.30	343.467	.598	.925
a8	104.80	349.090	.445	.926
a9	105.34	363.146	.088	.930
a10	105.06	347.696	.472	.926
a11	104.52	343.847	.599	.925
a12	105.35	345.178	.511	.926
a13	104.22	345.513	.518	.925
a14	105.10	345.948	.481	.926
a15	105.52	345.258	.480	.926
a16	104.50	347.350	.459	.926
a17	104.48	352.509	.357	.927
a18	104.39	356.425	.261	.928
a19	104.60	345.952	.482	.926
a20	104.42	342.819	.561	.925
a21	104.53	335.747	.714	.923
a22	104.50	346.754	.457	.926
a23	104.32	340.392	.700	.923
a24	105.16	345.035	.574	.925
a25	105.50	336.819	.690	.923
a26	104.79	338.203	.684	.923
a27	104.27	353.725	.378	.927

圖 6-18　修正後題目與總分之相關的 SPSS 統計結果

　　根據圖 6-12、圖 6-16 與圖 6-18 的統計報表，即可整理成表 6-3 的項目分析統計結果。表 6-3 項目分析統計結果包含「遺漏值的百分比」、「題目的平均數」、「題目的變異數」、「題目的偏態係數」、「題目的高低分組獨立樣本 t 考驗」、「修正後題目與總分之相關」與「刪除該題後的 α 係數」等七個評判指標的實際統計結果，由不良指標的數量可知，有 2 個不良指標的題目包括第 9 題、第 18 題與第 27 題等 3 題；有 1 個不良指標的題目包括第 13 題與第 23 題等 2 題。

　　由於「題目高低分組獨立樣本 t 考驗」與「修正後題目與總分之相關」這兩項評判指標較具有項目分析的代表性。故決定兩種刪題的標準：第一當「題目高低分組獨立樣本 t 考驗」與「修正後題目與總分之相關」這兩項評判指標只要有一項不良指標時，則將該題視為不良題目。第二當「題目高低分組獨立樣本 t 考驗」與「修正後題目與總分之相關」這兩項評判指標皆符合優良的標準，但其他五個評判指標有四項以上不符合優良指標，也將該題視為不良題目。

　　根據上述兩個刪題的標準，第 9 題在最主要的「題目的高低分組獨立樣本 t 考驗」與「修正後題目與總分之相關」這兩個指標皆不良，故第 9 題決定刪除。第 18 題在「修正後題目與總分相關」這個評判指標不良，故決定刪除第 18 題。

　　第 27 題在「題目的高低分組獨立樣本 t 考驗」與「修正後題目與總分之相關」這兩個指標皆符合優良的標準，雖然有 2 個其他的不良指標，但未超過 4 個其他的不良指標，故決定保留第 27 題。

　　第 13 題與第 23 題都只有 1 個不良的指標，且「題目的高低分組獨立樣本 t 考驗」與「修正後題目與總分之相關」這兩個指標皆符合優良的標準，故決定保留這兩題。

　　除了上述 5 題至少有 1 個不良指標外，其他所有題目皆未有不良指標，故其他的題目皆保留。預試的題目總共有 30 題，決定刪除第 9 題與第 18 題後，最後保留 28 題。

表 6-3

項目分析的統計結果

題號	題目內容	遺漏值的百分比	題目的平均數	題目的變異數	題目的偏態係數	題目的高分低組獨立樣本 t 考驗	修正題目與分總之相關	刪除該題後的 α 係數	不良指標數量	題目評判結果
1	我覺得我的數學能力和班上其他同學相比，還算不錯。	0.00%	3.84	1.67	-0.93	9.05***	.58	.925	0	保留
2	只要真正瞭解數學課本的內容，我就可以把數學學好。	1.33%	3.29	1.26	-0.24	10.73***	.64	.924	0	保留
3	我很有信心可以把數學學好。	1.33%	3.54	1.57	-0.42	8.98***	.60	.924	0	保留
4	我認為數學是一門困難的科目。	0.00%	3.89	1.61	-0.91	10.40***	.65	.924	0	保留
5	只要上課用心學習，我就可以瞭解老師所教的內容。	1.33%	3.84	1.46	-0.77	7.87***	.56	.925	0	保留
6	老師出的數學題目，我大部分都能算出來。	0.00%	3.58	1.63	-0.54	7.96***	.55	.925	0	保留
7	只要肯努力，我就可以把數學考好。	0.00%	4.04	1.17	-0.99	9.80***	.60	.925	0	保留
8	我自己很想把數學學好。	0.00%	3.53	1.20	-0.38	6.46***	.45	.926	0	保留
9	遇到不會算的數學題目，我就會放棄，不再去想它。	0.67%	2.99	1.11	-0.06	2.61*	**.09**	**.930**	2	刪題
10	把數學學好，會讓我成為同學羨慕的對象。	0.00%	3.25	1.19	-0.14	7.50***	.47	.926	0	保留
11	算出正確的數學答案，會讓我很有成就感。	0.00%	3.79	1.15	-0.66	10.30***	.60	.925	0	保留
12	數學成績沒有達到我的目標時，我會更用功。	0.67%	2.96	1.27	-0.18	6.96***	.51	.926	0	保留
13	我會因師長的鼓勵，而想多做一些數學題目。	0.00%	4.09	1.29	**-1.30**	8.77***	.52	.925	1	保留
14	我會事先預習老師要教的內容。	0.00%	3.21	1.39	-0.11	7.33***	.48	.926	0	保留
15	我會複習老師今天所教的內容。	0.00%	2.81	1.40	0.15	5.98***	.48	.926	0	保留
16	上數學課時，我很怕老師問我問題。	0.00%	3.87	1.28	-0.88	6.18***	.46	.926	0	保留
17	我很害怕上數學課。	0.00%	3.81	1.25	-0.76	5.12***	.36	.927	0	保留
18	上數學課時，我不會緊張。	0.00%	3.97	1.16	**-1.01**	3.74***	**.26**	**.928**	2	刪題
19	需要用到數學時，我會很緊張。	0.00%	3.75	1.31	-0.53	6.29***	.48	.926	0	保留
20	我認為數學不難，沒什麼好怕的。	0.00%	3.93	1.36	-0.99	7.89***	.56	.925	0	保留
21	當我看到數學題目時，就覺得不舒服。	0.00%	3.81	1.37	-0.67	12.64***	.71	.923	0	保留

表 6-3

（續）

題號	題目內容	遺漏值的百分比	題目的平均數	題目的變異數	題目的偏態係數	題目的高低分組獨立樣本 t 考驗	修正後的題目與總分相關	刪除該題後的 α 係數	不良指標數量	題目評判結果
22	想到要考數學，我就會很焦慮。	1.33%	3.86	1.35	-0.86	5.97***	.46	.926	0	保留
23	碰到和數學有關的問題時，我就會很頭痛。	0.00%	4.05	**0.99**	-0.95	8.85***	.70	.923	**1**	保留
24	把數學學好，以後比較容易找到好工作。	0.00%	3.21	1.08	0.03	6.82***	.57	.925	0	保留
25	學數學讓我的思考更敏銳。	0.00%	2.84	1.42	0.10	9.95***	.69	.923	0	保留
26	學數學對我的日常生活幫助很大。	0.00%	3.50	1.38	-0.38	11.75***	.68	.923	0	保留
27	學好數學可以讓我以後讀比較好的學校。	0.67%	4.07	**0.88**	**-1.09**	5.74***	.38	.927	**2**	保留
28	我覺得學數學很浪費時間。	0.00%	3.10	1.12	-0.10	7.53***	.54	.925	0	保留
29	我覺得學數學可以讓我更聰明。	0.67%	3.30	1.81	-0.31	6.83***	.55	.925	0	保留
30	我覺得數學一點用也沒有。	0.00%	3.52	1.82	-0.48	7.58***	.59	.925	0	保留

註：不良指標的參考依據如下：遺漏值的百分比高於 10%；平均數高於 4.5 或低於 1.5；變異數低於 1；偏態係數高於絕對值 1；高低分組獨立樣本 t 考驗的顯著性高於 .05；修正後的題目與總分相關低於 .3；刪除該題的 α 係數提高。30道題目的 α 係數為 .928。

粗體字表示不良指標的數據。

$*p < .05$　$**p < .01$　$***p < .001$

Chapter **7**

進行探索性因素分析

壹、「進行探索性因素分析」之理論基礎

貳、「進行探索性因素分析」之實例分析

　　經過項目分析後，需先將品質不佳的題目排除，只以品質優良的題目進行探索性因素分析。底下將分別介紹「進行探索性因素分析」之理論基礎，以及「進行探索性因素分析」之實例分析兩個部分。

壹、「進行探索性因素分析」之理論基礎

　　效度是指測量結果的精準性，若要區隔效度的類型，大致可分成內容效度、效標關聯效度與構念效度三種。前面第四章所介紹「聘請專家進行量表審閱」的部分，即是檢驗內容效度的方式。至於如何考驗構念效度的問題，Zeller（1997）曾建議採用 6 個步驟進行構念效度的考驗：「定義每個概念並預測每個變項之關聯性」、「挑選表徵每個概念之評定指標」、「建立評定指標之向度」、「建構評定指標之量表」、「計算量表之間的相關係數」與「比較由資料蒐集獲得之相關係數是否與預測的關聯性相吻合」等 6 步驟。在 Zeller 所提的 6 步驟中，第 3 步驟「建立評定指標之向度」，即可藉由因素分析來決定評定指標之向度。由於因素分析可用來探究不同變項之間，是否具有共同潛在構念（latent construct），在量表編製歷程中，常被作為判斷量表是否具良好構念效度的統計方法。

　　為了讓讀者對探索性因素分析與構念效度之關聯性，有較清楚的瞭解，底下將分成探索性因素分析與構念效度的關聯性、探索性因素分析的重要概念，以及探索性因素分析的實施步驟等三個部分來介紹。

一、探索性因素分析與構念效度的關聯性

　　因素分析基本原理是根據所有題目兩兩之間的積差相關係數大小，將相關係數大小較接近的題目歸屬於同一因素。為了說明因素分析的分析方法，茲假設有一份隨堂小考的測驗，包含 5 道國文題與 5 道數學題，而這 10 題兩兩之間的積差相關係數，如表 7-1 所示。從表 7-1 可發現，5 道國文題之間的積差相關係數都較高（相關係數介於 .40 至 .47），5 道數學題之間的積差相關係數也都較高（相關係數介於 .50 至 .58），但 5 道國文題與 5 道數學題兩兩之間的積差相關係數則很低（相關係數介於 .07 至 .19）。

　　由於隨堂小考的題目同時包含國文題與數學題，我們預期這份測驗應該是測量兩種不同的能力。然而是否真的只測量到兩種能力呢？有沒有可能測量到第三種能力呢？5 道國文題是否測量相同的能力？5 道數學題是否也測量相同的能力？針對這樣的問題，我們可透過因素分析的統計方法，來回答上述的問題。

表 7-1

5 道國文題與 5 道數學題之積差相關係數矩陣

題目	C1	C2	C3	C4	C5	M1	M2	M3	M4	M5
C1	1.00									
C2	**.46**	1.00								
C3	**.45**	**.40**	1.00							
C4	**.43**	**.46**	**.41**	1.00						
C5	**.47**	**.44**	**.42**	**.46**	1.00					
M1	.12	.16	.17	.10	.08	1.00				
M2	.19	.14	.11	.09	.07	**.53**	1.00			
M3	.11	.12	.18	.15	.16	**.57**	**.54**	1.00		
M4	.09	.10	.13	.18	.15	**.52**	**.50**	**.51**	1.00	
M5	.10	.11	.12	.19	.16	**.58**	**.51**	**.55**	**.56**	1.00

註：C1 至 C5 分別代表第 1 題至第 5 題的國文題，M1 至 M5 分別代表第 1 題至第 5 題的數學題。

　　將這 10 題的積差相關係數矩陣，進行採主軸因子法與直交轉軸（Varimax 法）的因素分析，可獲得圖 7-1 的統計結果。有關主軸因子與直交轉軸的意義，後面會有較詳盡的說明。

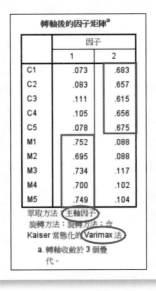

圖 7-1　5 道國文題與 5 道數學題所得到的因素負荷矩陣

　　圖 7-1 最上列顯示萃取出 2 個因素（中文版 SPSS 將 factor 翻譯成因子），圖 7-1 最左邊欄位顯示 10 題的名稱。由因素與題目所形成的矩陣，即是因素負

荷量矩陣（factor loading matrix）。所謂的因素負荷量，是指題目與因素之間的積差相關係數。

　　國文第 1 題 C1 在第 1 個因素的因素負荷量為 .073，在第 2 個因素的因素負荷量為 .683，由於 C1 在第 1 個因素的因素負荷量明顯低於第 2 個因素的因素負荷量，故 C1 就歸屬於第 2 個因素。同樣道理，數學第 1 題 M1 在第 1 個因素的因素負荷量為 .752，在第 2 個因素的因素負荷量為 .088，由於 M1 在第 1 個因素的因素負荷量明顯高於第 2 個因素的因素負荷量，故 M1 就歸屬於第 1 個因素。有關如何根據因素負荷量，來判斷題目歸屬於哪一個因素的方法，在後面介紹因素分析的操作歷程時，會有較詳盡的說明。

　　根據上述判斷方式可知，這 10 題可分成 2 個因素，第二個因素是由 5 道國文題所組成，我們可將這個因素命名為「語文能力」，第一個因素是由 5 道數學題所組成，我們可將這個因素命名為「數學能力」。這樣因素分析結果，恰好符合我們的預期，亦即這份隨堂小考只評量到兩種能力：5 道國文題是測量相同能力、5 道數學題也是測量相同能力。

　　上述所舉的隨堂小考題目是屬於測驗編製的例子，底下再舉個量表編製的例子。以第二章「自我概念」為例，根據文獻探討的結果，將自我概念界定為包含「學術自我概念」（包含 A1、A2、A3、A4 等 4 題）、「社會自我概念」（包含 S1、S2、S3、S4 等 4 題）、「身體自我概念」（包含 P1、P2、P3、P4 等 4 題）與「情緒自我概念」（包含 E1、E2、E3、E4 等 4 題）等 4 個分量表，每個分量表都含有 4 道題目，總共有 16 題。倘若將蒐集到的資料，進行因素分析，得到如圖 7-2 的因素負荷矩陣。圖 7-2 並非實際蒐集的資料，是虛構的資料，才能獲得如此清楚區隔的因素負荷量。

　　由圖 7-2 可知，「學術自我概念」的 A1、A2、A3、A4 等 4 題，恰好同是歸屬第 2 個因素；「社會自我概念」的 S1、S2、S3、S4 等 4 題，恰好同是歸屬第 4 個因素；「身體自我概念」的 P1、P2、P3、P4 等 4 題，恰好同是歸屬第 1 個因素；「情緒自我概念」的 E1、E2、E3、E4 等 4 題，恰好同是歸屬第 3 個因素。

　　由於「自我概念量表」的 4 個分量表恰好對應 4 個因素，每個分量表的題目也恰好都歸屬同一個因素，我們就有比較充足的證據，說明「自我概念量表」具有良好的構念效度。因素分析主要是藉由題目之間的積差相關係數大小，來決定哪些題目可以形成同一個因素。當我們擬定的同一向度題目，經過執行因素分析後，恰好可以歸屬於同一個因素，即具有不錯的構念效度。

轉軸後的因子矩陣a

	因子			
	1	2	3	4
A1	.079	.909	.087	.076
A2	.083	.846	.085	.079
A3	.077	.857	.074	.077
A4	.065	.821	.084	.083
S1	.078	.054	.090	.824
S2	.065	.100	.079	.792
S3	.061	.069	.089	.788
S4	.085	.074	.079	.818
P1	.888	.077	.073	.070
P2	.901	.081	.078	.065
P3	.864	.095	.079	.082
P4	.844	.055	.074	.094
E1	.074	.085	.803	.097
E2	.055	.097	.822	.095
E3	.099	.060	.890	.079
E4	.069	.082	.848	.081

萃取方法：主軸因子。
旋轉方法：旋轉方法：含 Kaiser 常態化的 Varimax 法。
a. 轉軸收斂於 5 個疊代。

圖 7-2　自我概念 16 道題目所獲得的因素負荷矩陣

要特別提醒注意的一件事：雖然「學術自我概念」是屬於「自我概念量表」第 1 個分量表，但因素分析的統計結果，「學術自我概念」A1、A2、A3、A4 等 4 題，不一定得恰好是第 1 個因素，才算符合良好的構念效度。只要 A1、A2、A3、A4 等 4 題都歸屬同一個因素（亦即可以是第 1 個因素，或是第 2 個因素，或是第 3 個因素，或是第 4 個因素），即符合理論構念。

二、探索性因素分析的重要概念

因素分析這個統計方法的誕生，最早是由英國心理學家 Spearman（1904）發表於的《美國心理學期刊》（American Journal of Psychology）的一篇關於如何客觀性決定與測量一般性智力的論文（"General intelligence," objectively determined and measured）。Spearman 蒐集 33 位英國國中男生的古希臘羅馬文（Classics）、法文（French）、英文（English）、數學（Mathematics）、音調辨識（Discrimination of Pitch）與音樂（Music）等六個科目的學業成績，如表 7-2 所示。

表 7-2

Spearman（1904）英國國中男生的學業成就表現之積差相關係數摘要表

variables	Classics	French	English	Mathematics	Discrimination of Pitch	Music
Classics		.83	.78	.70	.66	.63
French	.83		.67	.67	.65	.57
English	.78	.67		.64	.54	.51
Mathematics	.70	.67	.64		.45	.51
Discrimination of Pitch	.66	.65	.54	.45		.40
Music	.63	.57	.51	.51	.40	

資料來源：引自 "General intelligence," by C. Spearman, 1904, *American Journal of Psychology*, 15, p.275.

　　Spearman（1904）採用「四元相關係數交乘差」（tetrad difference）的方式，來檢定 4 個變項之間的積差相關係數交乘之差異是否為 0。例如：有 4 個變項 X_1、X_2、X_3、X_4，其兩兩的積差相關係數為 $r_{X_1X_2}$、$r_{X_1X_3}$、$r_{X_1X_4}$、$r_{X_2X_3}$、$r_{X_2X_4}$、$r_{X_3X_4}$，則可以形成三組的「四元相關係數交乘差」。而「四元相關係數交乘差」的計算就等於計算 2×2 階矩陣的行列式（determinant），當 2×2 階矩陣的行列式為 0 時，表示只有 1 個共同因素。

　　當這三組「四元相關係數交乘差」皆為 0，如公式 7-1 所示，即顯示這 4 個變項同時受到 1 個共同因素的影響。

$$r_{X_1X_2}r_{X_3X_4} - r_{X_1X_3}r_{X_2X_4} = 0$$
$$r_{X_1X_3}r_{X_4X_2} - r_{X_1X_4}r_{X_3X_2} = 0$$
$$r_{X_1X_4}r_{X_2X_3} - r_{X_1X_2}r_{X_4X_3} = 0 \tag{7-1}$$

　　以表 7-2 的 Spearman（1904）資料中的古希臘羅馬文、法文、英文與數學等四項成績為例，代入公式 7-1，即可獲得如下的結果。由結果可知，這三組「四元相關係數交乘差」接近為 0，顯示這四項成績具有 1 個共同因素。

$$.83 \times .64 - .78 \times .67 = 0.0086 \approx 0$$
$$.78 \times .67 - .70 \times .67 = 0.0536 \approx 0$$
$$.70 \times .67 - .83 \times .64 = -0.0622 \approx 0$$

當 4 個變項同時歸屬於 1 個共同因素時，則任何兩個變項排除這個共同因素的影響後之淨相關係數（partial correlation）將為 0，如公式 7-2 所示。淨相關是指兩個變項各自移去與第 3 個變項的影響力之後，所剩下純淨的相關程度。

$$r_{X_1 X_2 \cdot G} = \frac{r_{X_1 X_2} - r_{X_1 G} \times r_{X_2 G}}{\sqrt{1 - (r_{X_1 G})^2} \sqrt{1 - (r_{X_2 G})^2}} = 0 \tag{7-2}$$

公式 7-2 的 $r_{X_1 X_2 \cdot G}$ 表示 X_1 與 X_2 這兩個變項，排除共同因素 G 的淨相關係數；$r_{X_1 X_2}$ 表示變項 X_1 與變項 X_2 的積差相關係數；$r_{X_1 G}$ 表示變項 X_1 與共同因素 G 的積差相關係數；$r_{X_2 G}$ 表示變項 X_2 與共同因素 G 的積差相關係數。由公式 7-2 可知，$r_{X_1 X_2} - r_{X_1 G} \times r_{X_2 G} = 0$，故可以獲得公式 7-3。

$$r_{X_1 X_2} = r_{X_1 G} \times r_{X_2 G} \tag{7-3}$$

由公式 7-3 可知，變項 X_1 與變項 X_2 的積差相關係數，就會等於這兩個變項 X_1 與 X_2，分別與共同因素 G 的積差相關係數之乘積。而變項 X_1 與共同因素 G 的積差相關係數、變項 X_2 與共同因素 G 的積差相關係數，即為所謂的因素負荷量。

由於 Spearman（1904）未清楚說明是採用何種方式，計算出因素負荷量。所以 Vincent（1954）採用多種公式，去推估 Spearman 可能採用的公式。Vincent 以表 7-2 的資料，採用「形心法」（centroid method），計算出 Classics、French、English、Mathematics、Discrimination of Pitch 與 Music 的因素負荷量分別為 .91, .88, .82, .77, .70, .68。筆者以表 7-2 的資料，採用 SPSS 的主軸因子法，獲得 Classics、French、English、Mathematics、Discrimination of Pitch 與 Music 的因素負荷量分別為 .96, .88, .80, .75, .67, .65，如圖 7-3 所示。比較由形心法與主軸因子法，會發現所獲得的因素負荷量數值差異性不大。

因子矩陣[a]

	因子
	1
Classics	.957
French	.882
English	.803
Math	.750
Discri_Pitch	.673
Music	.646

萃取方法：主軸因子。

a.萃取了1個因子。需要 6 個疊代。

圖 7-3　以表 7-2 的資料，採用 SPSS 的主軸因子法獲得的因素矩陣

　　因素分析的進行，是先獲得所有受試者在所有題目的得分情形，此即為「資料矩陣」（data matrix）。其次，由資料矩陣計算出「積差相關係數矩陣」（product-moment correlation matrix），最後，由積差相關係數矩陣計算出「因素負荷量矩陣」（factor loading matrix），如圖 7-4 所示。圖 7-4 的 a_j 表示第 j 道題目，n_i 表示第 i 位受試者，F_k 表示第 k 個因素。圖 7-4 資料矩陣細格中的數據，即是每位受試者在每道題目的得分情形，以 Likert's 五點量表為例，資料矩陣細格中的數值就是 1 至 5 的分數。積差相關係數矩陣細格中的數值，即是各道題目彼此之間的積差相關係數。因素負荷量矩陣細格中的數值，即是每個因素與每道題目彼此之間的積差相關係數，此種積差相關係數特別稱為因素負荷量。

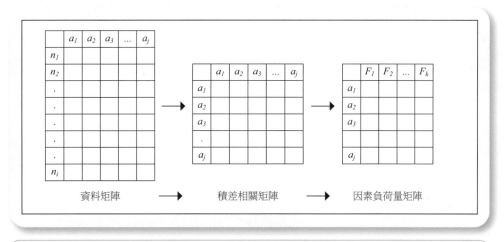

資料矩陣　　　　　　　　積差相關矩陣　　　　　　因素負荷量矩陣

圖 7-4　因素分析的分析歷程

　　有關題目與因素之間的關係，底下將透過路徑圖（path diagram），可以讓讀者獲得較清楚的理解。在使用路徑圖時，有一般常用的使用方式，如表 7-3 所示。由表 7-3 可知，觀察變項（observed variable）通常是以正方形或長方形的圖形表示，且在正方形或長方形裡面標示出觀察變項的名稱。潛在變項（latent variable）通常是以圓形或橢圓形的圖形來表示，且在圓形或橢圓形裡面標示出潛在變項的名稱。在進行因素分析時，題目即是觀察變項，而因素即是潛在變項。對於觀察變項或潛在變項的相關關係，是以雙箭頭表示；對於觀察變項或潛在變項的因果關係，則是以單箭頭表示，且射出箭頭的變項為因，被箭頭指到的變項為果。

表 7-3

表示觀察變項與潛在變項的關係之路徑圖

概念	對應的圖形	圖形的意義
觀察變項（題目）	▭ ▭	X_1 表示 X_1 這一道題目
潛在變項（因素）	◯ ⬭	F_1 表示 F_1 這一個因素
相關關係	⟷	F_1 ⟷ F_2 表示因素 F_1 與因素 F_2 的相關關係
因果關係	⟶	F_1 ⟶ X_1 表示因素 F_1 是因，題目 X_1 是果的因果關係

茲以有 4 道題的 1 個共同因素為例，說明題目與共同因素的關聯性，如圖 7-5 所示。由圖 7-5 可知，X_1、X_2、X_3、X_4 這 4 道題目，除了都受到共同因素 F_1 的影響外，也分別受到各自的誤差變項 E_1、E_2、E_3、E_4 之影響。

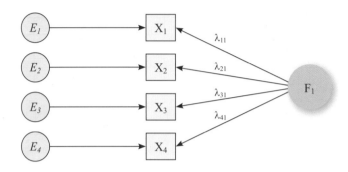

圖 7-5　1 個共同因素與 4 道題目的因素分析路徑圖

由圖 7-5 的因素分析路徑圖，可列出每道題目受到共同因素與誤差變項的影響。有兩種常見的因素分析之「模式設定」（model specification）方式，第一種因素分析模式設定方式，並未考慮題目的平均數，而第二種因素分析模式設定方式，則將題目的平均數納入方程式。第二種因素分析模式設定比第一種因素分析模式設定更具通則化，但第一種因素分析模式設定是較常見的。

公式 7-4 即是屬於第一種因素分析模式設定，公式 7-4 的 X_1、X_2、X_3、X_4 表示 4 道題目；λ_{11}、λ_{21}、λ_{31}、λ_{41} 表示 4 道題目與共同因素的因素負荷量；F_1 表示共同因素；E_1、E_2、E_3、E_4 表示 4 道題目的誤差變項。

$$X_1 = \lambda_{11} \times F_1 + E_1$$
$$X_2 = \lambda_{21} \times F_1 + E_2$$
$$X_3 = \lambda_{31} \times F_1 + E_3$$
$$X_4 = \lambda_{41} \times F_1 + E_4 \tag{7-4}$$

公式 7-5 即是屬於第二種因素分析模式設定，公式 7-5 的 μ_1、μ_2、μ_3、μ_4 表示每道題目的平均數；其餘符號與公式 7-4 的符號一樣。

$$X_1 = \mu_1 + \lambda_{11} \times F_1 + E_1$$
$$X_2 = \mu_2 + \lambda_{21} \times F_1 + E_2$$
$$X_3 = \mu_3 + \lambda_{31} \times F_1 + E_3$$
$$X_4 = \mu_4 + \lambda_{41} \times F_1 + E_4 \tag{7-5}$$

　　公式 7-4 與公式 7-5 包含下列幾項關於觀察變項 X_i、共同因素 F_j 與誤差變項 E_i 的假定：

1. 觀察變項 X_i 的平均數為 μ_i，亦即 $E(X_i) = \mu_i$。$E( )$ 表示期望值的符號，一個變項的期望值就是求一個變項的加權平均數。μ_i 表示觀察變項的平均數，$i = 1, 2, 3, 4$。

2. 誤差變項 E_i 的平均數為 0，亦即 $E(E_i) = 0$。E_i 表示誤差變項，$i = 1, 2, 3, 4$。

3. 共同因素 F_j 的平均數為 0，亦即 $E(F_j) = 0$。F_j 表示共同因素，$j = 1$。

4. 誤差變項 E_i 的變異數為 $\sigma_{E_i}^2$，亦即 $Var(E_i) = \sigma_{E_i}^2$。$Var( )$ 表示變異數的符號，$i = 1, 2, 3, 4$。

5. 共同因素 F_j 的變異數為 1，亦即 $Var(F_j) = 1$。$j = 1$。

6. 誤差變項 E_s 與 E_t 彼此之間為獨立關係，亦即 $Cov(E_s, E_t) = 0$。$Cov( )$ 表示共變數的符號，$s = 1, 2, 3, 4$，$t = 1, 2, 3, 4$。

7. 共同因素 F_j 與誤差變項 E_i 彼此之間為獨立關係，亦即 $Cov(F_j, E_i) = 0$，$j = 1$，$i = 1, 2, 3, 4$。

　　因素分析是根據題目彼此之間的關係，萃取相關係數較高的題目成為同一個因素，故底下將透過公式 7-4，推導出兩道題目彼此之間的相關情形。除了運用上述的假定外，也需要運用到下列公式 7-6 至公式 7-12 的七項共變數的基本運算原則。

1. 兩個常數項 (a 與 b) 的共變數為 0。
$$Cov(a, b) = 0 \tag{7-6}$$

2. 變項 X 與常數項 a 的共變數為 0。
$$Cov(X, a) = 0 \tag{7-7}$$

3. 變項 X 與變項 X 的共變數，即為變項 X 的變異數。
$$Cov(X, X) = Var(X) \tag{7-8}$$

4. 變項 X 與變項 Y 的共變數，等於變項 Y 與變項 X 的共變數。
$$Cov(X, Y) = Cov(Y, X) \tag{7-9}$$

5. 變項 X 與常數項 a 的乘積項，和變項 Y 的共變數（或是變項 Y 與常數項 a 的乘積項，和變項 X 的共變數），等於常數項 a 和變項 X 與變項 Y 的共變數之乘積。

$$Cov(aX, Y) = a \times Cov(X, Y)$$
$$Cov(aY, X) = a \times Cov(Y, X) \qquad (7\text{-}10)$$

6. 變項 X 與變項 Y 之和，與變項 Z 的共變數，等於變項 X 與變項 Z 的共變數，加上變項 Y 與變項 Z 的共變數。

$$Cov(X + Y, Z) = Cov(X, Z) + Cov(Y, Z) \qquad (7\text{-}11)$$

7. 變項 W 與變項 X 之和，和變項 Y 與變項 Z 之和的共變數，等於變項 W 與變項 Y 的共變數、變項 W 與變項 Z 的共變數、變項 X 與變項 Y 的共變數、變項 X 與變項 Z 的共變數之總和。

$$Cov(W + X, Y + Z) = Cov(W, Y + Z) + Cov(X, Y + Z)$$
$$= Cov(W, Y) + Cov(W, Z) + Cov(X, Y) + Cov(X, Z) \qquad (7\text{-}12)$$

茲以變項 X_1 為例，說明如何透過公式 7-4 的 $X_1 = \lambda_{11} \times F_1 + E_1$，計算出這個變項 X_1 的變異數。由公式 7-13 的共變數運算式，即可獲得 $Var(X_1) = Cov(X_1, X_1) = \lambda_{11}^2 + \sigma_{E_1}^2$。同理，可以獲得第 i 道題目的變異數為 $Var(X_i) = Cov(X_i, X_i) = \lambda_{i1}^2 + \sigma_{E_i}^2$。此結果顯示在只有 1 個因素的情況下，任一道題目的變異數即為該道題目的因素負荷量之平方，再加上誤差變項的變異數。

$Var(X_1)$
$= Cov(X_1, X_1)$
$= Cov(\lambda_{11} \times F_1 + E_1, \lambda_{11} \times F_1 + E_1)$
$= Cov[(\lambda_{11} \times F_1), (\lambda_{11} \times F_1)] + Cov[(\lambda_{11} \times F_1), E_1] + Cov[E_1, (\lambda_{11} \times F_1)] + Cov(E_1, E_1)$
$= \lambda_{11} \times \lambda_{11} \times Cov(F_1, F_1) + \lambda_{11} \times Cov(F_1, E_1) + \lambda_{11} \times Cov(E_1, F_1) + Cov(E_1, E_1)$
$= \lambda_{11}^2 \times Var(F_1) + 0 + 0 + Var(E_1)$
$= \lambda_{11}^2 + \sigma_{E_1}^2 \qquad (7\text{-}13)$

　　茲再以變項 X_1 與變項 X_2 為例，說明如何計算這兩個變項的共變數。將公式 7-4 的 $X_1 = \lambda_{11} \times F_1 + E_1$，以及 $X_2 = \lambda_{21} \times F_1 + E_2$ 等兩個等式，代入共變數的運算式，即可獲得公式 7-14 的 $Cov(X_1, X_2) = \lambda_{11} \times \lambda_{21}$。同理，可以獲得 $Cov(X_i, X_j) = \lambda_{i1} \times \lambda_{j1}$。此結果顯示在只有 1 個因素的情況下，任兩道題目的共變數即為這兩道題目的因素負荷量之乘積。

$$
\begin{aligned}
Cov(X_1, X_2) &= Cov(\lambda_{11} \times F_1 + E_1, \lambda_{21} \times F_1 + E_2) \\
&= Cov[(\lambda_{11} \times F_1), (\lambda_{21} \times F_1)] + Cov[(\lambda_{11} \times F_1), E_2] + Cov[E_1, (\lambda_{21} \times F_1)] \\
&\quad + Cov(E_1, E_2) \\
&= \lambda_{11} \times \lambda_{21} \times Cov(F_1, F_1) + \lambda_{11} \times Cov(F_1, E_2) + \lambda_{21} \times Cov(E_1, F_1) + Cov(E_1, E_2) \\
&= \lambda_{11} \times \lambda_{21} \times Var(F_1) + 0 + 0 + 0 \\
&= \lambda_{11} \times \lambda_{21} \times Var(F_1) \\
&= \lambda_{11} \times \lambda_{21}
\end{aligned}
\tag{7-14}
$$

　　綜合上述對圖 7-5 的 4 道題目變異數與共變數之計算，可以獲得這 4 道題目的兩種「變異數與共變數矩陣」（variance-covariance matrix），亦被稱為「共變數矩陣」（covariance matrix），此矩陣的主對角線為變項的變異數，主對角線兩側為兩兩變項的共變數，如表 7-4 所示。一種是「樣本的變異數與共變數矩陣」（sample variance-covariance matrix），通常以 **S** 表示。「樣本的變異數與共變數矩陣」也被稱為「觀察的變異數與共變數矩陣」（observed variance-covariance matrix）。另外一種是「隱含的變異數與共變數矩陣」（implied variance-covariance matrix），通常以 $\sum(\boldsymbol{\theta})$ 表示。在驗證性因素分析的模式適配檢定中，就會以這兩種矩陣的差異，進行假設考驗。

表 7-4

圖 7-5 的 4 道題目的兩種變異數共變數矩陣

樣本變異數共變數矩陣						隱含的變異數共變數矩陣			
	X_1	X_2	X_3	X_4		X_1	X_2	X_3	X_4
X_1	$S_{X_1}^2$	$C_{X_1 X_2}$	$C_{X_1 X_3}$	$C_{X_1 X_4}$	X_1	$\lambda_{11}^2 + \sigma_{E_1}^2$	$\lambda_{11}\lambda_{21}$	$\lambda_{11}\lambda_{31}$	$\lambda_{11}\lambda_{41}$
X_2	$C_{X_2 X_1}$	$S_{X_2}^2$	$C_{X_2 X_3}$	$C_{X_2 X_4}$	X_2	$\lambda_{21}\lambda_{11}$	$\lambda_{21}^2 + \sigma_{E_2}^2$	$\lambda_{21}\lambda_{31}$	$\lambda_{21}\lambda_{41}$
X_3	$C_{X_3 X_1}$	$C_{X_3 X_2}$	$S_{X_3}^2$	$C_{X_3 X_4}$	X_3	$\lambda_{31}\lambda_{11}$	$\lambda_{31}\lambda_{21}$	$\lambda_{31}^2 + \sigma_{E_3}^2$	$\lambda_{31}\lambda_{41}$
X_4	$C_{X_4 X_1}$	$C_{X_4 X_2}$	$C_{X_4 X_3}$	$S_{X_4}^2$	X_4	$\lambda_{41}\lambda_{11}$	$\lambda_{41}\lambda_{21}$	$\lambda_{41}\lambda_{31}$	$\lambda_{41}^2 + \sigma_{E_4}^2$

（ = ）

　　茲另以有 4 道題的兩個獨立之共同因素為例，說明題目與共同因素的關聯性，如圖 7-6 所示。由圖 7-6 可知，X_1、X_2、X_3、X_4 這 4 道題目，除了都受到兩個共同因素 F_1 與 F_2 影響外（這兩個共同因素是沒有顯著性相關的），也分別受到各自的誤差變項 E_1、E_2、E_3、E_4 之影響。

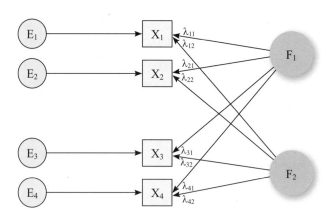

圖 7-6　兩個獨立的共同因素與 4 道題目之因素分析路徑圖

　　根據圖 7-6 的因素分析路徑圖，可列公式 7-15 與公式 7-16 兩種因素分析模式設定方式，公式 7-16 比公式 7-15 多了一項每道題目 i 的平均數 μ_i。

$$X_1 = \lambda_{11} \times F_1 + \lambda_{12} \times F_2 + E_1$$
$$X_2 = \lambda_{21} \times F_1 + \lambda_{22} \times F_2 + E_2$$
$$X_3 = \lambda_{31} \times F_1 + \lambda_{32} \times F_2 + E_3$$
$$X_4 = \lambda_{41} \times F_1 + \lambda_{32} \times F_2 + E_4 \tag{7-15}$$

$$X_1 = \mu_1 + \lambda_{11} \times F_1 + \lambda_{12} \times F_2 + E_1$$
$$X_2 = \mu_2 + \lambda_{21} \times F_1 + \lambda_{22} \times F_2 + E_2$$
$$X_3 = \mu_3 + \lambda_{31} \times F_1 + \lambda_{32} \times F_2 + E_3$$
$$X_4 = \mu_4 + \lambda_{41} \times F_1 + \lambda_{42} \times F_2 + E_4 \tag{7-16}$$

　　以變項 X_1 為例，說明如何透過公式 7-15 的 $X_1 = \lambda_{11} \times F_1 + \lambda_{12} \times F_2 + E_1$，計算出這個變項 X_1 的變異數。代入共變數的運算式，即可獲得公式 7-17 的 $Var(X_1) = Cov(X_1, X_1) = \lambda_{11}^2 + \lambda_{12}^2 + \sigma_{E_1}^2$。同理，可以獲得第 i 道題目的變異數為 $Var(X_i) = Cov(X_i, X_i) = \lambda_{i1}^2 + \lambda_{i2}^2 + \sigma_{Ei}^2$。此結果顯示在兩個獨立的因素之情況下，任一道題目的變異

數即為該道題目與兩個因素的因素負荷量平方之和，再加上誤差變項的變異數。

$Var(X_1)$

$= Cov(X_1, X_1)$

$= Cov(\lambda_{11} \times F_1 + \lambda_{12} \times F_2 + E_1, \lambda_{11} \times F_1 + \lambda_{12} \times F_2 + E_1)$

$= Cov[(\lambda_{11} \times F_1), (\lambda_{11} \times F_1)] + Cov[(\lambda_{11} \times F_1), (\lambda_{12} \times F_2)] + Cov[(\lambda_{11} \times F_1), E_1]$

$\qquad + Cov[(\lambda_{12} \times F_2), (\lambda_{11} \times F_1)] + Cov[(\lambda_{12} \times F_2), (\lambda_{12} \times F_2)] + Cov[(\lambda_{12} \times F_2), E_1]$

$\qquad + Cov[E_1, (\lambda_{11} \times F_1)] + Cov[E_1, (\lambda_{12} \times F_2)] + Cov(E_1, E_1)$

$= \lambda_{11} \times \lambda_{11} \times Cov(F_1, F_1) + \lambda_{11} \times \lambda_{12} \times Cov(F_1, F_2) + \lambda_{11} \times Cov(F_1, E_1) + \lambda_{12} \times \lambda_{11}$

$\qquad \times Cov(F_2, F_1) + \lambda_{12} \times \lambda_{12} \times Cov(F_2, F_2) + \lambda_{12} \times Cov(F_2, E_1) + \lambda_{11} \times Cov(E_1, F_1)$

$\qquad + \lambda_{12} \times Cov(E_1, F_2) + Cov(E_1, E_1)$

$= \lambda_{11}^2 \times Var(F_1) + 0 + 0 + 0 + \lambda_{12}^2 \times Var(F_2) + 0 + 0 + 0 + Var(E_1)$

$= \lambda_{11}^2 + \lambda_{12}^2 + \sigma_{E_1}^2 \qquad\qquad\qquad\qquad\qquad\qquad\qquad\qquad\qquad (7\text{-}17)$

　　茲以變項 X_1 與變項 X_2 為例，說明這兩個變項的共變數，將公式 7-15 的 X_1 $= \lambda_{11} \times F_1 + \lambda_{12} \times F_2 + E_1$，以及 $X_2 = \lambda_{21} \times F_1 + \lambda_{22} \times F_2 + E_2$ 等兩個等式，代入共變數的運算式，即可獲得公式 7-18 的 $Cov(X_1, X_2) = \lambda_{11} \times \lambda_{21} + \lambda_{12} \times \lambda_{22}$。同理，可以獲得 $Cov(X_i, X_j) = \lambda_{i1} \times \lambda_{j1} + \lambda_{i2} \times \lambda_{j2}$。此結果顯示在兩個獨立的因素模式情況下，任兩道題目的共變數即為這兩道題目在每個因素的因素負荷量之乘積的總和。

$Cov(X_1, X_2) = Cov(\lambda_{11} \times F_1 + \lambda_{12} \times F_2 + E_1, \lambda_{21} \times F_1 + \lambda_{22} \times F_2 + E_2)$

$\qquad = Cov[(\lambda_{11} \times F_1), (\lambda_{21} \times F_1)] + Cov[(\lambda_{11} \times F_1), (\lambda_{22} \times F_2)]$

$\qquad\quad + Cov[(\lambda_{11} \times F_1), E_2] + Cov[(\lambda_{12} \times F_2), (\lambda_{21} \times F_1)]$

$\qquad\quad + Cov[(\lambda_{12} \times F_2), (\lambda_{22} \times F_2)] + Cov[(\lambda_{12} \times F_2), E_2] + Cov[E_1, (\lambda_{21} \times F_1)]$

$\qquad\quad + Cov[E_1, (\lambda_{22} \times F_2)] + Cov(E_1, E_2)$

$\qquad = \lambda_{11} \times \lambda_{21} \times Cov(F_1, F_1) + \lambda_{11} \times \lambda_{22} \times Cov(F_1, F_2) + \lambda_{11} \times Cov(F_1, E_2)$

$\qquad\quad + \lambda_{12} \times \lambda_{21} \times Cov(F_2, F_1) + \lambda_{12} \times \lambda_{22} \times Cov(F_2, F_2) + \lambda_{12} \times Cov(F_2, E_2)$

$\qquad\quad + \lambda_{21} \times Cov(E_1, F_1) + \lambda_{22} \times Cov(E_1, F_2) + Cov(E_1, E_2)$

$\qquad = \lambda_{11} \times \lambda_{21} \times Var(F_1) + 0 + 0 + 0 + \lambda_{12} \times \lambda_{22} \times Var(F_2) + 0 + 0 + 0 + 0$

$\qquad = \lambda_{11} \times \lambda_{21} \times Var(F_1) + \lambda_{12} \times \lambda_{22} \times Var(F_2)$

$\qquad = \lambda_{11} \times \lambda_{21} + \lambda_{12} \times \lambda_{22} \qquad\qquad\qquad\qquad\qquad\qquad (7\text{-}18)$

綜合上述對圖 7-6 的 4 道題目的變異數與共變數之計算，可以獲得這 4 道題

目的「樣本的變異數與共變數矩陣」與「隱含的變異數與共變數矩陣」，如表 7-5 所示。

表 7-5

圖 7-6 的 4 道題目的兩種變異數共變數矩陣

樣本變異數共變數矩陣						隱含的變異數共變數矩陣				
	X_1	X_2	X_3	X_4			X_1	X_2	X_3	X_4
X_1	$S^2_{X_1}$	$C_{X_1X_1}$	$C_{X_1X_3}$	$C_{X_1X_4}$		X_1	$\lambda^2_{11}+\lambda^2_{12}+\sigma^2_{E_1}$	$\lambda_{11}\lambda_{21}$	$\lambda_{11}\lambda_{31}$	$\lambda_{11}\lambda_{41}$
X_2	$C_{X_2X_1}$	$S^2_{X_2}$	$C_{X_2X_3}$	$C_{X_2X_4}$	=	X_2	$\lambda_{21}\lambda_{11}$	$\lambda^2_{21}+\lambda^2_{22}+\sigma^2_{E_2}$	$\lambda_{21}\lambda_{31}$	$\lambda_{21}\lambda_{41}$
X_3	$C_{X_3X_1}$	$C_{X_3X_2}$	$S^2_{X_3}$	$C_{X_3X_4}$		X_3	$\lambda_{31}\lambda_{11}$	$\lambda_{31}\lambda_{21}$	$\lambda^2_{31}+\lambda^2_{32}+\sigma^2_{E_3}$	$\lambda_{31}\lambda_{41}$
X_4	$C_{X_4X_1}$	$C_{X_4X_2}$	$C_{X_4X_3}$	$S^2_{X_4}$		X_4	$\lambda_{41}\lambda_{11}$	$\lambda_{41}\lambda_{21}$	$\lambda_{41}\lambda_{31}$	$\lambda^2_{41}+\lambda^2_{42}+\sigma^2_{E_4}$

若採用矩陣的方式進行因素分析的模式指定，則公式 7-15 可以改寫成公式 7-19。公式 7-19 的 $\boldsymbol{X}_{p\times1}$ 是包含 P 個 X 題目的向量，如公式 7-20。公式 7-19 的 $\boldsymbol{\Lambda}_{p\times q}$ 是包含 $p\times q$ 個因素負荷量的矩陣，如公式 7-21。公式 7-19 的 $\boldsymbol{F}_{q\times1}$ 是包含 q 個因素 F 的向量，如公式 7-22。公式 7-19 的 $\boldsymbol{E}_{p\times1}$ 是包含 P 個誤差變項的向量，如公式 7-23。

$$\boldsymbol{X}_{p\times1}=\boldsymbol{\Lambda}_{p\times q}\times\boldsymbol{F}_{q\times1}+\boldsymbol{E}_{p\times1} \tag{7-19}$$

$$\boldsymbol{X}_{p\times1}=\begin{bmatrix}X_1\\X_2\\\vdots\\\vdots\\X_p\end{bmatrix} \tag{7-20}$$

$$\Lambda_{p\times q}=\begin{bmatrix} \lambda_{11} & \lambda_{12} & \cdots & \lambda_{1q} \\ \lambda_{21} & \lambda_{22} & \cdots & \lambda_{2q} \\ \vdots & \vdots & \cdots & \vdots \\ \vdots & \vdots & \cdots & \vdots \\ \lambda_{p1} & \lambda_{p2} & \cdots & \lambda_{pq} \end{bmatrix} \tag{7-21}$$

$$F_{q\times 1}=\begin{bmatrix} F_1 \\ F_2 \\ \vdots \\ \vdots \\ F_q \end{bmatrix} \tag{7-22}$$

$$E_{p\times 1}=\begin{bmatrix} E_1 \\ E_2 \\ \vdots \\ \vdots \\ E_p \end{bmatrix} \tag{7-23}$$

若要計算由 P 道題目 X 所形成隱含的變異數共變數矩陣 Σ，則可藉由公式 7-24 獲得。

$$\begin{aligned} \Sigma &= E(XX') \\ &= E[(\Lambda F + E)(\Lambda F + E)'] \\ &= E(\Lambda FF'\Lambda') + E(\Lambda FE') + E(EF'\Lambda') + E(EE') \\ &= \Lambda E(FF')\Lambda' + \Lambda E(FE') + E(EF')\Lambda' + E(EE') \\ &= \Lambda \Psi \Lambda' + \Lambda 0 + 0'\Lambda' + E(EE') \\ &= \Lambda \Psi \Lambda' + U \end{aligned} \tag{7-24}$$

公式 7-24 的 $\Sigma = \Lambda\Psi\Lambda' + U$ 即所謂的「因素分析基本定理」（fundamental theorem of factor analysis），假若因素之間沒有相關，則矩陣 Ψ 將簡化為單元矩陣 I，亦即主對角線為 1 的數值，其他數值皆為 0。U 表示誤差項 E 的變異數。

　　公式 7-24 是以題目的原始分數所獲得的變異數共變數矩陣，若是改以題目的標準分數，則變異數共變數矩陣會變成積差相關係數矩陣 **R**，此時的因素負荷量 **Λ** 即為標準化因素負荷量，如公式 7-25 所示。

$$\mathbf{R} = \mathbf{\Lambda}\mathbf{\Psi}\mathbf{\Lambda}' + \mathbf{U} \tag{7-25}$$

　　底下為協助讀者更瞭解探索性因素分析的一些重要概念，茲將以 1 個「如何進行探索性因素分析」SPSS 資料檔（該檔案包含 X1、X2、X3、X4、X5 與 X6 等 6 道題目），來介紹如何使用 SPSS 統計軟體，進行探索性因素分析。

　　這 6 題所形成的積差相關係數矩陣，如圖 7-7 所示。由圖 7-7 可知 X1、X2、X3 這 3 題，彼此之間有較高的積差相關係數（.525 至 .544），而 X4、X5、X6 這 3 題，彼此之間也是有較高的積差相關係數（.499 至 .590）。另外，X1、X2、X3 這 3 題與 X4、X5、X6 這 3 題兩兩之間的積差相關係數較低（.039 至 .168）。由上述的積差相關係數，大致可判斷這 6 道題目可分成 2 個因素，X1、X2、X3 這 3 題屬同 1 個因素，而 X4、X5、X6 這 3 題則屬另 1 個因素。

相關矩陣

		X1	X2	X3	X4	X5	X6
相關	X1	1.000	.544	.525	.158	.134	.070
	X2	.544	1.000	.542	.109	.168	.111
	X3	.525	.542	1.000	.039	.157	.050
	X4	.158	.109	.039	1.000	.499	.527
	X5	.134	.168	.157	.499	1.000	.590
	X6	.070	.111	.050	.527	.590	1.000

圖 7-7　6 道題目的積差相關係數矩陣

　　進行探索性因素分析，需注意下列幾點事項：檢核資料是否適合進行探索性因素分析、決定萃取因素的方法、決定保留因素個數的方法、決定因素轉軸的方式，以及對因素分析結果的解釋與命名等。

(一) 檢驗所蒐集的資料是否適合進行探索性因素分析

　　探索性因素分析是探討題目之間的共變情形，如果題目之間的積差相關係數過低，則無法把積差相關係數較高的題目歸屬同一因素，亦即無法獲得適切的因

素分析結果。並非所蒐集到的資料都可進行探索性因素分析，故進行探索性因素分析時，應先檢驗蒐集的資料是否適合進行探索性因素分析。

較常採用檢視資料是否適合進行因素分析的檢驗方式，是透過（Kaiser-Meyer-Olkin test [KMO]），以及 Bartelet 的統計檢定等兩種。KMO 主要是用來判斷取樣適切性量數（measures of sampleing adequacy），Bartelet 統計檢定是用來檢定積差相關矩陣是否為單元矩陣。

1. KMO 檢定

KMO 是用來評判蒐集的資料是否具有取樣適切性，其計算方式如公式 7-26（Pett, et al., 2003）。

$$\text{KMO} = \frac{\sum_{i \neq j} \sum r_{ij}^2}{\sum_{i \neq j} \sum r_{ij}^2 + \sum_{i \neq j} \sum a_{ij}^2} \tag{7-26}$$

公式 7-26 中的 $\sum_{i \neq j} \sum r_{ij}^2$ 代表所有不相同的兩道題目之積差相關係數平方總和，亦即扣除題目 i 與題目 j 相等時的積差相關係數平方；$\sum_{i \neq j} \sum a_{ij}^2$ 代表所有不相同的兩道題目之部分相關係數平方總和，亦即扣除題目 i 與題目 j 相等時的部分相關係數（part correlation coefficient）平方。

公式 7-26 的 a_{ij} 代表試題 i 與題目 j 排除其他題目之後的部分相關係數，假若題目之間具有共同因素時，則 a_{ij} 的數值會很小，如此公式 7-26 的分母就會很接近分子，亦即 KMO 會接近 1。由於公式 7-26 的分母與分子皆為正數或零，因此，KMO 的數值介於 0 與 1 之間，當 KMO 越接近 1，顯示所蒐集的資料越適合進行因素分析。Kaiser（1974）曾提出表 7-2 的 KMO 判斷標準，由表 7-6 可知，KMO 數值最好不要低於 .70。

當樣本人數較少，或是題目數量較少時，KMO 值較容易出現低的數值。故當 KMO 低於 .70 時，解決之道便是增加受試者的樣本人數，或是增加題目的數量。

表 7-6

Kaiser (1974) 建議的 KMO 判斷標準

KMO 數值大小	代表的意涵
.90 以上	非常好（marvelous）
.80 至 .89	不錯（meritorious）
.70 至 .79	普通（middling）
.60 至 .69	不好（mediocre）
.50 至 .59	不良（miserable）
低於 .50	無法接受（unacceptable）

資料來源：引自 "An index of factorial simplicity," by H. F. Kaiser, 1974, *Psychometrika*, *39*, p.35.

根據圖 7-7 的 X1、X2、X3、X4、X5 與 X6 等 6 題所進行的 KMO 檢定，檢定結果為圖 7-8。圖 7-8 的 KMO 值為 .703，根據表 7-6 的判斷標準，屬於「普通」情形，故適合進行探索性因素分析。

KMO與Bartlett檢定		
Kaiser-Meyer-Olkin 取樣適切性量數。		.703
Bartlett 的球形檢定	近似卡方分配	159.224
	df	15
	顯著性	.000

圖 7-8　以圖 7-7 的 6 題所進行的 KMO 檢定結果

2. Bartelet 統計檢定

探索性因素分析的基本原理是將具有較密切關聯性的變項，分成同一類，每一類即為 1 個因素。判斷變項之間關聯性的密切程度，最常使用變項之間的積差相關係數大小，將積差相關係數較為接近的變項，歸類成同一類，即成為同 1 個因素。

假若圖 7-7 的 X1、X2、X3、X4、X5 與 X6 等 6 題，兩兩之間的積差相關皆為 0，如圖 7-9 所示。圖 7-9 的積差相關係數矩陣，除了主對角線的積差相關係數為 1 之外，其他非主對角線的積差相關皆為 0，此種矩陣特別稱為單元矩陣（identity matrix）。

$$
R = \begin{array}{c} \begin{array}{cccccc} \quad X1 & \;X2 & \;X3 & \;X4 & \;X5 & \;X6 \end{array} \\ \begin{array}{c} X1 \\ X2 \\ X3 \\ X4 \\ X5 \\ X6 \end{array} \left[\begin{array}{cccccc} 1 & 0 & 0 & 0 & 0 & 0 \\ 0 & 1 & 0 & 0 & 0 & 0 \\ 0 & 0 & 1 & 0 & 0 & 0 \\ 0 & 0 & 0 & 1 & 0 & 0 \\ 0 & 0 & 0 & 0 & 1 & 0 \\ 0 & 0 & 0 & 0 & 0 & 1 \end{array} \right] \end{array}
$$

圖 7-9　6 道積差相關係數皆為 0 的積差相關係數矩陣

　　若所有題目的積差相關係數矩陣形成單元矩陣時，顯示題目兩兩之間的積差相關係數皆為 0，由於無法透過變項之間的相關係數大小分類，因而無法進行探索性因素分析。故進行探索性因素分析時，應先確定由題目所形成的相關係數矩陣，不是單元矩陣。

　　檢驗積差相關係數矩陣是否為單元矩陣的方法為 Barttlett 於 1950 年所提出來的球形檢定（引自 Lattin, et al., 2003），如公式 7-27。

$$
\chi^2\left(\frac{p^2-p}{2}\right) = -\left[(N-1)-\left(\frac{2p+5}{6}\right)\right]\ln|R| \tag{7-27}
$$

　　公式 7-27 中的 χ^2 代表卡方值（chi-square value），$\left(\dfrac{p^2-p}{2}\right)$ 是卡方考驗的自由度，N 代表樣本人數，p 代表題數，$\ln$ 代表自然對數，$|R|$ 代表積差相關係數矩陣的行列式（determineant）。

　　進行 Barttlett 球形檢定時，其虛無假設（null hypothesis）為積差相關係數矩陣為單元矩陣，其對立假設為（alternative hypothesis）積差相關係數矩陣不是單元矩陣。

H_0：R 是單元矩陣
H_1：R 不是單元矩陣

　　若積差相關係數矩陣為單元矩陣，則無法進行探索性因素分析，故我們希望 Barttlett 球形檢定的顯著性考驗，應該落入拒絕區，如此才能拒絕虛無假設，亦即我們希望顯著性 $p < .05$，代表所蒐集的資料不是單元矩陣，適合進行探索性

因素分析。

　　根據圖 7-7 的 X1、X2、X3、X4、X5 與 X6 等 6 題所進行的 Barttlett 球形檢定，檢定結果為圖 7-10。圖 7-10 的 Barttlett 球形檢定結果，近似卡方分配為159.224，自由度為 15，顯著性 $p < .001$，顯示圖 7-7 的 6 題所形成的積差相關矩陣不是單元矩陣，故適合進行探索性因素分析。

KMO與Bartlett檢定		
Kaiser-Meyer-Olkin 取樣適切性量數。		.703
Bartlett 的球形檢定	近似卡方分配	159.224
	df	15
	顯著性	.000

圖 7-10　以圖 7-7 的 6 道題目所進行的 Bartlett 檢定結果

(二) 探索性因素分析萃取的方式，該採主成分分析或是共同因素分析

　　確定蒐集資料是否適合進行探索性因素分析後，接著便需考慮該採用何種萃取因素的方法。在因素萃取的部分，較常採用主成分分析（principle components analysis）和共同因素分析（common factor analysis）兩種。主成分分析的主要目的是進行資料縮減，共同因素分析的主要目的是探討變項（也就是題目）與潛在變項（也就是因素）的關係。由於使用主成分分析法，其矩陣運算程序較為簡單，而共同因素分析法需要較繁雜的疊代（iteration）運算程序，因而早期電腦不發達的年代，較常使用主成分分析（Floyd & Widaman, 1995）。

　　針對該採用何種萃取方式較合適的問題，恰有兩派不同的見解。有些學者主張採用主成分分析較合適（Schoenmann, 1990; Steiger, 1990; Velicer & Jackson, 1990），有些學者主張採用共同因素分析較合適（Floyd & Widaman, 1990; Ford, et al., 1986; Gorsuch, 1990; Mulaik, 1990）。對兩派學者的論點感興趣之讀者，建議可參考 *Multivariate Behavioral Research* 該期刊在 1990 年 25 卷第 1 期有關主成分分析與共同因素分析的專輯討論。

　　Hair 等人（2006）建議根據因素分析的目的與對變項（即題目）的變異數之瞭解情形（如表 7-7 所示），來決定採用主成分分析或共同因素分析。

表 7-7

選擇因素萃取方式的參考依據

評判項目	主成分分析	共同因素分析
因素分析的目的	主要的目的是資料縮減，利用少數的因素來解釋所有變項最大比例的總變異數。	主要的目的是確定所有變項所具有的潛在向度或構念（latent dimensions or constructs）。
對變項的變異數瞭解情形	研究者清楚特定與誤差變異數占總變異數相對小的比例。	研究者不清楚特定與誤差變異數所占的比例，故希望能將特定與誤差變異數排除。

資料來源：引自 *Multivariate data analysis* (p. 118), by J., Hair, W. Black, B. Babin, R. Anderson, & R. Tatham, 2006, Pearson Prentice Hall.

　　由於運用因素分析於量表編製上的目的，主要是藉由探討題目是否歸屬同 1 個因素，其目的比較符合共同因素分析的目的。另外，現今電腦運算功能相當強大，使用共同因素分析的複雜運算程序，並不會影響電腦的運算效能。因此，在評估量表的構念效度時，採用共同因素分析是比較合適的選擇。

　　然而在實際的量表編製上，並非只能從主成分分析或共同因素分析，選擇其中一項來使用，而是可以將兩者合併採用。由於主成分分析通常是用來進行資料的初步探索，故對構念效度的考驗，可先進行主成分分析，探索出可能的因素個數，再根據主成分分析的結果，進行共同因素分析（Dunteman, 1994; Foster, et al., 2006）。

　　底下將針對主成分分析與共同因素分析的基本原理與矩陣估算方法，來說明主成分分析與共同因素分析的差異情形。

1. 主成分分析與共同因素分析的基本原理

　　進行主成分分析時，主要是從所有題目中抽取若干個主成分，以圖 7-7 的 X1、X2、X3、X4、X5 與 X6 等 6 道題目為例，若從這 6 題抽取 C1 與 C2 等 2 個主成分時，則這 6 題與這 2 個主成分之間的關聯性，如圖 7-11 所示。

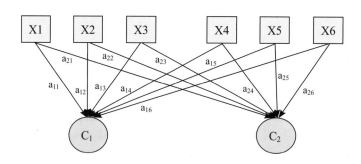

圖 7-11　6 道題目與 2 個主成分之關聯性

由圖 7-11 可知，2 個主成分與 6 道題目的關係，可用公式 7-28 與公式 7-29 等 2 個方程式來表示。

$$C_1 = a_{11}X1 + a_{12}X2 + a_{13}X3 + a_{14}X4 + a_{15}X5 + a_{16}X6 \tag{7-28}$$

$$C_2 = a_{21}X1 + a_{22}X2 + a_{23}X3 + a_{24}X4 + a_{25}X5 + a_{26}X6 \tag{7-29}$$

由公式 7-28 與公式 7-29 等 2 個方程式可知，每個主成分皆是由 6 道題目乘以主成分負荷量（principle component loading）所構成，這些主成分負荷量（a_{11}，a_{12}，…a_{25}，a_{26}）即是主成分與題目之間的積差相關係數。進行主成分分析時，主要目標就是設法找出這些主成分負荷量的數值大小。在估算主成分負荷量時，必須藉助公式 7-30 的特徵方程式。

$$(\mathbf{R} - \lambda\mathbf{I})a = 0 \tag{7-30}$$

公式 7-30 中的 $\mathbf{R}$ 代表由題目所形成的積差相關係數矩陣，λ 是特徵值（eigenvalues），$\mathbf{I}$ 為單元矩陣，a 為特徵向量（eigenvectors）。

在解公式 7-30 的特徵方程式時，由於 $\mathbf{R}$ 是已知數，而 λ 與 a 都是未知數，故必須利用題目所形成的積差相關係數矩陣 $\mathbf{R}$，來估算 λ 與 a。

而進行共同性因素分析時，主要是從題目中找出影響題目的若干個因素。如同前面介紹的主成分分析一樣，同樣以圖 7-7 的 X1、X2、X3、X4、X5 與 X6 等 6 道題目為例，這 6 題主要受到 F_1 與 F_2 這 2 個共同因素的影響，則進行共同因素分析時，這 6 題與這 2 個共同因素之間的關聯性，如圖 7-12 所示。

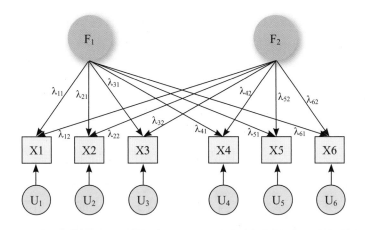

圖 **7-12**　6 道題目與 2 個共同因素之關聯性

　　由圖 7-12 可知，每道題目除了受到 F_1 與 F_2 等 2 共同因素的影響之外，也同時受到獨特變項（unique variable）的影響，獨特變項以 U 來表示。每道題目可用公式 7-31 的方程式來表示。

$$X1 = \lambda_{11}F_1 + \lambda_{12}F_2 + U_1$$

$$X2 = \lambda_{21}F_1 + \lambda_{22}F_2 + U_2$$

$$X3 = \lambda_{31}F_1 + \lambda_{32}F_2 + U_3$$

$$X4 = \lambda_{41}F_1 + \lambda_{42}F_2 + U_4$$

$$X5 = \lambda_{51}F_1 + \lambda_{52}F_2 + U_5$$

$$X6 = \lambda_{61}F_1 + \lambda_{62}F_2 + U_6 \tag{7-31}$$

　　由上面 6 個方程式可知，每道題目是由每個因素乘以因素負荷量（factor loading），再加上獨特變項。這些因素負荷量（λ_{11}，λ_{21}，…λ_{52}，λ_{62}）即是因素與題目之間的積差相關係數。進行共同因素分析時，主要目標是設法找出這些因素負荷量的數值大小。在估算因素負荷量時，必須藉助公式 7-32 的方程式。

$$\mathbf{R} = \mathbf{\Lambda}\mathbf{\Lambda}' + \mathbf{U} \tag{7-32}$$

　　公式 7-32 中的 **R** 代表由題目所形成的積差相關係數矩陣，**Λ** 因素負荷矩陣，**Λ′** 是因素負荷矩陣的轉置矩陣，**U** 是獨特變項之變異數所形成的矩陣。

在解公式 7-32 的方程式時，由於 **R** 是已知數，而 **Λ** 與 **U** 都是未知數，必須利用題目所形成的積差相關係數矩陣 **R**，來估算 **Λ** 與 **U**。

2. 主成分分析與共同因素分析的估算方式

不論主成分因素分析或共同因素分析，在主成分負荷量或是因素負荷量的估算方面，都必須以題目的積差相關矩陣來進行。主成分負荷量是指主成分與題目之間的積差相關係數，因素負荷量是指因素與題目之間的積差相關係數。一般而言，我們比較少作如此清楚的區隔，習慣將主成分負荷量也稱為因素負荷量。

在使用積差相關矩陣來估算因素負荷量時，由於主成分分析與共同因素分析，對能解釋每道題目的變異數比例，有不同主張。故使用積差相關係數矩陣來估算參數時，在積差相關係數矩陣的主對角線部分（即每道題目的變異數），兩者分別採用不同的數值。圖 7-13 即是用來估算因素負荷量的積差相關係數矩陣，括號（　）中的數值是用來表示能估算每道題目的變異數大小，主對角線以外的積差相關係數，即為不同題目之間的積差相關係數。

$$
\begin{array}{c|cccccc}
 & X1 & X2 & X3 & X4 & X5 & X6 \\
\hline
X1 & (\ ) & r_{12} & r_{13} & r_{14} & r_{15} & r_{16} \\
X2 & r_{21} & (\ ) & r_{23} & r_{24} & r_{25} & r_{26} \\
X3 & r_{31} & r_{32} & (\ ) & r_{34} & r_{35} & r_{36} \\
X4 & r_{41} & r_{42} & r_{43} & (\ ) & r_{45} & r_{46} \\
X5 & r_{51} & r_{52} & r_{53} & r_{54} & (\ ) & r_{56} \\
X6 & r_{61} & r_{62} & r_{63} & r_{64} & r_{65} & (\ ) \\
\end{array}
$$

圖 7-13　估算因素負荷矩陣所採用的積差相關係數矩陣

主成分分析法主張抽取所有的主成分可解釋每道題目 100% 的變異數，當每題以標準化分數呈現時，標準化分數的變異數為 1，故每題的變異數為 1。故進行主成分分析時，在積差相關係數矩陣的主對角線，是以 1 作為估算的起始數值，圖 7-14 即是用來估算主成分負荷量的積差相關係數矩陣，在這個積差相關係數矩陣的主對角線皆為 1，而主對角線以外的積差相關係數，即為不同題目之間的積差相關係數。

	X1	X2	X3	X4	X5	X6
X1	(1)	r_{12}	r_{13}	r_{14}	r_{15}	r_{16}
X2	r_{21}	(1)	r_{23}	r_{24}	r_{25}	r_{26}
X3	r_{31}	r_{32}	(1)	r_{34}	r_{35}	r_{36}
X4	r_{41}	r_{42}	r_{43}	(1)	r_{45}	r_{46}
X5	r_{51}	r_{52}	r_{53}	r_{54}	(1)	r_{56}
X6	r_{61}	r_{62}	r_{63}	r_{64}	r_{65}	(1)

圖 7-14　主成分分析所用的積差相關係數矩陣

根據圖 7-7 的 X1、X2、X3、X4、X5 與 X6 等 6 道題目所進行的主成分分析，可獲得圖 7-15 的萃取結果。圖 7-15 在「初始的共同性」方面，每題皆為 1，此即為圖 7-14 主成分分析所使用的積差相關矩係數陣之主對角線的 1。

共同性

	初始	萃取
X1	1.000	.684
X2	1.000	.699
X3	1.000	.693
X4	1.000	.651
X5	1.000	.702
X6	1.000	.733

萃取法　主成份分析

圖 7-15　主成分分析一開始所使用的共同性

共同因素分析假定每道題目的變異數大小可區分成 3 個來源：共同變異數（common variance）、特定變異數（specific variance）與誤差變異數（error variance）等三種。因特定變異數與誤差變異數不易分辨，故兩者常合稱為獨特變異數（unique variance），如圖 7-16 所示。

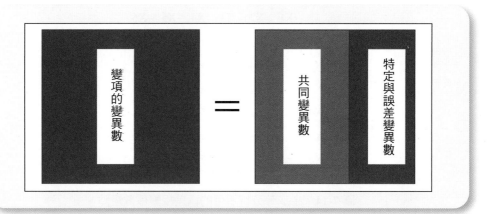

圖 7-16　每個變項（亦即每道題目）的變異數類型

　　由於主成分分析主張可完全解釋每道題目的變異數，故採用主成分分析時，每題變異數是以 1 作為估算。共同因素分析主張因素對於題目只能解釋共同變異數的部分，故對每道題目的變異數估算，是以共同性（communality）來表示共同變異數的估算值，共同性通常以 h^2 表示。由於無法確切清楚 h^2 的實際數值，常以某個數值推估 h^2 的大小，最常採用的推估數值是多元相關係數平方（squared multiple correlation $[R^2]$）。

　　圖 7-17 即是用來估算共同因素負荷量的積差相關係數矩陣，在這個積差相關係數矩陣的主對角線皆設為 h^2_{Xi}，每道題目的共同性 h^2_{Xi} 會各自受到共同因素不同的影響，故每題的共同性數值是不同的。主對角線以外的積差相關係數，即為不同題目之間的積差相關係數。

	X1	X2	X3	X4	X5	X6
X1	(h^2_{x1})	r_{12}	r_{13}	r_{14}	r_{15}	r_{16}
X2	r_{21}	(h^2_{x2})	r_{23}	r_{24}	r_{25}	r_{26}
X3	r_{31}	r_{32}	(h^2_{x3})	r_{34}	r_{35}	r_{36}
X4	r_{41}	r_{42}	r_{43}	(h^2_{x4})	r_{45}	r_{46}
X5	r_{51}	r_{52}	r_{53}	r_{54}	(h^2_{x5})	r_{56}
X6	r_{61}	r_{62}	r_{63}	r_{64}	r_{65}	(h^2_{x6})

圖 7-17　共同因素分析所用的估算相關係數矩陣

根據圖 7-7 的 X1、X2、X3、X4、X5 與 X6 等 6 題所進行的共同因素分析（採用主軸因子法），可以得到圖 7-18 的萃取結果。圖 7-18 在「初始的共同性」方面，每題都以自己的共同性 h^2_{Xi} 去估算，此即為圖 7-17 共同性因素分析所使用的積差相關係數矩陣的主對角線 h^2_{Xi}，每題的共同性大小都不相等。

共同性

	初始	萃取
X1	.385	.526
X2	.392	.558
X3	.380	.530
X4	.348	.447
X5	.414	.562
X6	.423	.628

萃取法：主軸因子萃取法。

圖 7-18　共同因素分析——開始所使用的共同性（h^2）

主成分分析主張可完全解釋每道題目的變異量，故進行主成分分析時，最多可抽取出的主成分個數，恰好等於題目的數量。以圖 7-7 的 X1 至 X6 等 6 題為例，進行主成分分析時，最多可抽取 6 個主成分，如圖 7-19 與圖 7-20 所示。圖 7-19 是以圖 7-7 的 X1 至 X6 等 6 題所獲得主成分負荷量矩陣的一般型式，圖 7-20 則是以圖 7-7 的 X1 至 X6 等 6 題所獲得主成分負荷量矩陣的實際數值。

$$A = \begin{array}{c} \\ X1 \\ X2 \\ X3 \\ X4 \\ X5 \\ X6 \end{array} \begin{array}{c} \begin{array}{cccccc} C_1 & C_2 & C_3 & C_4 & C_5 & C_6 \end{array} \\ \begin{bmatrix} a_{11} & a_{21} & a_{31} & a_{41} & a_{51} & a_{61} \\ a_{12} & a_{22} & a_{32} & a_{42} & a_{52} & a_{62} \\ a_{13} & a_{23} & a_{33} & a_{43} & a_{53} & a_{63} \\ a_{14} & a_{24} & a_{34} & a_{44} & a_{54} & a_{64} \\ a_{15} & a_{25} & a_{35} & a_{45} & a_{55} & a_{65} \\ a_{16} & a_{26} & a_{36} & a_{46} & a_{56} & a_{66} \end{bmatrix} \end{array}$$

圖 7-19　以圖 7-7 的 6 道題目抽取 6 個主成分之主成分負荷量矩陣

成份矩陣[a]

	元件					
	1	2	3	4	5	6
X1	.640	.524	.356	.116	-.419	.000
X2	.654	.520	-.048	-.505	.170	-.123
X3	.604	.573	-.283	.365	.246	.182
X4	.609	-.530	.482	.098	.327	-.023
X5	.679	-.491	-.316	.126	-.131	-.407
X6	.615	-.595	-.170	-.178	-.165	.424

萃取方法：主成分分析。
a. 萃取了 6 個成份。

圖 7-20　以圖 7-7 的 6 道題目抽取 6 個主成分之主成分負荷量矩陣實際數值

　　然而進行主成分分析之目的在進行資料縮減，亦即希望能達到化繁為簡的目的，若 6 道題目需 6 個主成分來解釋，則無法達到資料縮減的目的。故進行主成分分析時，抽取的主成分個數會比題數來的少，才能達到化繁為簡之目的。以圖 7-7 的 X1 至 X6 等 6 題為例，圖 7-21 是以圖 7-7 的 X1 至 X6 等 6 題抽取 2 個主成分的一般型式，圖 7-22 則是以圖 7-7 的 X1 至 X6 等 6 題抽取 2 個主成分之主成分負荷量矩陣的實際數值。

$$A = \begin{array}{c} X1 \\ X2 \\ X3 \\ X4 \\ X5 \\ X6 \end{array} \begin{bmatrix} \overset{C_1}{a_{11}} & \overset{C_2}{a_{21}} \\ a_{12} & a_{22} \\ a_{13} & a_{23} \\ a_{14} & a_{24} \\ a_{15} & a_{25} \\ a_{16} & a_{26} \end{bmatrix}$$

圖 7-21　以圖 7-7 的 6 道題目抽取 2 個主成分之主成分負荷量矩陣

成份矩陣[a]

	元件	
	1	2
X1	.640	.524
X2	.654	.520
X3	.604	.573
X4	.609	-.530
X5	.679	-.491
X6	.615	-.595

萃取方法：主成分分析。
a. 萃取了 2 個成份。

圖 7-22　以圖 7-7 的 6 道題目抽取 2 個主成分之主成分負荷量矩陣實際數值

　　由公式 7-28 與公式 7-29 可知，每個主成分是由所有題目乘以對應的主成分負荷量所構成，當抽取的主成分個數不同時（例如：圖 7-20 抽取 6 個主成分，圖 7-22 抽取 2 個主成分），因為題目並沒有改變，故不會影響每個主成分的主成分負荷量數值，請比較圖 7-20 的前 2 個主成分負荷量數值與圖 7-22 的 2 個主成分負荷量數值，兩者是一樣的。

　　共同因素分析則因無法完全解釋每道題目的變異量，故進行共同因素分析時，最多可抽取出的因素個數，會比題目數量少 1，以圖 7-7 的 X1 至 X6 等 6 題為例，進行共同因素分析時，最多可抽取 5 個共同因素，如圖 7-23 與圖 7-24 所示。圖 7-23 是以圖 7-7 的 X1 至 X6 等 6 題所獲得因素負荷量矩陣的一般型式，圖 7-24 則是以圖 7-7 的 X1 至 X6 等 6 題所獲得因素負荷量矩陣的實際數值。

$$\Lambda = \begin{array}{c} \\ X1 \\ X2 \\ X3 \\ X4 \\ X5 \\ X6 \end{array} \begin{array}{ccccc} F_1 & F_2 & F_3 & F_4 & F_5 \\ \left[\begin{array}{ccccc} \lambda_{11} & \lambda_{12} & \lambda_{13} & \lambda_{14} & \lambda_{15} \\ \lambda_{21} & \lambda_{22} & \lambda_{23} & \lambda_{24} & \lambda_{25} \\ \lambda_{31} & \lambda_{32} & \lambda_{33} & \lambda_{34} & \lambda_{35} \\ \lambda_{41} & \lambda_{42} & \lambda_{43} & \lambda_{44} & \lambda_{45} \\ \lambda_{51} & \lambda_{52} & \lambda_{53} & \lambda_{54} & \lambda_{55} \\ \lambda_{61} & \lambda_{62} & \lambda_{63} & \lambda_{64} & \lambda_{65} \end{array}\right] \end{array}$$

圖 7-23　以圖 7-7 的 6 道題目抽取 5 個因素之因素負荷矩陣

因子矩陣[a]

	因子				
	1	2	3	4	5
X1	.580	.464	.200	.054	.031
X2	.597	.462	-.028	-.174	-.060
X3	.546	.502	-.162	.107	.042
X4	.541	-.439	.231	.035	-.025
X5	.628	-.433	-.154	.086	-.072
X6	.578	-.537	-.067	-.101	.093

萃取方法：主軸因子。
a. 萃取了 5 個因子。需要 13 個疊代。

圖 7-24　以圖 7-7 的 6 道題目抽取 5 個因素之因素負荷量矩陣實際數值

　　而進行共同因素分析之目的在考驗量表的潛在構念，亦即探討量表具有幾個向度（或稱為分量表），若 6 道題目隸屬於 5 個分量表，則每個分量表會造成因題目太少，而無法測量到每個構念的內涵。故進行共同性因素分析時，抽取的因素個數會比題數來的少，才能讓每個分量表有比較多的題數。以圖 7-7 的 X1 至 X6 等 6 題為例，圖 7-25 是以圖 7-7 的 X1 至 X6 等 6 題抽取 2 個共同因素的一般型式，圖 7-26 則是以圖 7-7 的 X1 至 X6 等 6 題抽取 2 個共同因素之因素負荷量矩陣的實際數值。

$$\Lambda = \begin{array}{c} \\ X1 \\ X2 \\ X3 \\ X4 \\ X5 \\ X6 \end{array} \begin{array}{cc} F_1 & F_2 \\ \left[\begin{array}{cc} \lambda_{11} & \lambda_{12} \\ \lambda_{21} & \lambda_{22} \\ \lambda_{31} & \lambda_{32} \\ \lambda_{41} & \lambda_{42} \\ \lambda_{51} & \lambda_{52} \\ \lambda_{61} & \lambda_{62} \end{array}\right] \end{array}$$

註：上述的因素負荷量 λ_{11} 至 λ_{62}，雖然與圖 7-23 採用同樣的符號，但因兩個圖抽取的因素個數不同，故實際的因素負荷量數值是不一樣的。

圖 7-25　以圖 7-7 的 6 道題目抽取 2 個因素之因素負荷量矩陣

因子矩陣 a

	因子	
	1	2
X1	.566	.454
X2	.590	.459
X3	.536	.493
X4	.525	-.415
X5	.621	-.420
X6	.583	-.537

萃取方法：主軸因子。

a. 萃取了 2 個因子。需要 11 個疊代。

圖 7-26 以圖 7-7 的 6 道題目抽取 2 個因素之因素負荷量矩陣實際數值

由公式 7-31 可知，每道題目是由所抽取的因素以對應的因素負荷量所構成，當抽取的因素個數不同時（例如：圖 7-24 抽取 5 個因素，圖 7-26 抽取 2 個主因素），因每道題目由不同因素個數所構成，故會影響每個因素的因素負荷量數值，請比較圖 7-24 的前 2 個因素負荷量數值與圖 7-26 的 2 個因素負荷量數值，兩者是不一樣的。

主成分分析或共同因素分析都可藉由少數幾個主成分或少數幾個因素，來解釋所有題目的總變異數，想瞭解主成分分析或共同因素分析可以解釋所有變項（亦即所有題目）的變異數大小，就需透過特徵值來獲得；想知道主成分分析或共同因素分析可以解釋每個變項（亦即每道題目）的變異數大小，則需藉由共同性大小來獲知。

特徵值大小是透過公式 7-30 獲得，公式 7-30 計算的特徵值，是以抽取所有主成分個數為計算依據，故特徵值的個數恰好等於題目的個數，而特徵值大小會根據數值大小依序排列。由於每道題目的分數若以標準化分數呈現時，則每道題目的變異數為 1，故題目的個數恰好等於題目的變異數總和（例如：圖 7-7 的 6 道題目，這 6 道題目的變異數總和為 6）。因每個特徵值大小恰好等於每個主成分的變異數大小，故可利用每個特徵值大小與題目數量（亦即題目的總變異數）之比值，來瞭解每個主成分對所有題目變異數的解釋百分比。

由於主成分分析或共同因素分析時，所抽取的主成分個數或因素個數，通常會少於題目數量，當抽取的主成分個數或因素個數少於題目數量時，則由少數幾個主成分或少數幾個因素，對所有題目的變異數之解釋百分比，則習慣不稱為特徵值，而改稱為平方和負荷量（sum of square loading）。

　　平方和負荷量分成未轉軸的平方和負荷量，以及轉軸後的平方和負荷量兩種。未轉軸的平方和負荷量是指所抽取的因素個數，在未轉軸之前，每個因素的因素負荷量平方之總和，SPSS 統計報表以「平方和負荷量萃取」來代表未轉軸的平方和負荷量。轉軸後的平方和負荷量是指所抽取的因素個數，在轉軸之後，每個因素的因素負荷量平方之總和，SPSS 統計報表以「轉軸平方和負荷量」來代表轉軸後的平方和負荷量。

　　進行主成分分析時，每個主成分的平方和負荷量大小，是每個主成分對每題的主成分負荷量平方和所構成，以圖 7-27 抽取 2 個主成分的主成分分析為例，第 1 個主成分的平方和負荷量 λ_1 即為 $\lambda_1 = a_{11}^2 + a_{12}^2 + a_{13}^2 + a_{14}^2 + a_{15}^2 + a_{16}^2$，第 2 個主成分的平方和負荷量 λ_2 即為 $\lambda_2 = a_{21}^2 + a_{22}^2 + a_{23}^2 + a_{24}^2 + a_{25}^2 + a_{26}^2$。

$$
A = \begin{array}{c} \\ X1 \\ X2 \\ X3 \\ X4 \\ X5 \\ X6 \end{array}
\begin{array}{cc} C_1 & C_2 \\ \left[\begin{array}{cc} a_{11} & a_{21} \\ a_{12} & a_{22} \\ a_{13} & a_{23} \\ a_{14} & a_{24} \\ a_{15} & a_{25} \\ a_{16} & a_{26} \end{array}\right] \end{array}
\quad
\begin{array}{c} h_{Xi}^2 \\ a_{11}^2 + a_{21}^2 \\ a_{12}^2 + a_{22}^2 \\ a_{13}^2 + a_{23}^2 \\ a_{14}^2 + a_{24}^2 \\ a_{15}^2 + a_{25}^2 \\ a_{16}^2 + a_{26}^2 \end{array}
$$

$$\lambda_1 = a_{11}^2 + a_{12}^2 + a_{13}^2 + a_{14}^2 + a_{15}^2 + a_{16}^2$$
$$\lambda_2 = a_{21}^2 + a_{22}^2 + a_{23}^2 + a_{24}^2 + a_{25}^2 + a_{26}^2$$

圖 7-27　主成分分析的每個主成分平方和負荷量、每道題目共同性之計算方式

　　每道題目的共同性 h_{Xi}^2 是指主成分對每道題目變異數的解釋量，它的數值大小是由每道題目在每個主成分負荷量之平方和所構成。以圖 7-27 的主成分分析第 1 題（X1）的共同性為例，第 1 題（X1）與第 1 個主成分（C_1）的負荷量為 a_{11}，第 1 題（X1）與第 2 個主成分（C_2）的負荷量為 a_{21}，故其共同性大小為 $h_{X1}^2 = a_{11}^2 + a_{21}^2$。同理，第 2 題（X2）的共同性為 $h_{X2}^2 = a_{12}^2 + a_{22}^2$；第 3 題（X3）的共同性為 $h_{X3}^2 = a_{13}^2 + a_{23}^2$；第 4 題（X4）的共同性為 $h_{X4}^2 = a_{14}^2 + a_{24}^2$；第 5 題（X5）的共同性為 $h_{X5}^2 = a_{15}^2 + a_{25}^2$；第 6 題（X6）的共同性為 $h_{X6}^2 = a_{16}^2 + a_{26}^2$。

　　根據圖 7-7 的 X1 至 X6 等 6 題所進行的主成分分析，可以獲得圖 7-28 的 6 個初始特徵值：2.411、1.749、0.570、0.459、0.416、0.394。由於抽取 2 個主成分，這 2 個主成分的平方和負荷量分別為 2.411、1.749，這 2 個主成分的平方和負荷

量分別解釋 6 道題目變異量百分比為 40.188% 與 29.157%，2 個主成分的平方和負荷量合起來可解釋 6 道題目變異量百分比為 69.345%。

	初始特徵值			平方和負荷量萃取		
元件	總數	變異數的 %	累積%	總數	變異數的 %	累積%
1	2.411	40.188	40.188	2.411	40.188	40.188
2	1.749	29.157	69.345	1.749	29.157	69.345
3	.570	9.499	78.844			
4	.459	7.647	86.491			
5	.416	6.938	93.429			
6	.394	6.571	100.000			

解說總變異量

萃取法：主成份分析

圖 7-28　以圖 7-7 的 6 道題目所獲得的主成分分析特徵值

進行共同因素分析時，每個因素的平方和負荷量大小，是每個因素對每題的因素負荷量平方和所構成，以圖 7-25 抽取 2 個因素的共同因素分析為例，第一個因素的平方和負荷量 λ_1 即為 $\lambda_1 = \lambda_{11}^2 + \lambda_{21}^2 + \lambda_{31}^2 + \lambda_{41}^2 + \lambda_{51}^2 + \lambda_{61}^2$，第二個因素的平方和負荷量 λ_2 即為 $\lambda_2 = \lambda_{12}^2 + \lambda_{22}^2 + \lambda_{32}^2 + \lambda_{42}^2 + \lambda_{52}^2 + \lambda_{62}^2$。

$$
\begin{array}{c}
\quad\quad F_1 \quad\quad F_2 \quad\quad\quad h_{Xi}^2 \\
A = \begin{array}{c} X1 \\ X2 \\ X3 \\ X4 \\ X5 \\ X6 \end{array}
\begin{bmatrix}
\lambda_{11} & \lambda_{12} \\
\lambda_{21} & \lambda_{22} \\
\lambda_{31} & \lambda_{32} \\
\lambda_{41} & \lambda_{42} \\
\lambda_{51} & \lambda_{52} \\
\lambda_{61} & \lambda_{62}
\end{bmatrix}
\begin{array}{c}
\lambda_{11}^2 + \lambda_{12}^2 \\
\lambda_{21}^2 + \lambda_{22}^2 \\
\lambda_{31}^2 + \lambda_{32}^2 \\
\lambda_{41}^2 + \lambda_{42}^2 \\
\lambda_{51}^2 + \lambda_{52}^2 \\
\lambda_{61}^2 + \lambda_{62}^2
\end{array}
\end{array}
$$

$$\lambda_1 = \lambda_{11}^2 + \lambda_{21}^2 + \lambda_{31}^2 + \lambda_{41}^2 + \lambda_{51}^2 + \lambda_{61}^2$$
$$\lambda_2 = \lambda_{12}^2 + \lambda_{22}^2 + \lambda_{32}^2 + \lambda_{42}^2 + \lambda_{52}^2 + \lambda_{62}^2$$

圖 7-29　共同因素分析的每個因素平方和負荷量、每道題目共同性之計算方式

若以圖 7-29 共同因素分析第 1 題（X1）的共同性為例，第 1 題（X1）與第 1 個因素（F_1）的因素負荷量為 λ_{11}，第 1 題（X1）與第 2 個因素（F_2）的因素負荷量為 λ_{12}，故其共同性大小為 $h_{X1}^2 = \lambda_{11}^2 + \lambda_{12}^2$。同理，第 2 題（X2）的共同性

為 $h^2_{X2} = \lambda^2_{21} + \lambda^2_{22}$；第 3 題（X3）的共同性為 $h^2_{X3} = \lambda^2_{31} + \lambda^2_{32}$；第 4 題（X4）的共同性為 $h^2_{X4} = \lambda^2_{41} + \lambda^2_{42}$；第 5 題（X5）的共同性為 $h^2_{X5} = \lambda^2_{51} + \lambda^2_{52}$；第 6 題（X6）的共同性為 $h^2_{X6} = \lambda^2_{61} + \lambda^2_{62}$。

根據圖 7-7 的 X1 至 X6 等 6 道題目所進行的共同因素分析（採用主軸因子法），可以獲得圖 7-30 的 6 個特徵值：2.411、1.749、0.570、0.459、0.416、0.394。由於抽取 2 個因素，這 2 個因素的平方和負荷量分別為 1.956、1.296，這 2 個因素的平方和負荷量分別解釋 6 道題目變異量百分比為 32.600% 與 21.607%，2 個因素的平方和負荷量合起來，可解釋 6 道題目變異量百分比為 54.208%。

解說總變異量

因子	初始特徵值			平方和負荷量萃取		
	總數	變異數的 %	累積%	總數	變異數的 %	累積%
1	2.411	40.188	40.188	1.956	32.600	32.600
2	1.749	29.157	69.345	1.296	21.607	54.208
3	.570	9.499	78.844			
4	.459	7.647	86.491			
5	.416	6.938	93.429			
6	.394	6.571	100.000			

萃取法：主軸因子萃取法

圖 7-30 以圖 7-7 的 6 道題目所獲得的共同因素分析特徵值

為了協助讀者更清楚瞭解共同性的概念，可先透過決定係數（coefficient of determination）的概念來瞭解。假若 X 變項與 Y 變項的積差相關係數為零，亦即，代表 X 變項無法解釋 Y 變項的任何變異量，如圖 7-31 所示。

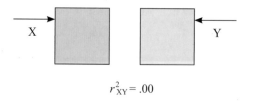

$$r^2_{XY} = .00$$

圖 7-31 X 變項與 Y 變項為零相關的概念圖

假若 X 變項與 Y 變項的積差相關係數為 $r_{XY} = .60$，則 X 變項與 Y 變項的決定係數，等於積差相關係數平方，亦即 $r^2_{XY} = .36$，代表 X 變項可以解釋 Y 變項 36% 的變異量，如圖 7-32 中 X 變項與 Y 變項相交集的面積，即為決定係數的大小。

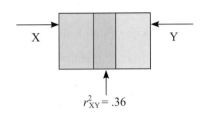

$r^2_{XY} = .36$

圖 7-32　X 變項與 Y 變項的決定係數概念圖

　　共同性是每道題目在所有因素的因素負荷量平方和，由於因素負荷量是指題目與因素之間的積差相關係數，故因素負荷量的平方即為決定係數（亦即可得知某個因素對該道題目有多少的解釋變異量），故第 1 題（X1）與 2 個因素（F_1 與 F_2）之間的共同性，即為圖 7-33 中 X1 與 2 個因素（F_1 與 F_2）相交集的面積。圖 7-33 中因素 F_1 與因素 F_2 之間的關聯性，是假設兩個因素的積差相關係數為零（也就是假設為直交轉軸的方式），故圖中的兩個因素是沒有交集的地方。

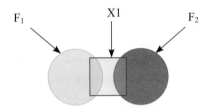

圖 7-33　兩個因素（F_1 與 F_2）對題目（X1）的共同性之圖示

　　雖然前面的介紹，根據採用主成分分析法或共同因素分析法，將負荷量矩陣區隔為主成分負荷量與共同因素負荷量，但在量表編製的實務上，我們並不會特別區隔主成分負荷量與共同因素負荷量，常統稱為因素負荷量。

(三) 該選用何種保留因素個數的方式

　　進行探索性因素分析的歷程中，如何挑選適當數量的因素，是很重要的關鍵步驟。挑選過多的因素，易造成因素負荷量的混淆，無法凸顯較重要的因素；相對地，挑選過少的因素，易遺漏重要的資訊，無法較完整解釋題目的變異量。底下將介紹幾種常用的挑選因素個數方法。

1. Kaiser 所提出的「挑選特徵值大於 1 的因素」

　　Kaiser 於 1960 年提出採用特徵值大於 1 的因素個數判斷方法，亦即只保留特徵值大於 1 的因素個數（引自 Bryant & Yarnold, 1995）。

由於此方法是許多統計軟體內定的採用方式,是目前進行探索性因素分析最常被使用的方法。但許多研究顯示,採用 Kaiser 特徵值大於 1 的方法,易造成高估或低估因素的個數。因此,相當多的統計學者建議該放棄採用特徵值大於 1 的選取方式(Fabrigar, et al., 1999; Velicer, et al., 2000)。

根據圖 7-7 的 X1 至 X6 等 6 道題目,進行共同因素分析,所獲得的特徵值大小分別為 2.411、1.749、0.570、0.459、0.416、0.394,如圖 7-34 所示。若根據 Kaiser 於 1960 年所提特徵值大於 1 的因素個數判斷方式,則因只有前兩個特徵值大於 1,所以就決定抽取兩個因素。

解說總變異量

因子	初始特徵值			平方和負荷量萃取		
	總數	變異數的 %	累積%	總數	變異數的 %	累積%
1	2.411	40.188	40.188	1.956	32.600	32.600
2	1.749	29.157	69.345	1.296	21.607	54.208
3	.570	9.499	78.844			
4	.459	7.647	86.491			
5	.416	6.938	93.429			
6	.394	6.571	100.000			

萃取法:主軸因子萃取法。

圖 7-34 以圖 7-7 的 6 道題目所進行的共同因素分析之特徵值

2. Cattell 所提的「陡坡圖」

Cattell 於 1966 年提出以陡坡圖的判斷方式,來決定該選取幾個因素。Cattell 主張所有題目的變異量大部分可由少數幾個重要因素來解釋,故根據特徵值大小的分布圖,將特徵值大小陡降的地方進行切割,作為判斷保留因素個數的依據,特徵值大於切割處以上的個數,即是所應保留的因素個數(引自 Tabachnick & Fidell, 2007)。根據圖 7-7 的 X1 至 X6 等 6 道題目,所獲得的陡坡圖,如圖 7-35 所示。

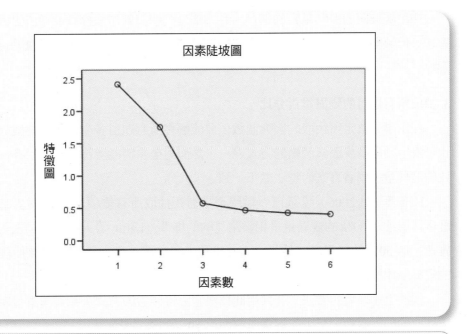

圖 7-35　以圖 7-7 的 6 道題目所獲得的陡坡圖

　　由於第 3、第 4、第 5、第 6 個因素的特徵值形成一條平坦的緩坡，如圖 7-36 中所標示出的傾斜線段，因此，保留傾斜線段以上的 2 個因素。

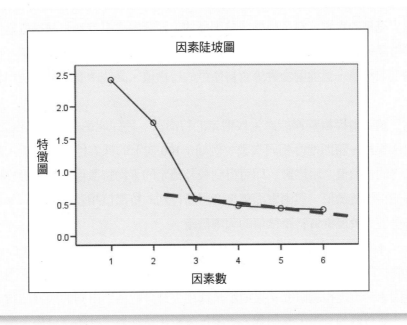

圖 7-36　採用陡坡圖判斷萃取因素個數的方式

採用陡坡圖的優點是容易進行,且大部分的統計軟體都提供此種決定因素的方式,但缺點是透過圖形判斷過於主觀,易造成不同判斷者有不同解讀的混亂情形。

3. 抽取所有題目的變異量百分比

採用事先決定所抽取的因素個數,要能解釋所有題目多少百分比的變異量,也是決定抽取多少因素個數的方式之一,然而對至少需能解釋所有題目多少百分比的變異量,學者專家的看法並不一致。

Hair 等人(2006)建議自然科學至少需要抽取所有變項 95% 的變異量,但社會科學抽取 60% 的變異量是相當常見的的標準。Lattin 等人(2003)主張至少應該抽取 50% 的變異量才比較合適。Stevens(2002)則主張至少應該抽取 70% 的變異量才比較合適。

根據上述學者的看法,若採用此種決定因素個數的方式,筆者建議量表編製所抽取的因素個數,至少能解釋所有題目 50% 的變異量。

4. Horn 所提的平行分析法(parallel analysis)

Horn(1965)提出的平行分析法,主張利用隨機模擬方式,取得一組模擬資料,這組模擬資料在變數個數與受試者人數,皆與量表所蒐集的實際資料完全相同。

量表蒐集的實際資料是根據理論架構的,而隨機模擬資料是隨機亂數所產生的,將這兩種資料分別進行探索性因素分析,會產生兩組不同的特徵值。而因素個數的選取標準,應挑選由實際資料產生的特徵值,高於由隨機亂數資料獲得的特徵值。

為了讓隨機模擬資料能產生較穩定的特徵值,最好能進行多次(例如:100次)隨機模擬,隨即進行相同次數(例如:100 次)的探索性因素分析,然後求多次獲得的特徵值之平均數,即可得到較為穩定的平均特徵值。將隨機模擬資料所獲得的平均特徵值,與由實際蒐集資料所得到的特徵值相互比較,只保留實際資料特徵值大於模擬資料特徵值的因素數量。

雖然平行分析法早在 1965 年即提出,但因早期電腦科技不易進行資料模擬,直到近年來電腦科技發達,平行分析法才漸漸受到測驗評量學界的重視。根據決定因素個數之相關研究結果顯示,採用平行分析法所得到的因素個數,較能精準的估算母群的實際因素個數,故平行分析法是許多統計與測驗學者建議最推薦採用的因素個數決定方式(Velicer, et al., 2000; Zwick & Velicer, 1986)。目前

有些知名的心理計量期刊（例如：Educational and Psychological Measurement），則是建議投稿論文若採用探索性因素分析時，應該要使用平行分析法作為決定因素個數的方法（Thompson & Daniel, 1996）。

雖然採用平行分析法的因素個數決定方法，能獲得較精準的結果，但因常用的統計軟體（例如：SPSS 或 SAS）並未提供平行分析法的模組程序，導致平行分析法仍未被普遍採用。近年來有些學者專家提供以 SPSS 或 SAS 所寫得平行分析法的語法，協助想採用平行分析法的研究人員，作為決定因素個數的方法（Hayton, et al., 2004; Liu & Rijmen, 2008; O'Connor, 2000; Thompson & Daniel, 1996）。但因許多研究人員不熟悉 SPSS 或 SAS 的語法，造成平行分析法的不易推行。

早期受限於電腦運算能力，有些學者採用迴歸分析方法（Humphreys & Montanelli, 1975; Lautenschlager, 1989; Lautenschlager, et al., 1989; Longman, et al., 1989），藉由迴歸預測方程式，推導出模擬資料進行探索性因素分析所產生的特徵值。

O'Connor（2000）撰寫可以進行平行分析的 SPSS 語法，只需輸入題目數量與樣本人數兩種數據，便可得到模擬的特徵值大小。有鑑於國外研究者對量表編製所進行的探索性因素分析，越來越多採用平行分析法來決定因素個數，而國內的研究者則較少採用此種方法，筆者也根據 Lautenschlager 等人（1989）所推導出來的平行分析法之迴歸預測方程式，開發出一套簡單的 EZparallel 程式。EZparallel 是一個平行分析法的 EXCEL 程式，EZparallel 同樣只需輸入題目數量與樣本人數兩種數據，便可得到模擬的特徵值大小，透過這個程式，便很容易使用平行分析法，決定抽取的因素個數。

以圖 7-7 的 X1 至 X6 等 6 道題目為例，進行探索性因素分析可得到表 7-8 實際資料的特徵值，與採用 O'Connor（2000）平行分析的 SPSS 語法所獲得的隨機模擬特徵值，以及筆者所開發的 EZparallel 程式所獲得的隨機模擬特徵值相比較。

將實際資料的特徵值與 O'Connor（2000）平行分析的 SPSS 語法的隨機模擬特徵值相比較，由於真實資料的特徵值，只有前 2 個特徵值大於 O'Connor（2000）平行分析的 SPSS 語法的隨機模擬特徵值，故決定保留 2 個因素。相同地，將實際資料的特徵值與 EZparallel 程式的隨機模擬特徵值相比較，因真實資料所獲得的特徵值，只有前 2 個特徵值大於 EZparallel 程式的隨機模擬特徵值，故決定保留 2 個因素。故不論採用 O'Connor（2000）平行分析的 SPSS 語法或 EZparallel 程式的平行分析法，皆決定保留 2 個因素。

表 7-8

實際資料與隨機模擬資料的特徵值比較

特徵值 序號	真實資料 的特徵值	O'Connor（2000）的 SPSS 語法得到模擬特徵值	EZparallel 程式得 到的模擬特徵值	因素保留結果
1	2.411	1.349	1.386	保留
2	1.749	1.175	1.219	保留
3	0.570	1.047	1.093	不保留

(四) 探索性因素分析的轉軸方式，該採直交轉軸法或是斜交轉軸法

　　針對量表編製而進行的探索性因素分析，量表編製者希望透過因素負荷量矩陣來判斷每道題目歸屬哪個因素。由於初始的因素負荷量矩陣（也被稱為未轉軸的因素負荷量矩陣），不易判斷題目歸屬哪個因素，需透過因素轉軸的方式，才能讓題目易判斷應歸屬哪個因素。

　　對於因素轉軸後的判斷方式，Thurstone 於 1947 年曾提出「簡單結構」（simple structure）的概念（引自 Browne, 2001），簡單結構是希望每道題目最好只與 1 個因素有較高的因素負荷量，而與其他因素的因素負荷量都很低（最好是 0）。圖 7-37 即是符合簡單結構的因素負荷量矩陣，然而在量表編製上，卻不容易獲得如此符合簡單結構的因素負荷矩陣。

因素 題目	F_1	F_2	F_3
X1	.83	.00	.00
X2	.78	.00	.00
X3	.75	.00	.00
X4	.70	.00	.00
X5	.00	.80	.00
X6	.00	.76	.00
X7	.00	.71	.00
X8	.00	.00	.77
X9	.00	.00	.69
X10	.00	.00	.65

圖 7-37　符合簡單結構的因素負荷量矩陣

　　為了協助大家瞭解因素轉軸的目的，茲以圖 7-7 的 X1 至 X6 等 6 道題目為例，來說明如何透過因素轉軸，協助測驗編製者判斷題目歸屬哪個向度。將圖

7-7 的 6 題進行共同因素分析，得到如圖 7-38 的「未轉軸因素負荷量矩陣」。圖 7-38 中的 X3 在第 1 個因素的負荷量為 .536，在第 2 個因素的負荷量為 .493，因 X3 在這兩個因素的因素負荷量非常接近，導致不易判斷 X3 應歸屬第 1 個因素或歸屬第 2 個因素。同樣地，X6 在第 1 個因素的負荷量為 .583，在第 2 個因素的負荷量為 -.537，因兩個因素負荷量很接近，也不易判斷 X6 該歸屬第 1 個因素或第 2 個因素。

因子矩陣[a]

	因子	
	1	2
X1	.566	.454
X2	.590	.459
X3	.536	.493
X4	.525	-.415
X5	.621	-.420
X6	.583	-.537

萃取方法：主軸因子。

a. 萃取了 2 個因子。需要 11 個疊代。

圖 7-38　未轉軸的因素負荷量矩陣

將圖 7-38 這 6 題的因素負荷量，以抽取的兩個因素（F_1 與 F_2）作為座標軸，畫出未轉軸的因素負荷量矩陣座標圖，如圖 7-39 所示。

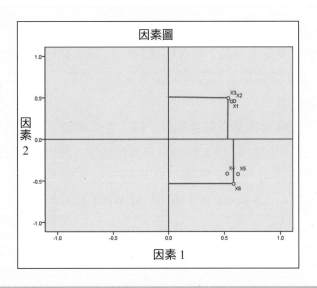

圖 7-39　未轉軸的因素負荷量矩陣座標圖

　　由圖 7-39 可清楚看出，X3 與 F_1 因素的距離，以及 X3 與 F_2 因素的距離很接近，故不易將 X3 歸屬 F_1 因素或 F_2 因素。同樣地，X6 也不易歸屬 F_1 因素或 F_2 因素。

　　將圖 7-38 的 6 題「未轉軸因素負荷量矩陣」，以「直交轉軸」方式進行因素轉軸，可得到如圖 7-40 的「轉軸因素負荷量矩陣」。

轉軸後的因子矩陣[a]

	因子	
	1	2
X1	.087	.720
X2	.101	.740
X3	.039	.727
X4	.665	.070
X5	.738	.134
X6	.792	.023

萃取方法：主軸因子。
旋轉方法：旋轉方法：含 Kaiser 常態化的 Varimax 法。

a. 轉軸收斂於 3 個疊代。

圖 7-40　採「直交轉軸」後的因素負荷量矩陣

　　由圖 7-40 的「轉軸後的因子矩陣」可清楚看出，X1、X2 與 X3 這 3 題在第 2 個因素的因素負荷量較高，故 X1、X2 與 X3 這 3 題應歸屬第 2 個因素。而 X4、X5 與 X6 這 3 題在第 1 個因素的因素負荷量較高，故 X4、X5 與 X6 這 3 題應歸屬第 1 個因素。

　　將圖 7-38「未轉軸因素負荷量矩陣」採「直交轉軸」方式得到轉軸後的因素負荷量矩陣，以兩個因素（F1 與 F2）作為座標軸，畫出轉軸後的因素負荷量矩陣座標圖，如圖 7-41 所示。由圖 7-41 可知，X1、X2 與 X3 這 3 題比較偏向第 2 個因素，而 X4、X5 與 X6 這 3 題比較偏向第 1 個因素。

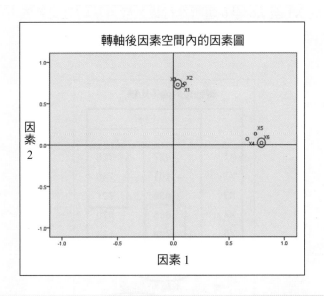

圖 7-41　採「直交轉軸」後的因素負荷量矩陣座標圖

　　在因素轉軸的方法中，主要分成直交轉軸（orthogonal rotation）與斜交轉軸（oblique rotation）兩大類。直交轉軸假定因素與因素之間的積差相關為零，以幾何空間呈現時，因素與因素呈九十度直角的相交狀態；斜交轉軸假定因素與因素之間的積差相關不為零，在幾何空間中，因素與因素不是呈九十度直角的相交狀態。

　　直交轉軸可分成最大變異法（varimax）、四次方最大轉軸法（quartimax）與 equamax 法等三種，其中最常採用的是最大變異法。斜交轉軸可分成直接斜交法（direct oblimin）與 promax 法等兩種，這兩種斜交轉軸的方式，都常被採用。

　　採用直交轉軸方式，轉軸後會得到 1 個「因素負荷量矩陣」（factor loading matrix）；採用斜交轉軸方式，轉軸後則得到 1 個「因素樣式矩陣」（factor pattern matrix）與 1 個「因素結構矩陣」（factor structure matrix）。組成因素樣式矩陣的元素，一般我們不稱為因素負荷量，改稱為樣式係數（pattern coefficients）。樣式係數是因素與題目的標準化偏迴歸係數（partial standardized regression coefficients），亦即指控制其他因素的影響後，某個因素對題目的影響力。組成因素結構矩陣的元素，一般也不稱為因素負荷量，而改稱為結構係數（structure coefficients），結構係數是指因素與題目之間的積差相關係數（Henson & Roberts, 2006）。

以圖 7-7 的 X1 至 X6 等 6 題所進行最大變異法的直交轉軸方式，可得到圖 7-42 的因素負荷量矩陣。

轉軸後的因子矩陣[a]

	因子	
	1	2
X1	.087	.720
X2	.101	.740
X3	.039	.727
X4	.665	.070
X5	.738	.134
X6	.792	.023

萃取方法：主軸因子
旋轉方法：旋轉方法：含 Kaiser 常態化的 Varimax 法
a. 轉軸收斂於 3 個疊代。

圖 7-42　採「直交轉軸」（最大變異法）後的因素負荷量矩陣

根據圖 7-7 的 X1 至 X6 等 6 題所進行 Promax 法的斜交轉軸方式，可得到圖 7-43 的樣式矩陣，以及圖 7-44 的結構矩陣。

樣式矩陣[a]

	因子	
	1	2
X1	.014	.722
X2	.025	.742
X3	-.037	.735
X4	.668	.003
X5	.735	.060
X6	.802	-.058

萃取方法：主軸因子
旋轉方法：含 Kaiser 常態化的 Promax 法。
a. 轉軸收斂於 3 個疊代。

圖 7-43　採「斜交轉軸」（Promax 法）的樣式矩陣

結構矩陣

	因子	
	1	2
X1	.159	.725
X2	.175	.747
X3	.112	.727
X4	.669	.138
X5	.748	.208
X6	.791	.104

萃取方法：主軸因子。
旋轉方法：含 Kaiser 常態化的 Promax 法。

圖 7-44　採「斜交轉軸」（Promax 法）的結構矩陣

對該採直交轉軸法或斜交轉軸法的問題，雖然許多研究者較喜歡採直交轉軸法，但採斜交轉軸是較合理的選擇，斜交轉軸法也是比較多測驗評量學者所推薦的轉軸方式（Conway & Huffcutt, 2003; Costello & Osborne, 2005; Floyd & Widaman, 1995; Ford, et al., 1986）。當因素之間有顯著性相關時，採直交轉軸法無法真實反應因素之間的關聯性，需採用斜交轉軸法才能顯現因素之間的關聯性。當因素之間沒有顯著性相關時，則採斜交轉軸的結果與採直交轉軸的結果是相同的。由此可知，直交轉軸法可說是斜交轉軸法的一種特例。

Reise 等人（2000）主張至少有五個理由採用斜交轉軸法是比較合適的：

1. 當因素之間具有階層關係時，有相關的因素才能形成更高階的因素結構。

2. 斜交轉軸法總是比直交轉軸法更符合「簡單結構」的標準。

3. 研究顯示採斜交轉軸法的因素再製（factor replicability）優於採直交轉軸法。

4. 假設心理學的研究變項彼此之間沒有相關，不符合現實的狀況。

5. 採斜交轉軸法可估算因素之間的相關係數。

綜合上述的討論，進行因素轉軸時，應採斜交轉軸法是較為合適的。當採斜交轉軸法時，會同時出現因素樣式矩陣與因素結構矩陣，到底該根據因素樣式矩陣的樣式係數，或是根據因素結構矩陣的結構係數，來判斷題目歸屬哪個因素呢？

對於上述的問題，有些學者主張該採樣式係數來判斷，因為樣式係數較易

符合簡單結構的情形（Ford, et al., 1986; Hair, et al., 2006; Tabachnick & Fidell, 2007）。有些學者則主張應採結構係數來判斷，因為結構係數是指題目與因素之間的積差相關係數，比較類似未轉軸的因素負荷量矩陣。另外，結構係數是積差相關係數，故它的最大值不會超過 1，而樣式係數是標準化偏迴歸係數，最大值可能會高於 1（Child, 2006; Gorsuch, 1983; Nunnally & Bernstein, 1994）。

　　樣式係數與結構係數的差異情形，會受到因素之間的相關情形而影響。當因素之間的積差相關係數越高時，則樣式係數與結構係數的差異性越大。相反地，當因素之間的積差相關係數越低時，則樣式係數與結構係數會越接近。當因素之間的積差相關為零相關時，則樣式係數會恰好等於結構係數。對此議題感興趣的讀者，建議可參考 Child（2006）的說明。

　　對該採樣式係數或結構係數來判斷題目的歸屬問題，從研究實務的角度而言，樣式係數比較容易解釋，但結構係數可提供相關情形的資料，故建議在因素分析結果呈現時，最好將樣式係數與結構係數同時呈現出來。

(五) 如何解釋因素分析的結果

　　轉軸後的因素負荷量矩陣，較易根據因素負荷量大小，來判斷題目歸屬哪個因素。至於該選擇多大的因素負荷量數值，以作為決定題目歸屬的依據。Child（2006）建議至少應挑選因素負荷量高於 .30 的題目，而較常建議的因素負荷量最低標準是 .40（Ford, et al., 1986; Pett, et al., 2003; Stevens, 2002）。由於因素負荷量是指因素與題目之間的相關係數，故採用因素負荷量高於 .40 時，代表該因素至少可解釋該題目的 16% 以上之變異量。

　　Comery 與 Lee（1992）曾提出一個挑選因素負荷量的標準，如表 7-9 所示。表 7-9 的評判參考，主要是適用採直交轉軸的因素負荷量，若採用斜交轉軸的方式，則根據因素結構矩陣的結構係數來判斷。

表 7-9

因素負荷量的評判參考

直交轉軸的因素負荷量	解釋變異量的百分比	評比結果
.71	50	極佳
.63	40	非常好
.55	30	好
.45	20	普通
.32	10	不良

資料來源：引自 *A first course in factor analysis* (p. 243), by A. L. Comery, & H. B. Lee, 1992, Lawrence Erlbaum.

上述幾種設定因素負荷量最低值的建議，是沒有考慮樣本的數量。Hair 等人（2006）主張選取因素負荷量最低值時，應一併考慮樣本的數量。Hair 等人提出判斷因素負荷量顯著性的標準，如表 7-10 所示。由表 7-10 可知，當樣本人數為 200 人時，因素負荷量可採用高於 .40 的標準；當樣本人數降為 100 人時，則因素負荷量應提高至 .55 的標準；當樣本人數降為 50 人時，則因素負荷量應提高至 .75 的標準。

表 7-10

顯著性因素負荷量所需的樣本人數

因素負荷量	達顯著性所需的樣本人數
.30	350
.35	250
.40	200
.45	150
.50	120
.55	100
.60	85
.65	70
.70	60
.75	50

資料來源：引自 *Multivariate data analysis* (p. 128), by J., Hair, W. Black, B. Babin, R. Anderson, & R. Tatham, 2006, Pearson Prentice Hall.

根據上述學者專家對因素負荷量最低標準的建議，筆者提出下列 3 個原則，作為判斷題目歸屬哪個因素的參考依據。

1. **當某道題目的所有因素負荷量，只有 1 個因素負荷量高於 .40，其他因素負荷量皆低於 .40，則該題即歸屬因素負荷量高於 .40 的那個因素。**
2. **當某道題目的所有因素負荷量皆低於 .40，顯示沒有任何 1 個因素與該題有密切的關係，若保留該題易降低量表的構念效度，故應刪除該題。**
3. **當某道題目的所有因素負荷量，有兩個以上的因素負荷量高於 .40，顯示該題同時歸屬兩個因素，若保留該題易降低量表的區辨效度（discriminant validity），故應刪除該題。**

茲以圖 7-45 的因素負荷量矩陣，說明如何根據上述三項原則，進行題目歸屬哪個因素的判斷。圖 7-45 的第 2 題（a2）在第 1 個因素的因素負荷量為 .135，在第 2 個因素的因素負荷量為 .647，在第 3 個因素的因素負荷量為 .137，

由於 a2 只有第 2 個因素的因素負荷量高於 .40，根據第一項原則，a2 歸屬第 2 個因素。

　　圖 7-45 的第 7 題（a7）在第 1 個因素的因素負荷量為 .292，在第 2 個因素的因素負荷量為 .271，在第 3 個因素的因素負荷量為 .260，由於 a7 在 3 個因素的因素負荷量皆低於 .40，根據第二項原則，a7 無法歸屬哪個因素，應該刪除。

　　圖 7-45 的第 5 題（a5）在第 1 個因素的因素負荷量為 .434，在第 2 個因素的因素負荷量為 -.041，在第 3 個因素的因素負荷量為 .601，由於 a5 在第 1 個與第 3 個因素的因素負荷量皆高於 .40，根據第三項原則，a5 無法單純歸屬 1 個因素，應該刪除。

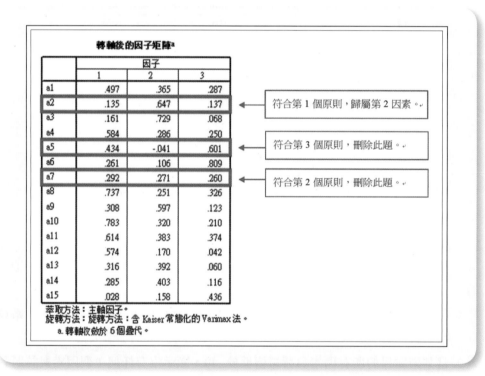

圖 7-45　根據全部呈現的因素負荷量判斷題目歸屬哪個因素的三項原則

　　由於圖 7-45 將每道題目在每個因素的因素負荷量數值全部呈現出現，反而易造成判斷題目歸屬哪個因素的干擾，可透過 SPSS 的指令，要求只呈現高於 .40 的因素負荷量（因為採用 .40 作為判斷題目高低的依據），如圖 7-46 所示。透過圖 7-46 較簡潔的畫面，比較容易協助判斷題目歸屬於哪個因素。

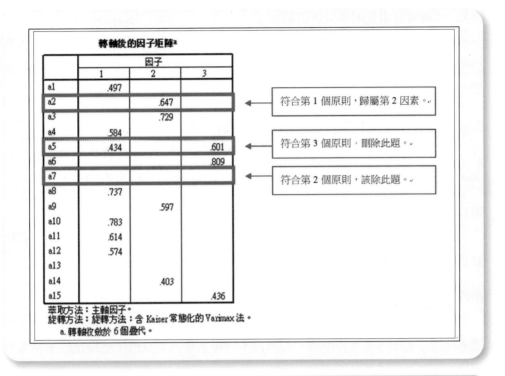

圖 7-46　根據高於 .40 的因素負荷量判斷題目歸屬哪個因素的三項原則

三、探索性因素分析的實施步驟

前面已介紹探索性因素分析的重要概念與應注意事項，現在就來介紹進行探索性因素分析的步驟。有關探索性因素分析的分析步驟，學者專家的看法並不一致。其中以 Hair 等人（2010），以及 Foster 等人（2006）提出的探索性因素分析步驟，較具有代表性。

Hair 等人（2010）認為探索性因素分析的進行，可分成下列七個階段：

階段 1：確定因素分析的目標

階段 1 是決定採用探索性因素分析或驗證性因素分析，若因素分析之目標在進行資料的縮減，則應選用探索性因素分析；相對地，若因素分析之目標在檢驗因素的結構，則應選用驗證性因素分析。

階段 2：進行探索性因素分析的設計

階段 2 是決定探索性因素分析的變項（需多少個變項）、計算變項的積差相關係數矩陣，以及決定探索性因素分析的樣本人數（人數至少需 100 人以上，或是人數至少是變項的 5 倍）。

階段 3：檢視探索性因素分析的假定

　　階段 3 是檢視變項彼此之間的積差相關係數大小，是否適合進行探索性因素分析，可透過 KMO 和 Bartlett 球形檢定來判斷所蒐集的資料，是否適合進行探索性因素分析。

階段 4：執行探索性因素分析和評估整體適配情形

　　階段 4 是選擇萃取因素的方式（採主成分分析？或採共同因素分析？），以及決定因素個數的方式（採用特徵值大於 1？陡坡圖？平行分析法？）。

階段 5：決定轉軸方法與解釋因素分析結果

　　階段 5 是決定探索性因素分析的轉軸方式（採用直交轉軸？或斜交轉軸？），以及根據因素負荷量大小，決定變項歸屬哪個因素。

階段 6：進行因素分析結果的效度考驗

　　階段 6 是針對階段 5 獲得的因素分析結果，進行因素結構的穩定性考驗，亦即再挑選其他樣本，進行階段 1 至階段 5 的探索性因素分析，然後比較兩種樣本獲得的因素分析結果是否相似。

階段 7：應用因素分析的結果

　　階段 7 是應用前 6 個階段獲得的因素分析結果，進行總和量表（summated scale）的編製，或是利用因素分數（factor scores），進行其他的統計考驗。

　　上述 Hair 等人（2010）提出的探索性因素分析七階段，雖然涵蓋整個測驗編製的歷程，但偏向原則性的指引，缺乏較細節的操作步驟。

　　Foster 等人（2006）主張探索性因素分析的進行，應包含下列 12 個步驟：

步驟 1：蒐集一群受試者（至少 100 人）對一些變項的答題資料，這些變項可能是測驗或量表的個別題目。

步驟 2：求這些變項彼此之間的積差相關係數，以獲得積差相關矩陣。

步驟 3：檢查積差相關矩陣，判斷是否有過低的積差相關係數，一般而言，積差相關係數最好不要低於 .30（Dawis, 1987）。

步驟 4：採主成分分析的萃取方式，進行探索性因素分析。

步驟 5：根據主成分分析的結果，決定保留多少個因素。

步驟 6：根據步驟 5 所決定的因素個數，以指定因素個數的方式，進行共同因素分析。

步驟 7：檢查共同因素分析的結果，判斷是否符合理論預期的結果。

步驟 8：採用直交轉軸的轉軸方式，進行共同因素分析，使題目更容易判斷歸屬哪個因素。

步驟 9：檢視步驟 8 的結果，判斷是否符合理論的預期。

步驟 10：改用斜交轉軸的轉軸方式，進行共同因素分析，使題目更易判斷歸屬哪個因素。

步驟 11：比較直交轉軸與斜交轉軸的結果，判斷那種結果較符合簡單結構的原則。

步驟 12：根據步驟 11 所選擇的結果，進行因素的命名與解釋。

　　Foster 等人（2006）所提進行探索性因素分析的 12 個步驟，與 Hair 等人（2010）所提的 7 個階段相比較，12 個步驟較偏重實務操作步驟，而 7 個階段較偏屬理論性的指引。然而 Foster 等人提出的 12 個步驟，有些步驟在統計軟體 SPSS 的操作步驟上，是可加以合併的，例如：步驟 2、步驟 3、步驟 4、步驟 7、步驟 8 與步驟 9，這些步驟可透過 SPSS 的因素分析程序，而同時獲得。另外，Foster 等人提出的 12 個步驟中，在步驟 4 先採用主成分分析的因素萃取方法，用以決定該選取幾個因素個數。然後在步驟 6 再根據主成分分析的結果，改用共同因素分析的方式，用以獲得因素結構。筆者認為先採用主成分分析，再配合共同因素分析的方式，是一個較為嚴謹的探索性因素分析方式。

　　由於 Hair 等人（2010）所提的 7 階段，缺乏較詳細的操作步驟，而 Foster 等人（2006）所提的 12 步驟，有些步驟是可合併。因此，筆者將 Hair 等人（2010）所提的 7 階段與 Foster 等人（2006）所提的 12 步驟，整合成為圖 7-47 的 6 個步驟。

步驟一：採「主成分分析」萃取方式，進行探索性因素分析。

步驟二：採用「平行分析法」的因素個數決定方式。

步驟三：根據步驟二所決定因素個數，採指定因素個數，以「主軸因子法」萃取方式，同時採「最大變異法」的直交轉軸方式。

步驟四：根據步驟三所獲得的因素負荷量，決定題目歸屬哪個因素，保留適切的題目，將不適切的題目刪除。

步驟五：將步驟三所採的「最大變異法」轉軸方式，改為「Promax法」轉軸方式，將不適切的題目刪除。

步驟六：根據「樣式係數」與「結構係數」，進行探索性因素分析結果的命名與解釋。

圖 7-47　探索性因素分析的 6 個步驟

圖 7-47 所建議的探索性因素分析 6 步驟，每個步驟所需執行的內容如下：

步驟一：以「主成分分析」萃取方式，進行探索性因素分析。

由主成分分析獲得的結果，可透過積差相關係數矩陣、KMO 數值與 Barttlett 球形檢定，判斷蒐集的資料是否適合進行探索性因素分析。

步驟二：採用平行分析法，並根據平行分析法的結果，決定需萃取的因素個數。

對因素個數的萃取，不應只採用 Kaiser 特徵值大於 1 的方式，最好能採用 Horn（1956）提出的平行分析法，根據平行分析法來決定選取多少個因素。

步驟三：根據步驟二所決定的因素個數，採指定因素個數方式，以「主軸因子法」萃取方式，同時採「最大變異法」的直交轉軸方式，進行探索性因素分析。

步驟二確定了因素個數後，採指定因素個數的方式，以主軸因子法的萃取方式，同時採「最大變異法」的直交轉軸方式，進行探索性因素分析。

步驟四：根據步驟三獲得的因素分析結果，由因素負荷矩陣判斷題目該歸屬哪個因素。

將步驟三獲得的因素分析結果，根據圖7-45所提的判斷題目歸屬3項原則，決定題目該歸屬哪個因素，並將不適切的題目刪除。

步驟五：將步驟三採用「最大變異法」的直交轉軸方式，更改為「Promax法」的斜交轉軸方式。

將步驟四刪題後的結果（也可能都沒有刪題），重新採用「Promax法」的轉軸方式，進行因素分析。

步驟六：根據「Promax法」的統計結果，進行因素分析結果的命名與解釋。

採用「Promax法」的轉軸方式，會產生樣式矩陣與結構矩陣，根據樣式係數，判斷題目該歸屬哪個因素。

為了協助讀者瞭解圖7-47進行探索性因素分析的6步驟，底下將以圖7-7的X1至X6等6道題目為例，說明如何透過SPSS統計軟體，進行上述探索性因素分析的6步驟。

步驟一：以「主成分分析」萃取方式，進行探索性因素分析。

進行因素分析時，第一步驟先透過主成分分析，獲得每個主成分的特徵值大小，再根據特徵值大小決定需抽取的因素個數，其SPSS的操作步驟，如圖7-48所示。

步驟1： 請點選「分析(A)」→「維度縮減(D)」→「因子(F)」，如下圖所示。

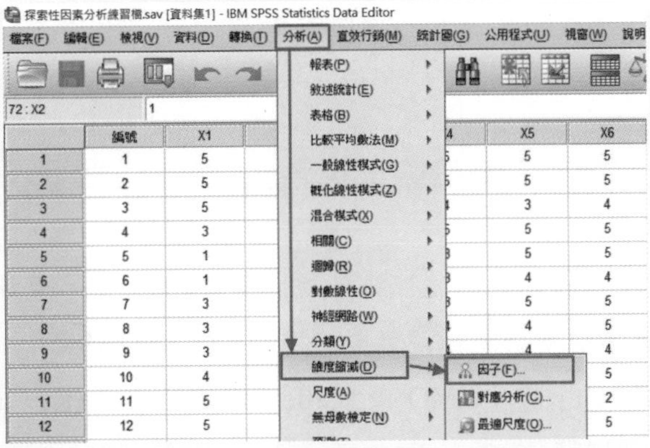

步驟 2：在「因子分析」對話窗中，將所有題目由左方變數清單中，移至右
邊「變數 (V)」空格中，如下圖所示。

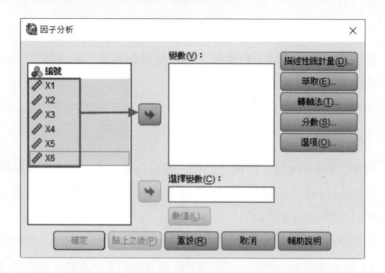

步驟 3：在「因子分析」對話窗中，按「描述性統計量 (D)」按鈕，如下圖
所示。

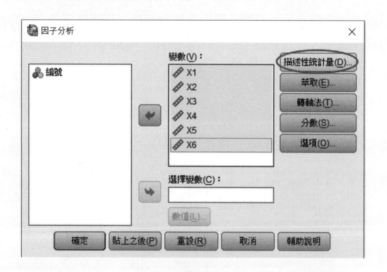

步驟 4：出現「因子分析：描述性統計量」對話窗後，在「統計量」表格中，
點選「單變量描述性統計量 (U)」，在「相關矩陣」表格中，點選
「係數 (C)」與「KMO 與 Bartlett 的球形檢定 (K)」兩項，如下圖
所示。

步驟 5：在「因子分析」對話窗中，按「萃取 (E)」按鈕，如下圖所示。

步驟 6：出現「因子分析：萃取」對話窗後，在「顯示」表格中，點選「陡坡圖 (S)」，再按「繼續」按鈕，如下圖所示。

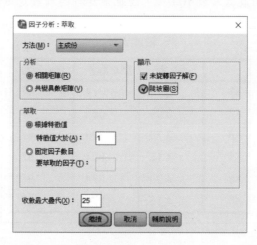

步驟 7：在「因子分析」對話窗中，按「確定」按鈕，如下圖所示。

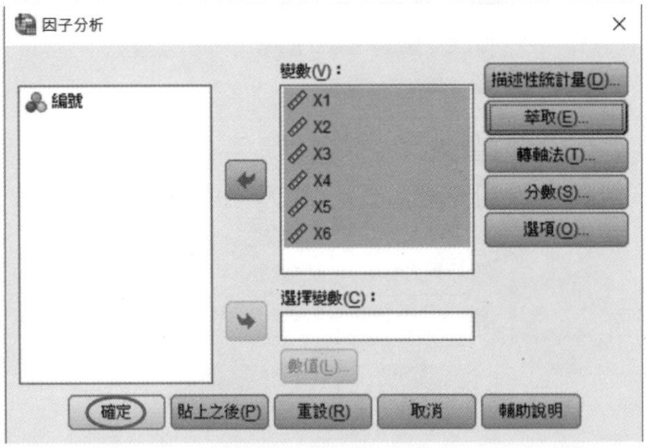

圖 7-48　以「主成分分析」萃取方式，進行探索性因素分析的 SPSS 操作步驟

　　經過圖 7-48 步驟一的 SPSS 操作步驟，可獲得圖 7-49 的探索性因素分析統計報表。

報表 1：在「敘述統計」表格中，可看到每道題目的平均數與標準差，如下圖所示。例如：X1 平均數為 3.13，標準差為 1.374。此筆進行探索性因素分析的資料雖然只有 97 位受試者，但因題目只有 6 題，採用第 5 章介紹的因素分析人數決定的方式，97 人高於採用人數與題目數比 10：1 的標準 60 人，同時 97 位受試者也接近進行探索性因素分析的最低人數 100 人，故此筆資料的人數是足夠的。

敘述統計

	平均數	標準離差	分析個數
X1	3.13	1.374	97
X2	3.09	1.362	97
X3	3.76	1.329	97
X4	4.18	.804	97
X5	4.20	.874	97
X6	4.15	.870	97

報表 2：在「相關矩陣」表格中，可看到所有題目之間的積差相關係數，如
　　　　下圖所示。透過積差相關係數矩陣，可檢查每題與其他題目的積
　　　　差相關係數大小，一道題目與其他題目的所有積差相關係數都低於
　　　　.30 時，則顯示該題不適合進行探索性因素分析。
　　　　由下圖可知，每題與其他題目的積差相關係數，都至少有一個高於
　　　　.50 的積差相關係數，顯示每道題目都適合進行探索性因素分析。

相關矩陣

		X1	X2	X3	X4	X5	X6
相關	X1	1.000	.544	.525	.158	.134	.070
	X2	.544	1.000	.542	.109	.168	.111
	X3	.525	.542	1.000	.039	.157	.050
	X4	.158	.109	.039	1.000	.499	.527
	X5	.134	.168	.157	.499	1.000	.590
	X6	.070	.111	.050	.527	.590	1.000

報表 3：在「KMO 與 Bartlett 檢定」表格中，可藉由 KMO 檢定與 Bartlett
　　　　檢定的數值大小，判斷蒐集的資料是否適合進行探索性因素分析。
　　　　由下圖可知，KMO 為 .703 符合 Kaiser（1974）建議 KMO 判斷標
　　　　準的「普通」程度，代表資料適合進行探索性因素分析。而 Bartlett
　　　　球形檢定的近似卡方值為 159.224，自由度為 15，顯著性 $p < .001$，
　　　　顯示由 6 道題目形成的積差相關係數矩陣不是單元矩陣，故適合進
　　　　行探索性因素分析。

KMO與Bartlett檢定

Kaiser-Meyer-Olkin 取樣適切性量數。		.703
Bartlett 的球形檢定	近似卡方分配	159.224
	df	15
	顯著性	.000

報表 4：在「共同性」表格中，可看出每道題目所萃取的共同性大小，
　　　　如下圖所示，X1 至 X6 每題所萃取的共同性，分為 .684、.699、
　　　　.693、.651、.702 與 .733。

共同性

	初始	萃取
X1	1.000	.684
X2	1.000	.699
X3	1.000	.693
X4	1.000	.651
X5	1.000	.702
X6	1.000	.733

萃取法：主成份分析。

報表 5：在「解說總變異量」表格中，可獲得 6 個特徵值大小，分別為 2.411、1.749、.570、.459、.416 與 .394，其中前 2 個特徵值皆大於 1，第 1 個特徵值可解釋題目總變異量的 40.188%，第 2 個特徵值可解釋題目總變異量的 29.157%，前 2 個特徵值合計可以解釋題目總變異量的 69.345%。每個特徵值可解釋題目總變異量的計算方式，是將特徵值除以所有的題目數量，以第 1 個特徵值 2.411 為例，題目有 6 題，故第 1 個特徵值可以解釋題目總變異量的 2.411/6 = 40.188%。

解說總變異量

元件	初始特徵值			平方和負荷量萃取		
	總數	變異數的 %	累積%	總數	變異數的 %	累積%
1	2.411	40.188	40.188	2.411	40.188	40.188
2	1.749	29.157	69.345	1.749	29.157	69.345
3	.570	9.499	78.844			
4	.459	7.647	86.491			
5	.416	6.938	93.429			
6	.394	6.571	100.000			

萃取法：主成份分析。

報表 6：從「因素陡坡圖」中，可清楚看出第 3 個特徵值至第 6 個特徵值，呈現一條緩坡，故萃取 2 個因素應較合適。

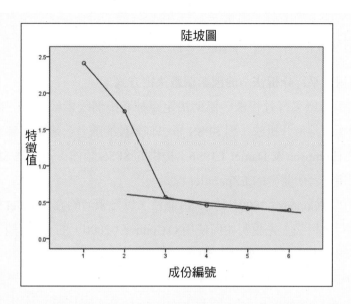

報表7：在「成分矩陣」表格中，由於有 2 個大於 1 的特徵值，故 SPSS 自動萃取 2 個成分，由成分矩陣中並不易判斷題目歸屬哪個成分。

成份矩陣^a

	元件	
	1	2
X1	.640	.524
X2	.654	.520
X3	.604	.573
X4	.609	-.530
X5	.679	-.491
X6	.615	-.595

萃取方法：主成分分析。

a. 萃取了 2 個成份。

圖 7-49　進行主成分分析所獲得的統計報表

　　由圖 7-49 報表 3 可知，KMO 為 .703，Bartlett 球形檢定的近似卡方分配為 159.224，自由度為 15，顯著性 $p < .001$，顯示這 6 道題目適合進行探索性因素分析。由報表 5 可知只有 2 個特徵值大於 1，若採特徵值大於 1 的選取因素個數

方法，則應選取 2 個因素。由報表 6「因素陡坡圖」可知，由於第 3 個特徵值至第 6 個特徵值呈現一條緩坡，因此取 2 個因素是較適合。

步驟二：採用「平行分析法」的因素個數決定方式。

　　步驟二是透過平行分析法，協助決定應抽取幾個因素較合適。目前已有不少的程式可進行平行分析法，對 SPSS 語法有興趣的讀者，建議可參考 O'Connor（2000）或 Thompson & Daniel（1996）提供的 SPSS 語法。不熟悉 SPSS 語法的讀者，可採用筆者所開發的 EZparallel 程式。

　　茲分別以 O'Connor（2000）的 SPSS 語法，以及筆者的 EZparallel 程式為例，說明進行平行分析法。先說明如何使用 O'Connor（2000）的 SPSS 語法，進行平行分析之 SPSS 操作步驟，如圖 7-50 所示。

　　在以 O'Connor（2000）的 SPSS 語法，進行平行分析前，請先至 O'Connor 的網站「https://oconnor-psych.ok.ubc.ca/nfactors/nfactors.html」，下載適用於 SPSS 的行平分析語法「parallel.sps」。

步驟 1：開啟儲存「parallel.sps」檔案的檔案夾，將游標移至「parallel.sps」檔案，並快速點兩下，如下圖所示。

名稱	修改日期	類型	大小
EZparallel 因素個數決定方法	2011/8/3 下午 05:46	Microsoft Excel 9...	252 KB
parallel	2022/10/28 下午 02:22	SPSS Statistics Sy...	6 KB
探索性因素分析練習檔	2022/10/28 下午 01:59	SPSS Statistics Da...	2 KB
數學態度量表(項目分析與探索性因素分析)	2022/10/28 下午 02:36	SPSS Statistics Da...	8 KB

步驟 2：在右邊的「語法視窗中」，找到「compute ncases = 500.」這一行的語法，將原先的 500，更改為 97，如下圖所示。此行的語法是在指定有多少位受試者，由於「探索性因素分析練習檔 .sav」的受試者有 97 位，可由圖 7-49 的報表 1 敘述統計摘要表中獲得。

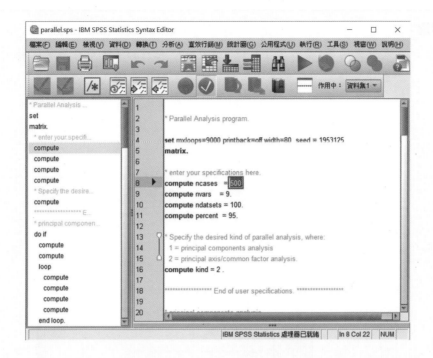

步驟 3：在右邊的「語法視窗中」，找到「compute nvars = 9.」這一行的語法，
　　　　將原先的 9，更改為 6，如下圖所示。此行的語法是在指定有多少
　　　　道題目，由於「探索性因素分析練習檔 .sav」的題目有 6 題，可由
　　　　圖 7-49 的報表 1 敘述統計摘要表中獲得。

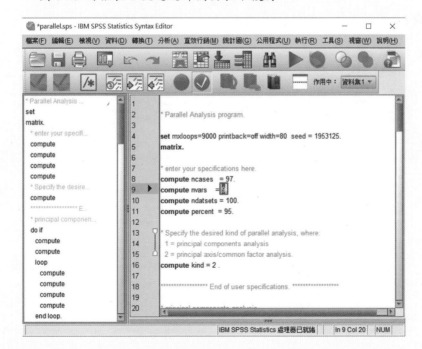

步驟 4： 在右邊的「語法視窗中」，找到「compute kind = 2.」這一行的語法，
　　　　　將原先的 2，更改為 1，如下圖所示。此行的語法是在指定採用「主
　　　　　成分分析」（代碼為 1）或是採用主軸因子法（代碼為 2）。由於
　　　　　我們是採用主成分分析的特徵值去相互比較，故此處需要將內定的
　　　　　代碼 2，改為代碼 1。

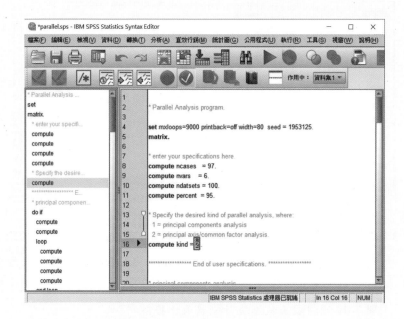

步驟 5： 點選「執行(R)」→「全部(A)」，如下圖所示。

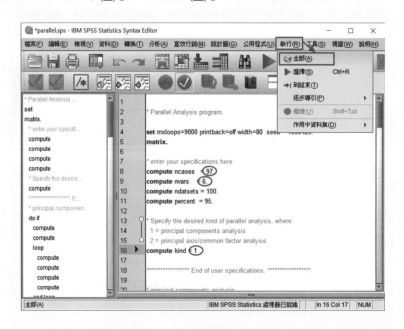

步驟 6：在「SPSS 統計報表」對話窗中，即可看到透過「parallel.sps」語法
所獲得的平行分析統計結果，如下圖所示。模擬的六個特徵值大小
分別為：1.337、1.172、1.044、0.931、0.832 與 0.684。

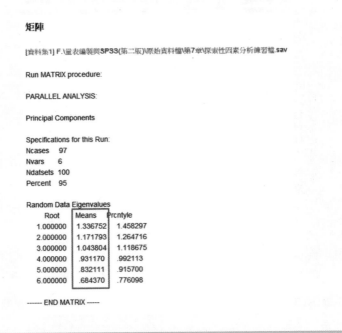

矩陣

[資料集1] F:\量表編製與SPSS(第二版)\原始資料檔\第7章\探索性因素分析練習檔**.sav**

Run MATRIX procedure:

PARALLEL ANALYSIS:

Principal Components

Specifications for this Run:
Ncases   97
Nvars   6
Ndatsets 100
Percent   95

Random Data Eigenvalues
Root	Means	Prcntyle
1.000000	1.336752	1.458297
2.000000	1.171793	1.264716
3.000000	1.043804	1.118675
4.000000	.931170	.992113
5.000000	.832111	.915700
6.000000	.684370	.776098

------ END MATRIX ------

圖 7-50　以 O'Connor（2000）的 SPSS 語法獲得的平行分析統計結果

其次，說明筆者所編寫的 EZparallel 之操作步驟，如圖 7-51 所示。

步驟 1：開啟「EZparallel 因素個數決定方法」的 EXCEL 程式，如下圖所示。

步驟 2：在 B16 欄位中，輸入受試者人數 97 位，如下圖所示。

步驟 3：在 B17 欄位中，輸入進行探索性因素分析的總題數 6 題，如下圖所示。

步驟 4：從 I2 欄位開始，會自動出現模擬的特徵值大小，第 1 個模擬的特徵值為 1.386，第 2 個模擬的特徵值為 1.219，第 3 個模擬的特徵值為 1.093，第 4 個模擬的特徵值為 1.001，如下圖所示。

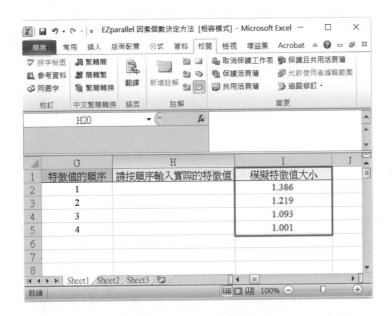

步驟 5：在 H2 欄位中，將圖 7-49 報表 5 由進行主成分分析所獲得的第 1 個特徵值 2.411，輸入到 H2 欄位，如下圖所示。

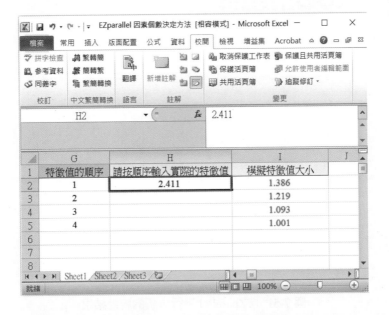

步驟 6：接續步驟 5 的動作，在 H3 至 H5 欄位中，依序輸入圖 7-49 報表 5 的第 2 至第 4 特徵值，如下圖所示。

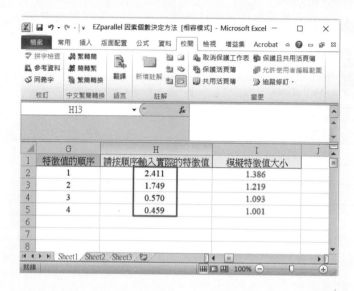

步驟 7：在 A20 至 E35 欄位中，會出現實際特徵值與模擬特徵值之特徵值 陡坡圖，同時在 A37 至 E37 欄位中，會出現應該選取 2 因素個數 較合適的說明，如下圖所示。

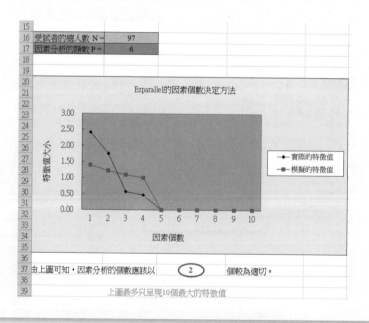

圖 7-51　EZparallel 平行分析的統計結果

在呈現平行分析法的統計結果時，最好以列表方式，將真實資料獲得的特徵值與模擬資料獲得的特徵值並列，作為決定因素個數的判斷參考。將圖 7-50 與圖 7-51 的平行分析法結果，整理成表 7-11。由表 7-11 可知，採平行分析法決定選取 2 個因素較合適。

表 7-11

採用 O'Connor（2000）SPSS 語法與 EZparallel 平行分析法的結果

特徵值序號	真實資料的特徵值	O'Connor（2000）的模擬特徵值	EZparallel 的模擬特徵值	因素保留結果
1	2.411	1.337	1.386	保留
2	1.749	1.172	1.219	保留
3	0.570	1.044	1.093	不保留

由圖 7-49 報表 5 可知有 2 個特徵值大於 1，若採用特徵值大於 1 的因素個數決定方式，則應抽取 2 個因素；由圖 7-49 報表 6 的陡坡圖可知，抽取 2 個因素較合適；由圖 7-50 與圖 7-51 的平行分析法結果，可知抽取 2 個因素較合適。綜合這三種決定因素個數的方法，決定抽取 2 個因素較合適。

步驟三：採指定因素個數的方式，以「主軸因子法」萃取方式，同時採「最大變異法」的直交轉軸方式，進行探索性因素分析。

由步驟二綜合平行分析法、特徵值大於 1，以及陡坡圖等決定因素的方法可知，選取 2 個因素較合適。故步驟三採指定 2 個因素，並將萃取因素的方式由「主成分分析法」改為「主軸因子法」，同時將步驟一未進行因素轉軸，改以「最大變異法」的直交轉軸方式。步驟三的 SPSS 操作步驟，如圖 7-52 所示。

步驟 1：請點選「分析 (<u>A</u>)」→「維度縮減 (<u>D</u>)」→「因子 (<u>F</u>)」，如下圖所示。

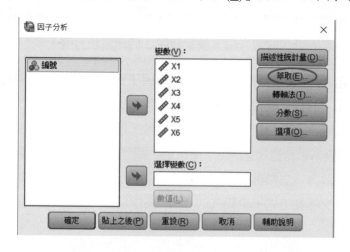

步驟 2：在「因子分析」對話窗中，按「萃取 (<u>E</u>)」按鈕，如下圖所示。

步驟 3：出現「因子分析：萃取」對話窗後，在「方法 (<u>M</u>)」選單中，將原本內定的「主成分」改成「主軸因子」，如下圖所示。

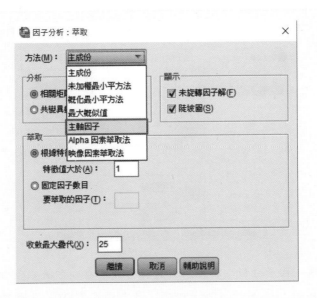

步驟4：在「因子分析：萃取」對話窗中，在下方「萃取」表格中，將內定「根據特徵值」，改為點選「固定因子數目」，並在右方空格中輸入2（亦即指定2個因素的萃取方式），然後按「繼續」按鈕，如下圖所示。

步驟 5：在「因子分析」對話窗中，按「轉軸法 (T)」按鈕，如下圖所示。

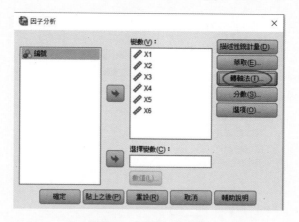

步驟 6：出現「因子分析：轉軸法」對話窗後，在「方法」表格中，將原本內定的「無 (N)」，改為點選「最大變異法 (V)」，然後按「繼續」按鈕，如下圖所示。

步驟 7：在「因子分析」對話窗中，按「選項 (O)」按鈕，如下圖所示。

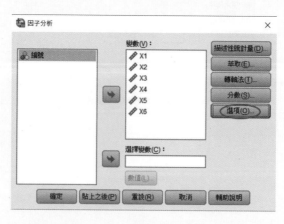

步驟8： 出現「因子分析：選項」對話窗後，在「係數顯示格式」表格中，點選「□隱藏較小的係數」，將右方空格內定的 .10，更改為 .40，然後按「繼續」按鈕，如下圖所示。此步驟是請 SPSS 只提供高於 .40 的因素負荷量，低於 .40 的因素負荷量則不用出現在報表上，以利於題目歸屬哪個因素時的判斷。

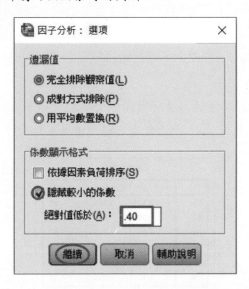

步驟9： 在「因子分析」對話窗中，按「確定」按鈕，如下圖所示。

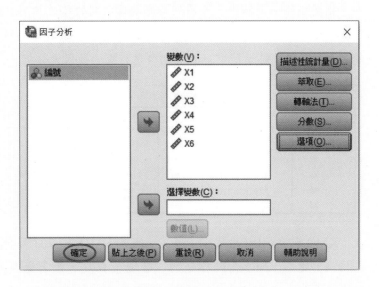

圖 7-52　因素分析步驟三的 SPSS 操作步驟

　　圖 7-52 的 SPSS 操作方式，主要是綜合步驟二的平行分析法、特徵值大於 1，以及陡坡圖等決定因素個數的方法，決定採直接設定萃取 2 個因素，萃取方法則採用「主軸因子法」，並採「最大變異法」的直交轉軸方法。

步驟四：由步驟三獲得的因素負荷矩陣，判斷題目應歸屬於哪個因素。

　　經過圖 7-52 步驟三的 SPSS 操作步驟，可獲到圖 7-53 的因素分析統計報表。步驟四則以圖 7-53 報表 8 的「轉軸後的因子矩陣」，根據圖 7-45 所介紹的題目該如何歸屬哪個因素的三項原則，進行題目歸屬哪個因素的判斷。

報表 1： 在「敘述統計」表格中，可看到每道題目的平均數與標準差，如下圖所示。例如：X1 平均數為 3.13，標準差為 1.374。

敘述統計

	平均數	標準離差	分析個數
X1	3.13	1.374	97
X2	3.09	1.362	97
X3	3.76	1.329	97
X4	4.18	.804	97
X5	4.20	.874	97
X6	4.15	.870	97

報表 2： 在「相關矩陣」表格中，可看到所有題目之間的積差相關係數，如下圖所示。由下圖可知，每題與其他題目都至少有一個高於 .50 的積差相關係數，顯示所有題目皆適合進行探索性因素分析。

相關矩陣

		X1	X2	X3	X4	X5	X6
相關	X1	1.000	.544	.525	.158	.134	.070
	X2	.544	1.000	.542	.109	.168	.111
	X3	.525	.542	1.000	.039	.157	.050
	X4	.158	.109	.039	1.000	.499	.527
	X5	.134	.168	.157	.499	1.000	.590
	X6	.070	.111	.050	.527	.590	1.000

報表 3： 在「KMO 與 Bartlett 檢定」表格中，可知 KMO 為 .703 符合 Kaiser（1974）建議 KMO 判斷標準的「普通」程度，代表蒐集的資料適合進行探索性因素分析。而 Bartlett 球形檢定的近似卡方分配為 159.224，自由度為 15，顯著性 $p < .001$，顯示 6 道題目所形成的積差相關矩陣不是單元矩陣，故適合進行探索性因素分析。

KMO與Bartlett檢定		
Kaiser-Meyer-Olkin 取樣適切性量數。		.703
Bartlett 的球形檢定	近似卡方分配	159.224
	df	15
	顯著性	.000

報表 4： 在「共同性」表格中，可看到每題所抽取的共同性大小。如下圖所示，X1 至 X6 所抽取的共同性，分別為 .526、.558、.530、.447、.562、.628。

由於圖 7-52 採「主軸因子法」的萃取方法，與圖 7-48 使用的「主成分分析法」不同，故下圖每題所抽取的共同性大小，與圖 7-49 的報表 4 每題所抽取的共同性大小是不同的。

共同性		
	初始	萃取
X1	.385	.526
X2	.392	.558
X3	.380	.530
X4	.348	.447
X5	.414	.562
X6	.423	.628

萃取法：主軸因子萃取法。

報表 5： 在「解說總變異量」表格中，由下圖左邊欄位「初始特徵值」可看出 6 個特徵值大小，分別為 2.411、1.749、.570、.459、.416 與 .394。

在圖 7-52 步驟 4 所進行探索性因素分析是採指定 2 個因素的方式，故下圖的中間欄位「平方和負荷量萃取」，代表抽取 2 個未轉軸的因素之平方和負荷量，第 1 個因素的平方和負荷量為 1.956，第 2 個因素的平方和負荷量為 1.296。第 1 個因素平方和負荷量可解釋題目總變異量的 32.600%，第 2 個因素平方和負荷量可解釋題目總變異量的 21.607%，前 2 個因素平方和負荷量合計，可解釋題目總變異量的 54.208%。

在圖 7-52 步驟 6 所進行探索性因素分析是採「最大變異法」的直交轉軸方法，故下圖右方欄位「轉軸平方和負荷量」，代表 2 個經過轉軸後的因素之平方和負荷量，第 1 個因素平方和負荷量為 1.634，

第 2 個因素平方和負荷量為 1.619。第 1 個因素平方和負荷量，可解釋題目總變異量的 27.230%，第 2 個因素平方和負荷量可解釋題目總變異量的 26.978%，前 2 個因素平方和負荷量合計，可解釋題目總變異量的 54.208%。由此可知，轉軸前與轉軸後的 2 個因素，可解釋題目總變異量的百分比是相同的。

每個因素的平方和負荷量可解釋題目總變異量的計算方式，便是將平方和負荷量除以所有的題目數量，以「轉軸平方和負荷量」欄位的第 1 個因素的平方和負荷量 1.956 為例，題目的總數為 6 題，故第 1 個因素平方和負荷量可解釋題目總變異量的 1.956/6 = 32.600%。

解說總變異量

| 因子 | 初始特徵值 | | | 平方和負荷量萃取 | | | 轉軸平方和負荷量 | | |
	總數	變異數的 %	累積%	總數	變異數的 %	累積%	總數	變異數的 %	累積%
1	2.411	40.188	40.188	1.956	32.600	32.600	1.634	27.230	27.230
2	1.749	29.157	69.345	1.296	21.607	54.208	1.619	26.978	54.208
3	.570	9.499	78.844						
4	.459	7.647	86.491						
5	.416	6.938	93.429						
6	.394	6.571	100.000						

萃取法 主軸因子萃取法

報表 6：從「因素陡坡圖」中，可清楚看出第 3 個特徵值至第 6 個特徵值呈現一條緩坡，故萃取 2 個因素較合適。

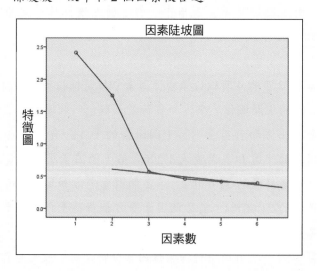

報表 7：在「因子矩陣[a]」表格中，可看出每道題目在未轉軸之前，與每個因素之間的積差相關係數。

因子矩陣[a]

	因子	
	1	2
X1	.566	.454
X2	.590	.459
X3	.536	.493
X4	.525	-.415
X5	.621	-.420
X6	.583	-.537

萃取方法：主軸因子。

a. 萃取了 2 個因子。需要 11 個疊代。

報表 8：在「轉軸後的因子矩陣[a]」表格中，由於設定低於 .40 以下的因素負荷量不用呈現，故下圖的空白處，代表其因素負荷量數值低於 .40。下圖可清楚看出 X1、X2 與 X3 這 3 題在因素 1 的因素負荷量都低於 .40，但在因素 2 的因素負荷量分別為 .720、.740 與 .727，故 X1、X2 與 X3 這 3 題應歸屬第 2 個因素。同樣地，X4、X5 與 X6 這 3 題在因素 2 的因素負荷量都低於 .40，但在因素 1 的因素負荷量分別為 .665、.738 與 .792，故 X4、X5 與 X6 這 3 題應歸屬第 1 個因素。

轉軸後的因子矩陣[a]

	因子	
	1	2
X1		.720
X2		.740
X3		.727
X4	.665	
X5	.738	
X6	.792	

萃取方法：主軸因子。
旋轉方法：旋轉方法：含 Kaiser 常態化的 Varimax 法。

a. 轉軸收斂於 3 個疊代。

圖 7-53　步驟三的 SPSS 因素分析統計報表

圖 7-53 報表 8「轉軸後的因子矩陣」，即所謂的因素負荷矩陣，根據前面圖 7-45 所介紹判斷題目歸屬哪個因素的三項原則，可容易判斷 X1、X2 與 X3 這 3 題歸屬因素 2；而 X4、X5 與 X6 這 3 題歸屬因素 1。

由於量表的各分量表常存有關聯性，故由各分量表所形成的因素，也應是具有相關性的。步驟四採「最大變異法」的直交轉軸，是假定因素之間沒有相關，故步驟五將「最大變異法」改為假定因素之間有相關的「Promax 法」之斜交轉軸方式。

步驟五：將步驟三採用的「最大變異法」直交轉軸方式，更改為「Promax 法」斜交轉軸方式。

步驟五的探索性因素分析仍是採用主軸因子法的萃取方式，但轉軸方式則改成「Promax 法」的斜交轉軸方式，其 SPSS 的操作步驟如圖 7-54 所示。

步驟 1：請點選「叫回最近使用的對話」，出現選單之後，點選「因子分析」，如下圖所示。

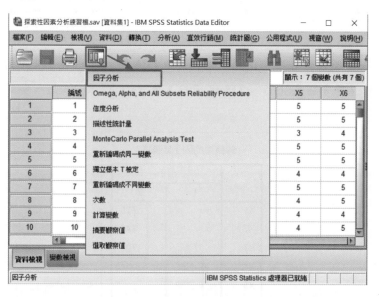

步驟 2：在「因子分析」對話窗中，按「轉軸法 (T)」按鈕，如下圖所示。

步驟 3：出現「因子分析：轉軸法」對話窗後，在「方法」表格中，將先前點選的「最大變異法 (V)」，改為點選「Promax(P)」，然後按「繼續」按鈕，如下圖所示。

步驟 4：在「因子分析」對話窗中，按「確定」按鈕，如下圖所示。

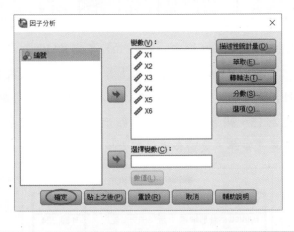

圖 7-54　步驟五的 SPSS 因素分析操作步驟

步驟六：根據「Promax 法」的統計結果，進行因素分析結果的解釋。

　　經過圖 7-54 步驟五的 SPSS 操作步驟，將步驟三採用的「最大變異法」直交轉軸方式，改採假定因素之間具有相關性的「Promax 法」斜交轉軸方式，即可得到圖 7-55 的因素分析統計報表。

報表 1： 在「敘述統計」表格中，可看到每道題目的平均數與標準差，如下圖所示。例如：X1 平均數為 3.13，標準差為 1.374。

<table>
<thead>
<tr><th colspan="4" align="center">敘述統計</th></tr>
<tr><th></th><th>平均數</th><th>標準離差</th><th>分析個數</th></tr>
</thead>
<tbody>
<tr><td>X1</td><td>3.13</td><td>1.374</td><td>97</td></tr>
<tr><td>X2</td><td>3.09</td><td>1.362</td><td>97</td></tr>
<tr><td>X3</td><td>3.76</td><td>1.329</td><td>97</td></tr>
<tr><td>X4</td><td>4.18</td><td>.804</td><td>97</td></tr>
<tr><td>X5</td><td>4.20</td><td>.874</td><td>97</td></tr>
<tr><td>X6</td><td>4.15</td><td>.870</td><td>97</td></tr>
</tbody>
</table>

報表 2： 在「相關矩陣」表格中，可看到所有題目之間的積差相關係數，如下圖所示。由下圖可知，每題與其他題目都至少有一個高於 .50 的積差相關係數，顯示每道題目都適合進行探索性因素分析。

<table>
<thead>
<tr><th colspan="2"></th><th>X1</th><th>X2</th><th>X3</th><th>X4</th><th>X5</th><th>X6</th></tr>
<tr><th colspan="8" align="center">相關矩陣</th></tr>
</thead>
<tbody>
<tr><td>相關</td><td>X1</td><td>1.000</td><td>.544</td><td>.525</td><td>.158</td><td>.134</td><td>.070</td></tr>
<tr><td></td><td>X2</td><td>.544</td><td>1.000</td><td>.542</td><td>.109</td><td>.168</td><td>.111</td></tr>
<tr><td></td><td>X3</td><td>.525</td><td>.542</td><td>1.000</td><td>.039</td><td>.157</td><td>.050</td></tr>
<tr><td></td><td>X4</td><td>.158</td><td>.109</td><td>.039</td><td>1.000</td><td>.499</td><td>.527</td></tr>
<tr><td></td><td>X5</td><td>.134</td><td>.168</td><td>.157</td><td>.499</td><td>1.000</td><td>.590</td></tr>
<tr><td></td><td>X6</td><td>.070</td><td>.111</td><td>.050</td><td>.527</td><td>.590</td><td>1.000</td></tr>
</tbody>
</table>

報表 3： 在「KMO 與 Bartlett 檢定」表格中，可知 KMO 為 .703 符合 Kaiser（1974）建議 KMO 判斷標準的「普通」程度，代表資料適合進行探索性因素分析。而 Bartlett 球形檢定的近似卡方分配為 159.224，自由度為 15，顯著性 $p < .001$，顯示 6 道題目所形成的積差相關矩陣不是單元矩陣，故適合進行探索性因素分析。

<table>
<thead>
<tr><th colspan="3" align="center">KMO與Bartlett檢定</th></tr>
</thead>
<tbody>
<tr><td colspan="2">Kaiser-Meyer-Olkin 取樣適切性量數。</td><td>.703</td></tr>
<tr><td>Bartlett 的球形檢定</td><td>近似卡方分配</td><td>159.224</td></tr>
<tr><td></td><td>df</td><td>15</td></tr>
<tr><td></td><td>顯著性</td><td>.000</td></tr>
</tbody>
</table>

報表 4：在「共同性」表格中，可看出每題所萃取的共同性大小。如下圖所示，X1 至 X6 所萃取的共同性，分別為 .526、.558、.530、.447、.562、.628。

共同性

	初始	萃取
X1	.385	.526
X2	.392	.558
X3	.380	.530
X4	.348	.447
X5	.414	.562
X6	.423	.628

萃取法：主軸因子萃取法。

報表 5：在「解說總變異量」表格中，由下圖左邊欄位「初始特徵值」可看出 6 個特徵值大小，分別為 2.411、1.749、.570、.459、.416 與 .394。

在圖 7-52 步驟五與圖 7-54 步驟三，同樣採指定萃取 2 個因素的方式，故下圖的中間欄位「平方和負荷量萃取」，代表抽取 2 個未轉軸的因素之平方和負荷量，第 1 個因素的平方和負荷量為 1.956，第 2 個因素的平方和負荷量為 1.296。第 1 個因素平方和負荷量可解釋題目總變異量的 32.600%，第 2 個因素平方和負荷量可解釋題目總變異量的 21.607%，前 2 個因素平方和負荷量合計可解釋題目總變異量的 54.208%。

每個因素的平方和負荷量可解釋題目總變異量的計算方式，便是將平方和負荷量除以所有的題目數量，以「轉軸平方和負荷量」欄位的第 1 個因素的平方和負荷量 1.956 為例，題目的總數為 6 題，故第 1 個因素平方和負荷量，可解釋題目總變異量的 1.956/6 = 32.600%。

在圖 7-54 步驟三所進行探索性因素分析是採指「Promax 法」的斜交轉軸方法，故下圖右方欄位「轉軸平方和負荷量」，代表 2 個經過轉軸後的因素之平方和負荷量，第 1 個因素平方和負荷量為 1.700，第 2 個因素平方和負荷量為 1.685。

由於採「Promax 法」的斜交轉軸方式，代表因素之間是有相關存

在的，故無法單純估算每個因素可解釋題目的總變異量百分比，故只呈現轉軸後的平方和負荷量，而無法呈現出每個因素可解釋的題目總變異量百分比。

	初始特徵值			平方和負荷量萃取			轉軸平方和負荷量[a]
因子	總數	變異數的 %	累積%	總數	變異數的 %	累積%	總數
1	2.411	40.188	40.188	1.956	32.600	32.600	1.700
2	1.749	29.157	69.345	1.296	21.607	54.208	1.686
3	.570	9.499	78.844				
4	.459	7.647	86.491				
5	.416	6.938	93.429				
6	.394	6.571	100.000				

解說總變異量

萃取法：主軸因子萃取法

a. 當因子產生相關時，無法加入平方和負荷量 以取得總變異數。

報表 6：從「因素陡坡圖」中，可清楚看出第 3 個特徵值至第 6 個特徵值呈現一條緩坡，故萃取 2 個因素較合適。

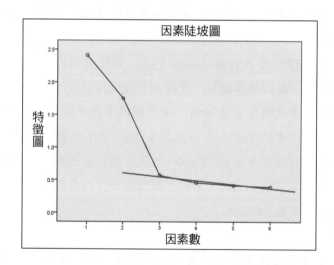

報表 7：在「因子矩陣[a]」表格中，可看出每道題目在未轉軸之前，與每個因素之間的積差相關係數。

因子矩陣[a]

	因子	
	1	2
X1	.566	.454
X2	.590	.459
X3	.536	.493
X4	.525	-.415
X5	.621	-.420
X6	.583	-.537

萃取方法：主軸因子
a. 萃取了 2 個因子。需要 11 個疊代。

報表 8：在「樣式矩陣」表格中，可得到每題與每個因素之間的樣式係數，由樣式係數可判斷題目歸屬哪個因素，判斷方式跟因素負荷量的判斷方式相同。由樣式係數可知，X1、X2 與 X3 這 3 題歸屬於因素 2，而 X4、X5 與 X6 這 3 題歸屬於因素 1。

樣式矩陣[a]

	因子	
	1	2
X1		.722
X2		.742
X3		.735
X4	.668	
X5	.735	
X6	.802	

萃取方法：主軸因子
旋轉方法：含 Kaiser 常態化的 Promax 法。
a. 轉軸收斂於 3 個疊代。

報表 9：在「結構矩陣」表格中，可得到每題與每個因素之間的結構係數，由結構係數可判斷題目歸屬哪個因素，判斷方式跟因素負荷量的判斷方式是一樣的。由結構係數可知，X1、X2 與 X3 這 3 題歸屬於因素 2，而 X4、X5 與 X6 這 3 題歸屬於因素 1。

結構矩陣

	因子	
	1	2
X1		.725
X2		.747
X3		.727
X4	.669	
X5	.748	
X6	.791	

萃取方法：主軸因子
旋轉方法：含 Kaiser 常態化的 Promax 法。

報表 10：在「因子相關矩陣」表格中，可得到因素 1 與因素 2 的積差相關
　　　　係數為 .202。

圖 7-55　步驟五的 SPSS 因素分析統計報表

從圖 7-55 報表 8 樣式矩陣的樣式係數，以及報表 9 結構矩陣的結構係數，
可清楚判斷出 X1、X2 與 X3 這 3 題歸屬因素 2，而 X4、X5 與 X6 這 3 題歸屬
因素 1。

由於探索性因素分析的結果，最好同時呈現每題與每個因素之間的樣式係數
與結構係數，而步驟五的操作過程中，為了較易判斷題目歸屬哪個因素，故未呈
現低於 .40 的樣式係數與結構係數，故還需透過圖 7-56 的操作步驟，才能得到
每題與每個因素的完整樣式係數與完整結構係數。

步驟 1：請點選「叫回最近使用的對話」，出現選單之後，點選「因子分
　　　　析」，如下圖所示。

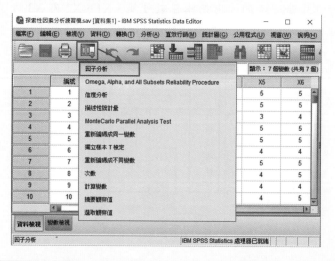

步驟 2：在「因子分析」對話窗中，點選右下方「選項 (O)」按鈕，如下圖所示。

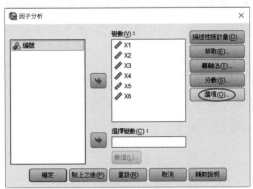

步驟 3：在「因子分析：選項」對話窗中，取消勾選「係數顯示格式」下方的「□隱藏較小的係數」，然後按「繼續」按鈕，如下圖所示。

步驟 4：在「因子分析」對話窗中，按「確定」按鈕，如下圖所示。

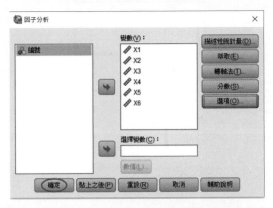

圖 7-56　得到完整樣式係數與結構係數的 SPSS 操作步驟

經過圖 7-56 的操作步驟，即可得到圖 7-57 完整的樣式係數與結構係數。由於圖 7-57 的統計報表與圖 7-55 的統計報表，只有「樣式矩陣」與「結構矩陣」這兩個報表有所不同，其他的報表都是相同的。為避免重複出現相同的報表，故圖 7-57 只呈現「樣式矩陣」與「結構矩陣」這兩個報表。

報表 1：在「樣式矩陣」表格中，可得到每題與每個因素之間的樣式係數。由樣式係數可知，X1、X2 與 X3 這 3 題歸屬因素 2，而 X4、X5 與 X6 這 3 題歸屬因素 1。

樣式矩陣^a

	因子	
	1	2
X1	.014	.722
X2	.025	.742
X3	-.037	.735
X4	.668	.003
X5	.735	.060
X6	.802	-.058

萃取方法：主軸因子
旋轉方法：含 Kaiser 常態化的 Promax 法。
a. 轉軸收斂於 3 個疊代。

報表 2：在「結構矩陣」表格中，可得到每題與每個因素之間的結構係數。由結構係數可知，X1、X2 與 X3 這 3 題歸屬因素 2，而 X4、X5 與 X6 這 3 題歸屬因素 1。由此可知，不論以樣式係數或結構係數，進行題目歸屬因素的判斷，兩者所獲得的結論是相同的。

結構矩陣

	因子	
	1	2
X1	.159	.725
X2	.175	.747
X3	.112	.727
X4	.669	.138
X5	.748	.208
X6	.791	.104

萃取方法：主軸因子
旋轉方法：含 Kaiser 常態化的 Promax 法。

圖 7-57　完整的樣式係數與結構係數

在呈現因素分析的結果時，必須將圖 7-57 的樣式矩陣與結構矩陣，轉換成表 7-12。由表 7-12 可知，第一分量表的 X1、X2 與 X3 是歸屬因素二，第二分量表的 X4、X5 與 X6 是歸屬因素一。

表 7-12

探索性因素分析的樣式係數與結構係數

量表名稱	題目	因素一	因素二
		樣式係數（結構係數）	樣式係數（結構係數）
第一分量表	X1	.01(.16)	**.72(.73)**
	X2	.03(.18)	**.74(.75)**
	X3	-.04(.11)	**.74(.73)**
第二分量表	X4	**.67(.67)**	.00(.14)
	X5	**.74(.75)**	.06(.21)
	X6	**.80(.79)**	-.06(.10)

註：採用主軸因子法萃取因素，Promax 法進行轉軸，粗體字代表樣式係數或結構係數高於 .40。

要將 SPSS 報表中的樣式矩陣與結構矩陣，轉換成表 7-12 的摘要表，需要一些繁瑣的歷程。此時可採用筆者所寫的 EXCEL 程式「樣式係數與結構係數合併方式 .xlsx」，其操作步驟，如圖 7-58 所示。

步驟 1：開啟「樣式係數與結構係數合併方式 .xlsx」的 EXCEL 程式，如下圖所示。

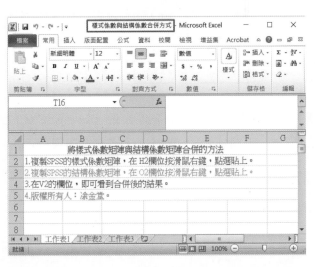

步驟 2：點選「樣式係數與結構係數合併方式 .xlsx」的 EXCEL 程式之「工作表 2」的 A1 欄位，如下圖所示。

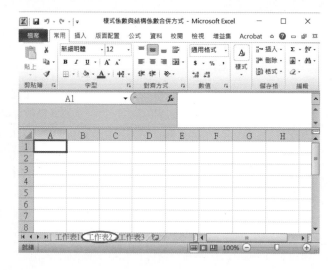

步驟 3：將圖 7-57 報表 1 的樣式矩陣，按滑鼠右鍵，進行複製的動作，如下圖所示。

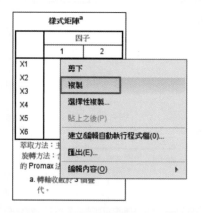

步驟 4：點選「樣式係數與結構係數合併方式 .xlsx」的 EXCEL 程式之「工作表 2」的 A1 欄位，進行貼上的動作，如下圖所示。

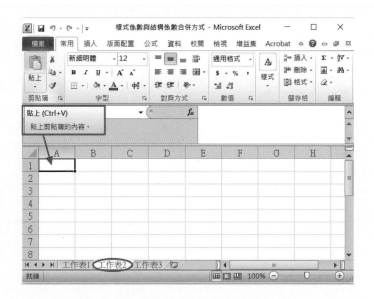

步驟 5：點選「工作表 2」中「樣式矩陣」的數值，按滑鼠右鍵，進行複製的動作，如下圖所示。

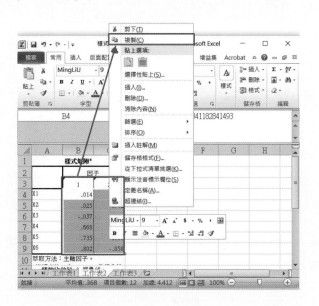

步驟 6：點選「樣式係數與結構係數合併方式 .xlsx」的 EXCEL 程式之「工作表 1」，在 H2 欄位，進行貼上的動作，如下圖所示。

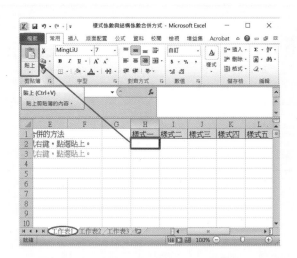

步驟 7：點選「樣式係數與結構係數合併方式.xlsx」的 EXCEL 程式之「工作表 2」的 F1 欄位，如下圖所示。

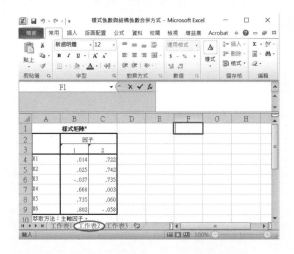

步驟 8：將圖 7-57 報表 2 的結構矩陣，按滑鼠右鍵，進行複製的動作，如下圖所示。

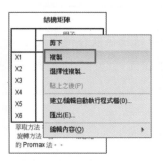

步驟 9：點選「樣式係數與結構係數合併方式 .xlsx」的 EXCEL 程式之「工作表 2」的 F1 欄位，進行貼上的動作，如下圖所示。

步驟 10：點選「工作表 2」中「結構矩陣」的數值，按滑鼠右鍵，進行複製的動作，如下圖所示。

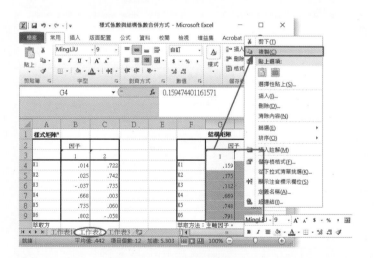

步驟 11：點選「樣式係數與結構係數合併方式 .xlsx」的 EXCEL 程式之「工作表 1」，在 O2 欄位，進行貼上的動作，如下圖所示。

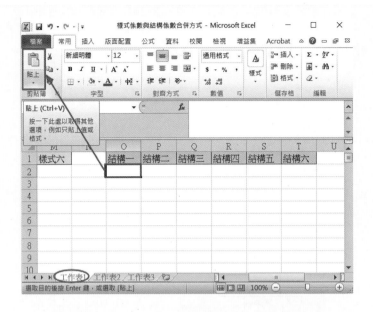

步驟 12：在 V2 至 W7 欄位中，即可看到樣式係數與結構係數合併，如下圖所示。

圖 7-58　樣式係數與結構係數合併方式

貳、「進行探索性因素分析」之實例分析

　　茲以前面幾章所舉的數學態度量表編製為例，說明如何進行探索性因素分析。初擬 40 題的數學態度量表，經專家審題後，參考專家建議刪掉 10 題。將 30 題數學態度量表進行預試，預試蒐集的資料，經第 6 章介紹的項目分析，顯示第 9 題與第 18 題不符合優良試題性質。故下面所進行的探索性因素分析，就以 28 題（扣掉第 9 題與第 18 題），進行圖 7-47 所建議的探索性因素分析 6 步驟。

步驟一：以「主成分分析」萃取方式，進行探索性因素分析。

　　進行探索性因素分析時，第一步驟先透過主成分分析，獲得每個因素的特徵值，再根據特徵值大小決定應抽取的因素個數，其 SPSS 操作步驟，如圖 7-59 所示。

步驟 1：先開啟「數學態度量表 (項目分析與探索性因素分析).sav」檔案，再點選「分析 (A)」→「維度縮減 (D)」→「因子 (F)」，如下圖所示。

步驟 2：在「因子分析」對話窗中，扣除因項目分析結果顯示試題品質不佳的第 9 題與第 18 題，將其餘 28 題由左方變數清單中，移至右邊「變數 (V)」空格中，如下圖所示。

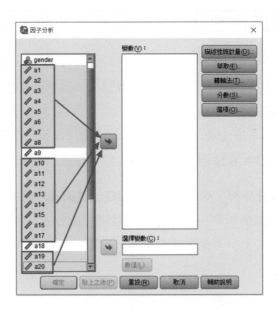

步驟 3：在「因子分析」對話窗中，先確定左方變項清單中，是否保留項目
分析品質不佳的第 9 題與第 18 題，然後按「描述性統計量 (D)」按
鈕，如下圖所示。

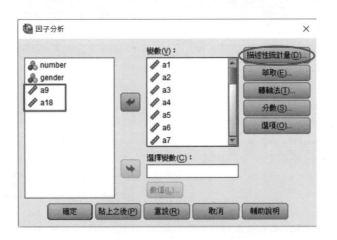

步驟 4：出現「因子分析：描述性統計量」對話窗後，在「統計」表格中，
點選「單變量描述性統計量 (U)」，在「相關矩陣」表格中，點選
「係數 (C)」與「KMO 與 Bartlett 的球形檢定 (K)」兩項，再按「繼
續」按鈕，如下圖所示。

步驟 5：在「因子分析」對話窗中，按「萃取 (E)」的按鈕，如下圖所示。

步驟 6：在「因子分析：萃取」對話窗中，在「顯示」表格中，點選「陡坡圖 (S)」，再按「繼續」按鈕，如下圖所示。

步驟 7：在「因子分析」對話窗中，按「確定」按鈕，如下圖所示。

圖 7-59　以「主成分分析」萃取方式，進行探索性因素分析

經過圖 7-59 的 SPSS 因素分析操作步驟，可得到圖 7-60 的 SPSS 因素分析統計報表。

報表 1：在「敘述統計」表格中，有每道題目的平均數與標準差，以及分析的受試者人數，如下圖所示。例如：a1 平均數為 3.89，標準差 1.274，扣除遺漏值後的受試者人數為 141 人。

　　雖然樣本總人數有 150 人，但因有 9 位受試者的答題資料出現遺漏值，在進行因素分析時，會自動被排除，故只有 141 位受試者資料用來進行因素分析。

敘述統計

	平均數	標準離差	分析個數
a1	3.89	1.274	141
a2	3.36	1.071	141
a3	3.59	1.225	141
a4	3.95	1.227	141
a5	3.84	1.221	141
a6	3.63	1.233	141
a7	4.09	1.038	141
a8	3.59	1.049	141
a10	3.31	1.062	141
a11	3.86	1.018	141
a12	3.02	1.111	141
a13	4.16	1.084	141
a14	3.28	1.142	141
a15	2.84	1.173	141
a16	3.88	1.111	141
a17	3.89	1.043	141
a19	3.78	1.134	141
a20	3.96	1.130	141
a21	3.85	1.165	141
a22	3.89	1.147	141
a23	4.06	1.013	141
a24	3.23	1.017	141
a25	2.89	1.172	141
a26	3.60	1.121	141
a27	4.11	.916	141
a28	3.16	1.051	141
a29	3.33	1.317	141
a30	3.54	1.339	141

報表 2： 在「相關矩陣」表格中，可看到所有題目之間的積差相關係數，例如：a3 與 a4 的積差相關係數為 .733，如下圖所示（受限於版面的關係，下圖並沒有列出全部的相關矩陣）。

透過積差相關係數矩陣，可檢查每題與其他題目的積差相關係數大小，若一道題目與其他題目的積差相關係數都低於 .30，則顯示該題不適合進行探索性因素分析。根據下圖的積差相關係數矩陣，顯示每題與其他題目的積差相關係數，都至少有 1 個積差相關係數高於 .30。

相關矩陣

		a1	a2	a3	a4	a5	a6	a7	a8	a10	a11	a12	a13	a14	a15	a16	a17	a19	a20	a21	a22
相關	a1	1.000	.421	.571	.636	.446	.525	.449	.373	.172	.451	.209	.369	.237	.223	.328	.012	.206	.225	.365	.124
	a2	.421	1.000	.494	.351	.350	.345	.313	.432	.448	.506	.370	.431	.441	.324	.361	.287	.272	.388	.410	.150
	a3	.571	.494	1.000	.733	.530	.537	.409	.412	.277	.342	.358	.468	.232	.283	.136	.025	.233	.330	.432	.195
	a4	.690	.594	.733	1.000	.667	.644	.519	.417	.231	.355	.379	.473	.255	.213	.231	.029	.289	.339	.480	.270
	a5	.446	.350	.530	.667	1.000	.531	.394	.329	.219	.361	.287	.407	.247	.232	.212	.076	.135	.286	.431	.242
	a6	.525	.345	.537	.644	.531	1.000	.510	.274	.189	.209	.282	.359	.266	.276	.160	.287	.175	.356	.223	
	a7	.449	.313	.409	.519	.394	.510	1.000	.261	.204	.410	.284	.553	.365	.316	.162	.062	.252	.435	.412	.210
	a8	.373	.432	.412	.417	.329	.274	.261	1.000	.308	.326	.155	.239	.235	.064	.239	.127	.200	.381	.365	.186
	a10	.172	.448	.277	.231	.199	.189	.204	.308	1.000	.464	.363	.374	.269	.291	.225	.296	.258	.360	.286	.158
	a11	.451	.506	.342	.355	.301	.209	.410	.326	.464	1.000	.432	.457	.403	.388	.296	.180	.270	.368	.446	.292
	a12	.209	.370	.358	.379	.287	.282	.394	.155	.363	.432	1.000	.353	.451	.534	.095	.088	.179	.432	.361	.181
	a13	.369	.431	.468	.473	.407	.359	.553	.239	.374	.467	.353	1.000	.264	.395	.134	.038	.360	.315	.273	.152
	a14	.237	.441	.222	.255	.247	.266	.289	.403	.451	.254	.254	.264	1.000	.321	.145	.171	.131	.390	.381	.172
	a15	.223	.324	.283	.213	.232	.276	.316	.064	.391	.388	.534	.295	.321	1.000	.084	.091	.247	.254	.370	.258
	a16	.328	.361	.136	.231	.212	.160	.162	.239	.225	.296	.095	.134	.145	.084	1.000	.407	.381	.253	.405	.362
	a17	.012	.287	.025	.029	.076	.034	.062	.127	.296	.180	.038	.171	.091	.407	1.000	.399	.333	.392	.365	
	a19	.206	.272	.233	.289	.135	.207	.252	.200	.258	.270	.179	.260	.131	.242	.381	1.000	.510	.472	.601	
	a20	.225	.368	.330	.336	.175	.303	.432	.175	.360	.368	.404	.319	.398	.254	.253	.333	.510	1.000	.609	.377
	a21	.365	.410	.432	.480	.431	.389	.412	.365	.286	.446	.361	.273	.381	.370	.405	.392	.472	.609	1.000	.564
	a22	.124	.150	.195	.270	.242	.223	.210	.186	.158	.292	.181	.152	.172	.258	.362	.365	.601	.377	.554	1.000
	a23	.326	.455	.318	.365	.209	.383	.490	.331	.368	.337	.360	.296	.425	.459	.527	.514	.607	.541	
	a24	.421	.377	.397	.404	.328	.324	.300	.169	.163	.252	.249	.259	.301	.377	.328	.287	.248	.343	.307	.243
	a25	.422	.494	.435	.433	.407	.401	.364	.395	.451	.413	.368	.383	.387	.401	.389	.242	.259	.277	.422	.277
	a26	.480	.468	.367	.442	.382	.404	.441	.325	.300	.434	.364	.306	.210	.215	.364	.215	.325	.287	.263	.328
	a27	.342	.367	.197	.186	.106	.079	.035	.231	.105	.333	.315	.304	.300	.223	.332	.294	.181	.299	.375	.187
	a28	.336	.442	.222	.361	.309	.232	.236	.299	.222	.399	.303	.233	.397	.406	.282	.101	.209	.149	.309	.182
	a29	.408	.387	.434	.373	.441	.387	.293	.284	.287	.312	.216	.269	.289	.287	.227	.209	.148	.309	.387	.152
	a30	.620	.448	.515	.490	.419	.407	.398	.240	.236	.329	.237	.271	.175	.227	.279	.157	.318	.235	.437	.259

報表 3：在「KMO 與 Bartlett 檢定」表格中，可藉由 KMO 檢定與 Bartlett 檢定的數值大小，判斷蒐集的資料是否適合進行探索性因素分析。由下圖可知，KMO 為 .879，符合 Kaiser（1974）建議 KMO 判斷標準的「不錯」程度，代表資料適合進行探索性因素分析。而 Bartlett 球形檢定的近似卡方分配為 2074.114，自由度為 378，顯著性 $p <$ .001，顯示 28 道題目所形成的積差相關矩陣不是單元矩陣，故適合進行探索性因素分析。

KMO與Bartlett檢定

Kaiser-Meyer-Olkin 取樣適切性量數。		.879
Bartlett 的球形檢定	近似卡方分配	2074.114
	df	378
	顯著性	.000

報表 4：在「共同性」表格中，可看出採用「主成分法」時，每題所萃取的共同性大小，如下圖所示，例如：a1 萃取的共同性為 .690。

共同性

	初始	萃取
a1	1.000	.690
a2	1.000	.683
a3	1.000	.680
a4	1.000	.809
a5	1.000	.575
a6	1.000	.616
a7	1.000	.553
a8	1.000	.693
a10	1.000	.542
a11	1.000	.568
a12	1.000	.645
a13	1.000	.578
a14	1.000	.591
a15	1.000	.695
a16	1.000	.594
a17	1.000	.579
a19	1.000	.703
a20	1.000	.643
a21	1.000	.703
a22	1.000	.715
a23	1.000	.679
a24	1.000	.583
a25	1.000	.702
a26	1.000	.647
a27	1.000	.681
a28	1.000	.730
a29	1.000	.565
a30	1.000	.633

萃取法：主成份分析。

報表 5：在「解說總變異量」表格的左方欄位「初始特徵值」，可看到所有特徵值的數值，下圖因版面關係，只截取前 10 大特徵值，分別為 10.135、2.405、1.703、1.601、1.206、1.026、.838、.819、.765 與 .701。其中前 6 個特徵值皆大於 1，第 1 至第 6 個特徵值可解釋題目總變異量百分比，分別為 36.195%、8.589%、6.083%、5.718%、4.306% 與 3.664%，前 6 個特徵值合計可解釋題目總變異量 64.554%。

每個特徵值可解釋題目總變異量的計算方式，是將特徵值除以題目總數，以第 1 個特徵值 10.135 為例，題目總數為 28 題，故第 1 個特徵值可解釋題目總變異量的 10.135/28 = 36.195%。

解說總變異量

元件	初始特徵值			平方和負荷量萃取		
	總數	變異數的 %	累積%	總數	變異數的 %	累積%
1	10.135	36.195	36.195	10.135	36.195	36.195
2	2.405	8.589	44.783	2.405	8.589	44.783
3	1.703	6.083	50.866	1.703	6.083	50.866
4	1.601	5.718	56.584	1.601	5.718	56.584
5	1.206	4.306	60.890	1.206	4.306	60.890
6	1.026	3.664	64.554	1.026	3.664	64.554
7	.838	2.992	67.546			
8	.819	2.924	70.470			
9	.765	2.733	73.202			
10	.701	2.503	75.705			
11	.678	2.422	78.127			
12	.615	2.196	80.322			
13	.556	1.984	82.307			
14	.531	1.895	84.202			
15	.504	1.801	86.003			
16	.491	1.752	87.755			
17	.443	1.583	89.338			
18	.418	1.494	90.832			
19	.405	1.446	92.278			
20	.368	1.315	93.592			
21	.345	1.232	94.825			
22	.292	1.042	95.866			
23	.243	.869	96.736			
24	.230	.822	97.557			
25	.215	.767	98.324			
26	.180	.644	98.968			
27	.151	.540	99.509			
28	.138	.491	100.000			

報表 6：從「因素陡坡圖」中，可清楚看出第 5 個特徵值至第 28 個特徵值呈現一條緩坡，故萃取 4 個因素較合適。

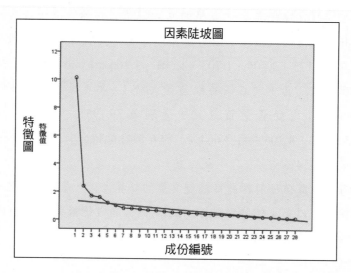

報表 7：在「成分矩陣」表格中，由於有 6 個特徵值大於 1，SPSS 自動萃取 6 個元件（此為 SPSS 中文翻譯的問題，元件應該翻成成分較為合適）。成分矩陣中的數據，代表成分負荷量。

成份矩陣						
	元件					
	1	2	3	4	5	6
a1	.659	-.382	-.119	-.146	.189	.195
a2	.692	.028	.028	.232	.364	-.129
a3	.668	-.413	.081	-.220	.086	.032
a4	.701	-.435	.047	-.349	-.052	-.043
a5	.611	-.384	-.031	-.189	-.052	-.122
a6	.611	-.410	-.023	-.205	-.177	.009
a7	.641	-.187	.298	-.080	-.103	.036
a8	.501	-.102	-.064	-.154	.305	-.557
a10	.497	.194	.306	.205	.349	-.008
a11	.651	.040	.290	.170	.170	-.032
a12	.553	-.064	.387	.350	-.248	.038
a13	.578	-.209	.385	.030	.177	.138
a14	.523	.052	.203	.381	-.131	-.335
a15	.512	.035	.193	.403	-.410	.254
a16	.485	.396	-.310	-.143	.278	.091
a17	.356	.614	-.240	-.023	.074	-.110
a19	.505	.494	.119	-.395	-.086	.160
a20	.585	.297	.364	-.146	-.105	-.218
a21	.728	.255	.039	-.214	-.194	-.152
a22	.481	.473	.015	-.398	-.315	.039
a23	.722	.367	-.031	-.114	-.073	-.061
a24	.625	.009	-.348	.112	-.188	.152
a25	.740	-.015	-.306	.243	-.035	-.019
a26	.735	-.014	-.245	.189	-.101	.039
a27	.404	.316	.228	.094	.397	.446
a28	.594	.062	-.447	.400	-.060	-.100
a29	.610	-.156	-.375	.166	.007	.031
a30	.649	-.167	-.248	-.162	.095	.295

圖 7-60　進行主成分分析所獲得的 SPSS 統計報表

由圖 7-60 報表 3 可知，KMO 為 .879，Bartlett 球形檢定的近似卡方分配為 2074.114，自由度為 378，顯著性 $p < .001$，顯示這 28 道題目適合進行探索性因素分析。由圖 7-60 報表 5 可知，有 6 個大於 1 的特徵值，若採特徵值大於 1 的選取因素個數方法，則應抽取 6 個因素。由圖 7-60 報表 6「因素陡坡圖」可知，由於第 5 個特徵值至第 28 個特徵值呈現一條緩坡，故萃取 4 個因素較合適。應取 4 個因素或 6 個因素，可透過步驟二的平行分析法來協助判斷。

步驟二：採用「平行分析法」的因素個數決定方式。

步驟二是透過平行分析法，協助決定應抽取 4 個或 6 個因素較合適。茲分別以 O'Connor（2000）的 SPSS 語法，以及筆者的 EZparallel 程式為例，說明進行平行分析法。先說明如何使用 O'Connor（2000）的 SPSS 語法，進行平行分析之 SPSS 操作步驟，如圖 7-61 所示。

步驟 1：開啟儲存「parallel.sps」檔案的檔案夾，將游標移至「parallel.sps」檔案，並快速點兩下，如下圖所示。

名稱	修改期	類型	大小
EZparallel 因素個數決定方法	2011/8/3 下午 05:46	Microsoft Excel 9...	252 KB
parallel	2022/10/28 下午 02:22	SPSS Statistics Sy...	6 KB
探索性因素分析練習檔	2022/10/28 下午 01:59	SPSS Statistics Da...	2 KB
數學態度量表(項目分析與探索性因素分析)	2022/10/28 下午 02:36	SPSS Statistics Da...	8 KB

步驟 2：在右邊的「語法視窗中」，找到「compute ncases = 500.」這一行的語法，將原先的 500，更改為 141，如下圖所示。此行的語法是在指定有多少位受試者，可由圖 7-60 的報表 1 敘述統計摘要表中，可得到共有 141 位受試者。

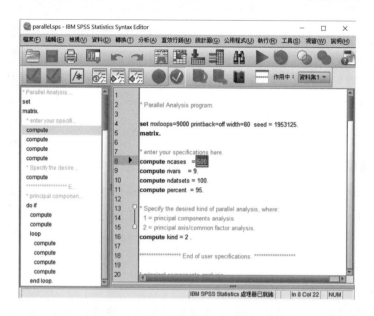

步驟 3：在右邊的「語法視窗中」，找到「compute nvars = 9.」這一行的語法，
將原先的 9，更改為 28，如下圖所示。此行的語法是在指定有多少
道題目，可由圖 7-60 的報表 1 敘述統計摘要表中，得到共有 28 道
題目。

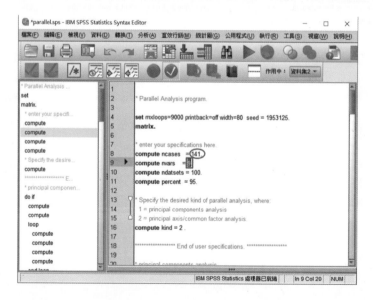

步驟 4：在右邊的「語法視窗中」，找到「compute kind = 2.」這一行的語法，
將原先的 2，更改為 1，如下圖所示。此行的語法是在指定採用「主
成分分析」（代碼為 1）或是採用主軸因子法（代碼為 2）。由於

我們是採用主成分分析的特徵值去相互比較，故此處需要將內定的代碼 2，改為代碼 1。

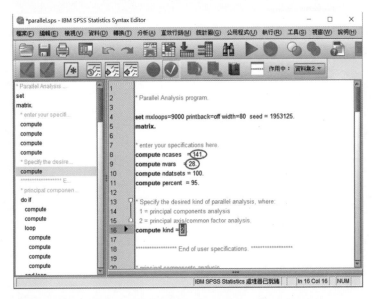

步驟 5：點選「執行 (R)」→「全部 (A)」，如下圖所示。

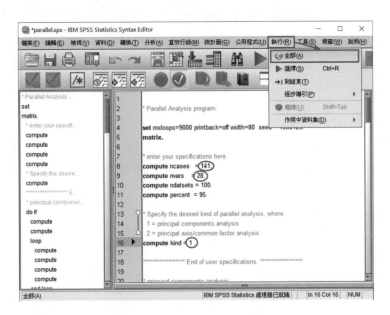

步驟 6：在「SPSS 統計報表」對話窗中，即可看到透過「parallel.sps」語法所獲得的平行分析統計結果，如下圖所示。前六個特徵值分別為 1.925、1.780、1.680、1.588、1.502 與 1.428。

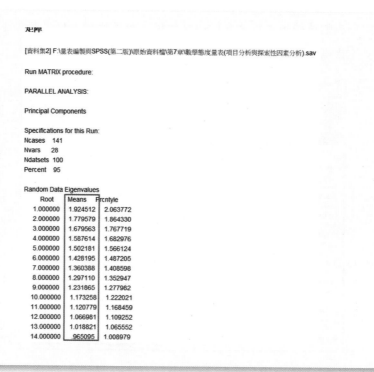

圖 7-61　以 O'Connor（2000）的 SPSS 語法獲得的平行分析統計結果

　　茲以 EZparallel 程式為例，說明進行平行分析法，EZparallel 的操作步驟如圖 7-62 所示。

步驟 1：開啟「EZparallel 因素個數決定方法」的 EXCEL 程式，如下圖所示。

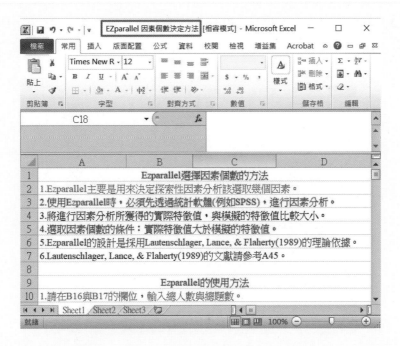

步驟2： 在 B16 欄位中，輸入受試者人數 141 人，如下圖所示。由於有 9 位
受試者的答題資料出現遺漏值，SPSS 進行因素分析時，只分析填
答完整的 141 位受試者，故此處應該配合 SPSS 分析所使用的 141
人而非原始資料的總人數 150 人。

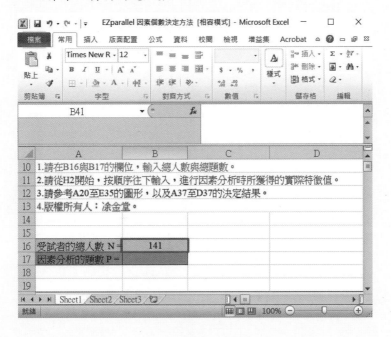

步驟 3：在 B17 欄位中，輸入進行探索性因素分析的題數 28 題，如下圖所示。

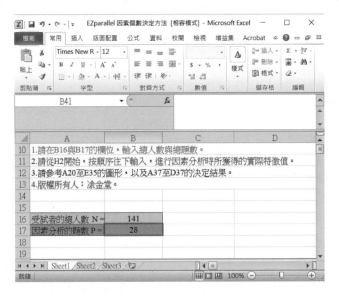

步驟 4：從 I2 欄位開始，會自動出現模擬的特徵值大小，如下圖所示，第 1 個至第 7 個模擬的特徵值分別為 1.888、1.734、1.616、1.514、1.421、1.335 與 1.256。

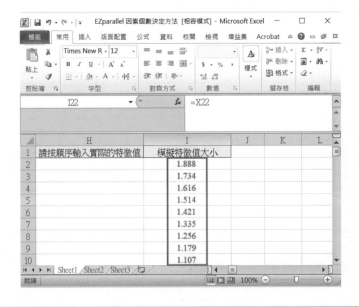

步驟 5：在 H2 欄位中，將圖 7-60 報表 5 所獲得的第 1 個特徵值 10.135 輸入，
如下圖所示。

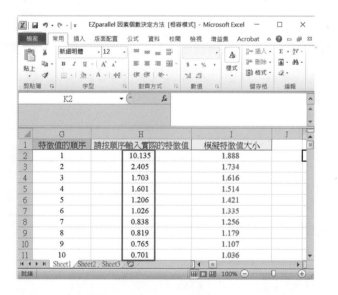

步驟 6：在 H3 至 H11 欄位中，將圖 7-60 報表 5 所獲得的第 2 個至第 10 個
特徵值輸入，第 2 個至第 10 個特徵值分別為 2.405、1.703、1.601、
1.206、1.026、.838、.819、.765 與 .701，如下圖所示。由於探索性
因素分析很少抽取超過 10 個以上的因素，故只需輸入前 10 大的特
徵值即可。

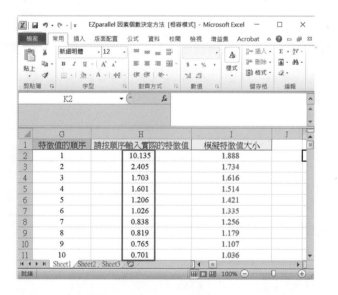

步驟 7： 在 A20 至 E35 欄位中，會出現實際特徵值與模擬特徵值之特徵值
陡坡圖，同時在 A37 至 E37 欄位中，會出現應選取 4 因素個數較
合適的提示，如下圖所示。

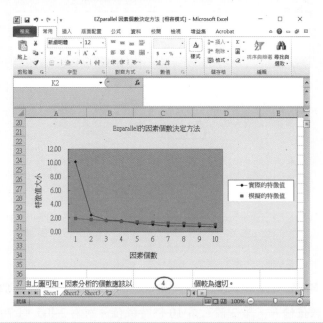

圖 7-62　EZparallel 平行分析的統計結果

　　在呈現平行分析法的統計結果時，最好以列表方式，將真實資料獲得的特徵
值與模擬資料獲得的特徵值並列，作為決定因素個數的判斷參考。將圖 7-61 與
圖 7-62 的平行分析法結果，整理成表 7-13。因真實資料第 5 個特徵值數值已經
小於模擬資料特徵值，故表 7-13 只呈現前 5 大的特徵值。由表 7-13 可知，採平
行分析法決定選取 4 個因素。

表 7-13

採用 O'Connor（2000）SPSS 語法與 EZparallel 平行分析法的結果

特徵值序號	真實資料的特徵值	O'Connor（2000）的模擬特徵值	EZparallel 的模擬特徵值	因素保留結果
1	10.135	1.925	1.888	保留
2	2.405	1.780	1.734	保留
3	1.703	1.680	1.616	保留
4	1.601	1.588	1.514	保留
5	1.206	1.502	1.421	不保留

　　由圖 7-60 報表 5 可知有 6 個特徵值大於 1，若採用特徵值大於 1 的因素個數決定方式，則應抽取 6 個因素；由圖 7-60 報表 6 的陡坡圖可知，抽取 4 個因素較合適；由圖 7-61 與圖 7-62 的平行分析法結果，可知抽取 4 個因素較合適。綜合這三種決定因素個數的方法，決定抽取 4 個因素較合適。

步驟三：採指定因素個數的方式，以「主軸因子法」萃取方式，同時採「最大變異法」的直交轉軸方式，進行探索性因素分析。

　　由步驟二綜合平行分析法、特徵值大於 1，以及陡坡圖等決定因素的方法可知，選取 4 個因素較合適。故步驟三採指定 4 個因素，並將萃取因素的方式由「主成分分析法」改為「主軸因子法」，同時將步驟一未進行因素轉軸，改以「最大變異法」的直交轉軸方式。步驟三的 SPSS 操作步驟，如圖 7-63 所示。

步驟 1：請點選「分析 (A)」→「維度縮減 (D)」→「因子 (F)」，如下圖所示。

步驟 2：在「因子分析」對話窗中，按「萃取 (E)」按鈕，如下圖所示。

步驟 3：出現「因子分析：萃取」對話窗後，在「方法 (M)」選單中，將原
　　　　本內定的「主成分」改成「主軸因子」，如下圖所示。

步驟 4：在「因子分析：萃取」對話窗中，將下方「萃取」表格中，由內定
　　　　的「根據特徵值」，改為點選「固定因子數目」，並在右邊空格中
　　　　輸入 4（亦即指定 4 個因素的萃取方式），然後按「繼續」按鈕，
　　　　如下圖所示。

步驟 5：在「因子分析」對話窗中，按「轉軸法 (T)」按鈕，如下圖所示。

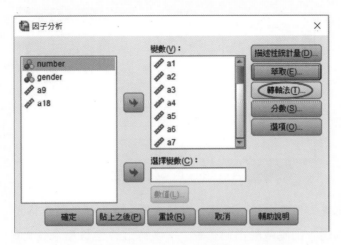

步驟 6：出現「因子分析：轉軸法」對話窗後，在「方法」表格中，將原本內定的「無 (N)」改為點選「最大變異法 (V)」，然後按「繼續」按鈕，如下圖所示。

步驟 7：在「因子分析」對話窗中，按「選項 (O)」按鈕，如下圖所示。

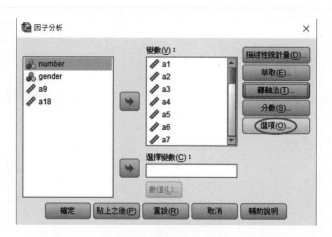

步驟 8：出現「因子分析：選項」對話窗後，在「係數顯示格式」表格中，
　　　　點選「□隱藏較小的係數」，並將右方空格原本設定的 .10，更改
　　　　為 .40，然後按「繼續」按鈕，如下圖所示。

　　　　此步驟是請 SPSS 只提供高於 .40 的因素負荷量，低於 .40 的因素負
　　　　荷量則不用出現在報表上，以利於題目歸屬哪個因素時的判斷。

步驟 9：在「因子分析」對話窗中，按「確定」按鈕，如下圖所示。

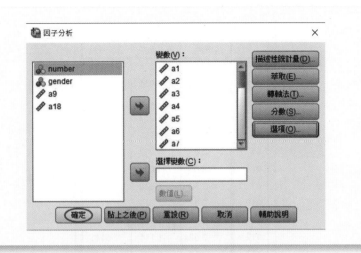

圖 7-63　指定 4 個因素（28 題）的 SPSS 因素分析操作步驟

　　圖 7-63 的 SPSS 操作方式，主要是綜合步驟二的平行分析法、特徵值大於 1，及陡坡圖等決定因素個數的方法，決定採直接設定萃取 4 個因素，萃取方法則採用「主軸因子法」，同時因素的轉軸方法採用直交轉軸的「最大變異法」。

步驟四：由步驟三獲得的因素負荷矩陣，判斷題目應歸屬於哪個因素。

　　經過圖 7-63 指定 4 個因素的 SPSS 因素分析步驟，即可得到圖 7-64 指定 4 個因素的 SPSS 因素分析統計報表。

報表 1：在「敘述統計」表格中，可看到每道題目平均數與標準差，以及分析的受試者人數，例如：a1 平均數 3.89，標準差 1.274，受試者人數 141 人，如下圖所示。

　　由於圖 7-63 並未更改題數或人數，故此部分（圖 7-64 報表 1）與圖 7-60 報表 1 的統計結果是一樣的。

敘述統計			
	平均數	標準離差	分析個數
a1	3.89	1.274	141
a2	3.36	1.071	141
a3	3.59	1.225	141
a4	3.95	1.227	141
a5	3.84	1.221	141
a6	3.63	1.233	141
a7	4.09	1.038	141
a8	3.59	1.049	141
a10	3.31	1.062	141
a11	3.86	1.018	141
a12	3.02	1.111	141
a13	4.16	1.084	141
a14	3.28	1.142	141
a15	2.84	1.173	141
a16	3.88	1.111	141
a17	3.89	1.043	141
a19	3.78	1.134	141
a20	3.96	1.130	141
a21	3.85	1.165	141
a22	3.89	1.147	141
a23	4.06	1.013	141
a24	3.23	1.017	141
a25	2.89	1.172	141
a26	3.60	1.121	141
a27	4.11	.916	141
a28	3.16	1.051	141
a29	3.33	1.317	141
a30	3.54	1.339	141

報表 2： 在「相關矩陣」表格中，可看到所有題目之間的積差相關係數，例如：a3 與 a4 的積差相關係數 .733，如下圖所示（受限於版面的關係，下圖並沒有列出全部的相關矩陣）。

由於圖 7-63 並未更改題數或人數，故此部分（圖 7-64 報表 2）與圖 7-60 報表 2 的統計結果是一樣的。

相關矩陣

		a1	a2	a3	a4	a5	a6	a7	a8	a10	a11	a12	a13	a14	a15	a16	a17	a19	a20	a21	a22
相關	a1	1.000	.421	.571	.636	.448	.525	.449	.373	.172	.451	.299	.369	.237	.223	.328	.012	.206	.225	.365	.124
	a2	.421	1.000	.484	.351	.350	.345	.313	.432	.448	.506	.378	.431	.441	.324	.361	.107	.272	.388	.410	.150
	a3	.571	.484	1.000	.733	.530	.537	.409	.412	.277	.342	.358	.468	.222	.283	.136	.025	.233	.330	.432	.195
	a4	.636	.351	.733	1.000	.667	.644	.519	.417	.231	.355	.376	.473	.255	.213	.231	.029	.269	.339	.480	.270
	a5	.448	.350	.530	.667	1.000	.531	.394	.329	.219	.361	.287	.407	.247	.232	.212	.076	.135	.286	.431	.242
	a6	.525	.345	.537	.644	.531	1.000	.510	.274	.199	.299	.292	.359	.268	.276	.160	.034	.207	.175	.359	.223
	a7	.449	.313	.409	.519	.394	.510	1.000	.281	.284	.410	.394	.553	.365	.316	.182	.082	.252	.435	.412	.218
	a8	.373	.432	.412	.417	.329	.274	.281	1.000	.208	.326	.155	.239	.235	.064	.239	.127	.200	.301	.385	.186
	a10	.172	.448	.277	.231	.219	.199	.284	.208	1.000	.484	.303	.374	.269	.291	.225	.296	.258	.360	.446	.158
	a11	.451	.506	.342	.355	.361	.299	.410	.326	.484	1.000	.432	.467	.403	.388	.256	.180	.270	.369	.446	.292
	a12	.299	.378	.358	.376	.287	.292	.394	.155	.303	.432	1.000	.353	.451	.534	.095	.086	.179	.273	.273	.152
	a13	.369	.431	.468	.473	.407	.359	.553	.239	.374	.467	.353	1.000	.264	.295	.134	.028	.280	.319	.273	.152
	a14	.237	.441	.222	.255	.247	.268	.365	.235	.269	.403	.451	.264	1.000	.321	.145	.171	.131	.390	.381	.172
	a15	.223	.324	.283	.213	.232	.276	.316	.064	.291	.388	.534	.295	.321	1.000	.084	.091	.242	.254	.370	.258
	a16	.328	.361	.136	.231	.212	.160	.182	.239	.225	.256	.095	.134	.145	.084	1.000	.407	.381	.253	.405	.362
	a17	.012	.107	.013	.015	.070	.034	.002	.127	.090	.090	.179	.260	.131	.091	.407	1.000	.389	.516	.472	.601
	a19	.206	.272	.233	.269	.135	.207	.252	.200	.258	.270	.179	.260	.242	.381	.389	1.000	.516	.609	.377
	a20	.225	.388	.330	.339	.286	.175	.435	.301	.360	.369	.404	.319	.254	.253	.233	.518	.609	1.000	.554
	a21	.365	.410	.432	.480	.431	.359	.412	.385	.198	.156	.293	.181	.152	.258	.260	.319	.382	.365	.601	.377	.554	1.000
	a22	.124	.150	.195	.270	.242	.223	.218	.186	.409	.465	.278	.337	.350	.296	.425	.527	.514	.607	.541
	a23	.326	.455	.318	.365	.209	.383	.498	.331	.409	.465	.278	.249	.259	.301	.377	.328	.287	.343	.397	.243
	a24	.421	.377	.397	.404	.328	.324	.900	.189	.163	.295	.411	.413	.368	.393	.387	.401	.299	.266	.277	.277
	a25	.422	.484	.435	.433	.407	.401	.384	.386	.295	.368	.334	.364	.306	.339	.242	.295	.265	.484	.314
	a26	.480	.466	.367	.442	.382	.496	.441	.325	.300	.333	.369	.303	.223	.373	.386	.264	.161	.209	.375	.197
	a27	.242	.347	.199	.106	.079	.035	.231	.105	.333	.315	.264	.300	.210	.215	.364	.215	.325	.287	.283	.229
	a28	.338	.457	.222	.261	.309	.232	.236	.299	.222	.289	.303	.223	.332	.373	.389	.264	.161	.209	.375	.197
	a29	.408	.397	.424	.373	.441	.387	.293	.284	.312	.210	.269	.289	.287	.227	.209	.149	.209	.367	.162
	a30	.020	.446	.515	.490	.419	.407	.388	.240	.236	.329	.237	.271	.175	.227	.279	.157	.318	.235	.437	.259

報表 3：在「KMO 與 Bartlett 檢定」表格中，可藉由 KMO 檢定與 Bartlett 檢定的數值大小，來判斷蒐集的資料是否適合進行探索性因素分析。由下圖可知，KMO 為 .879 符合 Kaiser（1974）建議 KMO 判斷標準的「不錯」程度，代表資料適合進行探索性因素分析。而 Bartlett 球形檢定的近似卡方分配為 2074.114，自由度為 378，顯著性 $p < .001$，顯示 28 道題目所形成的積差相關矩陣不是單元矩陣，故適合進行探索性因素分析。由於圖 7-63 並未更改題數或人數，故此部分（圖 7-64 報表 3）與圖 7-60 報表 3 的統計結果是一樣的。

KMO與Bartlett檢定

Kaiser-Meyer-Olkin 取樣適切性量數		.879
Bartlett 的球形檢定	近似卡方分配	2074.114
	df	378
	顯著性	.000

報表 4：在「共同性」表格中，可看到採用「主軸因子法」的因素萃取方法，每題所萃取的共同性大小，如下圖所示，例如：a1 萃取的共同性為 .562。

此部分採用「主軸因子法」所萃取的共同性大小，故與步驟一圖 7-60 報表 4 採用「主成分法」所萃取的共同性大小，是不相同的。

共同性		
	初始	萃取
a1	.668	.562
a2	.624	.497
a3	.678	.628
a4	.766	.829
a5	.595	.488
a6	.599	.512
a7	.581	.475
a8	.399	.240
a10	.421	.329
a11	.549	.489
a12	.516	.483
a13	.521	.444
a14	.404	.365
a15	.505	.345
a16	.490	.394
a17	.451	.425
a19	.580	.587
a20	.635	.513
a21	.673	.612
a22	.562	.518
a23	.694	.646
a24	.547	.447
a25	.663	.671
a26	.644	.600
a27	.368	.233
a28	.621	.653
a29	.509	.477
a30	.609	.477

萃取法：主軸因子萃取法

報表 5：在「解說總變異量」表格中，由下圖左邊欄位「初始特徵值」可看所有特徵值的大小，下圖因版面關係，只截取前 10 個特徵值，分別為 10.135、2.405、1.703、1.601、1.206、1.026、.838、.819、.765 與 .701。

在圖 7-63 所進行探索性因素分析是採指定 4 個因素的方式，故下圖的中間欄位「平方和負荷量萃取」，代表抽取 4 個未轉軸的因素之平方和負荷量，第 1 個至第 4 個因素的平方和負荷量，分別為 9.663、1.940、1.236 與 1.098。第 1 個至第 4 個因素平方和負荷量可解釋題目總變異量，分別為 34.510%、6.927%、4.415% 與 3.922%，前 4 個因素平方和負荷量合計可解釋題目總變異量的 49.774%。

在圖 7-63 所進行探索性因素分析是採「最大變異法」的直交轉軸方法，故下圖右方欄位「轉軸平方和負荷量」，代表 4 個經過轉軸後的因素之平方和負荷量，第 1 個至第 4 個因素平方和負荷量，分別為 4.444、3.328、3.172 與 2.993。第 1 個至第 4 個因素平方和負荷量可解釋題目總變異量，分別為 15.870%、11.886%、11.329% 與 10.690%，前 4 個因素平方和負荷量合計可解釋題目總變異量的 49.774%。由此可知，轉軸前與轉軸後的 4 個因素可解釋題目總變異量的百分比是相同的。

每個因素的平方和負荷量可解釋題目總變異量的計算方式，便是將平方和負荷量除以所有的題目數量，以「轉軸平方和負荷量」欄位的第 1 個因素的平方和負荷量 4.444 為例，題目的總數為 28 題，故第 1 個因素平方和負荷量可解釋題目總變異量的 4.444/28 ＝15.870%。

解說總變異量

因子	初始特徵值			平方和負荷量萃取			轉軸平方和負荷量		
	總數	變異數的 %	累積%	總數	變異數的 %	累積%	總數	變異數的 %	累積%
1	10.135	36.195	36.195	9.663	34.510	34.510	4.444	15.870	15.870
2	2.405	8.589	44.783	1.940	6.927	41.437	3.328	11.886	27.755
3	1.703	6.083	50.866	1.236	4.415	45.852	3.172	11.329	39.084
4	1.601	5.718	56.584	1.098	3.922	49.774	2.993	10.690	49.774
5	1.206	4.306	60.890						
6	1.026	3.664	64.554						
7	.838	2.992	67.546						
8	.819	2.924	70.470						
9	.765	2.733	73.202						
10	.701	2.503	75.705						
11	.678	2.422	78.127						
12	.615	2.196	80.322						
13	.556	1.984	82.307						
14	.531	1.895	84.202						
15	.504	1.801	86.003						
16	.491	1.752	87.755						
17	.443	1.583	89.338						
18	.418	1.494	90.832						
19	.405	1.446	92.278						
20	.368	1.315	93.592						
21	.345	1.232	94.825						
22	.292	1.042	95.866						
23	.243	.869	96.736						
24	.230	.822	97.557						
25	.215	.767	98.324						
26	.180	.644	98.968						
27	.151	.540	99.509						
28	.138	.491	100.000						

萃取法：主軸因子萃取法。

報表 6：從「因素陡坡圖」中，可以清楚看出第 5 個特徵值至第 28 個特徵值呈現一條緩坡，故萃取 4 個因素較合適。

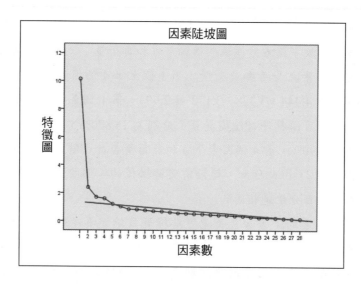

報表 7：從「因子矩陣」中，可看出每題與每個因素之間的因素負荷量，
　　　　空白的地方，代表因素負荷量未高於 .40。由下圖可知，a4、a12、
　　　　a19、a22 與 a28 等 5 題，有兩個因素負荷量高於絕對值 .40。例如：
　　　　a4 這題高於絕對值 .40 的兩個因素負荷量分別是 .707 與 - .452。

因子矩陣^a

	因子			
	1	2	3	4
a1	.646			
a2	.672			
a3	.660			
a4	.707	-.452		
a5	.594			
a6	.597			
a7	.623			
a8	.476			
a10	.474			
a11	.632			
a12	.537			.422
a13	.560			
a14	.501			
a15	.490			
a16	.467			
a17		.523		
a19	.496	.454		
a20	.570			
a21	.717			
a22	.469	.424		
a23	.713			
a24	.606			
a25	.733			
a26	.723			
a27				
a28	.587		-.544	
a29	.592			
a30	.631			

萃取方法：主軸因子

報表 8： 從「轉軸後的因子矩陣」中，可清楚看出每題應歸屬哪個因素，由下圖可知，第 8 題（a8）與第 27 題（a27）這兩題在 4 個因素的因素負荷量皆低於 .40，根據圖 7-45 題目歸屬因素的第 2 項原則，屬不良題目，應刪除。

第 7 題（a7）、第 13 題（a13）與第 20 題（a20）這 3 題都有 2 個因素負荷量高於 .40，根據圖 7-45 題目歸屬因素的第 3 項原則，屬不良題目，應刪除。

第 2 題（a2）原先是根據「數學學習信心」向度編擬的題目，但根據第 2 題因素負荷量大小，卻被歸屬「數學學習動機」向度。同樣地，第 30 題（a30）原先是根據「數學的實用性」向度編擬的題目，但根據第 30 題因素負荷量大小，卻被歸屬「數學學習信心」向度。因第 2 題與第 30 題這兩題與原先歸屬的題目向度不符，故刪除這兩題。

綜合上述分析，決定刪除第 2 題、第 7 題、第 8 題、第 13 題、第 20 題、第 27 題與第 30 題等 7 題。

轉軸後的因子矩陣

	因子			
	1	2	3	4
a1	.660			
a2		.481		
a3	.734			
a4	.878			
a5	.638			
a6	.664			
a7	.492	.445		
a8				
a10		.494		
a11		.577		
a12		.644		
a13	.428	.503		
a14		.527		
a15		.507		
a16			.503	
a17			.556	
a19			.730	
a20		.466	.500	
a21			.587	
a22			.693	
a23			.625	
a24				.516
a25				.656
a26				.575
a27				
a28				.754
a29				.554
a30	.523			

萃取方法：主軸因子。

圖 7-64　指定 4 個因素（28 題）的 SPSS 因素分析操作步驟

　　將步驟四決定刪掉的第 2 題、第 7 題、第 8 題、第 13 題、第 20 題、第 27 題與第 30 題等 7 題，排除這 7 題後重新進行步驟四的探索性因素分析，以判斷剩下的這 21 題是否符合原先歸屬的構念向度，操作步驟如圖 7-65 所示。

步驟 1： 請點選「叫回最近使用的對話」，出現選單後，點選「因子分析」，如下圖所示。

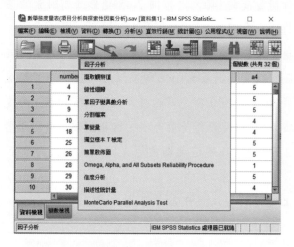

步驟 2： 在「因子分析」對話窗中，將 a2、a7、a8、a13、a20、a27 與 a30 等 7 題，從右方「變數 (V)」空格中，移回左方變數清單，如下圖所示。

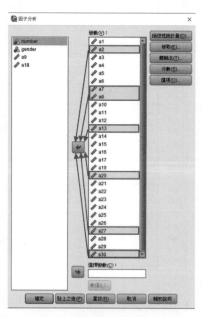

步驟 3：在「因子分析」對話窗中，按「確定」按鈕，如下圖所示。

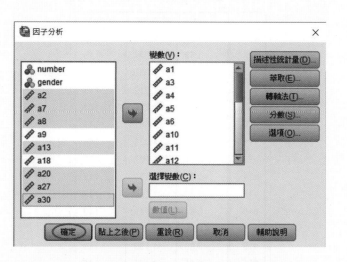

圖 7-65　指定 4 個因素（21 題）的 SPSS 因素分析操作步驟

　　經過圖 7-65 刪除 a2、a7、a8、a13、a20、a27 與 a30 等 7 題，且進行指定 4 個因素，採主軸因子的萃取方法，配合最大變異法的直交轉軸方式之探索性因素分析，即可得到圖 7-66 的 SPSS 因素分析統計報表。

報表 1：在「敘述統計」表格中，可看到每題平均數與標準差，以及受試者人數，例如：a1 平均數 3.89，標準差 1.266，受試者人數 143 人，如下圖所示。

敍述統計

	平均數	標準離差	分析個數
a1	3.89	1.266	143
a3	3.58	1.224	143
a4	3.96	1.221	143
a5	3.85	1.212	143
a6	3.64	1.230	143
a10	3.30	1.062	143
a11	3.84	1.025	143
a12	3.01	1.107	143
a14	3.27	1.152	143
a15	2.83	1.169	143
a16	3.87	1.119	143
a17	3.88	1.051	143
a19	3.80	1.136	143
a21	3.85	1.171	143
a22	3.90	1.143	143
a23	4.04	1.013	143
a24	3.23	1.026	143
a25	2.90	1.179	143
a26	3.57	1.135	143
a28	3.15	1.043	143
a29	3.34	1.317	143

報表 2：在「相關矩陣」表格中，可看到所有題目之間的積差相關係數，例如：a5 與 a6 的積差相關係數為 .530，如下圖所示。

相關矩陣

		a1	a3	a4	a5	a6	a10	a11	a12	a14	a15	a16	a17	a19	a21	a22	a23	a24	a25	a26	a28	a29
相關	a1	1.000	.567	.635	.448	.523	.172	.444	.298	.234	.222	.325	.013	.205	.361	.124	.323	.414	.416	.470	.338	.405
	a3	.567	1.000	.718	.528	.522	.264	.339	.353	.207	.285	.120	.010	.222	.412	.195	.321	.403	.438	.357	.222	.417
	a4	.635	.718	1.000	.668	.646	.233	.343	.376	.254	.207	.233	.034	.273	.478	.274	.354	.390	.422	.429	.259	.373
	a5	.448	.528	.668	1.000	.530	.217	.354	.285	.242	.230	.209	.074	.136	.425	.242	.206	.323	.403	.372	.308	.439
	a6	.523	.522	.646	.530	1.000	.200	.284	.289	.263	.267	.161	.038	.215	.358	.229	.368	.311	.392	.475	.230	.389
	a10	.172	.264	.233	.217	.200	1.000	.466	.308	.283	.291	.240	.310	.250	.299	.160	.407	.139	.270	.310	.221	.245
	a11	.444	.339	.343	.354	.284	.466	1.000	.436	.413	.395	.265	.191	.244	.449	.280	.474	.230	.382	.473	.287	.286
	a12	.298	.353	.376	.285	.289	.308	.436	1.000	.455	.535	.104	.098	.170	.366	.233	.395	.375	.303	.200
	a14	.234	.207	.254	.242	.263	.283	.413	.455	1.000	.322	.169	.196	.118	.397	.172	.352	.262	.353	.380	.328	.268
	a15	.222	.285	.207	.230	.267	.291	.395	.535	.322	1.000	.086	.093	.229	.367	.250	.303	.367	.376	.392	.374	.276
	a16	.325	.120	.233	.209	.161	.240	.265	.104	.169	.086	1.000	.424	.368	.420	.381	.421	.289	.364	.351	.305	.211
	a17	.013	.010	.034	.074	.038	.310	.191	.098	.196	.093	.424	1.000	.375	.408	.365	.454	.249	.263	.258	.261	.192
	a19	.205	.222	.273	.136	.215	.250	.244	.170	.118	.229	.368	.375	1.000	.458	.602	.503	.246	.268	.266	.157	.160
	a21	.361	.412	.478	.425	.358	.299	.449	.366	.397	.367	.420	.408	.458	1.000	.551	.599	.358	.398	.491	.371	.350
	a22	.124	.195	.274	.242	.229	.160	.280	.179	.172	.250	.381	.365	.602	.551	1.000	.527	.231	.269	.302	.185	.164
	a23	.323	.321	.354	.206	.368	.407	.474	.352	.303	.421	.454	.503	.599	.527	1.000	.445	.487	.548	.407	.353
	a24	.414	.403	.390	.323	.311	.139	.230	.233	.262	.367	.289	.249	.246	.358	.231	.445	1.000	.573	.466	.454	.509
	a25	.416	.438	.422	.403	.392	.270	.382	.395	.353	.376	.364	.263	.268	.386	.269	.487	.573	1.000	.608	.626	.522
	a26	.470	.357	.429	.372	.475	.310	.473	.380	.382	.351	.258	.266	.491	.302	.548	.466	.608	1.000	.615	.438
	a28	.338	.222	.259	.308	.230	.221	.287	.303	.328	.374	.305	.261	.157	.371	.185	.407	.454	.626	.615	1.000	.525
	a29	.405	.417	.373	.439	.389	.245	.286	.200	.268	.276	.211	.192	.160	.350	.164	.353	.509	.522	.438	.525	1.000

報表 3：在「KMO 與 Bartlett 檢定」表格中，可藉由 KMO 檢定與 Bartlett 檢定的數值大小，判斷蒐集的資料是否適合進行探索性因素分析。由下圖可知，KMO 為 .886 符合 Kaiser（1974）建議 KMO 判斷標

準的「不錯」程度，代表資料適合進行探索性因素分析。而 Bartlett
球形檢定的近似卡方分配為 1447.211，自由度為 210，顯著性 $p <$
.001，顯示 21 道題目所形成的積差相關矩陣不是單元矩陣，故適合
進行探索性因素分析。由於此步驟已減少 7 道題目，故此部分與圖
7-64 報表 3 的統計結果是不一樣的。

KMO與Bartlett檢定		
Kaiser-Meyer-Olkin 取樣適切性量數。		.886
Bartlett 的球形檢定	近似卡方分配	1447.211
	df	210
	顯著性	.000

報表 4：在「共同性」表格中，可看出採用「主軸因子法」時，每道題目所
萃取的共同性大小，例如：a1 萃取的共同性為 .524，如下圖所示。
由於此步驟已減少 7 道題目，故此部分與圖 7-64 報表 4 的統計結
果是不一樣的。

共同性	初始	萃取
a1	.587	.524
a3	.608	.612
a4	.737	.859
a5	.564	.494
a6	.542	.508
a10	.366	.274
a11	.519	.478
a12	.467	.573
a14	.341	.354
a15	.465	.413
a16	.419	.388
a17	.405	.431
a19	.464	.508
a21	.604	.608
a22	.529	.553
a23	.632	.637
a24	.499	.460
a25	.605	.640
a26	.602	.590
a28	.589	.669
a29	.478	.475

萃取法：主軸因子萃取法。

報表 5：在「解說總變異量」表格中，由下圖左邊欄位「初始特徵值」可看所有特徵值的大小，下圖因版面關係，只截取前 10 個特徵值，分別為 7.797、2.177、1.513、1.389、.960、.789、.744、.657、.630 與 .577。由於此步驟已減少 7 道題目，故此部分與圖 7-64 報表 5 的前 10 個特徵值大小是不相同的。

由於圖 7-65 是採指定 4 個因素的因素萃取方式，故下圖的中間欄位「平方和負荷量萃取」，代表抽取 4 個未轉軸的因素之平方和負荷量，第 1 個至第 4 個因素的平方和負荷量，分別為 7.351、1.725、1.085 與 .885。第 1 個至第 4 個因素平方和負荷量可解釋題目總變異量，分別為 35.006%、8.213%、5.169% 與 4.216%，前 4 個因素平方和負荷量合計可解釋題目總變異量的 52.604%。

由於圖 7-65 是採「最大變異法」的直交轉軸方法，故下圖右方欄位「轉軸平方和負荷量」，代表 4 個經過轉軸後的因素之平方和負荷量，第 1 個至第 4 個因素平方和負荷量，分別為 3.356、2.781、2.512 與 2.398。第 1 個至第 4 個因素平方和負荷量可解釋題目總變異量，分別為 15.982%、13.244%、11.960% 與 11.417%，前 4 個因素平方和負荷量合計可解釋題目總變異量的 52.604%。由此可知，轉軸前與轉軸後的 4 個因素可解釋題目總變異量的百分比是相同的。

每個因素的平方和負荷量可解釋題目總變異量的計算方式，便是將平方和負荷量除以所有的題目數量，以「轉軸平方和負荷量」欄位的第 1 個因素的平方和負荷量 3.356 為例，題目的總數為 21 題，故第 1 個因素平方和負荷量可解釋題目總變異量的 3.356/21 =15.982%。

解說總變異量

因子	初始特徵值			平方和負荷量萃取			轉軸平方和負荷量		
	總數	變異數的%	累積%	總數	變異數的%	累積%	總數	變異數的%	累積%
1	7.797	37.131	37.131	7.351	35.006	35.006	3.356	15.982	15.982
2	2.177	10.369	47.499	1.725	8.213	43.219	2.781	13.244	29.227
3	1.513	7.203	54.703	1.085	5.169	48.388	2.512	11.960	41.187
4	1.389	6.614	61.317	.885	4.216	52.604	2.398	11.417	52.604
5	.960	4.572	65.888						
6	.789	3.759	69.647						
7	.744	3.543	73.190						
8	.657	3.127	76.317						
9	.630	2.999	79.317						
10	.577	2.748	82.065						
11	.495	2.355	84.420						
12	.481	2.289	86.709						
13	.448	2.134	88.843						
14	.432	2.056	90.899						
15	.373	1.776	92.676						
16	.331	1.575	94.251						
17	.293	1.394	95.645						
18	.282	1.343	96.988						
19	.242	1.153	98.141						
20	.208	.990	99.131						
21	.182	.869	100.000						

萃取法：主軸因子萃取法

報表 6：從「因素陡坡圖」中，可清楚看出第 5 個特徵值至第 21 個特徵值呈現一條緩坡，故萃取 4 個因素較合適。

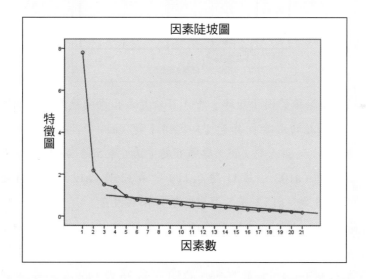

報表 7：從「因子矩陣」中，可看出每題與每個因素之間的因素負荷量，空白的地方，代表因素負荷量未高於 .40。由下圖可知，a3、a4、a12、a19、a22 與 a28 等 6 題，有兩個因素負荷量高於絕對值 .40。例如：a3 這題高於絕對值 .40 的兩個因素負荷量分別是 .628 與 - .420。

因子矩陣[a]				
	因子			
	1	2	3	4
a1	.625			
a3	.628	-.420		
a4	.708	-.468		
a5	.594			
a6	.602			
a10	.443			
a11	.607			
a12	.536			.485
a14	.489			
a15	.509			
a16	.472			
a17		.534		
a19	.470	.401		
a21	.715			
a22	.493	.424		
a23	.703			
a24	.606			
a25	.726			
a26	.736			
a28	.618		-.457	
a29	.595			

萃取方法：主軸因子
a. 萃取了 4 個因子。需要 9 個疊代。

報表 8： 從「轉軸後的因子矩陣」中，可清楚看出每題應歸屬哪個因素，由下圖每題的因素負荷量可知，第 1 題（a1）、第 3 題（a3）、第 4 題（a4）、第 5 題（a5）與第 6 題（a6）等 5 題應歸屬第 1 個因素。

第 10 題（a10）、第 11 題（a11）、第 12 題（a12）、第 14 題（a14）與第 15 題（a15）等 5 題應歸屬第 4 個因素。

第 16 題（a16）、第 17 題（a17）、第 19 題（a19）、第 21 題（a21）、第 22 題（a22）與第 23 題（a23）等 6 題應歸屬第 2 個因素。

第 24 題（a24）、第 25 題（a25）、第 26 題（a26）、第 28 題（a28）與第 29 題（a29）等 5 題應歸屬第 3 個因素。

由於上述題目的歸屬，符合原先量表規劃的構念向度，故接續進行步驟五。

轉軸後的因子矩陣^a

	因子			
	1	2	3	4
a1	.630			
a3	.730			
a4	.891			
a5	.638			
a6	.651			
a10				.421
a11				.571
a12				.713
a14				.522
a15				.578
a16		.523		
a17		.588		
a19		.685		
a21		.584		
a22		.714		
a23		.637		
a24			.549	
a25			.644	
a26			.535	
a28			.754	
a29			.560	

萃取方法：主軸因子
旋轉方法：旋轉方法：含 Kaiser 常態化的 Varimax
法。

a. 轉軸收斂於 6 個疊代。

圖 7-66　指定 4 個因素（21 題）的 SPSS 因素分析統計報表

　　進行探索性因素分析時，若產生兩個以上的因素時，為協助研究者更清楚判斷題目該歸屬哪個因素，需透過因素的轉軸。雖然採直交轉軸方式（亦即假設因素之間的積差相關係數為零），比較不符合量表的實際狀況，但因直交轉軸較易判斷題目歸屬哪個因素，故有些測驗編製者會採直交轉軸的方式。若採直交轉軸方式，則進行至圖 7-66 的統計結果即可。但因圖 7-66 報表 8，並未呈現全部的因素負荷量，故還需透過下面圖 7-67 的 SPSS 操作步驟，才能獲得完整的因素負荷量。

步驟 1：請點選「叫回最近使用的對話」，出現選單後，點選「因子分析」，如下圖所示。

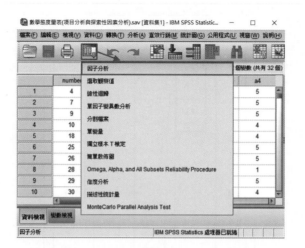

步驟 2：在「因子分析」對話窗中，點選「選項 (O)」按鈕，如下圖所示。

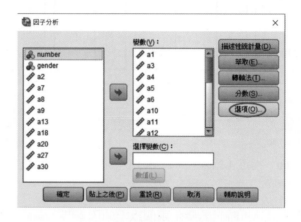

步驟 3：在「因子分析：選項」對話窗中，將先前點選的「□隱藏較小的係數」，改為取消點選，並按「繼續」按鈕，如下圖所示。

步驟 4：在「因子分析」對話窗中，按「確定」按鈕，如下圖所示。

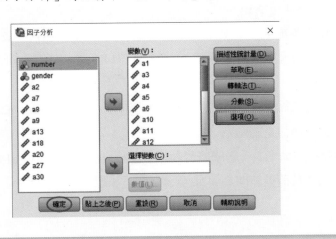

圖 7-67　取得完整因素負荷量的 SPSS 操作步驟

經過圖 7-67 的 SPSS 操作步驟，即可獲得圖 7-68 的 SPSS 統計報表。由於圖 7-68 的 SPSS 統計報表與圖 7-66 的 SPSS 統計報表，只有在「轉軸後的因子矩陣」這個報表不同，其餘的統計報表皆相同，故圖 7-68 只呈現「轉軸後的因子矩陣」這個報表的完整因素負荷量。

對於因素分析的轉軸方式，若決定採「最大變異法」的直交轉軸方式，則在因素分析的統計結果呈現上，除應呈現完整的因素負荷量，也應呈現每題的共同性大小。故需將圖 7-68 的完整因素負荷量，以及圖 7-66 報表 4 的共同性，轉換成表 7-14。

由表 7-14 可知，第 1 個因素命名為「數學學習信心」，包含 a1、

轉軸後的因子矩陣ª

	\multicolumn{4}{c}{因子}
	1	2	3	4
a1	.630	.091	.297	.176
a3	.730	.080	.151	.223
a4	.891	.171	.106	.158
a5	.638	.099	.213	.178
a6	.651	.124	.181	.189
a10	.111	.269	.111	.421
a11	.257	.255	.144	.571
a12	.231	.038	.097	.713
a14	.125	.132	.220	.522
a15	.134	.105	.221	.578
a16	.100	.523	.321	.032
a17	-.132	.588	.238	.104
a19	.158	.685	.017	.114
a21	.333	.584	.180	.352
a22	.156	.714	.015	.138
a23	.185	.637	.309	.318
a24	.308	.213	.549	.138
a25	.303	.212	.644	.298
a26	.302	.270	.535	.375
a28	.094	.155	.754	.261
a29	.357	.110	.560	.146

萃取方法：主軸因子
旋轉方法：旋轉方法：含 Kaiser 常態化的 Varimax 法。
a. 轉軸收斂於 6 個疊代。

圖 7-68　完整的因素負荷量矩陣

a3、a4、a5 與 a6 等 5 題，這 5 題的因素負荷量範圍為 .630 至 .891，這 5 題的共同性大小為 .494 至 .859。

第 2 個因素命名為「數學焦慮」，包含 a16、a17、a19、a21、a22 與 a23 等 6 題，這 6 題的因素負荷量範圍為 .523 至 .714，這 6 題的共同性大小為 .388 至 .637。

第 3 個因素命名為「數學的實用性」，包含 a24、a25、a26、a28 與 a29 等 5 題，這 5 題的因素負荷量範圍為 .535 至 .754，這 5 題的共同性大小為 .460 至 .669。

第 4 個因素命名為「數學學習動機」包含 a10、a11、a12、a14 與 a15 等 5 題，這 5 題的因素負荷量範圍為 .421 至 .713，這 5 題的共同性大小為 .274 至 .573。

表 7-14

數學態度量表各分量表的因素負荷量與共同性

分量表	題目	因素一	因素二	因素三	因素四	共同性
第一分量表 （數學學習信心）	a1	**.630**	.091	.297	.176	.524
	a3	**.730**	.080	.151	.223	.612
	a4	**.891**	.171	.106	.158	.859
	a5	**.638**	.099	.213	.178	.494
	a6	**.651**	.124	.181	.189	.508
第二分量表 （數學學習動機）	a10	.111	.269	.111	**.421**	.274
	a11	.257	.255	.144	**.571**	.478
	a12	.231	.038	.097	**.713**	.573
	a14	.125	.132	.220	**.522**	.354
	a15	.134	.105	.221	**.578**	.413
第三分量表 （數學焦慮）	a16	.100	**.523**	.321	.032	.388
	a17	-.132	**.588**	.238	.104	.431
	a19	.158	**.685**	.017	.114	.508
	a21	.333	**.584**	.180	.352	.608
	a22	.156	**.714**	.015	.138	.553
	a23	.185	**.637**	.309	.318	.637
第四分量表 （數學的實用性）	a24	.308	.213	**.549**	.138	.460
	a25	.303	.212	**.644**	.298	.640
	a26	.302	.270	**.535**	.375	.590
	a28	.094	.155	**.754**	.261	.669
	a29	.357	.110	**.560**	.146	.475

註：採用主軸因子法萃取因素，最大變異法進行轉軸，粗體字顯示因素負荷量高於 .40。

　　在進行探索性因素分析時，量表的第一個分量表不一定恰好是第 1 個因素，只要第一個分量表的題目大多歸屬某個因素，即代表具有不錯的構念效度，例如：表 7-14 的第二個分量表屬於第 4 個因素。

步驟五：將步驟三採用的「最大變異法」直交轉軸方式，更改為「Promax 法」斜交轉軸方式。

　　步驟五是將步驟四所採用直交轉軸的「最大變異法」，改為斜交轉軸的「Promax 法」，SPSS 的操作步驟如圖 7-69 所示。

步驟 1： 請點選「叫回最近使用的對話」，出現選單後，點選「因子分析」，如下圖所示。

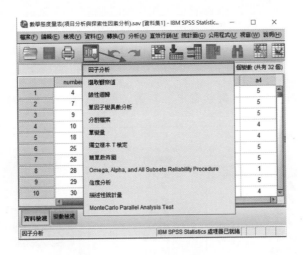

步驟 2： 在「因子分析」對話窗中，點選「轉軸法 (T)」按鈕，如下圖所示。

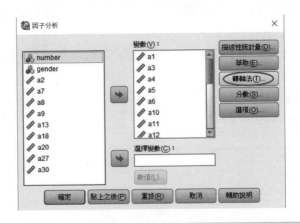

步驟 3：在「因子分析：轉軸」對話窗中，將先前點選的「◎最大變異法 (V)」，改為點選「◎ Promax (P)」，並按「繼續」按鈕，如下圖所示。

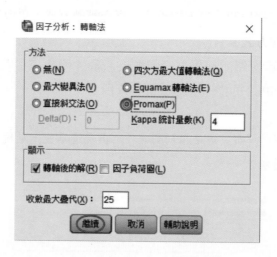

步驟 4：在「因子分析」對話窗中，點選「選項 (O)」按鈕，如下圖所示。

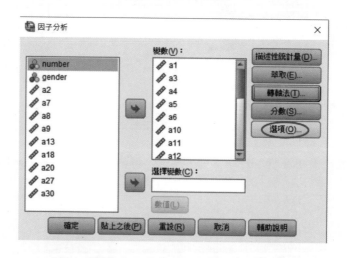

步驟 5：在「因子分析：選項」對話窗中，點選「□隱藏較小的係數」，並在空格中輸入 .40，並按「繼續」按鈕，如下圖所示。

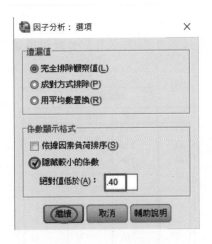

步驟6：在「因子分析」對話窗中，按「確定」按鈕，如下圖所示。

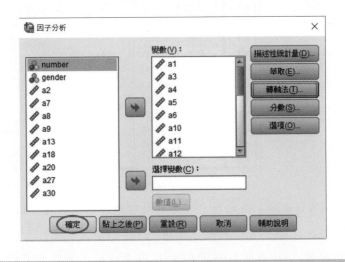

圖 7-69　採用「Promax 法」的斜交轉軸方式之 SPSS 操作步驟

步驟六：根據「Promax 法」的統計結果，進行因素分析結果的解釋。

　　經過圖 7-69 步驟五的 SPSS 因素分析操作步驟，即可得到圖 7-70 的 SPSS 因素分析統計報表。

報表 1：在「敘述統計」表格中，可看到每題平均數與標準差，以及分析受試者人數，如下圖所示。

由於圖 7-69 與圖 7-65 的探索性因素分析，並沒有更改人數或題數，故此部分（圖 7-70 報表 1）的數據與圖 7-66 報表 1 的數據是相同的。

敘述統計			
	平均數	標準離差	分析個數
a1	3.89	1.266	143
a3	3.58	1.224	143
a4	3.96	1.221	143
a5	3.85	1.212	143
a6	3.64	1.230	143
a10	3.30	1.062	143
a11	3.84	1.025	143
a12	3.01	1.107	143
a14	3.27	1.152	143
a15	2.83	1.169	143
a16	3.87	1.119	143
a17	3.88	1.051	143
a19	3.80	1.136	143
a21	3.85	1.171	143
a22	3.90	1.143	143
a23	4.04	1.013	143
a24	3.23	1.026	143
a25	2.90	1.179	143
a26	3.57	1.135	143
a28	3.15	1.043	143
a29	3.34	1.317	143

報表 2： 在「相關矩陣」表格中，可看到所有題目之間的積差相關係數，例如：a5 與 a6 的積差相關係數為 .530，如下圖所示。

由於圖 7-69 與圖 7-65 的探索性因素分析，並沒有更改人數或題數，故此部分（圖 7-70 報表 2）的數據與圖 7-66 報表 2 的數據是相同的。

相關矩陣		a1	a3	a4	a5	a6	a10	a11	a12	a14	a15	a16	a17	a19	a21	a22	a23	a24	a25	a26	a28	a29
相關	a1	1.000	.567	.635	.448	.523	.172	.444	.298	.234	.222	.325	.013	.205	.381	.124	.323	.414	.416	.470	.330	.405
	a3	.567	1.000	.718	.526	.522	.264	.339	.353	.207	.285	.120	.010	.222	.412	.185	.321	.403	.436	.357	.222	.417
	a4	.635	.718	1.000	.666	.646	.233	.343	.376	.254	.207	.233	.034	.273	.478	.274	.354	.390	.422	.429	.259	.373
	a5	.448	.526	.666	1.000	.530	.217	.354	.285	.242	.230	.209	.074	.136	.425	.242	.206	.323	.403	.372	.308	.439
	a6	.523	.522	.646	.530	1.000	.200	.284	.289	.263	.267	.161	.038	.215	.358	.229	.368	.311	.392	.475	.230	.389
	a10	.172	.264	.233	.217	.200	1.000	.466	.308	.283	.291	.240	.310	.250	.299	.160	.407	.139	.270	.310	.221	.245
	a11	.444	.339	.343	.354	.284	.466	1.000	.436	.413	.395	.265	.191	.244	.449	.280	.474	.382	.473	.287	.288	.288
	a12	.298	.353	.376	.285	.289	.308	.436	1.000	.455	.535	.104	.098	.170	.366	.179	.282	.233	.395	.375	.303	.200
	a14	.234	.207	.254	.242	.263	.283	.413	.455	1.000	.322	.169	.196	.118	.397	.172	.352	.262	.353	.360	.328	.268
	a15	.222	.285	.267	.230	.267	.291	.395	.535	.322	1.000	.086	.093	.229	.367	.250	.303	.387	.376	.392	.374	.278
	a16	.325	.120	.233	.209	.161	.240	.265	.104	.169	.086	1.000	.424	.368	.420	.381	.421	.289	.364	.351	.385	.211
	a17	.013	.010	.034	.074	.038	.310	.191	.098	.196	.093	.424	1.000	.375	.409	.365	.454	.248	.263	.258	.261	.192
	a19	.205	.222	.273	.136	.215	.250	.244	.170	.118	.229	.368	.375	1.000	.458	.602	.503	.244	.268	.266	.157	.160
	a21	.361	.412	.478	.425	.358	.299	.449	.366	.397	.367	.420	.409	.458	1.000	.551	.599	.358	.388	.491	.371	.350
	a22	.124	.185	.274	.242	.229	.160	.280	.179	.172	.250	.381	.365	.602	.551	1.000	.527	.231	.269	.302	.185	.164
	a23	.323	.321	.354	.206	.368	.407	.474	.282	.352	.303	.421	.454	.503	.599	.527	1.000	.445	.487	.548	.407	.353
	a24	.414	.403	.390	.323	.311	.139	.382	.233	.262	.367	.289	.248	.244	.358	.231	.445	1.000	.573	.466	.454	.509
	a25	.416	.436	.422	.403	.392	.270	.382	.395	.353	.376	.364	.263	.268	.388	.269	.487	.573	1.000	.609	.626	.522
	a26	.470	.357	.429	.372	.475	.310	.473	.375	.360	.392	.351	.258	.266	.491	.302	.548	.466	.609	1.000	.615	.439
	a28	.330	.222	.259	.308	.230	.221	.287	.303	.328	.374	.385	.261	.157	.371	.185	.407	.454	.626	.615	1.000	.525
	a29	.405	.417	.373	.439	.389	.245	.286	.200	.268	.278	.211	.192	.160	.350	.164	.353	.509	.522	.438	.525	1.000

報表 3：在「KMO 與 Bartlett 檢定」表格中，可藉由 KMO 檢定與 Bartlett 檢定的數值大小，判斷蒐集的資料是否適合進行因素分析。由下圖可知，KMO 為 .886 符合 Kaiser（1974）建議 KMO 判斷標準的「不錯」程度，代表資料適合進行探索性因素分析。而 Bartlett 球形檢定的近似卡方分配為 1447.211，自由度為 210，顯著性 $p < .001$，顯示 21 道題目所形成的積差相關矩陣不是單元矩陣，故適合進行探索性因素分析。

由於圖 7-69 與圖 7-65 的探索性因素分析，並沒有更改人數或題數，故此部分（圖 7-70 報表 3）KMO 檢定與 Bartlett 檢定結果與圖 7-66 報表 3 的 KMO 檢定與 Bartlett 檢定結果是相同的。

KMO與Bartlett檢定		
Kaiser-Meyer-Olkin 取樣適切性量數ᵃ		.886
Bartlett 的球形檢定	近似卡方分配	1447.211
	df	210
	顯著性	.000

報表 4：在「共同性」的表格中，可以看出採用「主軸因子法」時，每道題目所萃取的共同性大小。

由於圖 7-69 與圖 7-65 的探索性因素分析，並沒有更改人數或題數，故此部分（圖 7-70 報表 4）的共同性大小與圖 7-66 報表 4 的共同性大小是相同的。

共同性		
	初始	萃取
a1	.587	.524
a3	.608	.612
a4	.737	.859
a5	.564	.494
a6	.542	.508
a10	.366	.274
a11	.519	.478
a12	.467	.573
a14	.341	.354
a15	.465	.413
a16	.419	.388
a17	.405	.431
a19	.464	.508
a21	.604	.608
a22	.529	.553
a23	.632	.637
a24	.499	.460
a25	.605	.640
a26	.602	.590
a28	.589	.669
a29	.478	.475

萃取法：主軸因子萃取法。

報表 5： 在「解說總變異量」表格中，由下圖左邊欄位「初始特徵值」可看所有特徵值的大小，下圖因版面關係，只截取前 10 個特徵值，分別為 7.797、2.177、1.513、1.389、.960、.789、.744、.657、.630 與 .577。

由於圖 7-69 是採指定 4 個因素的因素萃取方式，故下圖的中間欄位「平方和負荷量萃取」，代表抽取 4 個未轉軸的因素之平方和負荷量，第 1 個至第 4 個因素的平方和負荷量，分別為 7.351、1.725、1.085 與 .885。第 1 個至第 4 個因素平方和負荷量可解釋題目總變異量，分別為 35.006%、8.213%、5.169% 與 4.216%，前 4 個因素平方和負荷量合計可解釋題目總變異量的 52.604%。

由於圖 7-69 與圖 7-65 的探索性因素分析，並沒有更改人數或題數，故下圖左邊欄位「初始特徵值」的每個特徵值，以及中間欄位「平方和負荷量萃取」的每個平方和負荷量，皆與圖 7-66 報表 5 的特徵值與平方和負荷量是一樣的。

但因圖 7-69 採「Promax 法」的斜交轉軸方法，與圖 7-65 採「最大變異法」直交轉軸方法不同，故下圖右方欄位「轉軸平方和負荷量」與圖 7-66 報表 5 的「轉軸平方和負荷量」，是不相同的。

下圖右方欄位「轉軸平方和負荷量」表格中，由於採 Promax 法的斜交轉軸方式，亦即假設因素之間是有相關的，因而無法單純估算每個因素可解釋題目的總變異量，故只呈現轉軸後的平方和負荷量，這 4 個因素的「平方和負荷量」大小，分別為 5.367、4.820、5.408 與 5.158。由於未轉軸的平方和負荷量（亦即下圖中間欄位「平方和負荷量萃取」的平方和負荷量），前 4 個因素平方和負荷量合計可解釋題目總變異量的 52.604%，故轉軸後的平方和負荷量，這 4 個因素可解釋題目總變異量亦為 52.604%。

解釋總變異量

因子	初始特徵值			平方和負荷量萃取			轉軸平方和負荷量[a]
	總數	變異數的 %	累積%	總數	變異數的 %	累積%	總數
1	7.797	37.131	37.131	7.351	35.006	35.006	5.367
2	2.177	10.369	47.499	1.725	8.213	43.219	4.820
3	1.513	7.203	54.703	1.085	5.169	48.388	5.408
4	1.389	6.614	61.317	.885	4.216	52.604	5.158
5	.960	4.572	65.888				
6	.789	3.759	69.647				
7	.744	3.543	73.190				
8	.657	3.127	76.317				
9	.630	2.999	79.317				
10	.577	2.748	82.065				
11	.495	2.355	84.420				
12	.481	2.289	86.709				
13	.448	2.134	88.843				
14	.432	2.056	90.899				
15	.373	1.776	92.676				
16	.331	1.575	94.251				
17	.293	1.394	95.645				
18	.282	1.343	96.988				
19	.242	1.153	98.141				
20	.208	.990	99.131				
21	.182	.869	100.000				

萃取法：主軸因子萃取法。

a. 當因子產生相關時，無法加入平方和負荷量 以取得總變異數。

報表 6：從「因素陡坡圖」中，可清楚看出第 5 個特徵值至第 21 個特徵值呈現一條緩坡，故萃取 4 個因素較合適。

由於圖 7-69 與圖 7-65 的探索性因素分析，並沒有更改人數或題數，故此部分（圖 7-70 報表 6）的陡坡圖與圖 7-66 報表 6 的陡坡圖是相同的。

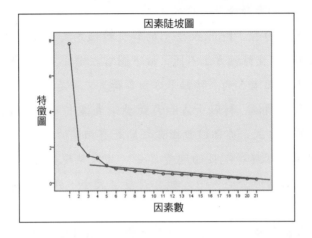

報表 7：從「因子矩陣」可以看出每道題目與因素之間的因素負荷量，空白的地方，代表因素負荷量未高於 .40。

　　由於圖 7-69 與圖 7-65 的探索性因素分析，並沒有更改人數或題數，故此部分（圖 7-70 報表 7）的因子矩陣與圖 7-66 報表 7 的因子矩陣是相同的。

因子矩陣[a]

	因子			
	1	2	3	4
a1	.625			
a3	.628	-.420		
a4	.708	-.468		
a5	.594			
a6	.602			
a10	.443			
a11	.607			
a12	.536			.485
a14	.489			
a15	.509			
a16	.472			
a17		.534		
a19	.470	.401		
a21	.715			
a22	.493	.424		
a23	.703			
a24	.606			
a25	.726			
a26	.736			
a28	.618		-.457	
a29	.595			

萃取方法：主軸因子
a. 萃取了 4 個因子。需要 9 個疊代。

報表 8：從「樣式矩陣」可清楚看出每道題目與因素之間的樣式係數，藉由樣式係數大小，可協助判斷每題應歸屬哪個因素。從下圖每題的樣式係數可知，第 1 題（a1）、第 3 題（a3）、第 4 題（a4）、第 5 題（a5）與第 6 題（a6）等 5 題應歸屬第 1 個因素。

第 10 題（a10）、第 11 題（a11）、第 12 題（a12）、第 14 題（a14）與第 15 題（a15）等 5 題應歸屬第 4 個因素。

第 16 題（a16）、第 17 題（a17）、第 19 題（a19）、第 21 題（a21）、第 22 題（a22）與第 23 題（a23）等 6 題應歸屬第 2 個因素。

第 24 題（a24）、第 25 題（a25）、第 26 題（a26）、第 28 題（a28）與第 29 題（a29）等 5 題應歸屬第 3 個因素。

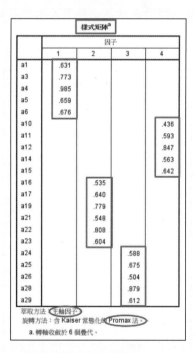

報表 9：從「結構矩陣」可清楚看出每題與因素之間的結構係數，藉由結構係數大小，可協助判斷每題應歸屬於哪個因素。

在解讀結構係數時需特別注意，由於結構係數易產生一道題目與兩個以上因素之間的結構係數高於 .40 的情形，故不適合採用圖 7-45 的第三項原則，亦即有 2 個超過 .40 的因素負荷量即刪除該題。而是採用題目與哪個因素的結構係數較高，即歸屬該因素的判斷原則。以 a3 為例，雖然有 3 個超過 .40 的結構係數，但 a3 與第 1 個

因素的結構係數為 .780；而 a3 與第 3 個因素的結構係數為 .408，第 4 個因素的結構係數為 .457，故 a3 仍歸屬第 1 個因素較合適。

從下圖每題的結構係數可知，第 1 題（a1）、第 3 題（a3）、第 4 題（a4）、第 5 題（a5）與第 6 題（a6）等 5 題應歸屬第 1 個因素。

第 10 題（a10）、第 11 題（a11）、第 12 題（a12）、第 14 題（a14）與第 15 題（a15）等 5 題應歸屬第 4 個因素。

第 16 題（a16）、第 17 題（a17）、第 19 題（a19）、第 21 題（a21）、第 22 題（a22）與第 23 題（a23）等 6 題應歸屬第 2 個因素。

第 24 題（a24）、第 25 題（a25）、第 26 題（a26）、第 28 題（a28）與第 29 題（a29）等 5 題應歸屬第 3 個因素。

由此可知，由樣式矩陣與結構矩陣所判斷的題目歸屬結果是相同的。

結構矩陣

	因子			
	1	2	3	4
a1	.706		.500	.424
a3	.780		.408	.457
a4	.921		.414	.454
a5	.699		.431	.410
a6	.711		.415	.422
a10				.500
a11	.445	.449	.421	.680
a12	.410			.738
a14			.410	.588
a15			.423	.635
a16		.580	.451	
a17		.598		
a19		.698		
a21	.524	.725	.493	.590
a22		.729		
a23	.411	.767	.572	.561
a24	.464	.400	.660	
a25	.517	.456	.788	.554
a26	.521	.506	.728	.611
a28			.807	.475
a29	.499		.659	

萃取方法：主軸因子
旋轉方法：含 Kaiser 常態化的 Promax 法。

報表 10：在「因子相關矩陣」表格中，可得到各因素之間的積差相關係數。4 個因素兩兩之間的積差相關係數皆為正值，相關係數大小為 .416 至 .597。

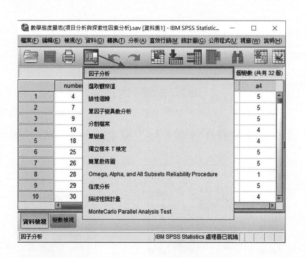

圖 7-70　採用「Promax 法」的斜交轉軸之 SPSS 因素分析統計報表

　　為了完整呈現所有樣式係數與結構係數，還需透過圖 7-71 的步驟，才能得到完整的樣式係數與結構係數。

步驟 1：請點選「叫回最近使用的對話」，出現選單後，點選「因子分析」，
如下圖所示。

步驟 2：在「因子分析」對話窗中，點選「選項 (O)」，如下圖所示。

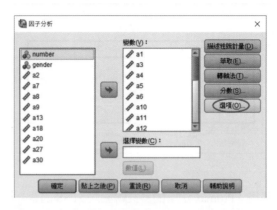

步驟 3：在「因子分析：選項」的對話窗中，取消左下方「□隱藏較小的係
數」，再按「繼續」按鈕，如下圖所示。

步驟 4：在「因子分析」對話窗中，按「確定」按鈕，如下圖所示。

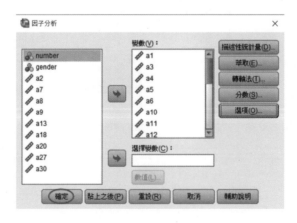

圖 7-71　得到完整樣式係數與結構係數的 SPSS 操作步驟

　　經過圖 7-71 的 SPSS 操作步驟，即可得到圖 7-72 完整的樣式係數與結構係數。由於圖 7-72 的 SPSS 統計報表與圖 7-70 的 SPSS 統計報表，只有在「樣式矩陣」與「結構矩陣」這兩個報表有所不同，其他的報表皆相同，故圖 7-72 只呈現「樣式矩陣」與「結構矩陣」這兩個報表。

報表 1： 在「樣式矩陣」的表格中，可以得到每道題目與因素之間的樣式係數。由樣式係數可知：a1、a3、a4、a5 與 a6 等 5 題是歸屬於第 1 個因素；a10、a11、a12、a14 與 a15 等 5 題是歸屬於第 4 個因素；a16、a17、a19、a21、a22 與 a23 等 6 題是歸屬於第 2 個因素；a24、a25、a26、a28 與 a29 等 5 題是歸屬於第 3 個因素。

樣式矩陣

	因子			
	1	2	3	4
a1	.631	-.062	.212	-.021
a3	.773	-.059	-.006	.062
a4	.985	.059	-.097	-.067
a5	.659	-.033	.099	.002
a6	.676	.001	.047	.018
a10	-.040	.192	-.027	.436
a11	.088	.121	-.043	.593
a12	.053	-.158	-.091	.847
a14	-.060	-.021	.116	.563
a15	-.063	-.068	.109	.642
a16	-.022	.535	.293	-.191
a17	-.310	.640	.198	-.034
a19	.077	.779	-.168	-.044
a21	.195	.548	-.022	.204
a22	.064	.808	-.181	-.018
a23	-.010	.604	.171	.143
a24	.181	.065	.588	-.097
a25	.109	.007	.675	.086
a26	.104	.085	.504	.207
a28	-.152	-.060	.879	.066
a29	.248	-.068	.612	-.079

萃取方法：主軸因子
旋轉方法：含 Kaiser 常態化的 Promax 法。
a. 轉軸收斂於 6 個疊代。

報表 2： 在「結構矩陣」表格中，可得到每題與因素之間的結構係數。由結構係數可知，a1、a3、a4、a5 與 a6 等 5 題應歸屬第 1 個因素；a10、a11、a12、a14 與 a15 等 5 題應歸屬第 4 個因素；a16、a17、a19、a21、a22 與 a23 等 6 題應歸屬第 2 個因素；a24、a25、a26、a28 與 a29 等 5 題應歸屬第 3 個因素。

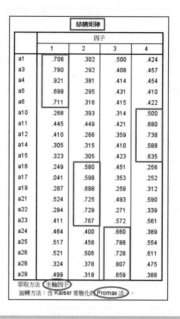

圖 7-72 完整的樣式係數與結構係數

　　對因素分析的轉軸方式，若決定採用斜交轉軸方式，則在因素分析統計結果呈現上，應該呈現完整的樣式係數與結構係數。此時可採用筆者所寫的 EXCEL 程式「樣式係數與結構係數合併方式 .xlsx」，其操作步驟，如圖 7-73 所示。

步驟 1： 開啟「樣式係數與結構係數合併方式 .xlsx」的 EXCEL 程式，如下圖所示。

步驟 2：將圖 7-72 報表 1 的樣式矩陣，按滑鼠右鍵，進行複製的動作，如下圖所示。

步驟 3：點選「樣式係數與結構係數合併方式 .xlsx」的 EXCEL 程式之「工作表 2」，如下圖所示。

步驟 4：點選「樣式係數與結構係數合併方式 .xlsx」的 EXCEL 程式之「工作表 2」的 A1 欄位，進行貼上的動作，如下圖所示。

步驟 5：點選「工作表 2」中的「樣式矩陣」，按滑鼠右鍵，進行複製的動作，如下圖所示。

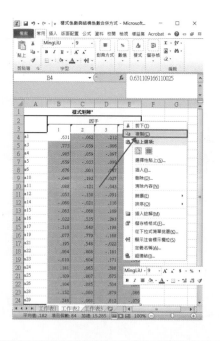

步驟 6：點選「樣式係數與結構係數合併方式 .xlsx」的 EXCEL 程式之「工作表 1」，在 H2 欄位，進行貼上的動作，如下圖所示。

步驟 7：將圖 7-72 報表 2 的結構矩陣，按滑鼠右鍵，進行複製的動作，如下圖所示。

結構矩陣

	因子			
	1	2	3	4
a1	.706	.302	.500	.424
a3	.780	.292	.408	.457
a4	.921	.381	.414	.454
a5	.699	.295	.431	.410
a6	.711	.316	.415	.422
a10	.268	.393	.314	.500
a11				.80
a12				.38
a14				.88
a15				.35
a16				.56
a17				.52
a19				.12
a21				.90
a22	.254	.729	.271	.539
a23	.411	.767	.572	.561
a24	.464	.400	.660	.389
a25	.517	.456	.788	.554
a26	.521	.506	.728	.611
a28	.324	.378	.807	.475
a29	.499	.318	.659	.388

（右鍵選單：剪下、複製、選擇性複製...、貼上之後(P)、建立編輯自動執行程式檔(0)...、匯出(E)...、編輯內容(O)）

萃取方法：主軸因子。

旋轉方法：含 Kaiser 常態化的 Promax 法。

步驟 8：點選「樣式係數與結構係數合併方式 .xlsx」的 EXCEL 程式之「工作表 2」的 G1 欄位，進行貼上的動作，如下圖所示。

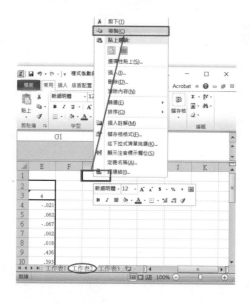

步驟 9：點選「工作表2」中的「結構矩陣」，按滑鼠右鍵，進行複製的動作，如下圖所示。

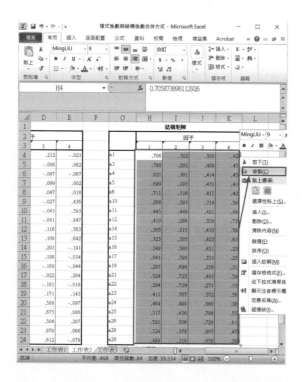

步驟 10：點選「樣式係數與結構係數合併方式 .xlsx」的 EXCEL 程式之「工作表 1」，在 O2 欄位，進行貼上的動作，如下圖所示。

步驟 11：在 V2 至 Y22 欄位中，即可看到樣式係數與結構係數合併，如下圖所示。

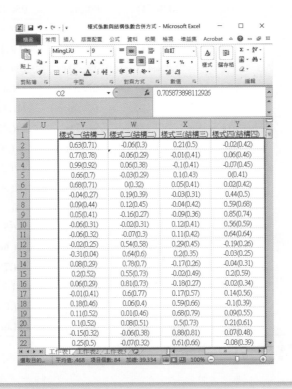

圖 7-73　樣式係數與結構係數合併方式

　　將圖 7-73 合併後的樣式係數與結構係數，轉換成表 7-15。由表 7-15 可知，第 1 個因素命名為「數學學習信心」，包含 a1、a3、a4、a5 與 a6 等 5 題，即是數學態度量表的第 1 分量表；第 2 個因素命名為「數學焦慮」，包含 a16、a17、a19、a21、a22 與 a23 等 6 題，即是數學態度量表的第 3 分量表；第 3 個因素命名為「數學的實用性」，包含 a24、a25、a26、a28 與 a29 等 5 題，即是數學態度量表的第 4 分量表；第 4 個因素命名為「數學學習動機」，包含 a10、a11、a12、a14 與 a15 等 5 題，即是數學態度量表的第 2 個分量表。

表 7-15

數學態度量表各分量表的樣式係數與結構係數

因素命名	題目 樣式係數 （結構係數）	因素一 樣式係數 （結構係數）	因素二 樣式係數 （結構係數）	因素三 樣式係數 （結構係數）	因素四 樣式係數 （結構係數）
數學學習信心	a1	**.63**(**.71**)	-.06(.30)	.21(**.50**)	-.02(**.42**)
	a3	**.77**(**.78**)	-.06(.29)	-.01(**.41**)	.06(**.46**)
	a4	**.99**(**.92**)	.06(.38)	-.10 (**.41**)	-.07(**.45**)
	a5	**.66**(**.70**)	-.03(.29)	.10 (**.43**)	.00(**.41**)
	a6	**.68**(**.71**)	.00(.32)	.05(**.41**)	.02(**.42**)
數學學習動機	a10	-.04(.27)	.19(.39)	-.03(.31)	**.44**(**.50**)
	a11	.09(**.44**)	.12(**.45**)	-.04(**.42**)	**.59**(**.68**)
	a12	.05(**.41**)	-.16(.27)	-.09(.36)	**.85**(**.74**)
	a14	-.06(.31)	-.02(.31)	.12(**.41**)	**.56**(**.59**)
	a15	-.06(.32)	-.07(.30)	.11(**.42**)	**.64**(**.64**)
數學焦慮	a16	-.02(.25)	**.54**(**.58**)	.29(**.45**)	-.19(.26)
	a17	-.31(.04)	**.64**(**.60**)	.20 (.35)	-.03(.25)
	a19	.08(.29)	**.78**(**.70**)	-.17(.26)	-.04(.31)
	a21	.20 (**.52**)	**.55**(**.73**)	-.02(**.49**)	.20 (**.59**)
	a22	.06(.29)	**.81**(**.73**)	-.18(.27)	-.02(.34)
	a23	-.01(**.41**)	**.60 (.77**)	.17(**.57**)	.14(**.56**)
數學的實用性	a24	.18(**.46**)	.06(.40)	**.59**(**.66**)	-.10 (.39)
	a25	.11(**.52**)	.01(**.46**)	**.68**(**.79**)	.09(**.55**)
	a26	.10 (**.52**)	.08(**.51**)	**.50 (.73**)	.21(**.61**)
	a28	-.15(.32)	-.06(.38)	**.88**(**.81**)	.07(**.48**)
	a29	.25(**.50**)	-.07(.32)	**.61**(**.66**)	-.08(.39)

註：樣式係數或結構係數大於 .40 的以粗體字呈現。

Chapter

8

進行信度分析

壹、「進行信度分析」之理論基礎

貳、「進行信度分析」之實例分析

完成探索性因素分析後，需得進行量表的信度分析。底下將分別介紹「進行信度分析」之理論基礎，以及「進行信度分析」之實例分析兩個部分。

壹、「進行信度分析」之理論基礎

信度是評判一份量表是否優良的重要指標，信度不高的量表便不會是一份適切量表。量表的信度有許多種類型，雖然 α 係數是最常被使用的信度類型。但 Goodboy 與 Martin（2020）認為量表的資料需要滿足「單一向度」（unidimensionality）、「本質的 tau 等值模式」（essentially tau-equivalent model）與「誤差項之間沒有相關」（uncorrelated errors）等三項基本假定，才適合採用 α 係數。量表的資料若不符合上述三項基本假定，Goodboy 與 Martin 建議改用 ω 係數來進行量表的信度之估算。

底下將分成信度的基本概念、信度的內涵與類型、α 係數與其 95% 信賴區間的估算、分層 α 係數（stratified alpha）與 ω 係數的估算等五個部分介紹。

一、信度的基本概念

想要瞭解信度的概念，應先瞭解古典測驗理論（classical test theory）的內涵。古典測驗理論主張一位受試者在某個測量工具所獲得的分數，稱為觀察分數（observed score）或稱為實得分數（obtained score），通常用 X 表示觀察分數。而觀察分數是由受試者的真實分數（true score）與誤差分數（error score）這兩種分數所組成，真實分數通常以 T 表示，誤差分數通常以 E 表示。這三種分數的關係，即為公式 8-1 所示。

$$X = T + E \qquad (8\text{-}1)$$

公式 8-1 的觀察分數 X 是指受試者在某個測量工具所獲得的分數；真實分數 T 是指受試者本身真實的能力分數；誤差分數 E 是指因測量誤差所造成的分數。

根據公式 8-1 的概念，假若有一位學生在某份測驗考 82 分，這 82 分是該位學生的觀察分數 X，至於這位學生的真實分數 T 是無法得知的。這位學生的真實分數 T 有多種可能，例如：假使這位學生運氣很好，有 3 道題目不會寫，但這 3 題全猜對，所以多得 6 分（假設每道題目 2 分），此時該位學生的真實分數 T 為 76 分，而誤差分數則為 6 分。假使這位學生 3 道不會寫的題目，只猜對 2 題，

則真實分數 T 為 78 分，而誤差分數則為 4 分。相對地，假若這位學生運氣很不好，有 2 道題目會寫的題目，因為粗心大意，這 2 題全寫錯，所以少得 4 分，此時該位學生的真實分數 T 為 86 分，而誤差分數則為 -4 分。當然也有可能該位學生觀察分數 X 的 82 分恰好等於真實分數 T 的 82 分，此時誤差分數為 0 分。

古典測驗理論除了公式 8-1 這個重要的假定外，也提出公式 8-2 至公式 8-5 等四項的基本假定（Allen & Yen, 1979; Crocker & Algina, 1986）：

$$\mu_X = T \tag{8-2}$$

公式 8-2 假定觀察分數的平均數為真實分數，其中 μ 表示母群（population）的平均數，μ_X 表示觀察分數的平均數，T 表示真實分數。

$$\mu_E = 0 \tag{8-3}$$

公式 8-3 假定誤差分數的平均數為零，其中 μ_E 表示誤差分數的平均數。

$$\rho_{TE} = 0 \tag{8-4}$$

公式 8-4 假定真實分數 T 與誤差分數 E 的積差相關係數為 0，亦即真實分數 T 與誤差分數 E 兩者並無相關。其中 ρ 表示母群的積差相關係數，ρ_{TE} 表示真實分數 T 與誤差分數 E 的積差相關係數。

假若真實分數較高的受試者，會有較高的誤差分數；真實分數普通的受試者，會有普通的誤差分數；真實分數較低的受試者，會有較低的誤差分數，則表示真實分數與誤差分數的積差相關係數不等於 0，如此將違反公式 8-4 的假定。公式 8-4 假定不論受試者的真實分數是高、中、低，其誤差分數並不會隨著真實分數而有系統性的變化。

$$\rho_{E_1E_2} = 0 \tag{8-5}$$

公式 8-5 假定兩個不同測驗的誤差分數之間的積差相關係數為 0，亦即第 1 份測驗的誤差分數 E_1 與第 2 份測驗的誤差分數 E_2，兩者並無相關。

　　同樣地，假若第 1 份測驗的誤差分數 E_1 較高的受試者，其第 2 份測驗的誤差分數 E_2 也會較高；第 1 份測驗的誤差分數 E_1 普通的受試者，其第 2 份測驗的誤差分數 E_2 也會普通；第 1 份測驗的誤差分數 E_1 較低的受試者，其第 2 份測驗的誤差分數 E_2 也會較低，則表示第 1 份測驗的誤差分數 E_1 與第 2 份測驗的誤差分數 E_2 之積差相關係數不等於 0，如此將違反公式 8-5 的假定。公式 8-5 假定不論受試者在第 1 份測驗的誤差分數是高、中、低，其在第 2 份測驗的誤差分數並不會隨之產生系統性的變化。

　　由公式 8-1 的 $X = T + E$ 可知，觀察分數、真實分數與誤差分數三者分數之間的關係，而觀察分數、真實分數與誤差分數三者的變異數之關係，則如公式 8-6 所示。

$$\sigma_X^2 = \sigma_{(T+E)}^2 = \sigma_T^2 + \sigma_E^2 + 2 \times \rho_{TE}\,\sigma_T\,\sigma_E \tag{8-6}$$

　　公式 8-6 表示觀察分數的變異數 σ_X^2 可拆解成三項數值的加總，第一項為真實分數的變異數 σ_T^2，第二項為誤差分數的變異數 σ_E^2，第三項為 2 倍的真實分數與誤差分數之積差相關係數 ρ_{TE} 乘以真實分數的標準差 σ_T，再乘以誤差分數的標準差 σ_E。

　　而由公式 8-4 假定真實分數 T 與誤差分數 E 的積差相關係數為 $\rho_{TE} = 0$，故公式 8-6 可簡化為公式 8-7。公式 8-7 可知觀察分數的變異數 σ_X^2，等於真實分數的變異數 σ_T^2 加誤差分數的變異數 σ_E^2。

$$\sigma_X^2 = \sigma_{(T+E)}^2 = \sigma_T^2 + \sigma_E^2 \tag{8-7}$$

　　古典測驗理論對於研究工具的信度之定義為：真實分數變異數 σ_T^2 與觀察分數變異數 σ_X^2 之比值，如公式 8-8 所示。公式 8-8 的 $\rho_{XX'}$ 表示一個測驗工具的觀察分數 X 與一個平行模式（parallel model）的測驗之觀察分數 X' 之積差相關係數，σ_T^2 表示真實分數的變異數，σ_X^2 表示觀察分數的變異數。

$$\rho_{XX'} = \frac{\sigma_T^2}{\sigma_X^2} \tag{8-8}$$

　　由於觀察分數變異數 σ_X^2 等於真實分數變異數 σ_T^2 與誤差分數變異數之和，當誤差分數變異數 σ_E^2 為 0 時，真實分數變異數 σ_T^2 恰好等於觀察分數變異數 σ_X^2，

故真實分數變異數 σ_T^2 與觀察分數變異數 σ_X^2 之比值會有最大值 1。且因為變異數一定為正數或 0，故兩個變異數的比值，最小值為 0。故信度的數值範圍介於 0 至 1 之間，信度數值越大，顯示測量結果越一致。

　　針對如何測量研究工具的信度，從古典測驗理論所發展出來的測量模式，除了公式 8-8 所提及「平行模式」外，還包含 tau 等值模式（tau-equivalent model）、本質的 tau 等值模式、同因素模式（congeneric model）等三種。由於古典測驗理論用來表示真實分數的 T，是第十九個希臘字母，讀音為 [tau]，所以在測驗理論上，就常用 tau 來表示真實分數。

　　針對信度理論的這四種測量模式，Graham（2006）認為若根據基本假定的多寡區分，基本假定越多表示是越嚴格的模式，則這四種測量模式的嚴格程度，依序分別是平行模式（最嚴格）、tau 等值模式、本質的 tau 等值模式、同因素模式（最寬鬆）。

　　平行模式要求所有題目需測量相同的因素、有相同的迴歸權重、有相同的測量精準度、有相同的誤差程度。因而平行模式要求每道題目有相同的真實分數（$T_i = T_j$）、每道題目有相同的誤差分數之變異數（$\sigma_{Ei}^2 = \sigma_{Ej}^2$）。$i$ 與 j 表示不同的題目。

　　tau 等值模式要求所有題目需測量相同的因素、有相同的迴歸權重、有相同的測量精準度、但可以有不同的誤差程度。因而 tau 等值模式要求每道題目有相同的真實分數（$T_i = T_j$），但每道題目可以有不同的誤差分數之變異數（$\sigma_{Ei}^2 \neq \sigma_{Ej}^2$）。

　　本質的 tau 等值模式要求所有題目需測量相同的因素、有相同的迴歸權重、但可以有不同的測量精準度、可以有不同的誤差程度。因而本質的 tau 等值模式不要求每道題目有相同的真實分數，兩道題目的真實分數，可有一固定常數的差距（$T_i = T_j + a$）。每道題目可以有不同的誤差分數之變異數（$\sigma_{Ei}^2 \neq \sigma_{Ej}^2$），$a$ 為一個常數。

　　同因素模式要求所有題目需測量相同的因素、但可以有不同的迴歸權重、可以有不同的測量精準度、可以有不同的誤差程度。同因素模式不要求每道題目有相同的真實分數（$T_i = b \times T_j + a$），每道題目可以有不同的誤差分數之變異數（$\sigma_{Ei}^2 \neq \sigma_{Ej}^2$）。$a$ 為一個常數，b 是不為 1 的常數。

　　上述四種不同測量模式的特質，可整理成表 8-1。

表 8-1

信度理論四種不同測量模式對真實分數、誤差分數的變異數之假定

模式	真實分數 T	誤差分數 E 之變異數 σ_E^2
平行模式	$T_i = T_j$	$\sigma_{Ei}^2 = \sigma_{Ej}^2$
tau 等值模式	$T_i = T_j$	$\sigma_{Ei}^2 \neq \sigma_{Ej}^2$
本質的 tau 等值模式	$T_i = T_j + a$	$\sigma_{Ei}^2 \neq \sigma_{Ej}^2$
同因素模式	$T_i = b \times T_j + a$	$\sigma_{Ei}^2 \neq \sigma_{Ej}^2$

註：i 與 j 表示不同的題目；a 表示為一個常數；b 表示不為 1 的常數。

　　若以第 7 章所介紹的因素分析觀點，則題目的觀察分數 X 等於常數項 μ，加上因素負荷量 λ 乘以因素 F，再加上誤差變項 E，請參考公式 7-5 所示。茲將第 7 章所介紹的公式 7-5，改寫成公式 8-9。公式 8-9 的 μ 即為觀察分數 X 的平均數，$E(X) = \mu$。其中 $E(X)$ 表示觀察分數 X 的期望值，亦即 $E(X)$ 表示觀察分數 X 的平均數。

$$X = \mu + \lambda \times F + E \tag{8-9}$$

　　若從公式 8-9 的角度思考，則上述的平行模式、tau 等值模式、本質的 tau 等值模式、同因素模式等四種不同測量模式，主要的區別點在於常數項 μ、因素負荷量 λ 與誤差變項 E 之變異數 σ_E^2 這三項統計特質，如表 8-2 所示。

表 8-2

信度理論四種不同測量模式對因素負荷量、誤差變項的變異數之假定

模式	觀察分數 X 的平均數 μ	因素負荷量 λ	誤差變項 E 之變異數 σ_E^2
平行模式	$\mu_i = \mu_j$	$\lambda_i = \lambda_j$	$\sigma_{Ei}^2 = \sigma_{Ej}^2$
tau 等值模式	$\mu_i = \mu_j$	$\lambda_i = \lambda_j$	$\sigma_{Ei}^2 \neq \sigma_{Ej}^2$
本質的 tau 等值模式	$\mu_i \neq \mu_j$	$\lambda_i = \lambda_j$	$\sigma_{Ei}^2 \neq \sigma_{Ej}^2$
同因素模式	$\mu_i \neq \mu_j$	$\lambda_i \neq \lambda_j$	$\sigma_{Ei}^2 \neq \sigma_{Ej}^2$

註：i 與 j 表示不同的題目。

　　茲以 1 個因素包含 5 道題目為例，說明根據公式 8-9 的因素分析模式，平行模式、tau 等值模式、本質的 tau 等值模式、同因素模式等四種不同測量模式，所形成的因素分析模式圖形，如圖 8-1 至圖 8-4 所示。

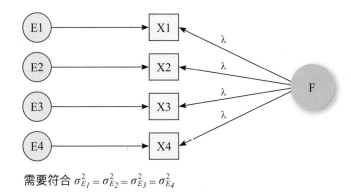

需要符合 $\sigma^2_{E_1} = \sigma^2_{E_2} = \sigma^2_{E_3} = \sigma^2_{E_4}$

圖 8-1　平行模式的因素分析模式圖形

　　由圖 8-1 可知，平行模式的因素分析模式，要求每道題目的因素負荷量 λ 皆相同，且誤差變項 E 之變異數 σ^2_E 皆相等，因平行模式要求每道題目的真實分數 T 是相等，故每道題目的因素負荷量 λ 皆相同時，則每道題目的平均數 μ 就自然會相等。

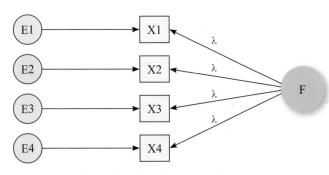

不需要符合 $\sigma^2_{E_1} = \sigma^2_{E_2} = \sigma^2_{E_3} = \sigma^2_{E_4}$
需要符合 $\mu_1 = \mu_2 = \mu_3 = \mu_4$

圖 8-2　tau 等值模式的因素分析模式圖形

　　由圖 8-2 可知，tau 等值模式的因素分析模式，要求每道題目的因素負荷量 λ 皆相同，且要求每道題目的平均數 μ 皆相等，但不要求誤差變項 E 之變異數 σ^2_E 皆相等。因 tau 等值模式要求每道題目的真實分數 T 是相等，故每道題目的因素負荷量 λ 皆相同時，則每道題目的平均數 μ 就自然會相等。

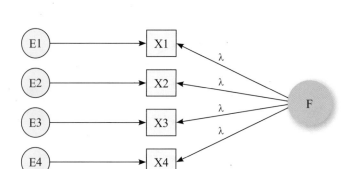

不需要符合 $\sigma_{E_1}^2 = \sigma_{E_2}^2 = \sigma_{E_3}^2 = \sigma_{E_4}^2$
不需要符合 $\mu_1 = \mu_2 = \mu_3 = \mu_4$

圖 8-3　本質的 tau 等值模式之因素分析模式圖形

由圖 8-3 可知，本質的 tau 等值模式之因素分析模式，要求每道題目的因素負荷量 λ 皆相同，但不要求每道題目的平均數 μ 皆相等，也不要求誤差變項 E 之變異數 σ_E^2 皆相等。

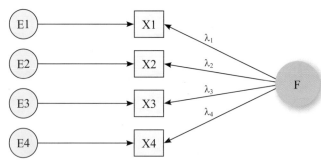

不需要符合 $\sigma_{E_1}^2 = \sigma_{E_2}^2 = \sigma_{E_3}^2 = \sigma_{E_4}^2$
不需要符合 $\mu_1 = \mu_2 = \mu_3 = \mu_4$

圖 8-4　同因素模式的因素分析模式圖形

由圖 8-4 可知，同因素模式的因素分析模式，不要求每道題目的因素負荷量 λ 皆相同，也不要求誤差變項 E 之變異數 σ_E^2 皆相等。若符合前面兩個條件，則每道題目的平均數 μ 就不會完全相等。

二、信度的內涵與類型

信度是指測量結果的一致性，測量結果越一致，則信度越高。測量結果之所以出現不一致的情形，主要是有測量誤差的緣故。由於我們無法精準掌握測量誤差的實際數值，故信度也無法獲得精準的實際數值，只能透過估算方式，去推估可能的信度數值。

　　一般而言，一份量表的測量誤差有 3 個主要來源：一是量表在不同時間點施測所致，二是量表的題目內容不同質所致，三是不同評分者所致（涂金堂，2023b）。

　　針對不同時間點的誤差來源，採用的信度估算方法，是所謂的再測信度（test-retest reliability）。再測信度的估算是讓同一群受試者在兩個不同時間點，接受相同一份量表的施測，然後計算受試者在兩個不同時間點所獲得的兩次分數之積差相關係數。進行再測信度的估算時，最重要的是注意兩次施測時間的間隔時距。若兩次施測的時間間隔過短，易造成因受記憶的影響，而高估再測信度。相反地，若兩次施測時間間隔過長，易受學習或成熟因素的干擾，而低估再測信度。Lester 與 Bishop（2000）建議估算再測信度的間隔時間，大約是四至六週。

　　針對不同試題內容的誤差來源，主要是探討量表的內部一致性，探討內部一致性的方法主要有折半信度、KR20、α 係數與 ω 係數等四種。

　　折半信度的估算方式是讓受試者接受一份量表，將整份量表的題目分成兩個部分，然後求受試者在兩個部分得分之積差相關係數。折半信度最常採用奇偶折半的方式，亦即採用奇數題與偶數題的拆解方式，然後計算受試者在奇數題總分與偶數題總分的積差相關係數。

　　KR20 是指 Kuder 與 Richardson（1937）所共同發表的文章中，提出的信度估算方法。KR 分別代表兩位作者的第一個姓氏的英文字母，20 則是該篇文章中的第 20 號公式。KR20 在使用上有個限制，它只適用於計分方式採用二分計分法的量表，若遇到 Likert 五點量表時，則無法採用 KR20 的信度估算方式。

　　由於 KR20 無法適用於多元計分的信度估算，Cronbach（1951）提出稱為 α 係數的信度估算方法，α 係數是一種可用在二分計分方式，也可用在多分計分的信度估算方式。由於 α 係數可適用在各種不同計分方式的信度估算上，故 α 係數是最常被用來估算量表信度的估算方法。Yang 與 Green（2011）認為在信度的估算方法中，α 係數如此受歡迎的理由有 4 點（p.377）：

1. α 係數容易解讀，當 α 係數越接近 1，表示該量表具有較高程度的內部一致性。

2. 與其他信度估算方法相比較，α 係數較為客觀且不需進行主觀性的決定。例如：若採用折半信度的估算方式，研究者得考慮採用何種折半的方式（奇偶折半或隨機折半），若採再測信度的估算方式，研究者得考慮前後測驗的間隔時間要多長（2 個星期或 4 個星期）。

3. 對於量表的編修，α 係數提供有用的訊息。進行 α 係數的估算時，可藉由刪除某一題之後的 α 係數之變化情形，作為決定刪除該題或保留該題的參考依據。

4. 多數的心理學研究者都採用 α 係數作為量表的信度估算方式，所以採用 α

係數應該比較不會出錯。

針對不同評分者的誤差來源，所採用的估算方式為評分者信度。較常用來估算評分者信度的統計方法有積差相關、等級相關與和諧係數等三種。在量表的編製上，較少採用評分者信度作為量表信度的估算方法。

信度數值要多少，才是屬於良好的信度。涂金堂（2023b）曾綜合學者專家的建議，提出如表 8-3 的判斷依據。

表 8-3

信度的判斷依據

信度的大小	信度的評鑑
.90 以上	優良
.80 至 .89	良好
.70 至 .79	普通
.60 至 .69	不良
.60 以下	極差

資料來源：引自**學習評量：評量理論與素養的實踐**（頁 178），涂金堂，2023b，三民。

在評判量表的信度時，由於題數越多，信度也容易越高，故除了可參考表 8-1 的判斷依據外，也應同時考量量表題數的多寡。一般而言，量表的信度大小，最好高於 .80，至少高於 .70。當分量表的題數只有 3 至 5 題時，則信度 .60 至 .69 也是可接受的。

三、α 係數與其 95% 信賴區間的估算

近年來，有許多測驗學界的學者（Fan & Thompson, 2001; Huck, 2008; Onwuegbuzie & Daniel, 2002）主張在呈現量表的 α 係數時，也應同時呈現 α 係數的 95% 信賴區間。知名心理計量期刊 *Educational and Psychological Measurement* 於 2001 年，建議投稿者在呈現量表的 α 係數時，也需同時呈現 α 係數的 95% 信賴區間（Fan & Thompson, 2001）。

由於國內有關測驗評量的書籍，較少介紹 α 係數 95% 信賴區間的估算方式，故底下將分成介紹 α 係數的估算、α 係數的 95% 信賴區間估算，以及 α 係數與其 95% 信賴區間的 SPSS 的操作步驟等 3 個部分。

(一) α 係數的估算

α 係數屬於評估內部一致性的信度係數，它是由 Cronbach（1951）所發展出

來的，但更早之前，Guttman（1945）提出分別從 λ_1 至 λ_6 的六種信度估算方法，其中於該篇論文第 274 頁所呈現的第 52 號公式 λ_3，即是所謂的 α 係數的公式。茲將 Guttman 的第 52 號公式 λ_3，以公式 8-10 呈現如下。

$$\lambda_3 = \frac{n}{n-1} \left(1 - \frac{\sum_{j=1}^{n} \sigma_{xj}^2}{\sigma_t^2} \right) \tag{8-10}$$

公式 8-10 的 λ_3 即為 Guttman（1945）所提出的第三種信度估算方式；n 表示題目的數量；σ_{xj}^2 表示第 j 題分數 x 的變異數；$\sum_{j=1}^{n} \sigma_{xj}^2$ 表示所有 n 道題目的變異數總和；σ_t^2 表示受試者總分的變異數。

Cronbach（1951）於該篇論文第 299 頁所呈現的第 2 號公式 α 係數，茲以公式 8-11 呈現如下。

$$\alpha = \frac{n}{n-1} \left(1 - \frac{\sum_{i=1}^{n} V_i}{V_t} \right) \tag{8-11}$$

公式 8-11 的 α 即為 Cronbach（1951）所提出的 α 係數；n 表示題目的數量；V_i 表示第 i 題的變異數；$\sum_{i=1}^{n} V_i$ 表示所有 n 道題目的變異數總和；V_t 表示受試者總分的變異數。

考量到 n 常被用來表示樣本人數，故本書對 α 係數公式的表示方式，改以 k 代表題目的數量，如公式 8-12 所示。公式 8-12 中的 S_i^2 表示第 i 題的變異數；$\sum_{i=1}^{k} S_i^2$ 代表每道題目的變異數總和，S_x^2 代表每位受試者總分的變異數。

$$\alpha = \frac{k}{k-1} \left(1 - \frac{\sum_{i=1}^{k} S_i^2}{S_x^2} \right) \tag{8-12}$$

使用 α 係數進行信度的估算時，得先檢核蒐集的資料是否符合 α 係數的 3 個基本假定（Goodboy & Martin, 2020）：「單一向度」、「本質的 tau 等值模式」、「誤差項之間沒有相關」，這三項基本假定的內涵，請參考表 8-4 的說明。

表 8-4

α 係數的三項基本假定

三項基本假定	基本假定的內涵
單一向度	所有的題目只歸屬同一個因素
本質的 tau 等值模式	所有題目的因素負荷量是相等的
誤差項之間沒有相關	任兩道題目的誤差項，是沒有相關情形的

　　前面第 7 章所介紹的圖 7-5 的 4 道題目皆屬於同一個因素,即符合單一向度。相對地,圖 7-6 的 4 道題目同時屬於兩個因素,即不符合單一向度。而前面所介紹的圖 8-3 即是本質的 tau 等值模式之因素分析模式,它要求所有題目的因素負荷量皆相等。圖 8-1 至圖 8-4 的 4 個因素分析模式圖,所有的誤差變項皆沒有相關。相對地,圖 8-5 的誤差變項 1 與誤差變項 2,存在著相關的情形,即不符合「誤差項之間沒有相關」的基本假定。

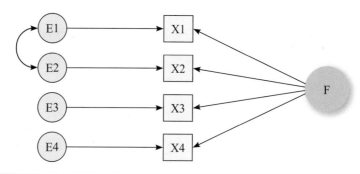

圖 8-5　誤差變項有相關的因素分析模式圖形

　　為了協助讀者瞭解 α 係數的計算方式,茲以「如何計算 α 係數」檔案,用來說明 α 係數的計算方式。「如何計算 α 係數」的檔案內容,如表 8-5 所示,是 10 位受試者接受一份 4 道題目的量表資料。

表 8-5

10 位受試者在 4 道試題的量表得分情形

編號	a1	a2	a3	a4	總分
1	5	4	5	4	18
2	3	3	4	4	14
3	4	4	3	3	14
4	4	4	3	4	15
5	4	4	4	4	16
6	5	3	5	5	18
7	4	4	5	5	18
8	5	5	5	5	20
9	3	3	4	4	14
10	3	3	4	3	13
S_i^2	0.60	0.41	0.56	0.49	$S_x^2 = 5.00$

由表 8-5 的資料可知，第 1 題受試者得分的變異數為 0.60，第 2 題受試者得分的變異數為 0.41，第 3 題受試者得分的變異數為 0.56，第 4 題受試者得分的變異數為 0.49。而每位受試者總分的變異數為 5.00。根據表 8-5 的資料，可得到 $\sum_{i=1}^{4} S_i^2 = 0.60 + 0.41 + 0.56 + 0.49 = 2.06$，$S_x^2 = 5.00$，$k = 4$。將這 3 個數據，代入公式 8-12，得到 α 係數為 .784。

$$\alpha = \frac{k}{k-1} \left(1 - \frac{\sum_{i=1}^{k} S_i^2}{S_x^2} \right) = \frac{4}{4-1} \left(1 - \frac{2.56}{5.00} \right) = 0.784$$

在估算量表的 α 係數時，有時候可能出現負的數值，理論上信度的範圍值介於 0 至 1，故不應該有負的數值。然而在量表編製的實務上，卻有可能出現 α 係數是負的不合理現象，如表 8-6 所示，表 8-6 是 10 位受試者接受一份 4 道題目的量表資料。

表 8-6

出現 α 係數是負值的資料

編號	a1	a2	a3	a4	總分
1	5	2	1	1	9
2	4	3	1	5	13
3	3	5	3	1	12
4	1	4	4	4	13
5	2	3	5	2	12
6	2	2	4	3	11
7	3	3	2	3	11
8	5	4	4	2	15
9	4	5	3	4	16
10	1	4	2	1	8
S_i^2	2.00	1.05	1.69	1.84	$S_x^2 = 5.40$

根據表 8-6 的資料，可得到 $\sum_{i=1}^{4} S_i^2 = 2.00 + 1.05 + 1.69 + 1.84 = 6.58$，$S_X^2 = 5.40$，$k = 4$。將這 3 個數據，代入公式 8-12，得到 α 係數為 -0.291。

$$\alpha = \frac{k}{k-1} \left(1 - \frac{\sum_{i=1}^{k} S_i^2}{S_x^2} \right) = \frac{4}{4-1} \left(1 - \frac{6.58}{5.40} \right) = -0.291$$

當遇到 α 係數是負的情況時，建議應先檢視是否因資料輸入錯誤，或是統計軟體操作錯誤，而導致此種不合理現象的產生。若檢視結果並無上述兩種錯誤時，則最有可能是因為題目不良所造成的，當量表的題目不是測量相同的向度，亦即量表題目是屬於異質性的題目，則容易造成 α 係數是負的情況，建議應重新編擬題目。

(二) α係數95%信賴區間的估算

如同前面所提及的，α 係數是編製情意態度量表最常呈現的信度係數，而信度係數的大小，只能透過估算的方式，所以以量表求得的 α 係數只是一個估計量數，若能提供 α 係數的信賴區間，則能讓使用者瞭解 α 係數可能的最小值與最大值。Onwuegbuzie 與 Daniel（2002）即認為一份量表只單獨呈現 α 係數，容易產生兩種缺失：首先，α 係數是一種點估算，很容易因抽樣對象的不同，而獲得不同的數值，其次，使用 α 係數的一個重要基本假定，是量表中每個分量表試題的分數，必須與其他分量表試題的分數，具有完美平行（perfectly parallel）性質。然而實際的量表，並不易符合此基本假定，因而易造成 α 係數低估或高估實際的量表信度。由於單獨呈現 α 係數，會有上述限制，為此有許多統計學者呼籲呈現量表的 α 係數時，應該同時呈現 α 係數的 95% 信賴區間（Fan & Thompson, 2001; Huck, 2008; Onwuegbuzie & Daniel, 2002）。而知名的「教育與心理測量」期刊（*Educational and Psychological Measurement*），即建議投稿者在呈現量表的 α 係數時，也需要同時呈現 α 係數的 95% 信賴區間。基於上述的理由，如何估算 α 係數的 95% 信賴區間，是一件相當重要的議題。

有關 α 係數 95% 信賴區間的計算公式，Fan 與 Thompson（2001）曾提出 α 係數 95% 信賴區間上界與下界的計算公式，如公式 8-13 與公式 8-14。

$$95\% \ \mathrm{CI}_{\mathrm{upper}} = 1 - [(1-\hat{\alpha}) \times F_{(.975),df_1,df_2}] \qquad\qquad (8\text{-}13)$$

$$95\% \ \mathrm{CI}_{\mathrm{lower}} = 1 - [(1-\hat{\alpha}) \times F_{(.025),df_1,df_2}] \qquad\qquad (8\text{-}14)$$

上述公式 8-13 的 95% $\mathrm{CI}_{\mathrm{upper}}$ 代表 95% 信賴區間上界值，公式 8-14 的 95% $\mathrm{CI}_{\mathrm{lower}}$ 代表 95% 信賴區間下界值。公式 8-13 與公式 8-14 的 $\hat{\alpha}$ 代表 α 係數的估計值，$F_{(.975),df_1,df_2}$ 與 $F_{(.025),df_1,df_2}$ 代表 F 考驗的數值。其中，$df_1 = (n-1)$，$df_2 = (n-1)(k-1)$，n 代表受試者人數，k 代表題數。

以表 8-5 的資料為例，$n = 10$，$k = 4$，得到 F 考驗的兩個自由度分別為 $df_1 =$

$(n-1) = 10-1 = 9$，$df_2 = (n-1)(k-1) = (10-1)(4-1) = 27$。經由查一般統計書所附錄的 F 機率分配表，得到 $F_{(.975),9,27} = 0.279$，$F_{(.025),9,27} = 2.631$。

將上述的數據，帶入公式 8-13 與公式 8-14，即可獲得 α 係數的 95% 信賴區間上界為 .940，而 α 係數的 95% 信賴區間下界為 .432。

$$95\% \ CI_{upper} = 1-[(1-0.784) \times 0.279] = 0.940$$
$$95\% \ CI_{lower} = 1-[(1-2.784) \times 2.631] = 0.432$$

綜合上述針對 α 係數與其 95% 信賴區間的估算，表 8-5 的資料其 α 係數為 .784，95% CI [.432, .940]，亦即量表的 α 係數雖然是 .784，但 α 係數最小值有可能是 .432，最大值有可能是 .940。

(三) 以SPSS進行α係數與其95%信賴區間的估算

底下將分成 SPSS 的操作步驟、SPSS 的報表解讀與統計表格的呈現等 3 個部分來介紹如何進行 α 係數與其 95% 信賴區間的估算。

1. SPSS 的操作步驟

透過圖 8-6 的 SPSS 操作步驟，可很容易的估算量表 α 係數與其 95% 信賴區間。圖 8-6 的步驟 4 是透過求組內相關係數（intra-class correlation coefficient [ICC]）的方式，來估算 α 係數與其 95% 信賴區間。圖 8-6 的步驟 6 是用來考驗 α 係數是否不同於 .80，會選定 .80 的原因，是一般建議量表的 α 係數最好高於 .80。

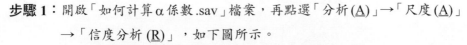

步驟 1：開啟「如何計算 α 係數 .sav」檔案，再點選「分析 (A)」→「尺度 (A)」→「信度分析 (R)」，如下圖所示。

步驟 2：在「信度分析」對話窗中，將「a1」、「a2」、「a3」與「a4」等
這 4 題，從左方變數清單中，移至右方「項目 (I)」空格中，如下圖
所示。

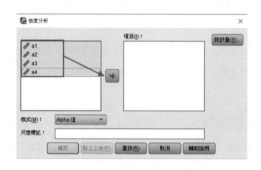

步驟 3：在「信度分析」對話窗中，點選「統計量 (S)」按鈕，如下圖所示。

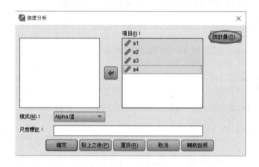

步驟 4：在「信度分析：統計量」對話窗中，勾選位於下方「組內相關係數
(T)」空格，如下圖所示。

步驟 5：在「信度分析：統計量」對話窗中，將下方「組內相關係數 (<u>T</u>)」
的「模式 (<u>M</u>)」，由原本內定的「二因子混合」，更改為「二因子
隨機」，如下圖所示。

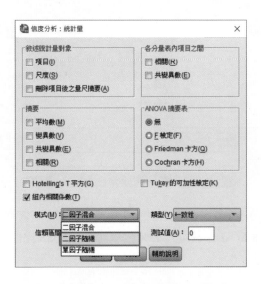

步驟 6：在「信度分析：統計量」對話窗中，將下方「組內相關係數 (<u>T</u>)」
的「測試值(<u>A</u>)」，由原本內定的「0」，更改為「0.80」，然後按「繼
續」按鈕，如下圖所示。

此步驟 SPSS 提供可以檢驗 α 係數是否不同於某個數值，由於一般
建議 α 係數最好高於 .80，所以檢定值可以設定為 .80。

步驟7：在「信度分析」對話窗中，按「確定」按鈕，即完成所有的操作步驟，如下圖所示。

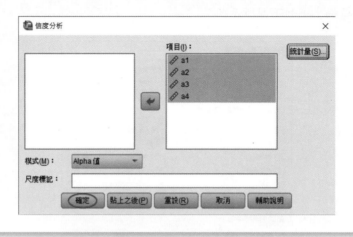

圖 8-6　α 係數與其 95% 信賴區間的 SPSS 操作步驟

除了可以透過上述的 SPSS 操作步驟，也可採用 SPSS 的語法，可以同樣得到相同的結果，SPSS 語法的操作步驟，如圖 8-7 所示。

步驟1：請點選「檔案 (F)」→「開啟新檔 (N)」→「語法 (S)」，如下圖所示。

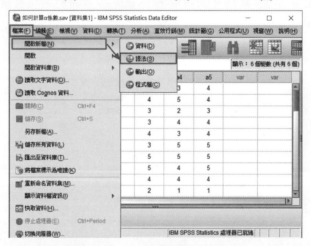

步驟2：經過步驟1的動作後，SPSS 會產生下圖的「IBM SPSS Statistics Syntax Editor」對話窗。

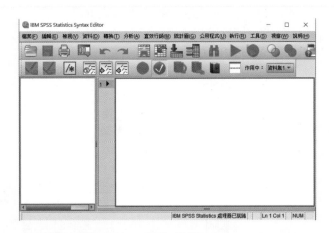

步驟 3：在本書附檔資料第八章，開啟「第八章圖 8-7 的 α 係數與 95% 信賴區間估算的語法 .docx」的 WORD 檔，選取檔案中的語法，如下圖所示。

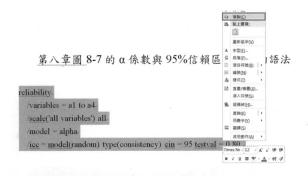

步驟 4：請在「IBM SPSS Statistics Syntax Editor」對話窗中，點選滑鼠右鍵，再點選「貼上」，如下圖所示。

步驟 5：在「IBM SPSS Statistics Syntax Editor」對話窗中，會出現如下的語法，如下圖所示。

步驟 6：請點選「執行 (R)」→「全部 (A)」，即完成 SPSS 語法的操作步驟，如下圖所示。

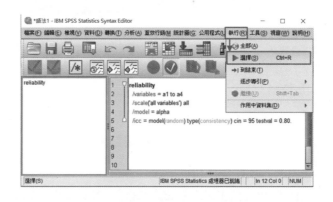

圖 8-7　α 係數與其 95% 信賴區間的 SPSS 語法操作步驟

2. SPSS 的報表解讀

經過上述圖 8-6 或圖 8-7 的 SPSS 操作步驟，即可得到圖 8-8 的 SPSS 報表。由圖 8-8 的報表 1，可得知量表的總題數，以及這些題目的 α 係數。

報表 1：在「觀察值處理摘要」表格中，可知有 10 筆有效的觀察值，如下圖所示。

觀察值處理摘要

		個數	%
觀察值	有效	10	100.0
	排除[a]	0	.0
	總數	10	100.0

a. 根據程序中的所有變數刪除全部遺漏值。

報表 2： 在「可靠性統計量」表格中，可知有 4 道題目，α 值為 .784，如下圖所示。

可靠性統計量

Cronbach's Alpha 值	項目的個數
.784	4

報表 3： 在「組內相關係數」表格中，「平均測量」這一列數值中，在「組內相關」可以看到 .784 的數值，此即為 α 係數，如下圖所示。

在「95% 信賴區間」可看到下界為 .432，上界為 .940，此結果與前面透過公式 8-13 與公式 8-14 所計算的結果相同。

在「有真實值 0.80 的 F 檢定」中，是用來考驗 α 係數是否為 .80，考驗結果顯示 $F_{(9, 27)} = 0.926$，$p = .519$，由於 $p > .05$，顯示考驗結果未落入拒絕區，故需接受虛無假設，虛無假設為 α 係數等於 .80。

若只單獨呈現 α 係數大小，α 係數大小只是一個描述性的統計特性，透過 .80 的統計考驗，可較有信心的相信 α 係數至少有 .80 的程度。

組內相關係數

	組內相關[b]	95% 信賴區間		有真實值 .8 的 F 檢定			
		下界	上界	數值	df1	df2	Sig
單一測量	.476[a]	.160	.796	.272	9	27	.977
平均測量	.784	.432	.940	.926	9	27	.519

雙因子隨機效應模式，模式中人群效應和測量效應是隨機的。

a. 不論是否有交互效應項，估計式都是相同的。

b. 將使用測量變異數間一致性定義的型 C 組內相關係數，從分母變異數中排除。

圖 8-8 α 係數與其 95% 信賴區間的 SPSS 統計報表結果

3. 統計表格的呈現

　　根據上述 α 係數估算結果，可將這些結果整理成表 8-7。表 8-7 呈現了 α 係數估算值、α 係數 95% 信賴區間，以及量表包含的題數等部分。透過表 8-7 的呈現，可以提供量表使用者更豐富的信度資料。

表 8-7

根據表 8-5 資料所獲得的量表 α 係數相關資料

	α 係數 95% 信賴區間		
α 係數	下界	上界	題數
.784	.432	.940	4

　　研究者所編製的量表品質，信度的高低是一項重要的評判指標。在情意態度量表的編製上，Cronbach's α 係數是最常被使用的一種信度估算方式。以往許多量表編製者對信度的評估，大多只呈現 α 係數大小，但 α 係數易受限於抽樣對象的不同，而產生不同數值，因而有許多測驗學者呼籲呈現量表的信度時，除了呈現 α 係數大小，也應同時呈現 α 係數的 95% 信賴區間。

　　雖然 α 係數是最常被採用的信度估算方式，但因為使用 α 係數時，需要滿足表 8-4 所提到的「單一向度」、「本質的 tau 等值模式」與「誤差項之間沒有相關」等三項假定，若資料未符合這三項基本假定，容易造成高估或低估測驗分數或量表分數的信度。Dunn 等人（2014）認為使用 α 係數作為內部一致性信度的估算方法，可能會產生 4 點問題。

1. α 係數的假定不易達成，亦即蒐集的資料常無法符合 α 係數的假定。
2. 違反 α 係數的假定，亦造成高估或低估實際的內部一致性信度。
3. 透過刪除某一題後 α 係數之變化情形來評估該題的保留與否，此方式是依據樣本統計量的信度，因而無法確定母群參數信度之實際影響。
4. 採用點估算的 α 係數，無法反映估算歷程的變異情形。

　　當蒐集的資料違反「單一向度」的基本假定，若採用 α 係數亦造成高估或低估實際信度的問題。若使用的研究工具屬於多向度的量表，則對於多向度量表的所有題目的信度之估算，建議採用「分層 α 係數」（stratified alpha）。

四、分層 α 係數的估算

分層 α 係數中的分層（strata），是指「分量表」（subscales），或是指「分測驗」（subtests）。所以，分層 α 係數是適用於多向度量表或多向度測驗的信度估算。第 2 章的圖 2-2 即是 1 個自我概念的多向度量表，該量表包含「學術自我概念」、「社會自我概念」、「身體自我概念」與「情緒自我概念」等 4 個分量表。針對各個自我概念分量表的信度估算，是直接採用 α 係數。但對於自我概念總量表的信度估算，由於不符合 α 係數「單一向度」的基本假定，故採用分層 α 係數是比較合適的信度估算方式。

進行多向度量表的總量表之信度估算方式，Cronbach 等人（1965）提出以分層 α 係數，分層 α 係數的計算公式為公式 8-15。

$$\alpha_s = 1 - \frac{\sum_{i=1}^{m} S_i^2 (1 - r_{ii'})}{S_x^2} \tag{8-15}$$

公式 8-15 的 α_s 即為分層 α 係數；m 表示分層面（或分量表）的數量；S_i^2 表示第 i 層面的變異數；$r_{ii'}$ 表示第 i 層面的 α 係數；S_x^2 表示受試者總分的變異數。

分層 α 係數可適用於下列兩種情境：多向度量表的信度估算，以及具不同題型的測驗信度之估算。

(一) 分層α係數適用於多向度量表的信度估算

根據 Kamata 等人（2003）、Osburn（2000）、Rae（2007）等人所進行的研究顯示，對多向度量表的總分之信度估算，分層 α 係數的估算準確度高於 α 係數。基於上述的研究結果，對多向度量表總分之信度估算，建議採用分層 α 係數。

茲以一份具有兩個因素的多向度量表（第 1 個因素包含 a1、a2、a3 與 a4 等 4 道題目，第 2 個因素包含 a5、a6、a7 與 a8 等 4 道題目），說明如何獲得多向度量表總分之分層 α 係數，其操作步驟，如圖 8-9 所示。

圖 8-9 的操作步驟，分成 4 個部分：第一部分先計算第 1 個因素 4 道題目的 α 係數，第二部分再計算第 2 個因素 4 道題目的 α 係數，第三部分再計算全部 8 道題目的 α 係數，第四部分計算這兩個分量表與總量表的變異數。

步驟 1：開啟「如何計算分層 α 係數 .sav」檔案，再點選「分析 (A)」→「尺度 (A)」→「信度分析 (R)」，如下圖所示。

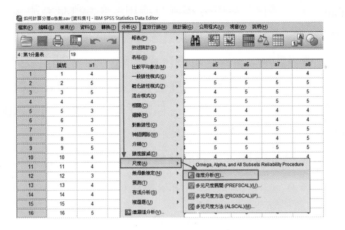

步驟 2：在「信度分析」對話窗中，將「a1」、「a2」、「a3」與「a4」等這 4 題，從左方變數清單中，移至右方「項目 (I)：」空格中，如下圖所示。

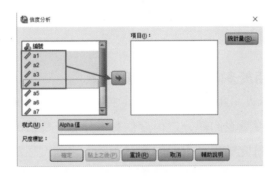

步驟 3：在「信度分析」對話窗中，點選「統計量 (S)」按鈕，如下圖所示。

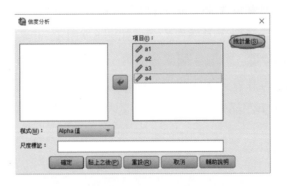

步驟 4：在「信度分析：統計量」對話窗中，勾選位於下方「組內相關係數 (T)」空格，如下圖所示。

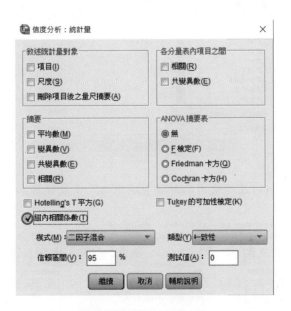

步驟 5：在「信度分析：統計量」對話窗中，將下方「組內相關係數 (T)」的「模式 (M)」，由原本內定的「二因子混合」，更改為「二因子隨機」，並按「繼續」按鈕，如下圖所示。

步驟 6：在「信度分析」對話窗中，按「確定」按鈕，如下圖所示。

步驟 7：點選「叫回最近使用的對話」框中的「信度分析」，如下圖所示。

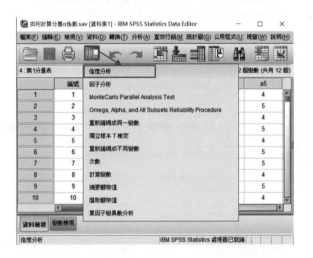

步驟 8：在「信度分析：統計量」對話窗中，將右方「項目 (I)：」空格中
「a1」、「a2」、「a3」與「a4」等這 4 題，移回左方的變數清單中，
如下圖所示。

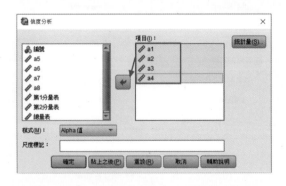

步驟9：在「信度分析」對話窗中，將「a5」、「a6」、「a7」與「a8」等
這4題，從左方變數清單中，移至右方「項目 (I)：」空格中，如下
圖所示。

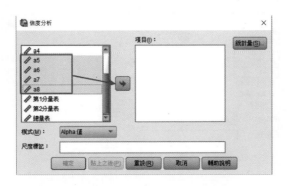

步驟10：在「信度分析」對話窗中，按「確定」按鈕，如下圖所示。

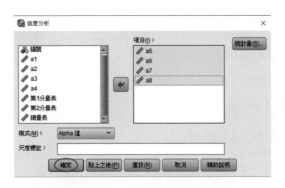

步驟11：點選「叫回最近使用的對話」框中的「信度分析」，如下圖所示。

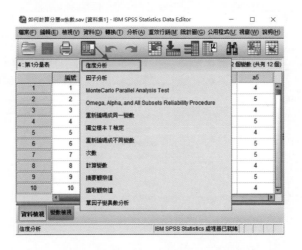

步驟 12：在「信度分析」對話窗中，將左方變數清單中的「a1」、「a2」、「a3」與「a4」等這 4 題，移至右方「項目 (I)：」空格中，如下圖所示。

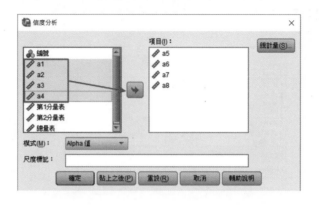

步驟 13：在「信度分析」對話窗中，按下「確定」按鈕，如下圖所示。

步驟 14：點選「分析 (A)」→「敘述統計 (E)」→「描述性統計量 (D)」，如下圖所示。

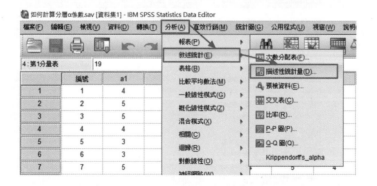

步驟 15：在「描述性統計量」對話窗中，將「第 1 分量表」、「第 2 分量表」與「總量表」等這 3 個變項，從左方變數清單中，移至右方「變數 (V)：」空格中，如下圖所示。

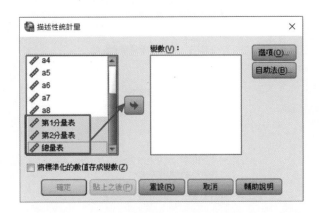

步驟 16：在「描述性統計量」對話窗中，點選「選項 (O)：」，如下圖所示。

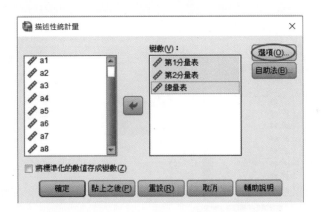

步驟 17：在「描述性統計量：選項」對話窗中，勾選「變異數 (V)」，並按「繼續」如下圖所示。

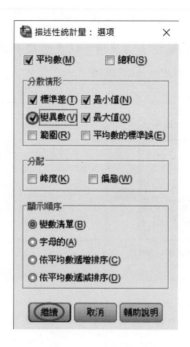

步驟 18：在「描述性統計量」對話窗中，按「確定」按鈕，如下圖所示。

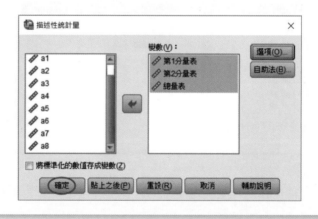

圖 8-9　計算多向度量尺信度的分層 α 係數之 SPSS 操作步驟

　　經過圖 8-9 的 SPSS 操作步驟，即可獲得圖 8-10 的 SPSS 報表。圖 8-10 的 SPSS 報表，只擷取其中關於兩個分量表與總量表的 α 係數，以及兩個分量表與總量表的描述性統計資料。

報表1： 在第 1 個「可靠性統計量」表格中，可知 a1、a2、a3 與 a4 等這 4 題的 α 係數為 .718。在第 1 個「組內相關係數」表格中，可知 α 係數的 95% 信賴區間為 [.631, .788]，如下圖所示。

可靠性統計量

Cronbach's Alpha 值	項目的個數
.718	4

組內相關係數

	組內相關[b]	95% 信賴區間		有真實值 0 的 F 檢定			
		下界	上界	數值	df1	df2	Sig
單一測量	.389[a]	.300	.482	3.542	135	405	.000
平均測量	.718[c]	.631	.788	3.542	135	405	.000

雙因子混合效應模式，模式中人群效應是隨機的，而測量效應是固定的。

  a. 不論是否有交互效應項，估計式都是相同的。

  b. 將使用測量變異數間一致性定義的型 C 組內相關係數，從分母變異數中排除。

  c. 計算此估計值時假設有交互效應項，否則便無法估計。

報表2： 在第 2 個「可靠性統計量」表格中，可知 a5、a6、a7 與 a8 等這 4 題的 α 係數為 .840。在第 2 個「組內相關係數」表格中，可知 α 係數的 95% 信賴區間為 [.791, .880]，如下圖所示。

可靠性統計量

Cronbach's Alpha 值	項目的個數
.840	4

組內相關係數

	組內相關[b]	95% 信賴區間		有真實值 0 的 F 檢定			
		下界	上界	數值	df1	df2	Sig
單一測量	.568[a]	.487	.647	6.262	135	405	.000
平均測量	.840[c]	.791	.880	6.262	135	405	.000

雙因子混合效應模式，模式中人群效應是隨機的，而測量效應是固定的。

  a. 不論是否有交互效應項，估計式都是相同的。

  b. 將使用測量變異數間一致性定義的型 C 組內相關係數，從分母變異數中排除。

  c. 計算此估計值時假設有交互效應項，否則便無法估計。

報表3： 在第 3 個「可靠性統計量」表格中，可知 a1、a2、a3、a4、a5、a6、a7 與 a8 等這 8 題的 α 係數為 .769。在第 3 個「組內相關係數」表格中，可知 α 係數的 95% 信賴區間為 [.705, .823]，如下圖所示。

可靠性統計量

Cronbach's Alpha 值	項目的個數
.769	8

組內相關係數

	組內相關[b]	95% 信賴區間		有真實值 0 的 F 檢定			
		下界	上界	數值	df1	df2	Sig
單一測量	.293[a]	.230	.368	4.322	135	945	.000
平均測量	.769[c]	.705	.823	4.322	135	945	.000

雙因子混合效應模式，模式中人群效應是隨機的，而測量效應是固定的。

a. 不論是否有交互效應項，估計式都是相同的。

b. 將使用測量變異數間一致性定義的型 C 組內相關係數，從分母變異數中排除。

c. 計算此估計值時假設有交互效應項，否則便無法估計。

報表 4：在「敘述統計」表格中，可以看到「第 1 分量表」、「第 2 分量表」與「總量表」等這 3 個變項的變異數，分別為 3.287、3.426、8.504。

敘述統計

	個數	最小值	最大值	平均數	標準差	變異數
第 1 分量表	136	7	20	17.10	1.813	3.287
第 2 分量表	136	13	20	17.40	1.851	3.426
總量表	136	23	40	34.49	2.916	8.504
有效的 N (完全排除)	136					

圖 8-10　計算多向度量尺信度的分層 α 係數之 SPSS 統計報表結果

　　讀者可以直接將「第 1 分量表」的 α 係數為 .718、變異數為 3.287；「第 2 分量表」的 α 係數為 .840、變異數為 3.426；「總量表」的變異數為 8.504 等數值，直接代入公式 8-15 的分層 α 係數計算公式。或是開啟第 8 章資料檔中，由筆者以 EXCEL 所寫的「分層 α 係數求法 .xlsx」程式中，其操作步驟如圖 8-11 所示。

步驟1：開啟「分層 α 係數求法 .xlsx」的 EXCEL 程式，如下圖所示。

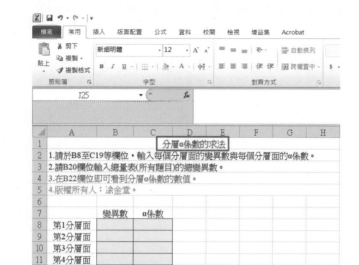

步驟2：在 B8 欄位輸入第 1 個分量表的變異數 3.287，在 C8 欄位輸入第 1 個分量表的 α 係數為 .718，如下圖所示。

步驟 3：在 B9 欄位輸入第 2 個分量表的變異數 3.426，在 C9 欄位輸入第 2 個分量表的 α 係數為 .840，如下圖所示。

步驟 4：在 B20 欄位輸入總量表的變異數 8.504，如下圖所示。

步驟 5：在 B22 欄位即可看到分層 α 係數 .827，如下圖所示。

圖 8-11　多向度量尺信度的分層 α 係數之計算方式

　　將圖 8-9 具有兩個因素的多向度量表之分量表與總量表的信度估算結果，以表 8-8 呈現。由表 8-8 可看到這兩個分量表的 α 係數與其 95% 信賴區間統計結果，以及總量表的 α 係數、α 係數 95% 信賴區間與分層 α 係數。總量表的 α 係數為 .769，而總量表的分層 α 係數為 .827。由於此量表為多向度量表，對於總量表的信度估算，採用分層 α 係數 .827 會比採用 α 係數 .769 更為適切。

表 8-8

根據圖 8-9 資料所獲得的量表 α 係數相關資料

變項	題數	α 係數	α 係數 95% 信賴區間		分層 α 係數
			下界	上界	
第一分量表	4	.718	.631	.788	
第二分量表	4	.840	.791	.880	
總量表	8	.769	.705	.823	.827

(二) 分層α係數適用於具不同題型的測驗信度之估算

　　分層 α 係數除了適用於多向度量表的信度估算外，當量表或測驗包含兩種以上不同的題型或計分方式，若欲估算總量表或總測驗的信度，則可採用分層 α 係數（Qualls, 1995）。

　　茲以一筆有 30 位同學的數學成就測驗為例，說明如何透過分層 α 係數，計算該數學成就測驗的信度。該份數學成就測驗同時包含 10 題選擇題、6 題填充題與 5 題應用問題等三種題型，選擇題一題 2 分（只有 0 分或 2 分兩種結果）、填充題一題 5 分（採部分給分方式，包含 0 分、3 分或 5 分三種結果），應用問題一題 10 分（採部分給分方式，包含 0 分、5 分、8 分或 10 分四種結果）。

　　數學成就測驗的分層 α 係數之估算，其 SPSS 操作步驟，如圖 8-12 所示。圖 8-12 的操作步驟，分成 4 個部分：第一部分先計算 10 題選擇題的 α 係數，第二部分再計算 6 題填充題的 α 係數，第三部分再計算 5 題應用問題的 α 係數，第四部分計算選擇題、填充題、應用問題與測驗總分的變異數。

步驟 1：開啟「30 位同學數學成就測驗資料 .sav」檔案，再點選「分析 (A)」
　　　　　→「尺度 (A)」→「信度分析 (R)」，如下圖所示。

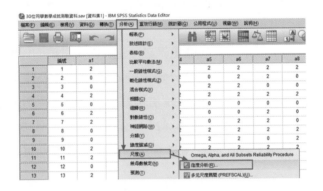

步驟 2：在「信度分析」對話窗中，將 a1、a2、a3、a4、a5、a6、a7、a8、
　　　　　a9 與 a10 等這 10 題選擇題，從左方變數清單中，移至右方「項目
　　　　　(I)：」空格中，如下圖所示。

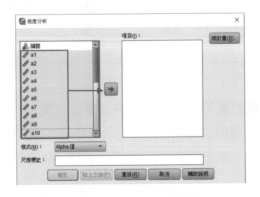

步驟 3：在「信度分析」對話窗中，點選「統計量 (S)」按鈕，如下圖所示。

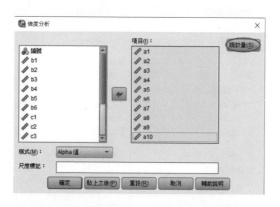

步驟 4：在「信度分析：統計量」對話窗中，勾選位於下方「組內相關係數 (T)」空格，如下圖所示。

步驟 5：在「信度分析：統計量」對話窗中，將下方「組內相關係數 (T)」的「模式 (M)」，由原本內定的「二因子混合」，更改為「二因子隨機」，並按下「繼續」按鈕，如下圖所示。

步驟6：在「信度分析」對話窗中，按「確定」按鈕，如下圖所示。

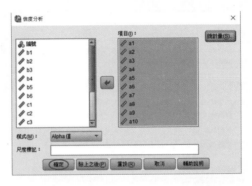

步驟7：點選「叫回最近使用的對話」框中的「信度分析」，如下圖所示。

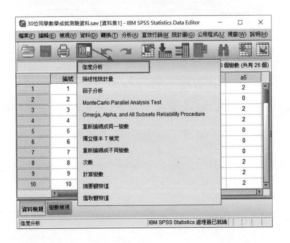

步驟 8：在「信度分析」對話窗中，將右方「項目 (I)：」空格中 a1、a2、
a3、a4、a5、a6、a7、a8、a9 與 a10 等這 10 題選擇題，移回左方
的變數清單中，如下圖所示。

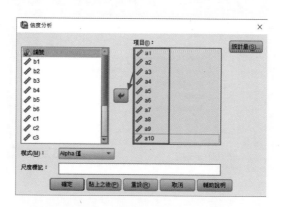

步驟 9：在「信度分析」對話窗中，將 b1、b2、b3、b4、b5 與 b6 等這 6 題
填充題，從左方變數清單中，移至右方「項目 (I)：」空格中，如下
圖所示。

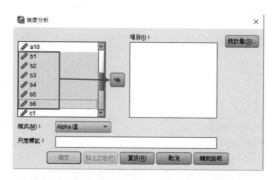

步驟 10：在「信度分析」對話窗中，按「確定」按鈕，如下圖所示。

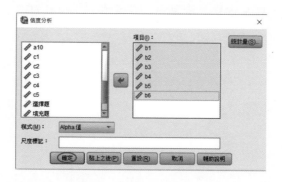

步驟 11：點選「叫回最近使用的對話」框中的「信度分析」，如下圖所示。

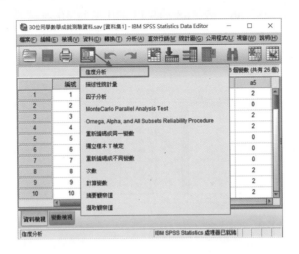

步驟 12：在「信度分析」對話窗中，將左方變數清單中的 b1、b2、b3、
　　　　b4、b5 與 b6 等這 6 題填充題，移至右方「項目 (I)：」空格中，
　　　　如下圖所示。

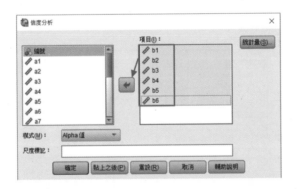

步驟 13：在「信度分析」對話窗中，將 c1、c2、c3、c4 與 c5 等這 5 題應用
　　　　問題，從左方變數清單中，移至右方「項目 (I)：」空格中，如下
　　　　圖所示。

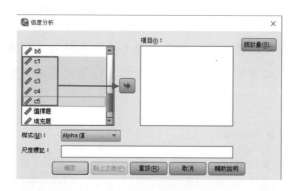

步驟 14：在「信度分析」對話窗中，按「確定」按鈕，如下圖所示。

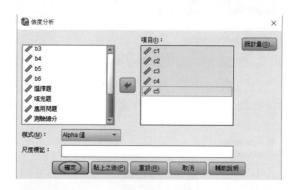

步驟 15：點選「分析 (<u>A</u>)」→「敘述統計 (<u>E</u>)」→「描述性統計量 (<u>D</u>)」，
如下圖所示。

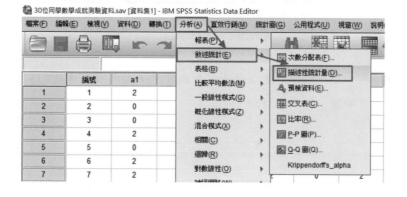

步驟 16：在「描述性統計量」對話窗中，將「選擇題」、「填充題」、「應
用問題」與「測驗總分」等這 4 個變項，從左方變數清單中，移
至右方「變數 (<u>V</u>)：」空格中，如下圖所示。

「選擇題」這個變項是 10 道選擇題的分數加總、「填充題」這個變項是 6 道填充題的分數加總、「應用問題」這個變項是 5 道應用問題的分數加總、「測驗總分」這個變項是所有題目的分數加總。

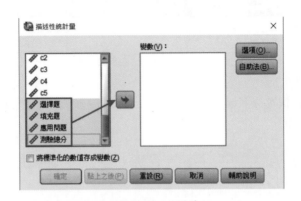

步驟 17：在「描述性統計量」對話窗中，點選「選項(O):」，如下圖所示。

步驟 18：在「描述性統計量：選項」對話窗中，勾選「變異數(V)」，並按「繼續」如下圖所示。

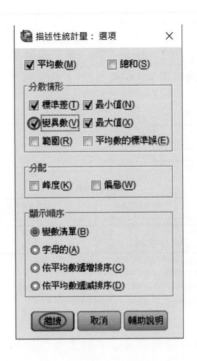

步驟 19：在「描述性統計量」對話窗中，按「確定」按鈕，如下圖所示。

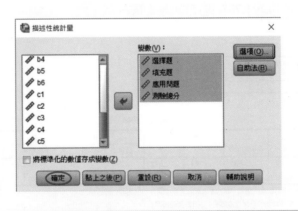

圖 8-12　計算具不同題型測驗信度的分層 α 係數之 SPSS 操作步驟

　　經過圖 8-12 的 SPSS 操作步驟，即可獲得圖 8-13 的 SPSS 報表。圖 8-13 的 SPSS 報表，只擷取其中關於選擇題、填充題與應用問題等 3 個 α 係數的表格，以及選擇題、填充題、應用問題與測驗總分的描述性統計資料。

報表 1：在第 1 個「可靠性統計量」表格中，可知 a1 至 a10 等這 10 題選擇題的 α 係數為 .764。在第 1 個「組內相關係數」表格中，可知 α 係數的 95% 信賴區間為 [.614, .872]，如下圖所示。

可靠性統計量

Cronbach's Alpha 值	項目的個數
.764	10

組內相關係數

	組內相關[b]	95% 信賴區間		有真實值 0 的 F 檢定			
		下界	上界	數值	df1	df2	Sig
單一測量	.244[a]	.137	.405	4.230	29	261	.000
平均測量	.764[c]	.614	.872	4.230	29	261	.000

雙因子混合效應模式，模式中人群效應是隨機的，而測量效應是固定的。

a. 不論是否有交互效應項，估計式都是相同的。

b. 將使用測量變異數間一致性定義的型 C 組內相關係數，從分母變異數中排除。

c. 計算此估計值時假設有交互效應項，否則便無法估計。

報表 2：在第 2 個「可靠性統計量」表格中，可知 b1 至 b6 等這 6 題的 α 係數為 .841。在第 2 個「組內相關係數」表格中，可知 α 係數的 95% 信賴區間為 [.733, .915]，如下圖所示。

可靠性統計量

Cronbach's Alpha 值	項目的個數
.841	6

組內相關係數

	組內相關[b]	95% 信賴區間		有真實值 0 的 F 檢定			
		下界	上界	數值	df1	df2	Sig
單一測量	.468[a]	.314	.642	6.289	29	145	.000
平均測量	.841[c]	.733	.915	6.289	29	145	.000

雙因子混合效應模式，模式中人群效應是隨機的，而測量效應是固定的。

a. 不論是否有交互效應項，估計式都是相同的。

b. 將使用測量變異數間一致性定義的型 C 組內相關係數，從分母變異數中排除。

c. 計算此估計值時假設有交互效應項，否則便無法估計。

報表 3：在第 3 個「可靠性統計量」表格中，可知 c1 至 c5 等這 5 題應用問題的 α 係數為 .838。在第 3 個「組內相關係數」表格中，可知 α 係數的 95% 信賴區間為 [.725, .914]，如下圖所示。

可靠性統計量

Cronbach's Alpha 值	項目的個數
.838	5

組內相關係數

	組內相關[h]	95% 信賴區間		有真實值 0 的 F 檢定			
		下界	上界	數值	df1	df2	Sig
單一測量	.509[a]	.345	.681	6.186	29	116	.000
平均測量	.838[c]	.725	.914	6.186	29	116	.000

雙因子混合效應模式，模式中人群效應是隨機的，而測量效應是固定的。

a. 不論是否有交互效應項，估計式都是相同的。

b. 將使用測量變異數間一致性定義的型 C 組內相關係數，從分母變異數中排除。

c. 計算此估計值時假設沒有交互效應項，否則便無法估計。

報表 4：在「敘述統計」表格中，可以看到「選擇題」、「填充題」、「應用問題」與「測驗總分」的變異數，分別為 29.076、96.409、271.775、945.959。

敘述統計

	個數	最小值	最大值	平均數	標準差	變異數
選擇題	30	2	20	12.40	5.392	29.076
填充題	30	0	30	15.27	9.819	96.409
應用問題	30	0	50	26.53	16.486	271.775
測驗總分	30	2	96	54.20	30.756	945.959
有效的 N (完全排除)	30					

圖 8-13　計算具不同題型測驗信度的分層 α 係數之 SPSS 統計報表結果

　　讀者可以直接將「選擇題」的 α 係數為 .764、變異數為 29.076；「填充題」的 α 係數為 .841、變異數為 96.409；「應用問題」的 α 係數為 .838、變異數為 271.775；「測驗總分」的變異數為 945.959 等數值，直接代入公式 8-15 的分層 α 係數計算公式。或是開啟第 8 章資料檔中，由筆者以 EXCEL 所寫的「分層 α 係數求法 .xlsx」程式中，其操作步驟如圖 8-14 所示。

步驟 1：開啟「分層 α 係數求法 .xlsx」的 EXCEL 程式，如下圖所示。

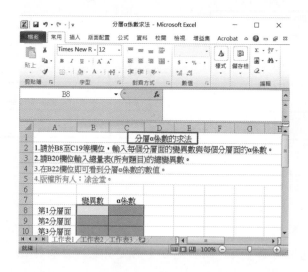

步驟 2：在 B8 欄位輸入「選擇題」的變異數為 29.076，在 C8 欄位輸入「選擇題」的 α 係數為 .764，如下圖所示。

步驟 3：在 B9 欄位輸入「填充題」的變異數 96.409，在 C9 欄位輸入「填充題」的 α 係數為 .841，如下圖所示。

步驟 4：在B10欄位輸入「應用問題」的變異數271.775，在C10欄位輸入「應用問題」的 α 係數為 .838，如下圖所示。

步驟 5：在 B20 欄位輸入「測驗總分」的變異數為 945.959，如下圖所示。

步驟 6：在 B22 欄位即可看到分層 α 係數 .930，如下圖所示。

圖 8-14　具不同題型測驗信度的分層 α 係數之計算方式

將圖 8-12 具不同題型測驗信度的信度估算結果，以表 8-9 呈現。由表 8-9 可看到「選擇題」、「填充題」、「應用問題」的 α 係數與其 95% 信賴區間統計結果，以及測驗總分的 α 係數、α 係數 95% 信賴區間與分層 α 係數。由於測驗包含三種不同類型的題目，且每種題目的計分不同，故無法計算測驗總分的 α 係數，可改採測驗總分的分層 α 係數 .930。

表 8-9

根據圖 8-12 資料所獲得的量表 α 係數相關資料

變項	題數	α 係數	α 係數 95% 信賴區間		分層 α 係數
			下界	上界	
選擇題	10	.764	.614	.872	
填充題	6	.841	.733	.915	
應用問題	5	.838	.725	.914	
測驗總分	21				.930

五、ω 係數的估算

　　雖然 α 係數是最常被採用的信度估算方式,但使用 α 係數需要滿足表 8-4 的單一向度、本質的 tau 等值模式、誤差項之間沒有相關等三項基本假定。然而量表所蒐集的資料,常無法符合「本質的 tau 等值模式」的基本假定,導致使用 α 係數的估算方式,易造成高估或低估實際信度的問題。因而許多測驗統計學者,應該改採其他信度估算方式。較常被提到的其他信度估算方式,包含 Woodhouse 與 Jackson(1977)提出的「最大下界信度」(greatest lower bound reliability);Revelle(1979)提出的「β 係數」(coefficient β),以及 McDonald(1999)以因素分析的觀點,提出的「ω 係數」(coefficient ω)。

　　針對最大下界信度、β 係數與 ω 係數這三種信度估算方式,較多學者推薦的是 ω 係數(Dunn, et al., 2014; Flora, 2020; Hayes & Coutts, 2020; Peters, 2014; Revelle & Condon, 2019)。

　　McDonald(1999)以公式 8-9 的「$X = \mu + \lambda \times F + E$」之因素分析觀點,提出公式 8-16 的 ω 係數之信度估算方法。

$$\omega = \frac{\left(\sum \lambda_i\right)^2}{\left(\sum \lambda_i\right)^2 + \sum \sigma_{E_i}^2} \tag{8-16}$$

　　公式 8-16 中符號,代表的意涵,分別如下:

λ_i:第 i 題目的因素負荷量

$\left(\sum \lambda_i\right)^2$:所有題目因素負荷量總和的平方

$\sigma_{E_i}^2$:第 i 題目誤差變項 E 的變異數

$\sum \sigma_{E_i}^2$:所有題目誤差變項的變異數總和

McDonald（1999）提出公式 8-16 的 ω 係數，其適用於「同因素模式」的資料，但只能適用於「單一向度」的量表之信度估算，一旦量表屬於多向度量表，則不適合採用公式 8-16 的 ω 係數。

不像 α 係數只能適用於「本質的 tau 等值模式」的資料，ω 係數卻能適用於「同因素模式」的資料，故理論上 ω 係數對於信度的估算，會比 α 係數更為精準。然而若是屬於多向度的量表，採用公式 8-16 的 ω 係數反而可能會低於 α 係數。Dunn 等人（2014）即主張採用 ω 係數比採用 α 係數，有下列 4 點優勢。

1. ω 係數比 α 係數有較少的假定，且 ω 係數的假定較符合實際資料的情形。

2. ω 係數比較少造成高估或低估實際的內部一致性信度之情況。

3. 透過刪除某一題後 ω 係數之變化情形來評估該題的保留與否，此方式雖然同樣是依據樣本統計量的信度，但比較可能反映母群參數信度之實際影響。

4. 採用點估算的 ω 係數，搭配呈現 ω 係數的信賴區間，較能反映估算歷程的變異情形。

雖然有越來越多的測驗統計學者建議，應該改採 ω 係數取代 α 係數。然而在量表編製的信度估算實務上，多數研究者還是傾向採用 α 係數。有底下三項可能的原因：首先，ω 係數是較新的信度估算方式，多數測驗評量的專書，並未介紹 ω 係數，導致許多研究者並不清楚有 ω 係數此種信度估算方式。其次，研究者常用的統計軟體 SPSS 雖有內定計算 α 係數的統計程序，但直到 SPSS 28.0 版本，才有內定計算 ω 係數的統計程序（若讀者使用 SPSS 27.0 之前的版本，是沒有內定計算 ω 係數的程序），導致許多研究者即使想採用 ω 係數作為信度估算方式，也不易透過統計軟體獲得 ω 係數的數值。最後，α 係數可透過所有題目的變異數共變數矩陣，自行計算獲得（例如：表 8-5 的資料，透過計算每道題目的變異數、所有題目總分的變異數，即可自行計算出 α 係數）。但計算 ω 係數得使用到每道題目的因素負荷量，以及每道題目誤差項的變異數，這兩項資料，需要透過因素分析才能取得，而因素分析使用到統計軟體，故不易自行計算 ω 係數。

針對不易計算 ω 係數的困難，有多位學者以 R 軟體，提供計算 ω 係數的套裝程式，包含 Peters（2014）介紹的「Userfriendlyscience」程式套件、Revelle（2013）介紹的「psych」程式套件、Zhang 與 Yuan（2016）介紹的「coefficientalpha」程式套件……等。

對於較熟悉 SPSS 軟體而不熟悉 R 軟體的讀者，Hayes 與 Coutts（2020）在發表建議採用 ω 係數取代 α 係數的論文後，有提供 SPSS 自訂對話框的巨集程式

（檔名為 omega.spd），透過該外掛程式，即可採用 SPSS 的統計程序，執行 ω 係數的估算。首先，請先至 Hayes 教授的網頁「http://www.afhayes.com/spss-sas-and-r-macros-and-code.html」，找尋第三項的下載項目「OMEGA」，下載「omega.zip」壓縮檔。其次，按照如圖 8-15 的操作方式，安裝 omega.spd 巨集程式。

步驟 1：選擇解壓檔案中的「omega.spd」檔案，快速按壓兩下，如下圖所示。

名稱	修改日期	類型	大小
30位同學數學成就測驗資料	2022/11/8 上午 09:49	SPSS Statistics Da...	3 KB
分層α係數求法	2022/11/8 下午 05:07	Microsoft Excel 工...	14 KB
如何計算α係數	2022/11/9 上午 11:55	SPSS Statistics Da...	1 KB
如何計算分層α係數	2022/11/6 下午 09:57	SPSS Statistics Da...	3 KB
第八章圖8-7的α係數與95%信賴區間估算的語法	2022/11/9 下午 05:14	Microsoft Word ...	16 KB
數學態度量表(項目分析與探索性因素分析)	2022/10/28 下午 02:36	SPSS Statistics Da...	8 KB
omega	2021/4/14 下午 01:24	SPSS Statistics UI ...	633 KB

步驟 2：在「IBM SPSS Statistics 21」對話窗中，按下左邊「安裝」按鈕，如下圖所示。

步驟 3：在「IBM SPSS Statistics 21」對話窗中，按下「確定」按鈕，如下圖所示。

圖 8-15 安裝 omega.spd 巨集程式的方式

茲以表 8-5 的 10 位同學在 4 道題目得分情形為例，說明如何以 Hayes 與 Coutts 的 omega.spd，計算 ω 係數，其操作步驟如圖 8-16 所示。

步驟 1：先開啟「如何計算 α 係數 .sav」檔案中，點選「尺度 (A)」→「Omega, Alpha, and All Subsets Reliability Procedure」，如下圖所示。

步驟 2：在「Omega, Alpha, and All Subsets Reliability Procedure」對話窗中，將左邊的 4 道題目 a1、a2、a3 與 a4，移至右邊「Items」的空格中，如下圖所示。

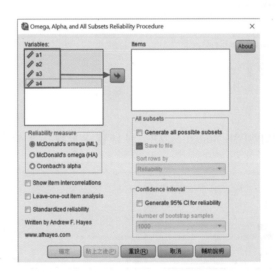

步驟 3：在「Omega, Alpha, and All Subsets Reliability Procedure」對話窗中，將「Reliability measure」中的選項，點選「McDonald's omega (ML)」選項，並按「確定」按鈕，如下圖所示。

圖 8-16　以 omega.spd 巨集程式求 ω 係數的 SPSS 操作步驟

經過圖 8-16 的操作，即可獲得圖 8-17 的 ω 係數統計結果。

報表 1：在第 1 個「Run MATRIX procedure:」的報表中，可看到 ω 係數為 .792。a1、a2、a3 與 a4 等 4 道題目的因素負荷量分別為 .541、.239、.631、.650；這 4 道題目的誤差項變異數，分別為 .374、.399、.223、.122，如下圖所示。

Run MATRIX procedure:

************************* Written by Andrew F. Hayes *************************
*************************　　　afhayes.com　　　*************************

This estimate of omega is based on the factor loadings of a forced single-factor maximum likelihood factor analysis using SPSSs built in FACTOR procedure.

Reliability:
Omega
.792

Item means, standard deviations, and estimated loadings:

	Mean	SD	Loading	ErrorVar
a1	4.000	.816	.541	.374
a2	3.700	.675	.239	.399
a3	4.200	.789	.631	.223
a4	4.100	.738	.650	.122

------ END MATRIX ------

圖 8-17　以 omega.spd 巨集程式求 ω 係數的 SPSS 統計報表結果

將圖 8-17 報表的 4 道題目因素負荷量與誤差項的變異數，代入公式 8-16 的 ω 係數的公式，即可獲得 ω 係數為 .792。

$$\omega = \frac{(\sum \lambda_i)^2}{(\sum \lambda_i)^2 + \sum \sigma_{E_i}^2}$$

$$= \frac{(\lambda_1 + \lambda_2 + \lambda_3 + \lambda_4)^2}{(\lambda_1 + \lambda_2 + \lambda_3 + \lambda_4)^2 + (\sigma_{E_1}^2 + \sigma_{E_2}^2 + \sigma_{E_3}^2 + \sigma_{E_4}^2)}$$

$$= \frac{(.541 + .239 + .631 + .650)^2}{(.541 + .239 + .631 + .650)^2 + (.374 + .399 + .223 + .122)}$$

$$= \frac{(2.061)^2}{(2.061)^2 + 1.118}$$

$$= \frac{4.248}{5.366}$$

$$= 0.792$$

若欲以 α 係數與 ω 係數，針對屬於單一向度量表或多向度量表的信度估算方式，茲以表 8-10 呈現較合適的信度估算方式。針對單一向度量表的信度估算，可採用 α 係數或 ω 係數；針對多向度量表的信度估算，可採用分層 α 係數與 ω_T 係數，多向度的 ω_T 係數之計算，必須在「雙因素分析模式」（bifactor model）的因素分析架構下獲得。由於第 9 章才會介紹雙因素分析模式，故等到第 9 章才會介紹。

表 8-10

α 係數與 ω 係數適用於單一向度與多向度量表的信度估算方式

信度估算類型	單向度	多向度
α 係數	α 係數	分層 α 係數
ω 係數	ω 係數	ω_T 係數（採用雙因素分析模式）

貳、「進行信度分析」之實例分析

若對量表的效度考驗，只進行探索性因素分析時，則對量表的信度考驗，就以探索性因素分析的結果，進行信度考驗。

茲繼續以第 7 章所介紹的數學態度量表編製為例，說明如何透過 SPSS 統計軟體進行各分量表的 α 係數與其 95% 信賴區間之信度估算、進行總量表的分層 α 係數，以及進行各分量表的 ω 係數之信度估算。

一、根據探索性因素分析結果，進行數學態度各分量表 α 係數與其 95% 信賴區間的估算

根據第 7 章探索性因素分析的統計結果，保留了 4 個分量表共 21 題。包括第 1 個分量表的 a1、a3、a4、a5 與 a6 等 5 題；第 2 個分量表的 a10、a11、a12、a14 與 a15 等 5 題；第 3 個分量表的 a16、a17、a19、a21、a22 與 a23 等 6 題；第 4 個分量表的 a24、a25、a26、a28 與 a29 等 5 題。

底下分別介紹數學態度量表 4 個分量表（數學學習信心、數學學習動機、數學焦慮、數學的實用性）的 α 係數與其 95% 信賴區間的 SPSS 操作方式。

(一) 數學學習信心分量表的α係數與其95%信賴區間的估算

「數學學習信心」分量表 α 係數與其 95% 信賴區間的估算方式，其 SPSS 的操作步驟，如圖 8-18 所示。

> **步驟 1**：先開啟「數學態度量表 (項目分析與探索性因素分析).sav」檔案，
> 再點選「分析 (A)」→「尺度 (A)」→「信度分析 (R)」，如下圖所示。

步驟 2：在「信度分析」對話窗中，將左方變數清單中的 a1、a3、a4、a5 與
　　　　a6 等 5 題，移至右方「項目 (I)」空格中，如下圖所示。

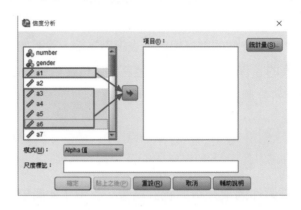

步驟 3：在「信度分析」對話窗中，點選「統計量 (S)」按鈕，如下圖所示。

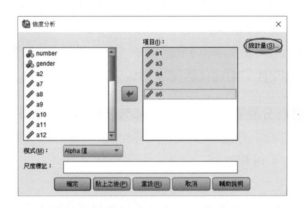

步驟 4：在「信度分析：統計量」對話窗中，勾選位於下方「組內相關係數
　　　　(T)」空格，如下圖所示。

步驟 5：在「信度分析：統計量」對話窗中，將下方「組內相關係數 (T)」的「模式 (M)」，由原本內定的「二因子混合」，更改為「二因子隨機」，如下圖所示。

步驟 6：在「信度分析：統計量」對話窗中，將下方「測試值 (A)」由原先內定的「0」，更改為「0.80」，並按下「繼續」按鈕，如下圖所示。

步驟 7：在「信度分析」對話窗中，按下「確定」按鈕，如下圖所示。

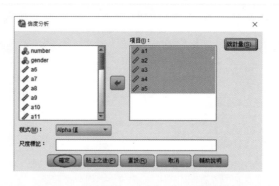

圖 8-18　「數學學習信心」分量表 α 係數與其 95% 信賴區間的 SPSS 操作步驟

經過圖 8-18 的 SPSS 操作步驟，即可獲得圖 8-19 信度分析結果，由圖 8-19 可獲得「數學學習信心」分量表 5 題的 α 係數為 .869，高於一般建議的理想數據的 .80，顯示「數學學習信心」分量表具有良好的信度。而 α 係數 95% 信賴區間的下界為 .833，上界為 .900。

針對 α 係數是否為 .80 的考驗結果，顯示 α 係數不等於 .80。由於 α 係數的「95% 信賴區間」下界為 .833，上界為 .900，故顯示 α 係數顯著高於 .80。

報表 1：在「可靠性統計量」表格中，可看到「數學學習信心」分量表有 5 題，α 值為 .869。

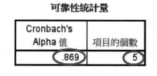

報表 2：在「組內相關係數」表格中，「平均測量」這一列數值中，在「組內相關」可以看到 .869 的數值，此即為 α 係數。在「95% 信賴區間」可看到下界為 .833，上界為 .900。
　　在「有真實值 0.80 的 F 檢定」中，是用來考驗 α 係數是否為 .80，考驗的結果顯示 $F(146, 584) = 1.530$，$p < .001$。由於 $p < .001$ 顯示考驗結果落入拒絕區，故需拒絕虛無假設，虛無假設為 α 係數等於 .80。由於 α 係數的「95% 信賴區間」下界為 .833，上界為 .900，故顯示 α 係數顯著高於 .80。

組內相關係數

| | 組內相關[b] | 95% 信賴區間 | | 有真實值 .8 的 F 檢定 | | | |
		下界	上界	數值	df1	df2	Sig
單一測量	.571[a]	.499	.643	.364	146	584	1.000
平均測量	.869	.833	.900	1.530	146	584	.000

雙因子隨機效應模式，模式中人群效應和測量效應是隨機的。

a. 不論是否有交互效應項，估計式都是相同的。

b. 將使用測量變異數間一致性定義的型 C 組內相關係數，從分母變異數中排除。

圖 8-19 「數學學習信心」分量表 α 係數與其 95% 信賴區間的信度分析結果

(二) 數學學習動機分量表的α係數與其95%信賴區間的估算

「數學學習動機」分量表 α 係數與其 95% 信賴區間的估算方式，其 SPSS 的操作步驟，如圖 8-20 所示。

步驟 1： 請點選「叫回最近使用的對話」，出現選單後，點選「信度分析」，如下圖所示。

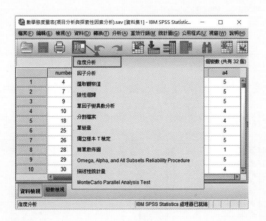

步驟 2： 在「信度分析」對話窗中，將右方「項目 (I)」空格中的 a1、a3、a4、a5 與 a6 等 5 題，移回左方變數清單中，如下圖所示。

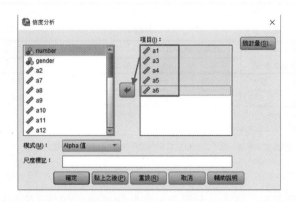

步驟 3：在「信度分析」對話窗中，將左方變數清單中的 a10、a11、a12、
　　　　a14 與 a15 等 5 題，移至右方「項目 (I)」空格，如下圖所示。

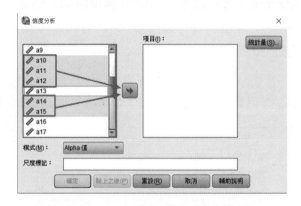

步驟 4：在「信度分析」對話窗中，按下「確定」按鈕，如下圖所示。

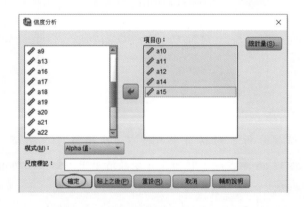

圖 8-20　「數學學習動機」分量表 α 係數與其 95% 信賴區間的 SPSS 操作步驟

　　經過圖 8-20 的 SPSS 操作步驟，即可獲得圖 8-21 的信度分析結果，由圖 8-21 可獲得「數學學習動機」分量表 5 題的 α 係數為 .762，雖然未高於一般建議的理想數據 .80，但高於 .70，顯示「數學學習信心」分量表具有普通的信度。而 α 係數 95% 信賴區間的下界為 .696，上界為 .818。針對 α 係數是否為 .80 的考驗結果，顯示 α 係數為 .80。

報表 1：在「可靠性統計量」表格中，可看到「數學學習動機」分量表有 5 題，α 值為 .762。

可靠性統計量

Cronbach's Alpha 值	項目的個數
.762	5

報表 2：在「組內相關係數」表格中，「平均測量」這一列數值中，在「組內相關」可以看到 .762 的數值，此即為 α 係數。在「95% 信賴區間」可看到下界為 .696，上界為 .818。

　　在「有真實值 0.80 的 F 檢定」中，是用來考驗 α 係數是否為 .80，考驗的結果顯示 $F(148, 592) = 0.841$，$p = .900$。由於 $p > .05$ 顯示考驗結果未落入拒絕區，故需接受虛無假設，虛無假設為 α 係數等於 .80。

組內相關係數

	組內相關[b]	95% 信賴區間		有真實值 .8 的 F 檢定			
		下界	上界	數值	df1	df2	Sig
單一測量	.391[a]	.314	.473	.200	148	592	1.000
平均測量	.762	.696	.818	.841	148	592	.900

雙因子隨機效應模式，模式中人群效應和測量效應是隨機的。

a. 不論是否有交互效應項，估計式都是相同的。

b. 將使用測量變異數間一致性定義的型 C 組內相關係數，從分母變異數中排除。

圖 8-21　「數學學習動機」分量表 α 係數與其 95% 信賴區間的信度分析結果

(三) 數學焦慮分量表的α係數與其95%信賴區間的估算

　　「數學焦慮」分量表 α 係數與其 95% 信賴區間的估算方式,其 SPSS 的操作步驟,如圖 8-22 所示。

步驟 1:請點選「叫回最近使用的對話」,出現選單後,點選「信度分析」,如下圖所示。

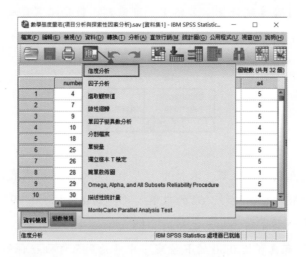

步驟 2:在「信度分析」對話窗中,將右方「項目 (I)」空格中的 a10、a11、a12、a14 與 a15 等 5 題,移回左方變數清單中,如下圖所示。

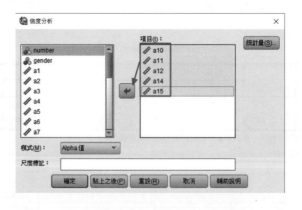

步驟 3:在「信度分析」對話窗中,將左方變數清單中的 a16、a17、a19、a21、a22 與 a23 等 6 題,移至右方「項目 (I)」空格,如下圖所示。

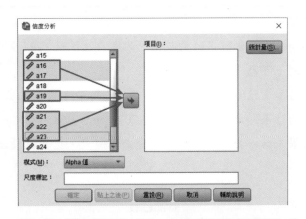

步驟 4：在「信度分析」對話窗中，按下「確定」按鈕，如下圖所示。

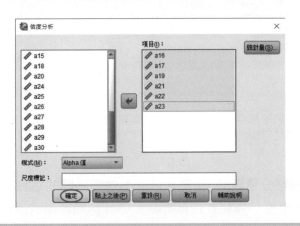

圖 8-22　「數學焦慮」分量表 α 係數與其 95% 信賴區間的 SPSS 操作步驟

　　經過圖 8-22 的 SPSS 操作步驟，即可獲得圖 8-23 的信度分析結果，由圖 8-23 可獲得「數學焦慮」分量表 6 題的 α 係數為 .834，高於一般建議的理想數據 .80，顯示「數學焦慮」分量表具有良好的信度。而 α 係數 95% 信賴區間的下界為 .788，上界為 .872。針對 α 係數是否為 .80 的考驗結果，顯示 α 係數為 .80。

報表 1：在「可靠性統計量」表格中，可看到「數學焦慮」分量表有 6 題，α 值為 .834。

可靠性統計量

Cronbach's Alpha 值	項目的個數
.834	6

報表 2： 在「組內相關係數」表格中，「平均測量」這一列數值中，在「組內相關」可以看到 .834 的數值，此即為 α 係數。在「95% 信賴區間」可看到下界為 .788，上界為 .872。

在「有真實值 0.80 的 F 檢定」中，是用來考驗 α 係數是否為 .80，考驗的結果顯示 $F(147, 735) = 1.202$，$p = .068$。由於 $p > .05$ 顯示考驗結果未落入拒絕區，故需接受虛無假設，虛無假設為 α 係數等於 .80。

組內相關係數

	組內相關[b]	95% 信賴區間		有真實值 .8 的 F 檢定			
		下界	上界	數值	df1	df2	Sig
單一測量	.455[a]	.383	.531	.240	147	735	1.000
平均測量	.834	.788	.872	1.202	147	735	.068

雙因子隨機效應模式，模式中人群效應和測量效應是隨機的。

a. 不論是否有交互效應項，估計式都是相同的。

b. 將使用測量變異數間一致性定義的型 C 組內相關係數，從分母變異數中排除。

圖 8-23 「數學焦慮」分量表 α 係數與其 95% 信賴區間的信度分析結果

(四) 數學的實用性分量表的α係數與其95%信賴區間的估算

　　「數學的實用性」分量表 α 係數與其 95% 信賴區間的估算方式，其 SPSS 的操作步驟，如圖 8-24 所示。

步驟 1： 請點選「叫回最近使用的對話」，出現選單後，點選「信度分析」，如下圖所示。

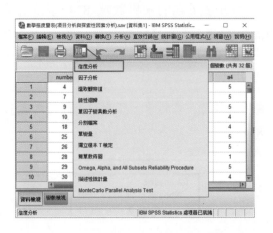

步驟 2： 在「信度分析」對話窗中，將右方「項目 (I)」空格中的 a16、
a17、a19、a21、a22 與 a23 等 6 題，移回左方變數清單中，如下圖
所示。

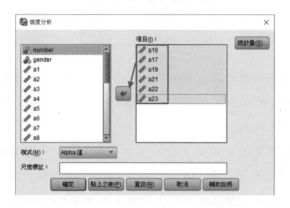

步驟 3： 在「信度分析」對話窗中，將左方變數清單中的 a24、a25、a26、
a28 與 a29 等 5 題，移至右方「項目 (I)」空格，如下圖所示。

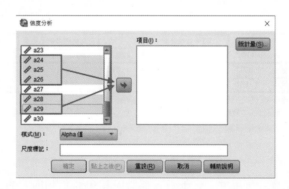

步驟 4： 在「信度分析」對話窗中，按下「確定」按鈕，如下圖所示。

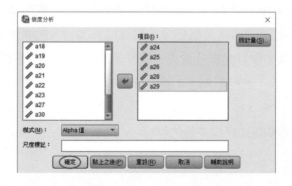

圖 8-24　「數學的實用性」分量表 α 係數與其 95% 信賴區間的 SPSS 操作步驟

報表 1：在「可靠性統計量」表格中，可看到「數學的實用性」分量表有 5
題，α 值為 .850。

可靠性統計量

Cronbach's Alpha 值	項目的個數
.850	5

報表 2：在「組內相關係數」表格中，「平均測量」這一列數值中，在「組
內相關」可以看到 .850 的數值，此即為 α 係數。在「95% 信賴區間」
可看到下界為 .808，上界為 .885。

在「有真實值 0.80 的 F 檢定」中，是用來考驗 α 係數是否為 .80，
考驗的結果顯示 $F(148, 592) = 1.331$，$p = .011$。由於 $p < .05$ 顯示
考驗結果落入拒絕區，故需拒絕虛無假設，虛無假設為 α 係數等於
.80。由於 α 係數的「95% 信賴區間」下界為 .808，上界為 .885，
故顯示 α 係數顯著高於 .80。

組內相關係數

| | 組內相關[b] | 95% 信賴區間 | | 有真實值 .8 的 F 檢定 | | | |
		下界	上界	數值	df1	df2	Sig
單一測量	.531[a]	.457	.606	.317	148	592	1.000
平均測量	.850	.808	.885	1.331	148	592	.011

雙因子隨機效應模式，模式中人群效應和測量效應是隨機的。

a. 不論是否有交互效應項，估計式都是相同的。

b. 將使用測量變異數間一致性定義的型 C 組內相關係數，從分母變異數中排除。

圖 8-25　「數學的實用性」分量表 α 係數與其 95% 信賴區間的信度分析結果

　　綜合上述圖 8-19、圖 8-21、圖 8-23 與圖 8-25 的數學態度各分量表之 α 係
數與其 95% 信賴區間的信度分析結果，整理成表 8-11。由表 8-11 可知，數學學
習信心分量表、數學學習動機分量表、數學焦慮分量表與數學實用性分量表的 α
係數分別為 .87、.76、.83 與 .85；4 個分量表的 α 係數 95% 信賴區間分別為 [.83,
.90]、[.70, .82]、[.79, .87] 與 [.81, .89]。由此可知，數學態度 4 個分量表皆符合
表 8-1 信度評判標準的良好或普通的程度。

表 8-11

以探索性因素分析結果，進行數學態度各分量表之 α 係數與其 95% 信賴區間的信度分析結果

分量表名稱	預試問卷題號	題數	α 係數	α 係數 95% 信賴區間 下界	α 係數 95% 信賴區間 上界
數學學習信心	a1、a3、a4、a5、a6	5	.87	.83	.90
數學學習動機	a10、a11、a12、a14、a15	5	.76	.70	.82
數學焦慮	a16、a17、a19、a21、a22、a23	6	.83	.79	.87
數學的實用性	a24、a25、a26、a28、a29	5	.85	.81	.89

二、根據探索性因素分析結果，進行數學態度總分量表的分層 α 係數之估算

　　由於數學態度量表包含 4 個分量表，顯示數學態度量表為多向度量表，故對於數學態度量表的總量表信度之估算，不適合直接採用 α 係數，而應改採分層 α 係數。茲以數學態度總量表 21 題，進行分層 α 係數的估算，其 SPSS 操作步驟，如圖 8-26 所示。由於計算分層 α 係數需要使用到各分量表的 α 係數與變異數，以及總量表的變異數，表 8-11 已經有各分量表的 α 係數，所以需要先計算各分量表的變異數，以及總量表的變異數。

步驟 1：請點選「轉換 (T)」→「計算變數 (C)」，如下圖所示。

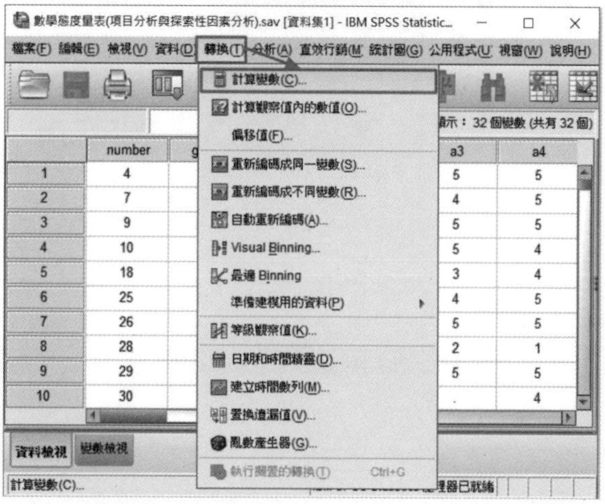

步驟 2：在「計算變數」對話窗中，將「目標變數 (T)」的空格中，輸入「數
學學習信心」，如下圖所示。

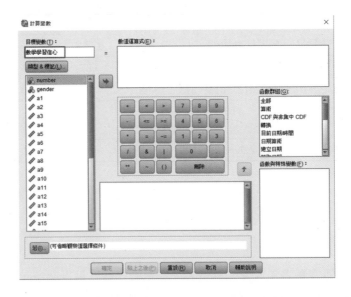

步驟 3：在「計算變數」對話窗中，在右上方「數值運算式 (E)」空格中，
輸入「a1 + a3 + a4 + a5 + a6」，如下圖所示。此步驟即是進行「數
學學習信心」分量表的總分之加總。

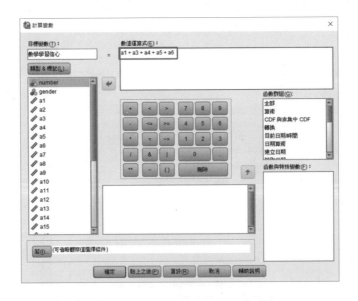

步驟 4：在「計算變數」對話窗中，按下「確定」按鈕，如下圖所示。

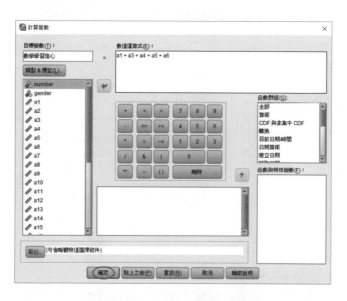

步驟 5：請點選「叫回最近使用的對話」，出現選單後，點選「計算變數」，
如下圖所示。

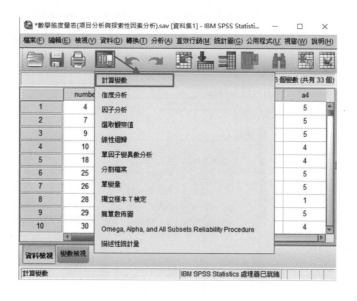

步驟 6：在「計算變數」對話窗中，將「目標變數 (T)」空格中的「數學學習信心」，更改為「數學學習動機」，如下圖所示。

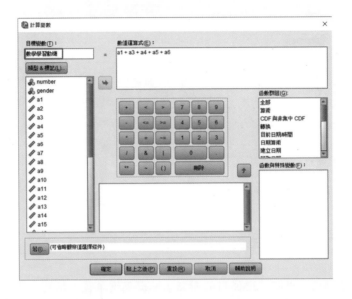

步驟 7：在「計算變數」對話窗中，將「數值運算式 (E)」空格中的「a1 + a3 + a4 + a5 + a6」，更改為「a10 + a11 + a12 + a14 + a15」，如下圖所示。此步驟即是進行「數學學習動機」分量表的總分之加總。

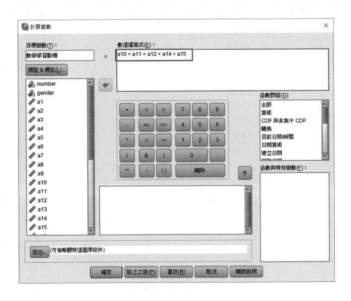

步驟 8：在「計算變數」對話窗中，按下「確定」按鈕，如下圖所示。

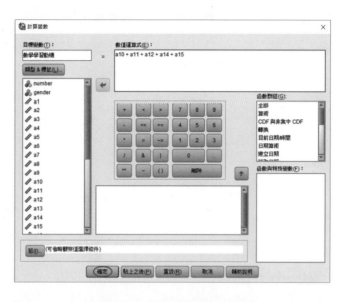

步驟 9：請點選「叫回最近使用的對話」，出現選單後，點選「計算變數」，如下圖所示。

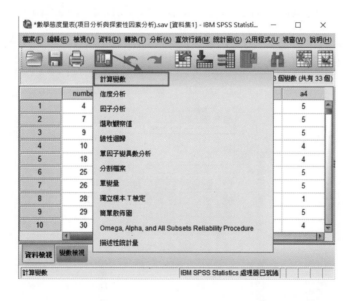

步驟 10：在「計算變數」對話窗中，將「目標變數 (T)」空格中的「數學學習動機」，更改為「數學焦慮」，如下圖所示。

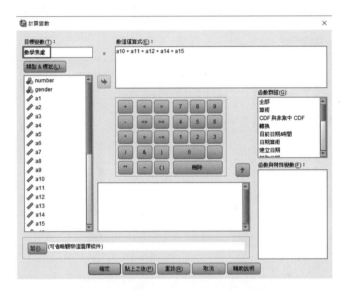

步驟 11：在「計算變數」對話窗中，將「數值運算式 (E)」空格中的「a10 + a11 + a12 + a14 + a15」，更改為「a16 + a17 + a19 + a21 + a22 + a23」，如下圖所示。此步驟即是進行「數學焦慮」分量表的總分之加總。

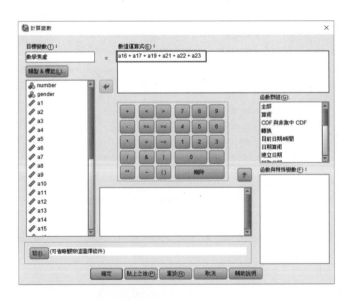

步驟 12：在「計算變數」對話窗中，按下「確定」按鈕，如下圖所示。

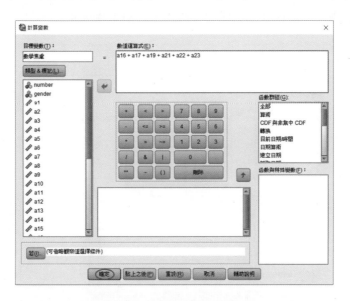

步驟 13：請點選「叫回最近使用的對話」，出現選單後，點選「計算變數」，
　　　　　　如下圖所示。

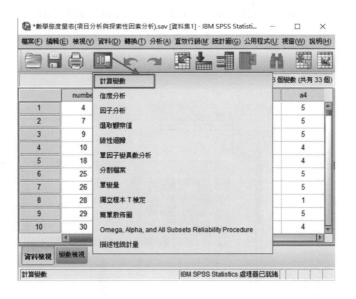

步驟 14：在「計算變數」對話窗中，將「目標變數 (T)」空格中的「數學焦慮」，更改為「數學的實用性」，如下圖所示。

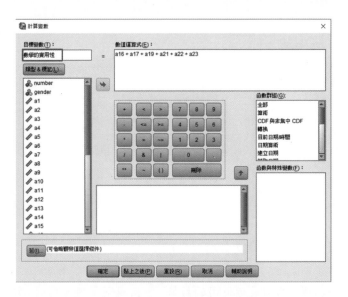

步驟 15：在「計算變數」對話窗中，將「數值運算式 (E)」空格中的「a16 + a17 + a19 + a21 + a22 + a23」，更改為「a24 + a25 + a26 + a28 + a29」，如下圖所示。此步驟即是進行「數學的實用性」分量表的總分之加總。

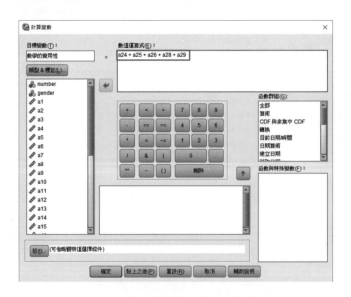

步驟 16：在「計算變數」對話窗中，按下「確定」按鈕，如下圖所示。

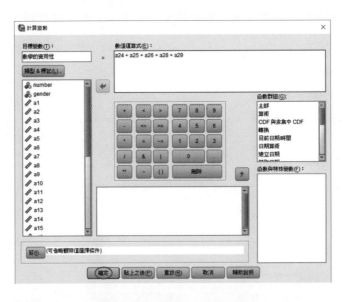

步驟 17：請點選「叫回最近使用的對話」，出現選單後，點選「計算變數」，如下圖所示。

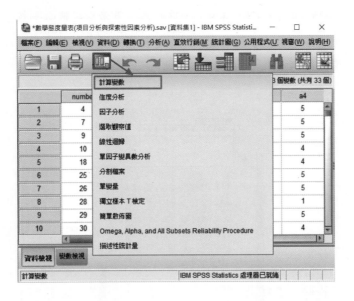

步驟 18：在「計算變數」對話窗中，將「目標變數 (T)」空格中的「數學的實用性」，更改為「數學態度總量表」，如下圖所示。

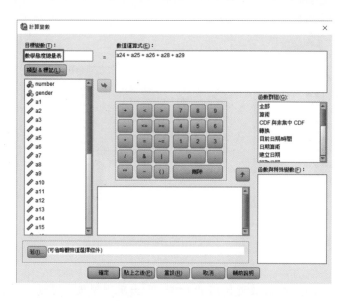

步驟 19：在「計算變數」對話窗中，將「數值運算式 (E)」空格中的「a24＋a25＋a26＋a28＋a29」，更改為「數學學習信心＋數學學習動機＋數學焦慮＋數學的實用性」，如下圖所示。此步驟即是進行「數學態度總量表」的總分之加總。

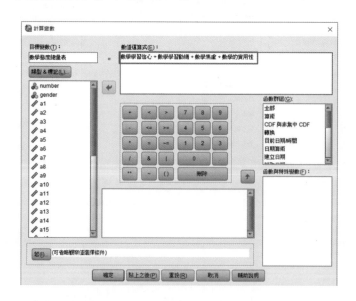

步驟 20：在「計算變數」對話窗中，按「確定」按鈕，如下圖所示。

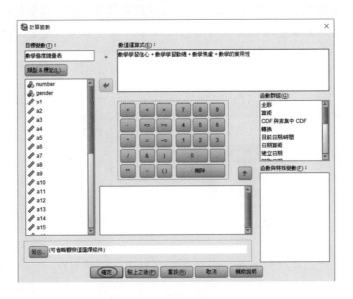

步驟 21：點選「分析 (A)」→「敘述統計 (E)」→「描述性統計量 (D)」，如下圖所示。

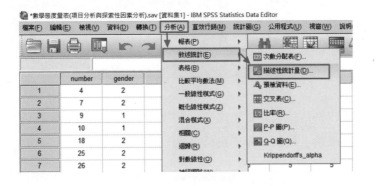

步驟 22：在「描述性統計量」對話窗中，將「數學學習信心」、「數學學習動機」、「數學焦慮」、「數學的實用性」與「數學態度總量表」等這五個變項，從左方變數清單中，移至右方「變數 (V)：」空格中，如下圖所示。

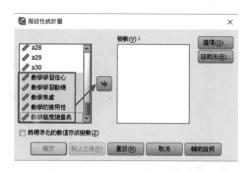

步驟 23：在「描述性統計量」對話窗中，點選「選項 (O)」，如下圖所示。

步驟 24：在「描述性統計量：選項」對話窗中，勾選「變異數 (V)」，並按「繼續」按鈕，如下圖所示。

步驟 25：在「描述性統計量」對話窗中，按下「確定」按鈕，如下圖所示。

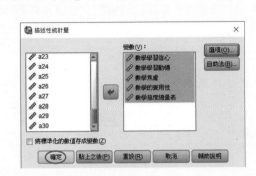

圖 8-26　求數學態度量表總量表的分層 α 係數之 SPSS 操作步驟

　　經過圖 8-26 的 SPSS 操作步驟，即可獲得圖 8-27 信度分析結果。由圖 8-27 的 SPSS 報表，可到看「數學學習信心」、「數學學習動機」、「數學焦慮」、「數學的實用性」與「數學態度總量表」的描述性統計資料。

報表 1：在「敘述統計」表格中，可以看到「數學學習信心」、「數學學習動機」、「數學焦慮」、「數學的實用性」與「數學態度總量表」的變異數，分別為 25.504、16.461、24.286、21.027、209.966，如下圖所示。

敘述統計

	個數	最小值	最大值	平均數	標準差	變異數
數學學習信心	147	5.00	25.00	18.7950	5.05015	25.504
數學學習動機	149	6.00	25.00	16.0166	4.05718	16.461
數學焦慮	148	6.00	30.00	23.2028	4.92808	24.286
數學的實用性	149	5.00	25.00	15.9866	4.58550	21.027
數學態度總量表	143	41.00	100.00	74.7158	14.49021	209.966
有效的 N (完全排除)	143					

圖 8-27　求數學態度量表總量表的分層 α 係數之 SPSS 統計報表結果

　　讀者可以直接將「數學學習信心」的 α 係數為 .87、變異數為 25.504；「數學學習動機」的 α 係數為 .76、變異數為 16.461；「數學焦慮」的 α 係數為 .83、變異數為 24.286；「數學的實用性」的 α 係數為 .85、變異數為 21.027；「數學

態度總量表」的變異數為 209.966，代入公式 8-15 的分層 α 係數計算公式。或是開啟第 8 章資料檔中，由筆者以 EXCEL 所寫的「分層 α 係數求法 .xlsx」程式中，其操作步驟如圖 8-28 所示。

步驟 1：開啟「分層 α 係數求法 .xlsx」的 EXCEL 程式，如下圖所示。

步驟 2：在 B8 欄位輸入「數學學習信心」的變異數為 25.504，在 C8 欄位輸入「數學學習信心」的 α 係數為 .87，如下圖所示。

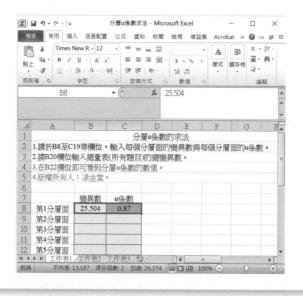

步驟 3：在 B9 欄位輸入「數學學習動機」的變異數 16.461，在 C9 欄位輸入「數學學習動機」的 α 係數為 .76，如下圖所示。

步驟 4：在 B10 欄位輸入「數學焦慮」的變異數 24.286，在 C10 欄位輸入「數學焦慮」的 α 係數為 .83，如下圖所示。

步驟 5：在 B11 欄位輸入「數學的實用性」的變異數 21.027，在 C11 欄位輸入「數學的實用性」的 α 係數為 .85，如下圖所示。

步驟 6：在 B20 欄位輸入「測驗總分」的變異數為 209.966，如下圖所示。

步驟 7：在 B22 欄位即可看到分層 α 係數 .931，如下圖所示。

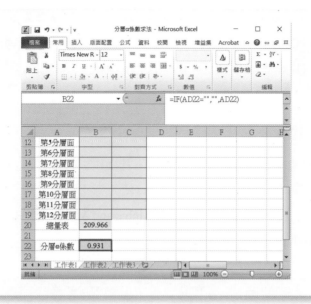

圖 8-28 求數學態度量表總量表的分層 α 係數之計算方式

由圖 8-28 可獲得數學態度總量表 21 題的分層 α 係數為 .931，高於一般期待的理想數據 .80，顯示數學態度總量表具有良好信度。

將表 8-11 數學態度 4 個分量表的 α 係數，以及圖 8-28 數學態度總量表的分層 α 係數，整理成表 8-12 的數學態度量表之信度分析結果。

表 8-12

數學態度總量表的分層 α 係數與各分量表 α 係數的信度估算結果

變項	題數	α 係數	α 係數 95% 信賴區間		分層 α 係數
			下界	上界	
數學學習信心	5	.87	.83	.90	
數學學習動機	5	.76	.70	.82	
數學焦慮	6	.83	.79	.87	
數學的實用性	5	.85	.81	.89	
測驗總分	21				.931

表 8-12 以探索性因素分析的 150 位受試者答題資料，所進行的數學態度總量表與各分量表之 α 係數的信度分析結果為：數學態度總量表的分層 α 係數為 .931；數學學習信心分量表、數學學習動機分量表、數學焦慮分量表與數學實

用性分量表的 α 係數分別為 .87、.76、.83 與 .85；4 個分量表的 α 係數 95% 信賴區間分別為 [.83, .90]、[.70, .82]、[.79, .87] 與 [.81, .89]，顯示數學態度總量表與各分量表具有良好的信度。

三、根據探索性因素分析結果，進行數學態度各分量表 ω 係數的估算

欲估算數學態度 4 個分量表的 ω 係數，其操作步驟如圖 8-29 所示。

步驟 1： 點選「尺度 (A)」→「Omega, Alpha, and All Subsets Reliability Procedure」，如下圖所示。

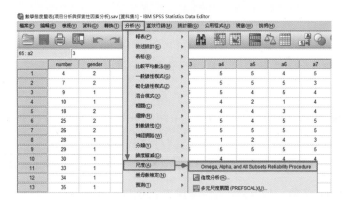

步驟 2： 在「Omega, Alpha, and All Subsets Reliability Procedure」對話窗中，將左邊的 a1、a3、a4、a5 與 a6 等 5 題，移至右邊「Items」的空格中，如下圖所示。

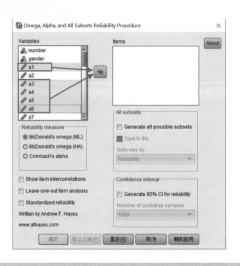

步驟 3：在「Omega, Alpha, and All Subsets Reliability Procedure」對話窗中，檢視「Reliability measure」中的選項，是否為內定的「McDonald's omega (ML)」選項（若不是則更改為此選項），再按下「確定」按鈕，如下圖所示。

步驟 4：請點選「叫回最近使用的對話」，出現選單後，點選「Omega, Alpha, and All Subsets Reliability Procedure」，如下圖所示。

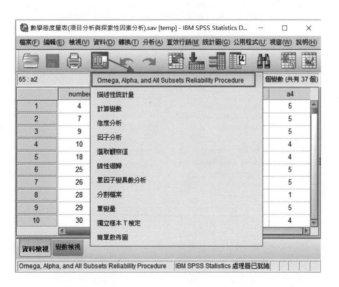

步驟 5：在「Omega, Alpha, and All Subsets Reliability Procedure」對話窗中，
　　　　將右邊「Items」的空格中 a1、a3、a4、a5 與 a6 等 5 題，移至左邊
　　　　「Variables:」的空格中，如下圖所示。

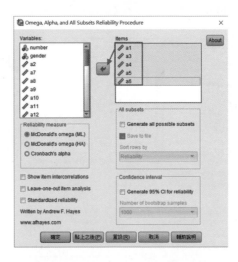

步驟 6：在「Omega, Alpha, and All Subsets Reliability Procedure」對話窗中，
　　　　將左邊的 a10、a11、a12、a14 與 a15 等 5 題，移至右邊「Items」
　　　　的空格中，如下圖所示。

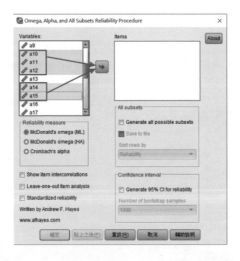

步驟 7：在「Omega, Alpha, and All Subsets Reliability Procedure」對話窗中，按下「確定」按鈕，如下圖所示。

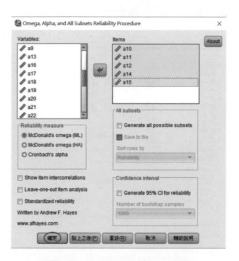

步驟 8：請點選「叫回最近使用的對話」，出現選單後，點選「Omega, Alpha, and All Subsets Reliability Procedure」，如下圖所示。

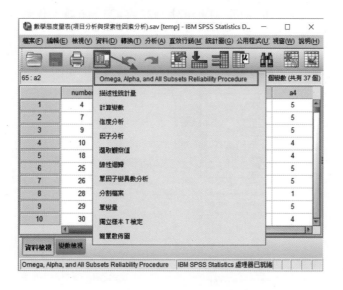

步驟 9：在「Omega, Alpha, and All Subsets Reliability Procedure」對話窗中，
　　　　將右邊「Items」的空格中 a10、a11、a12、a14 與 a15 等 5 題，移
　　　　至左邊「Variables:」的空格中，如下圖所示。

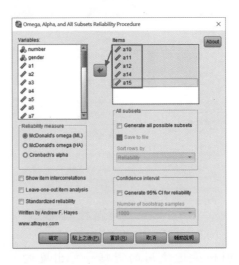

步驟 10：在「Omega, Alpha, and All Subsets Reliability Procedure」對話窗中，
　　　　　將左邊的 a16、a17、a19、a21、a22 與 a23 等 6 題，移至右邊「Items」
　　　　　的空格中，如下圖所示。

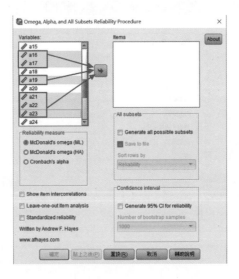

步驟 11：在「Omega, Alpha, and All Subsets Reliability Procedure」對話窗中，
按下「確定」按鈕，如下圖所示。

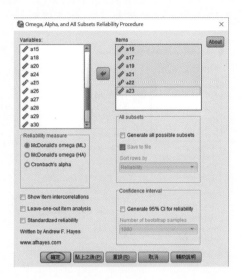

步驟 12：請點選「叫回最近使用的對話」，出現選單後，點選「Omega,
Alpha, and All Subsets Reliability Procedure」，如下圖所示。

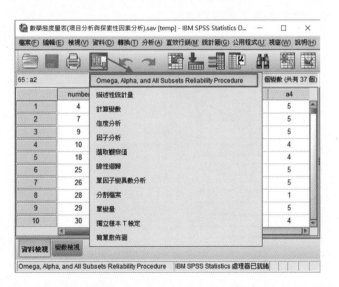

步驟 13：在「Omega, Alpha, and All Subsets Reliability Procedure」對話窗中，
　　　　將右邊「Items」的空格中 a16、a17、a19、a21、a22 與 a23 等 6 題，
　　　　移至左邊「Variables:」的空格中，如下圖所示。

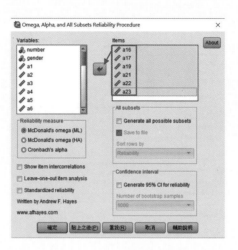

步驟 14：在「Omega, Alpha, and All Subsets Reliability Procedure」對話窗中，
　　　　將左邊的 a24、a25、a26、a28 與 a29 等 5 題，移至右邊「Items」
　　　　的空格中，如下圖所示。

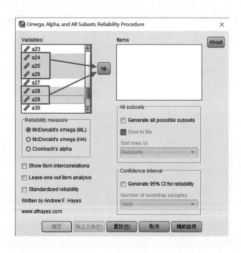

步驟 15：在「Omega, Alpha, and All Subsets Reliability Procedure」對話窗中，按下「確定」按鈕，如下圖所示。

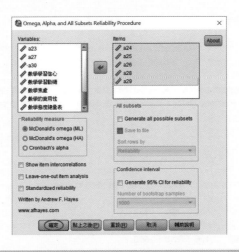

圖 8-29　以 omega.spd 巨集程式求數學態度各分量表 ω 係數的 SPSS 操作步驟

經過圖 8-29 的操作，即可獲得圖 8-30 的 ω 係數統計結果。

報表 1：在第 1 個「Run MATRIX procedure:」的報表中，可看到 ω 係數為 .872，如下圖所示。

Run MATRIX procedure:

*************************** Written by Andrew F. Hayes ***************************
***************************　　　　afhayes.com　　　***************************

This estimate of omega is based on the factor loadings of a forced single-factor
maximum likelihood factor analysis using SPSSs built in FACTOR procedure.

Reliability:
　Omega
　 .872

Item means, standard deviations, and estimated loadings:

	Mean	SD	Loading	ErrorVar
a1	3.856	1.282	.879	.872
a3	3.558	1.239	.967	.601
a4	3.932	1.237	1.153	.200
a5	3.844	1.209	.812	.803
a6	3.605	1.264	.905	.777

------ END MATRIX -----

報表 2：在第 2 個「Run MATRIX procedure:」的報表中，可看到 ω 係數為 .766，如下圖所示。

Run MATRIX procedure:

*************************** Written by Andrew F. Hayes ***************************
***************************　　afhayes.com　　***************************

This estimate of omega is based on the factor loadings of a forced single-factor
maximum likelihood factor analysis using SPSSs built in FACTOR procedure.

```
Reliability:
 Omega
 .766
```

Item means, standard deviations, and estimated loadings:

	Mean	SD	Loading	ErrorVar
a10	3.245	1.095	.599	.839
a11	3.785	1.075	.724	.632
a12	2.960	1.126	.818	.600
a14	3.208	1.181	.738	.851
a15	2.819	1.186	.677	.948

------ END MATRIX -----

報表 3：在第 3 個「Run MATRIX procedure:」的報表中，可看到 ω 係數為 .836，如下圖所示。

Run MATRIX procedure:

*************************** Written by Andrew F. Hayes ***************************
***************************　　afhayes.com　　***************************

This estimate of omega is based on the factor loadings of a forced single-factor
maximum likelihood factor analysis using SPSSs built in FACTOR procedure.

```
Reliability:
 Omega
 .836
```

Item means, standard deviations, and estimated loadings:

	Mean	SD	Loading	ErrorVar
a16	3.879	1.112	.597	.881
a17	3.851	1.078	.628	.767
a19	3.764	1.145	.804	.664
a21	3.818	1.167	.853	.633
a22	3.858	1.161	.872	.587
a23	4.034	.999	.749	.438

------ END MATRIX -----

報表 4： 在第 4 個「Run MATRIX procedure:」的報表中，可看到 ω 係數
　　　　　為 .852，如下圖所示。

```
Run MATRIX procedure:

*************************** Written by Andrew F. Hayes ***************************
***************************     afhayes.com         ***************************

This estimate of omega is based on the factor loadings of a forced single-factor
maximum likelihood factor analysis using SPSSs built in FACTOR procedure.

┌─────────────┐
│ Reliability:│
│   Omega     │
│   .852      │
└─────────────┘

Item means, standard deviations, and estimated loadings:
       Mean    SD  Loading ErrorVar
a24   3.201  1.033  .684   .600
a25   2.852  1.188  .977   .456
a26   3.517  1.160  .870   .590
a28   3.114  1.050  .826   .419
a29   3.302  1.344  .874  1.043

------ END MATRIX ------
```

圖 **8-30**　以 omega.spd 巨集程式求數學態度各分量表 ω 係數的 SPSS 統計報表結果

　　將圖 8-30 的數學態度各分量表之 ω 係數的信度估算結果，整理成表 8-13。
由表 8-13 可知，數學態度 4 個分量表的 ω 係數皆高於 .70，顯示數學態度各分量
表具有良好的信度。

表 8-13

數學態度量表各分量表 ω 係數的信度估算結果

分量表名稱	題目	題數	ω 係數
數學學習信心	a1、a3、a4、a5、a6	5	.872
數學學習動機	a10、a11、a12、a14、a15	5	.766
數學焦慮	a16、a17、a19、a21、a22、a23	6	.836
數學的實用性	a24、a25、a26、a28、a29	5	.852

　　將表 8-12 以 α 係數與分層 α 係數，以及表 8-13 以 ω 係數，對數學態度量
表各分量表與總量表所進行的信度估算統計結果，可以統整成表 8-14 的數學態

度量表信度考驗摘要表。由表 8-14 可知，數學態度總量表的信度，以分層 α 係數考驗結果為 .93，顯示數學態度總量表具有適切的信度。數學態度 4 個分量表，透過 α 係數的考驗，4 個分量表的信度介於 .76 至 .87；透過 ω 係數的考驗，4 個分量表的信度介於 .77 至 .87。由於 4 個分量表的信度，除了「數學學習動機」分量表未高於 .80（但高於至少 .70 的標準），其他 3 個分量表的信度皆高於 .80，顯示 4 個分量表皆具有適切的信度。

表 8-14

數學態度量表各分量表與總量表的信度估算結果

變項	題數	α 係數	α 係數 95% 信賴區間		ω 係數	分層 α 係數
			下界	上界		
數學學習信心	5	.87	.83	.90	.87	
數學學習動機	5	.76	.70	.82	.77	
數學焦慮	6	.83	.79	.87	.84	
數學的實用性	5	.85	.81	.89	.85	
測驗總分	21					.93

9

進行驗證性因素分析

壹、「進行驗證性因素分析」之理論基礎

貳、「進行驗證性因素分析」之實例分析

量表進行探索性因素分析後，還需進行驗證性因素分析，才能檢驗由探索性因素分析結果所建構的理論模式是否適切。底下將分別介紹「進行驗證性因素分析」之理論基礎，以及「進行驗證性因素分析」之實例分析兩個部分。

壹、「進行驗證性因素分析」之理論基礎

為了讓讀者能清楚的瞭解驗證性因素的理論基礎，底下分別介紹探索性因素分析與驗證性因素分析的比較、驗證性因素分析的步驟、驗證性因素分析的統計軟體（Analysis of Moment Structures [AMOS]）操作等 3 個部分。

一、探索性因素分析與驗證性因素分析的比較

探索性因素分析是由 Spearman（1904）所提出的統計方法，而驗證性因素分析則是由 Jöreskog（1969）所發展的統計方法。編製一份量表時，若缺乏足夠的理論依據，應先進行探索性因素分析，探索量表該有幾個向度，以及量表的題目該歸屬哪個向度。以探索性因素分析結果作為基礎，提出一個因素結構的模式，再利用驗證性因素分析，檢驗由探索性因素分析所獲得的因素結構模式，是否獲得實證資料支持。進行探索性因素分析與驗證性因素分析時，要特別注意的是，兩種因素分析的樣本資料是應該不同的。亦即不適合將同一筆樣本資料，拿來同時進行探索性因素分析與驗證性因素分析。

但當量表編製是以堅實的理論作為依據，則可省略探索性因素分析的步驟，直接進行驗證性因素分析，檢驗所編製的量表是否符合理論。故挑選別人已編製好的量表（且該量表已進行過探索性因素分析），作為自己的研究工具時，較理想的方式是直接以該量表來進行驗證性因素分析，以檢驗自己蒐集的實證資料，是否支持該量表經探索性因素分析所獲得的因素結構模式，而非重新再進行一次探索性因素分析。

Bollen（1989）曾分析探索性因素分析與驗證性因素分析兩者之差異，如表 9-1 所示。探索性因素分析主要用來找尋量表較合適的因素個數與因素結構，驗證性因素分析則是檢驗由探索性因素分析所獲得的因素個數與因素結構，是否能獲得實證資料的支持。

表 9-1

探索性因素分析與驗證性因素分析的差異比較

比較項目	探索性因素分析	驗證性因素分析
因素與題目之關係	未事先決定因素與題目的關聯性	事先已決定因素與題目的關聯性
因素的個數	未事先決定因素個數	事先決定因素個數
因素對題目的影響	每個因素都假定影響每道題目	每個因素可自由假定影響哪些題目
誤差變項之間的關係	誤差變項不允許有相關	誤差變項可允許有相關
因素之間的相關情形	無法設定特定的數值	可設定特定的數值
使用的統計軟體	SAS、SPSS、STATA	AMOS、EQS、LISREL、MPLUS、R、STATA

資料來源：引自 *Structural equations with latent variables* (p. 228), by K. A. Bollen, 1989, Wiley.

　　除了表 9-1 所提出探索性因素分析與驗證性因素分析差異之外，進行探索性因素分析，需要透過「特徵值」（eigenvalue）與「特徵向量」（eigenvector）來獲得因素負荷量矩陣，且需要透過因素轉軸方式，來協助判斷題目應歸屬哪個因素。相對地，進行驗證性因素分析，則不需要透過特徵值、特徵向量與因素轉軸的方式。另外，進行驗證性因素分析時，需要明確的指定某道題目歸屬哪個因素，當某道題目不歸屬某個因素時，則需要將該道題目不屬於某個因素的因素負荷量設定為 0。相對地，進行探索性因素分析時，是無法事先指定某個因素負荷量為 0 的（Jöreskog, 2007）。

　　會使用到探索性因素分析，通常是因研究者無法清楚因素與題目之間的確切關係，故實際進行探索性因素分析時，只能假定每個因素與每道題目都存有相關的關係。另外，探索性因素分析也假定誤差變項之間的積差相關係數為 0。圖 9-1 與圖 9-2 是 2 個因素（F_1 與 F_2）、6 道題目（X_1、X_2、X_3、X_4、X_5、X_6）與 6 個誤差變項（E_1、E_2、E_3、E_4、E_5、E_6）的探索性因素分析之路徑圖（path graph）。其中，圖 9-1 採直交轉軸的方式（亦即假設兩個因素 F_1 與 F_2 之間的積差相關係數為 0），故 F_1 與 F_2 之間沒有雙箭頭連結線。而圖 9-2 則是採斜交轉軸的方式（亦即假設兩個因素 F_1 與 F_2 之間是有相關存在），故 F_1 與 F_2 之間有一條雙箭頭連結線。而圖 9-1 與圖 9-2 中的誤差變項之間都沒有任何雙箭頭連結線，顯示誤差變項之間沒有任何的相關存在。

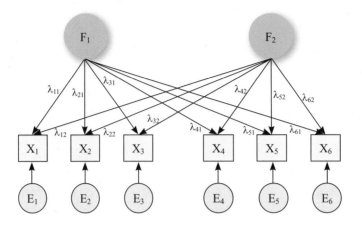

圖 9-1　直交轉軸的探索性因素分析之路徑圖

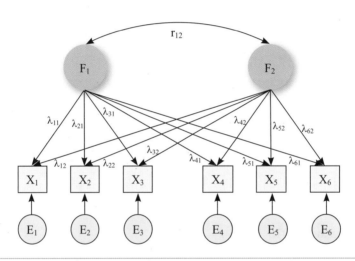

圖 9-2　斜交轉軸的探索性因素分析之路徑圖

　　進行驗證性因素分析時，研究者必須根據相關文獻與理論，提出因素與題目之間的確切關係，亦即研究者需指定每個因素與哪些題目是有相關，每個因素與哪些題目是沒有相關的。另外，在探索性因素分析中，誤差變項之間是假設沒有關聯性的，而驗證性因素分析，則可根據文獻與理論，假設誤差變項之間是有關聯性的。

　　由於驗證性因素分析是根據文獻與理論，所提出的一個理論模式，不同研究者可能提出不同的理論模式，故驗證性因素分析可存在著多種不同的理論模式。底下同樣以 2 個因素（F_1 與 F_2）、6 道題目（X_1、X_2、X_3、X_4、X_5、X_6）與 6 個誤差變項（E_1、E_2、E_3、E_4、E_5、E_6），舉幾個可能的驗證性因素分析之路徑圖，如圖 9-3、圖 9-4、圖 9-5、圖 9-6 與圖 9-7 所示。

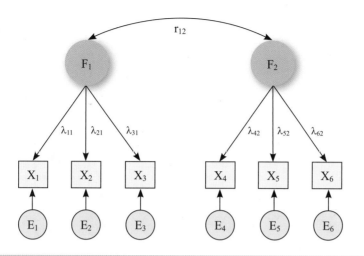

圖 9-3　驗證性因素分析之路徑圖 1

　　圖 9-3 每個因素都各有 3 道題目，每題都只有隸屬一個因素，誤差變項之間沒有任何相關存在，此種稱模式為 congeneric measurement models。由於每題只隸屬一個因素，此種題目稱為單向度測量（unidimensional measure）。

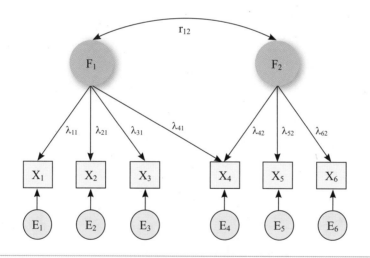

圖 9-4　驗證性因素分析之路徑圖 2

　　圖 9-4 每個因素都各有 3 道題目，第 4 題同時受到第 1 個因素（F_1）與第 2 個因素（F_2）的影響，此種受到 2 個以上因素影響的題目，稱為多向度測量（multiple dimensional measure）。

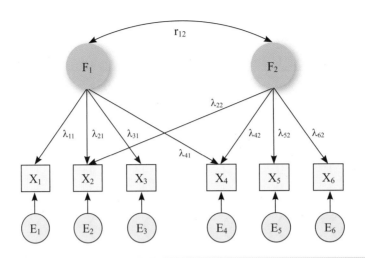

圖 9-5 驗證性因素分析之路徑圖 3

　　圖 9-4 與圖 9-5 很相似，除了圖 9-4 只有第 4 題屬於多向度測量，而圖 9-5 第 2 題與第 4 題都屬多向度測量之外，圖 9-4 與圖 9-5 的其他題目皆相同。

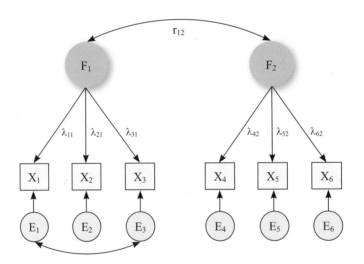

圖 9-6 驗證性因素分析之路徑圖 4

　　圖 9-6 每個因素都各有 3 道題目，每題只隸屬一個因素，但有兩個誤差變項（E_1 與 E_3）之間存有關聯性，其餘的誤差變項則沒有相關。

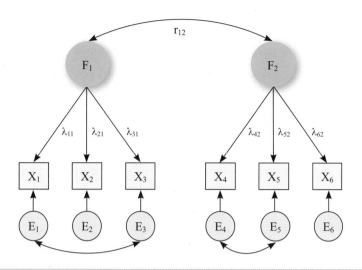

圖 9-7　驗證性因素分析之路徑圖 5

　　圖 9-7 每個因素都各有 3 道題目，每題只隸屬一個因素。但誤差變項（E_1 與 E_3）之間有關聯性，誤差變項（E_4 與 E_5）之間也存在關聯性，其餘的誤差變項則沒有相關。

　　由圖 9-1 與圖 9-2 的探索性因素分析路徑圖，以及圖 9-3 至圖 9-7 的驗證性因素分析路徑圖，可知進行探索性因素分析時，每個因素與每道題目都事先假定有關聯性、每個誤差變項之間是沒有相關的；而進行驗證性因素分析時，則可根據研究者所建構的理論模式，決定因素與題目之間是否具有關聯性、每個誤差變項之間可設定為有相關存在。

二、進行驗證性因素分析的步驟

　　進行驗證性因素分析時，大致需經歷五個步驟：建立一個理論模式、蒐集資料進行模式檢驗、判斷理論模式是否適切、進行模式的修正（模式不適切時才需進行）、呈現驗證性因素的結果等。

(一) 依據探索性因素分析結果，建構一個理論模式

　　驗證性因素分析屬於理論導向的統計方法，進行驗證性因素分析時，需先根據相關文獻，提出一個理論模式，然後藉由蒐集的實證資料，考驗所提的理論模式是否成立。在量表編製上，通常先進行探索性因素分析，根據探索性因素分析的結果，作為提出理論模式的依據，再透過驗證性因素分析，判斷所提的理論模式能否被支持。

在建構驗證性因素分析的理論模式時，若能以路徑圖的方式，呈現理論模式，較能協助研究者掌握因素與題目之間的結構。在路徑圖的呈現上，「因素」屬於潛在變項（latent variables），習慣以圓形或橢圓形表示；而「題目」屬於觀察變項（observed variables），習慣以矩形或長方形表示；「誤差」也屬於潛在變項，同樣以圓形或橢圓形表示。

因素與因素之間存在的相關關係，以雙箭頭表示；因素與題目之間的因果關係，則以單箭頭表示；誤差變項與題目之間的因果關係也採單箭頭表示。在進行驗證性因素分析時，除非是進行第二階以上的驗證性分析，否則因素與因素之間是不會出現因果關係的單箭頭。

不論是因素或題目或誤差變項，只要被一個單箭頭指到時，則被稱為內衍變項（endogenous variables），例如：圖 9-7 題目 X_1 被來自 F_1 的單箭頭指到，X_1 即屬於內衍變項。相對地，不論因素或題目或誤差變項，只要沒有被任何單箭頭指到，則稱為外衍變項（exogenous variables），例如：圖 9-7 的因素 F_1 或誤差項 E_1，沒有被任何單箭頭指到，都屬於外衍變項。

(二) 蒐集實證資料，進行理論模式的估算

一旦根據探索性因素分析結果，建構一個理論模式後，便可開始蒐集受試者的資料，以進行理論模式的估算。

驗證性因素分析的估計方法有許多種，較常被使用的估計方法是最大概似法（maximum likelihood），另外還有加權最小平方法（weighted least squares）、未加權最小平方法（unweighted least squares）、強韌加權最小平方法（robust weighted least squares）與概化最小平方法（gereralized least squares）等。

為了讓最大概似法能有較精準的估算結果，使用最大概似法有三點注意事項：需大樣本的人數、題目需符合等距量尺的性質，以及需符合多變項常態分配（multivariate normally distribution）的要求（Harrington, 2009）。

進行驗證性因素分析時，不論採用何種估算方法（尤其是採最大概似法），最好都能採用大樣本，才能獲得較精準的參數估計值。一般而言，進行驗證性因素分析的受試者人數最好不要低於 200 人。

雖然有些統計學者主張李克特量表並不具有等距量尺的特性（Bernstein & Teng, 1989），但研究者通常是將由李克特量表所蒐集的資料，以等距量尺性質進行資料分析。當李克特量表的量尺點數越多時，越能具備等距量尺的性質，故建議編製李克特量表時，最好編製的量尺點數在五點以上，應避免編製李克特三點量表或李克特四點量表。

對多變量常態分配的檢定，統計實務上並不容易進行。較可行方式是檢定每個變項的分配，是否符合單變量常態分配（univariate normality），作為判斷是否可能符合多變量常態分配的基本判定。當每個變項都符合常態分配時，則可能符合多變量常態分配（當然也可能不符合）。

對每個變項是否符合單變量常態分配的檢定，較常採用偏態（skew）與峰度（kurtosis）這兩個評判指標。Kline（2016）建議偏態指數（skew index）數值的絕對值高於 3，則顯示存在極端偏態情形；峰度指數（kurtosis index）數值的絕對值高於 10，則顯示存在嚴重的峰度問題。

在模式估算過程中，需根據受試者在所有題目的作答情形，求出題目之間的變異數共變數矩陣，這個矩陣稱為樣本的變異數共變數矩陣（sample variance-covariance matrix），通常以 S 表示。其次，根據探索性因素分析所提的理論模式，可產生一個預測的變異數共變數矩陣（predicted variance-covariance matrix），通常以 ∑ 表示。當樣本的變異數共變數矩陣 S 與預測的變異數共變數矩陣 ∑ 兩者的每個元素數值大小都很接近時，則所提的理論模式是傾向被支持的，反之，則提出的理論模式是傾向不被支持的。

在模式估算過程中，可能會出現三種狀況：不足辨識模式（underidentified models）、恰好辨識模式（just-identified models）與足夠辨識模式（overidentified models）三種。不足辨識模式是指未知數的個數（也就是需估計的參數個數）多於已知數的個數（亦即由題目之間所獲得的變異數數值與共變數數值），故無法求出未知的實際數值。恰好辨識模式是指未知數個數恰好等於已知數個數，故可求出一組參數估計數值。足夠辨識模式是指未知數個數少於已知數個數，故可求出多組的參數估計數值，然後再從多組參數估計數值中，挑選一組較佳的參數估計數值。在這三種估算辨識模式中，只有足夠辨識模式能挑選較佳的參數估計數值，故是研究者比較希望的估算模式。

(三) 模式適配性的評估

若模式估算結果屬於不足辨識模式或恰好辨識模式時，則無法提供樣本變異數共變數矩陣 S，與預測變異數共變數矩陣 ∑，兩者差異情形的統計資料。當模式估算結果屬於足夠辨識模式時，則需考量樣本變異數共變數矩陣 S，與預測變異數共變數矩陣 ∑，兩者之間的適配情形。

Bagozzi 與 Yi（1988）主張模式適配性的評估，應同時考量初步適配效標（preliminary fit criteria）、整體模式適配（overall model fit），以及模式內在結構適配（fit of internal structural of model）等 3 個部分，如表 9-2 所示。

表 9-2

驗證性因素分析的模式適配評鑑指標

評鑑內容	優良指標
一、初步適配效標	1. 誤差項的變異數沒有為負的。
	2. 誤差項的變異數應該顯著不為 0。
	3. 積差相關係數不能超過 1。
	4. 積差相關係數不能太接近 1。
	5. 因素負荷量不能太小（例如：小於 .50），也不能太大（例如：大於 .95）。
	6. 標準誤的數值不能太大。
二、整體模式適配	1. 沒有顯著的卡方考驗（也就是卡方考驗的 $p > .05$）
	2. 卡方考驗應具有適當的統計考驗力。
	3. 有滿意的增值適配指標（例如：NFI ≥ .9）。
	4. 有滿意的適配度指標（例如：AFGI ≥ .9）。
	5. 有滿意的模式比較結果（例如：透過卡方的差異比較）。
	6. 有低的殘差均方和平方根（root mean squareresiduals，簡稱 RMR）。
	7. 標準化殘差在線性 Q 圖中的斜率大於 1。
	8. 高的決定係數數值
三、模式內在結構適配	1. 題目的信度高於 .50，且組合信度高於 .60。
	2. 平均變異數抽取量高於 .50。
	3. 符合假設的顯著性參數估計值。
	4. 標準化殘差小於 2。
	5. 修正性指標小於 3.84。
	6. 具有檢測因果路徑的良好統計考驗力。

資料來源：引自 "On the evaluation of structural equation models," by R. P. Bagozzi, & Y. Yi, 1988, *Journal of the Academy of Marketing Science, 16*, p. 82.

1. 初步適配效標

　　初步適配是先檢查獲得的參數數值是否有不合理的情況（例如：變異數不能為負值，或是積差相關係數不能大於 1），來判斷研究者所建構的理論模式是否有問題。一旦出現不合理的參數估計值，即表示模式適配是有問題的。因此，在檢核模式的適配情形時，應先進行初步適配的判斷。

2. 整體模式適配

　　一旦初步適配效標檢核確定沒有不合理的參數數值，便可進行整體模式適配的檢核。整體模式適配有二十多種的評判指標，大致可分成絕對適配度指標

（absolute fit indices）、增值適配度指標（incremental fit indices）與精簡適配度指標（parsimony fit indices）等三大類（余民寧，2006）。

　　絕對適配度指標包括卡方值（chi-square）、適配度指標（goodness-of-fit index [GFI]）、修正的適配度指標（adjusted goodness-of-fit index [AGFI]）、均方根近似誤（root-mean-square error of approximation [RMSEA]）、均方根殘差（root-mean-square residual [RMR]）、標準化均方根殘差（standardized root-mean-square residual [SRMR]）、期望交叉驗證指標（expected cross-validation index [ECVI]）……等。

　　增值適配度指標包括增值適配度指標（incremental fit index [IFI]）、正規化適配度指標（normed fit index [NFI]）、非正規化適配度指標（non-normed fit index [NNFI]）、比較適配度指標（comparative fit index [CFI]）、Tucker-Lewis 指標（Tucker-Lewis index [TLI]）、相對非趨中指標（relative noncentrality index [RNI]）……等。

　　精簡適配度指標包括精簡適配度指標（parsimony goodness-of-fit index [PGFI]）、精簡正規化適配度指標（parsimony normed fit index [PNFI]）、Akaike 訊息指標（Akaike information criterion [AIC]）、穩定的 Akaike 訊息指標（consistent Akaike information criterion [CAIC]）……等。

　　有關整體適配度指標的內涵與計算公式，建議參考余民寧（2006）所著《潛在變項模式》一書的第五章，有很清楚詳盡的解說。表 9-3 是針對 AMOS 這套軟體所提供的評判指標，以及評判指標的適配評判標準。表 9-3 的評判標準是綜合余民寧（2006）、Byrne（2001）、Blunch（2008）、Hu 與 Bentler（1999）、Kline（2016）、Ullman（2001）等人的建議，所整理而成的。

表 9-3

AMOS 整體適配度指標的評判參考

適配度指標	符合良好適配度指標的條件
CMIN（也稱為卡方 χ^2 ）	卡方值 χ^2 越小越好，亦即卡方考驗的顯著性 $p > .05$，代表模式越適配。
CMIN/df（也稱為 χ^2/df ）	< 3 表示良好適配 < 2 表示優良適配
RMR	$< .05$
SRMR	$< .08$ 表示良好適配 $< .05$ 表示優良適配
GFI	$> .90$

表 9-3

（續）

適配度指標	符合良好適配度指標的條件
AGFI	> .90
PGFI	> .50
NFI	> .90 表示良好適配 > .95 表示優良適配
RFI	> .90 表示良好適配 > .95 表示優良適配
IFI	> .90 表示良好適配 > .95 表示優良適配
TLI	> .90 表示良好適配 > .95 表示優良適配
CFI	> .90 表示良好適配 > .95 表示優良適配
PRATIO	> .50
PNFI	> .50
PCFI	> .50
NCP	沒有明確適切評判依據，但越小越好。
RMSEA	< .08 表示良好適配 < .05 表示優良適配
AIC	理論模式（default model）數值小於飽和模式數值（saturated model） 理論模式數值小於獨立模式數值（independence model）
BCC	理論模式數值小於飽和模式數值 理論模式數值小於獨立模式數值
BIC	理論模式數值小於飽和模式數值 理論模式數值小於獨立模式數值
CAIC	理論模式數值小於飽和模式數值 理論模式數值小於獨立模式數值
ECVI	理論模式數值小於飽和模式數值 理論模式數值小於獨立模式數值
MECVI	理論模式數值小於飽和模式數值 理論模式數值小於獨立模式數值
HOELTER （也稱為 CN）	> 200

上述雖有眾多整體適配度評判指標，但有些評判指標較具參考價值，故在呈現整體適配度的統計結果時，至少應呈現這些參考價值較高的評判指標。關於至少應呈現哪些評判指標的問題，Kline（2016）主張至少應該呈現 χ^2（卡方考

驗）、RMSEA、CFI 與 SRMR 這 4 個重要的評判指標。而 Jackson 等人（2009）根據對 1998 年至 2006 年 APA 心理學期刊，挑選採用驗證性因素分析的期刊論文，分析這些論文如何呈現驗證性因素分析的結果。研究結果發現針對模式適配性的評判指標，最常被採用的評判指標前八名分別為 χ^2（包含 χ^2、df、p 三種數值）、CFI、RMSEA、TLI、GFI、NFI、SRMR，以及卡方與自由度之比值（χ^2/df）。卡方與自由度之比值被稱為「正規化卡方」（normed chi-square），或稱為「相對卡方」（relative chi-square）。Gana 與 Broc（2019）在介紹如何評估驗證性因素分析的整體模式適配指標時，建議採用 χ^2（包含 χ^2、df、p 三種數值）、SRMR、CFI、TLI、RMSEA 等五項適配指標。Collier（2020）對驗證性因素分析的統計結果之呈現，建議呈現 χ^2、CFI、TLI 與 RMSEA 等四項模式適配指標。

由於 χ^2 易受樣本人數影響，一旦樣本人數較多時，常出現拒絕模式適配的情形。雖然 χ^2 存在易受樣本影響的限制，但討論整體模式的適配情形時，還是應列出 χ^2 的數值。為降低卡方考驗受到樣本人數的影響，可考慮同時呈現卡方與自由度之比值（χ^2/df）。因此，綜合上述學者的建議，在呈現整體模式適配度評判指標時，最好至少應呈現 χ^2、χ^2/df、SRMR、CFI、TLI 與 RMSEA 等六項評判指標。

3. 模式內在結構適配

當多數的整體適配度指標符合優良指標時，只能代表蒐集的資料支持所提的整體理論模式（亦即因素與題目之間的關係），但被支持的整體理論模式，並不保證模式的每個參數數值也符合適切的情況。為確保理論模式的適切性，還需進行模式內在結構適配的評判。

模式內在結構適配的評判，主要是檢視因素與題目的因素負荷量數值是否太低？每個因素對題目的變異數解釋量是否過低？標準化殘差數值是否過大？每個參數的估計值是否符合理論假設？等等的問題。

在判斷模式內在結構適配情形時，題目信度（item reliability）、平均變異數抽取量（average of variance extracted[VE]）與組合信度（composite reliability[CR]）是三項很重要的評判指標（Bagozzi & Yi, 1988）。

題目信度是指因素與題目的標準化因素負荷量（standardized factor loadings）之平方，也就是所謂的多元相關係數平方（Squared multiple correlation），其計算公式為公式 9-1。

$$\rho_i = \lambda_i^2 \tag{9-1}$$

公式 9-1 中的 ρ_i 代表第 i 題的題目信度，λ_i^2 代表第 i 題的標準化因素負荷量平方。

平均變異數抽取量的計算方式是將所有題目的標準化因素負荷量平方和，除以所有的題目數量，如公式 9-2 所示（Hair, et al., 2010）。

$$VE = \frac{\sum_{i=1}^{n} \lambda_i^2}{n} \qquad (9\text{-}2)$$

公式 9-2 中的 VE 代表平均變異數抽取量，n 代表題目數量，λ_i^2 代表第 i 題的標準化因素負荷量平方，$\sum_{i=1}^{n} \lambda_i^2$ 代表所有題目的標準化因素負荷量平方之和。

組合信度也被稱為構念信度（construct reliability），組合信度的計算方式是，以每道題目的標準化因素負荷量加總後平方作為分子，以每道題目的標準化因素負荷量加總後平方，以及每道題目的誤差項變異數總和作為分母，如公式 9-3 所示（Hair, et al., 2010）。

$$CR = \frac{(\sum_{i=1}^{n} \lambda_i)^2}{(\sum_{i=1}^{n} \lambda_i)^2 + (\sum_{i=1}^{n} \delta_i)} \qquad (9\text{-}3)$$

公式 9-3 中的 CR 代表組合信度，n 代表題目數量，λ_i 代表第 i 題的標準化因素負荷量，$\sum_{i=1}^{n} \lambda_i$ 代表所有題目的標準化因素負荷量之和。δ_i 代表第 i 題的誤差項變異數，$\sum_{i=1}^{n} \delta_i$ 代表所有題目的誤差項變異數之和。

Bagozzi 與 Yi（1988）建議題目信度高於 .50；平均變異數抽取量高於 .50；組合信度高於 .60，即符合模式內在結構適配的標準。而題目信度高於 .50，也就是標準化因素負荷量高於 .70，若標準化因素負荷量未能達到 .70 以上，至少也應該高於 .60 的標準。Hair 等人（2006）則主張題目的標準化因素負荷量至少要高於 .50（亦即題目的信度至少要高於 .25），比較理想的是高於 .70（亦即題目的信度至少要高於 .49）；平均變異數抽取量高於 .50；組合信度則應高於 .70。

綜合上述學者的觀點，評判模式內在結構適配情形時，在題目的信度方面，至少應該高於 .25，最好高於 .50（亦即題目的標準化因素負荷量部分，至少應該高於 .50，最好高於 .70）；平均變異數抽取量部分，應該高於 .50；組合信度則應高於 .60。

雖然對模式內在結構的適配評估，較理想的情況是組合信度高於 .60，且平均變異抽取量高於 .50。但在量表編製的實務上，常出現某個因素的組合信度超過 .60，但平均變異抽取量未達到 .50 的情況。Fornell 與 Larcker（1981）於其論文中的第 46 頁提到「假如平均變異抽取量小於 .50，表示測量誤差對題目的變異解釋量高於構念對題目的變異解釋量，因而構念與題目的效度會受到質疑。

而平均變異抽取量相較於組合信度，是一種更保守的測量值。僅憑組合信度的依據，研究者有可能會得出，即使超過 50% 的變異是由於測量誤差所致（亦即平均變異抽取量小於 .50），該構念的聚斂效度是適切的結論」。根據 Fornell 與 Larcker 的看法，當組合信度高於 .60，即使平均變異抽取量未高於 .50，其聚斂效度應是屬可以接受的程度。

透過驗證性因素分析，可獲得較多證據用來判斷量表是否具有良好的構念效度。而聚斂效度（convergent validity）與區辨效度（discriminant validity）是很重要的兩種構念效度。測量相同特質之量表有較高的相關係數，顯示量表具有良好聚斂效度；相對地，測量不同特質之量表具有較低的相關係數，顯示量表具有不錯的區辨效度。

Hair 等人（2010）認為量表是否具良好的聚斂效度，可透過每題的標準化因素負荷量、每個因素的平均變異數抽取量，以及每個因素的組合信度等三種指標作為判斷的參考依據。題目的標準化因素負荷量達到 .50 以上（比較理想是高於 .70），每個因素的平均變異數抽取量都高於 .50 以上，每個因素的組合信度都高於 .70 以上，顯示量表具有不錯的聚斂效度。

表 9-4 是 2 個因素（F1 與 F2）與 6 道題目（X1、X2、X3、X4、X5、X6）所構成的驗證性因素分析，其中，X1 至 X3 只受到因素 F1 的影響，X4 至 X6 只受到因素 F2 的影響。透過表 9-4 的表格呈現，可根據每題的信度，每個因素的平均變異數抽取量，每個因素的組合信度等 3 個指標，判斷量表是否具有良好的聚斂效度。

表 9-4

聚斂效度的評判指標

因素	題目	題目信度	組合信度	平均變異數抽取量
F1	X1	ρ_1		
	X2	ρ_2	CR_1	VE_1
	X3	ρ_3		
F2	X4	ρ_4		
	X5	ρ_5	CR_2	VE_2
	X6	ρ_6		

區辨效度最常採用的判斷方式，是將每個因素所獲得的平均變異數抽取量，與因素之間的積差相關平方，進行兩者數值大小的相互比較。若每個因素的平均

變異數抽取量高於相對應的因素之間的積差相關平方，則顯示該量表具有不錯的區辨效度。另外一個簡單的區辨效度判斷方式是，當一道題目在兩個因素的因素負荷量都很高時，則顯示量表的區辨效度可能不佳。故在量表編製上，應避免一道題目同時歸屬兩個因素。

表 9-5 為由 4 個因素所形成的矩陣資料型態，其主對角線呈現每個因素的平均變異數抽取量（VE），而矩陣下三角形則呈現因素之間的積差相關係數平方（r^2）。透過表 9-5 的表格呈現，當每個因素的平均變異數抽取量，高於相對應的兩個因素之積差相關係數平方，則表示量表具有良好的區辨效度。

表 9-5

區辨效度的評判指標

因素名稱	F1	F2	F3	F4
F1	VE_1			
F2	r^2_{21}	VE_2		
F3	r^2_{31}	r^2_{32}	VE_3	
F4	r^2_{41}	r^2_{42}	r^2_{43}	VE_4

(四) 模式的修正

在前面的模式適配度評估階段，若發現初步適配效標、整體模式適配，以及模式內在結構適配等 3 個部分的評判指標，未達理想的適配情形時，亦即顯示所建構的理論模式與所蒐集的資料不適配，則可考慮進行模式的修正。

進行模式的修正時，主要可透過標準化殘差（standardized residual）與修正指標（modification indices [MI]）等兩個評判指標，協助找出需調整的路徑。

1. 標準化殘差

標準化殘差值會受樣本人數的影響，樣本人數越多時，易得到較大的標準化殘差值（Brown, 2006）。基於標準化殘差值易受到樣本人數影響，Hair 等人（2010）主張標準化殘差值若小於絕對值 2.5 是沒有問題的，當標準化殘差值高於絕對值 4 時，則顯示有需修正的路徑。故當標準化殘差值高於絕對值 2.5 時，則可能得考慮調整這兩個變項之間的路徑關係。

2. 修正指標

進行模式的修正時，通常修正指標比標準化殘差更能提供實質的修正建議。所謂修正指標（MI）是指將原先設定的固定參數（fixed parameter）或限制參數

（constrained paremeter），改為自由參數（free parameter）後，能降低整個模式卡方值的最小數量（余民寧，2006）。當同一類的參數都屬於自由參數時，則 MI 會為 0，此種狀況最常出現在變異數的 MI（Byrne, 2001）。

　　一般而言，適配性較佳的模式，其 MI 數值會越小。採用 MI 值的判斷，主要是參考自由度為 1 的卡方值（當自由度為 1，卡方值為 3.84，其顯著性 p 值為 .05），若 MI 值超過 3.84（一般常採用四捨五入後的 4），顯示可考慮是否需要將固定參數或限制參數，改為自由參數。假使將修正指標的標準放寬，當顯著性 p 值為 .001 時，則卡方值為 10.828，亦即當 MI 值若超過 10.828 時，才需考慮是否應將固定參數或限制參數，改為自由參數。

　　使用 MI 值作為模式修正的參考時，需特別注意將固定參數或限制參數，修改為自由參數時，是否符合理論依據。MI 值的使用需建立在符合理論依據的基礎上，否則修正後的模式是沒有意義的。若一道題目在共變數或迴歸係數的部分，有許多個高的 MI 值時，為了達到精簡原則，可考慮刪除該題。

(五) 呈現驗證性因素分析的結果

　　因驗證性因素分析的結果呈現，並沒有統一格式，導致許多論文未能提供驗證性因素分析的重要相關資訊（例如：如何處理遺漏值？如何處理未符合常態分配的問題？採用何種參數估算的方法？等等資訊）。為此，有些期刊開始提供如何呈現驗證性因素分析結果的建議，例如：Journal of the Society for Social Work and Research 在 2010 年建議投稿該期刊的論文，若屬於有關量表編製的論文，則請參考該期刊所提供的 8 項探索性因素分析結果呈現準則，以及 12 項驗證性因素分析結果呈現準則（Cabrera-Nguyen, 2010）。

　　Brown（2006）建議驗證性因素分析結果的呈現，應包含模式指定、輸入的資料、模式估算、模式評估、實質的結論等五個部分。模式指定部分應包括呈現模式的理論依據、完整說明模式的參數指定情形（包括每個因素包含哪些題目？每個因素的量尺化情形？自由參數、固定參數與限制參數的個數？），以及呈現模式是否足夠辨識的情形。

　　輸入資料方面應呈現樣本的特性、樣本人數、抽樣方式；樣本資料的量尺屬性（名義量尺或等距量尺）；常態分配檢定方式；遺漏值處理方式；提供樣本積差相關係數矩陣，以及題目的標準差。

　　模式估算部分應呈現使用的統計分析軟體與版本；題目的資料矩陣性質；採用的模式估算方法。

　　模式評估方面應呈現整體的適配情形；初步適配的情形；若模式有修改時，應提供修改的理論依據；參數的估算情形；有必要時，報告模式的精準性與統計考驗力。

　　實質結論部分應呈現驗證性因素分析結果的實質應用，以及對未來研究的建議方向；考量本研究的研究限制，提出對研究結果的詮釋。

　　Jackson 等人（2009）曾針對 1998 年至 2006 年 APA 心理學期刊，挑選有採用驗證性因素分析的期刊論文，總共分析 194 篇進行驗證性因素分析的實證研究，探究這些實證研究的論文如何呈現驗證性因素分析的結果。研究結果發現：

1. 在理論建構的部分，大部分進行驗證性因素分析的目的，在考驗研究工具的因素結構。最常考驗的因素結構模式前三名為：有相關的因素模式、沒有相關的因素模式、多階的因素模式。

2. 在資料的蒐集方面，進行驗證性因素分析的樣本人數，最少的樣本數是 58 人，最多的樣本數 46133 人，樣本人數的中位數是 389 人。驗證性因素分析模式之觀察變項的中位數為 17 個；而第一階潛在變項數量的中位數為 3 個。

3. 在資料準備的部分，許多研究結果並未針對驗證性因素分析的資料，說明是否符合單變量或多變量的常態分配假定；也未清楚交代對遺漏值的處理方式；也未說明資料處理是以題目或分量表作為觀察變項。

4. 在分析決策方面，約有三分之一的實證研究，未說明採用的參數估算方法，而最常被採用的參數估算法為最大概似法。約有五分之一的實證研究，未說明採用的統計軟體，最常被採用的統計軟體前三名為 LISREL、EQS 與 AMOS。

5. 在模式適配度評估與模式修正方面，最常被採用作為模式適配度評判指標的前五名分別為：卡方考驗（包含卡方值、自由度與 p 值）、CFI、RMSEA、TLI 與 GFI；有許多研究未清楚說明模式修正的相關訊息。

6. 在研究成果呈現方面，有許多研究未清楚說明呈現的是未標準化參數估計值或標準化參數估計值；有許多研究未呈現標準誤的數值；也有許多研究未呈現因素結構的路徑圖。

　　針對上述的研究結果，Jackson 等人（2009）提供表 9-6 的驗證性因素分析結果呈現之檢核表，建議研究者在呈現驗證性因素分析的統計結果時，可參考表 9-6 的檢核項目，以確保能呈現完整的驗證性因素分析結果。

表 9-6

驗證性因素分析結果呈現之檢核表

檢核向度	檢核指標
一、理論建構與資料蒐集	1. 模式測試的理論或經驗之證據 2. 模式測試的數量與型態（相關的、直交的、多階的） 3. 模式測試的指定（清楚呈現觀察變項與潛在變項的關係） 4. 模式測試的路徑圖 5. 樣本的特質（樣本描述、抽樣方式、樣本數量） 6. 等同模式或其他可能模式的辨識 7. 模式辨識的指定（模式可測試嗎？）
二、資料準備	1. 單變項或多變量常態分配的檢核，以及離散值的檢核 2. 遺漏值的處理方式 3. 觀察變項的量尺性質（名義、次序、等距或比率量尺；數值的大小範圍） 4. 資料轉換的描述（包括題目分數加總）
三、分析決策	1. 矩陣分析的資料類型（共變數矩陣或積差相關矩陣） 2. 提供矩陣資料，或是取得的方法 3. 參數估計方法與常態分配檢驗（例如：ML、S-BML、WLS） 4. 潛在變項的量尺 5. 軟體和版本
四、模式評估	包含多項的適配度指標（例如：卡方考驗、df、p、RMSEA、CFI、TLI）

資料來源：引自 "Reporting practices in confirmatory factor analysis: An overview and some recommendations", by D. L. Jackson, J. A. Gillaspy, R. Purc-Stephenson, 2009, *Psychological Methods*, *14*, p. 23.

三、驗證性因素分析的類型

　　較常見到的驗證性因素分析類型，大致可分成「單向度因素分析模式」（unidimensional factor model）、「一階的相關因素分析模式」（correlated first-order factors model）、「高階因素分析模式」（higher-order factor model）與「雙因素分析模式」（bifactor model）等四種（Dunn & McCray, 2020）。

(一) 單向度因素分析模式

　　單向度因素分析模式是指所有的題目只受到一個共同因素的影響（每道題目也會受到各自誤差變項的影響），所以採用單向度因素分析模式旨在探究所有題目是否在測量同一個構念，例如：第 2 章圖 2-1 所介紹的「自我概念」量表，包含 8 道題目。若是採用單向度因素分析模式，則會涉及到單向度因素至少需

要包含幾道題目的問題。從驗證性因素分析的參數估算角度而言，單向度因素至少需要 3 題，才能進行參數的估算，達到所謂的「足夠辨識模式」（Bollen, 1989）。因而在量表編製上，常會建議每個分層面至少需要有 3 題（Carpenter, 2018; Leandre, et al., 2012）。然而若每個分量表只有 3 題，可能會造成信度不高的情形，故有些學者建議每個分層面至少包含 4 題（Harvey, et al., 1985; Robinson, 2018）。

圖 9-8 即為包含 9 道題目的單向度因素分析模式，X1 至 X9 這 9 題皆歸屬同一個因素 F。

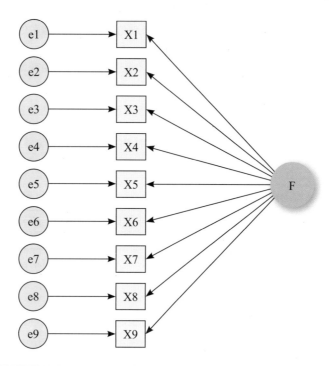

圖 9-8　包含 9 道題目的單向度因素分析模式

單向度因素分析模式的模式設定，如公式 9-4 所示。X 為題目所形成的向量；Λ_X 為因素負荷量所形成的向量；F 為 1 個因素 F；e 為題目誤差變項所形成的向量。公式 9-4 包含兩項假定，分別是因素 F 與誤差變項沒有相關，亦即 $\text{Cov}(F, e) = 0$，以及誤差變項的平均數為 0，亦即 $E(e) = 0$。

$$X = \Lambda_X F + e \tag{9-4}$$

若以圖 9-8 為例，則單向度因素分析模式的模式設定，為公式 9-5 所示。

$$
\begin{bmatrix} X_1 \\ X_2 \\ X_3 \\ X_4 \\ X_5 \\ X_6 \\ X_7 \\ X_8 \\ X_9 \end{bmatrix} = \begin{bmatrix} \lambda_{11} \\ \lambda_{21} \\ \lambda_{31} \\ \lambda_{41} \\ \lambda_{51} \\ \lambda_{61} \\ \lambda_{71} \\ \lambda_{81} \\ \lambda_{91} \end{bmatrix} [F] + \begin{bmatrix} e_1 \\ e_2 \\ e_3 \\ e_4 \\ e_5 \\ e_6 \\ e_7 \\ e_8 \\ e_9 \end{bmatrix}
$$

(9-5)

將公式 9-4 與公式 9-5 相比較，可知各向量的關係如下：

$$
\boldsymbol{X} = \begin{bmatrix} X_1 \\ X_2 \\ X_3 \\ X_4 \\ X_5 \\ X_6 \\ X_7 \\ X_8 \\ X_9 \end{bmatrix} ; \boldsymbol{\Lambda}_{\mathrm{X}} = \begin{bmatrix} \lambda_{11} \\ \lambda_{21} \\ \lambda_{31} \\ \lambda_{41} \\ \lambda_{51} \\ \lambda_{61} \\ \lambda_{71} \\ \lambda_{81} \\ \lambda_{91} \end{bmatrix} ; \boldsymbol{F} = [F] ; \boldsymbol{e} = \begin{bmatrix} e_1 \\ e_2 \\ e_3 \\ e_4 \\ e_5 \\ e_6 \\ e_7 \\ e_8 \\ e_9 \end{bmatrix}
$$

(二) 一階的相關因素分析模式

　　一階的相關因素分析模式是指一份量表包含兩個以上的相關因素，通常每道題目只受到一個因素的影響（如圖 9-3），當然一道題目也可同時受到兩個因素的影響，但此種情況較少見（如圖 9-4）。所以一階的相關因素分析模式也就是所謂的多向度量表，例如：第 2 章圖 2-2 的多向度自我概念量表。

　　目前多數的量表編製是採用多向度的量表，一個量表包含至少兩個分量表，對於此種多向度量表的構念效度考驗，就是採用一階的相關因素分析模式。從參數估計的角度思考，具有一階兩個以上相關因素分析模式，每個因素只要至少 2 題，即可為「足夠辨識模式」。但從量表的信效度角度思考，一個只有 2 道題目的分量表，可能無法充分反應該分量表所欲評估的構念，且容易造成信度較低的情況。所以一階的相關因素分析模式，每個因素至少含有 3 道題目。Yong 與 Pearce（2013）認為若有一個因素只包含 2 題，則這 2 題須具有高於 .70 的高度相關，且這 2 題與其他題目應該沒有相關。

　　圖 9-9 是一階三個相關因素分析模式，包含 F1、F2、F3 等 3 個具有相關的因素，每個因素包含 3 道題數。

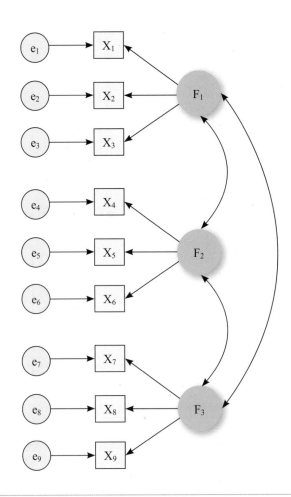

圖 9-9　一階三個相關因素分析模式

　　一階的相關因素分析模式的設定，如公式 9-6 所示。X 為題目所形成的向量；Λ_X 為因素負荷量所形成的矩陣；F 為因素所形成的向量；e 為題目誤差變項所形成的向量。公式 9-6 同樣包含兩項假定，分別是因素 F 與誤差變項沒有相關，亦即 $Cov(\mathbf{F}, e) = 0$，以及誤差變項的平均數為 0，亦即 $E(e) = 0$。

$$X = \Lambda_X \mathbf{F} + \mathbf{e} \tag{9-6}$$

　　若以圖 9-9 為例，則一階的 3 個相關因素分析模式的設定，為公式 9-7 所示。

$$\begin{bmatrix} X_1 \\ X_2 \\ X_3 \\ X_4 \\ X_5 \\ X_6 \\ X_7 \\ X_8 \\ X_9 \end{bmatrix} = \begin{bmatrix} \lambda_{11} & 0 & 0 \\ \lambda_{21} & 0 & 0 \\ \lambda_{31} & 0 & 0 \\ 0 & \lambda_{42} & 0 \\ 0 & \lambda_{52} & 0 \\ 0 & \lambda_{62} & 0 \\ 0 & 0 & \lambda_{73} \\ 0 & 0 & \lambda_{83} \\ 0 & 0 & \lambda_{93} \end{bmatrix} \begin{bmatrix} F_1 \\ F_2 \\ F_3 \end{bmatrix} + \begin{bmatrix} e_1 \\ e_2 \\ e_3 \\ e_4 \\ e_5 \\ e_6 \\ e_7 \\ e_8 \\ e_9 \end{bmatrix} \tag{9-7}$$

將公式 9-6 與公式 9-7 相比較，可知各向量與矩陣的關係如下：

$$X = \begin{bmatrix} X_1 \\ X_2 \\ X_3 \\ X_4 \\ X_5 \\ X_6 \\ X_7 \\ X_8 \\ X_9 \end{bmatrix} ; \Lambda_X = \begin{bmatrix} \lambda_{11} & 0 & 0 \\ \lambda_{21} & 0 & 0 \\ \lambda_{31} & 0 & 0 \\ 0 & \lambda_{42} & 0 \\ 0 & \lambda_{52} & 0 \\ 0 & \lambda_{62} & 0 \\ 0 & 0 & \lambda_{73} \\ 0 & 0 & \lambda_{83} \\ 0 & 0 & \lambda_{93} \end{bmatrix} ; \mathbf{F} = \begin{bmatrix} F_1 \\ F_2 \\ F_3 \end{bmatrix} ; e = \begin{bmatrix} e_1 \\ e_2 \\ e_3 \\ e_4 \\ e_5 \\ e_6 \\ e_7 \\ e_8 \\ e_9 \end{bmatrix}$$

(三) 高階因素分析模式

　　高階因素分析模式可以是二階因素分析模式，或是三階因素分析模式，但以二階因素分析模式較常見。若是採用二階因素分析模式，則是假定二階因素會直接影響一階因素，而一階因素會直接影響題目。一份多向度量表，除了可以採用一階的相關因素分析模式進行構念效度的考驗外，若一階的因素彼此具有顯著性相關，也可以考慮進行二階因素分析模式的構念效度考驗。

　　進行二階因素分析模式考驗時，一階因素的個數至少需要 3 個以上的因素，才能進行二階因素的參數估算。若是一階因素個數只有 2 個，而想進行二階因素分析模式時，則需要將某個參數限定（constrained）為特定值，但採用參數限定方式，若沒有理論依據，常無法得到適切的統計結果。

　　圖 9-10 是二階因素分析模式，包含一個二階的共同因素 G，以及 3 個一階的因素 F1、F2、F3（各因素之間沒有相關），每個因素包含三道題數。共同因素 G 直接影響 3 個因素 F1、F2、F3，但共同因素 G 並未直接影響每道題目。

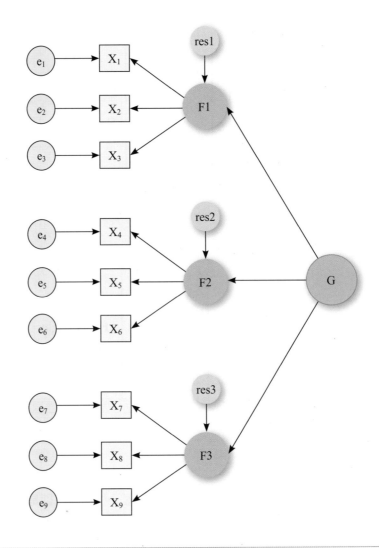

圖 9-10　二階因素分析模式

　　二階因素分析模式的模式設定，如公式 9-8 與公式 9-9 所示。X 為題目所形成的向量；Λ_X 為題目與一階因素的因素負荷量所形成之矩陣；F 為一階因素所形成的向量；e 為題目誤差變項所形成的向量；Γ 為一階因素與二階因素的因素負荷量所形成之向量；G 為 1 個二階因素 G；ϵ 為一階因素的殘差變項所形成之向量。公式 9-8 與公式 9-9 包含下列幾項假定，分別是一階因素 F 與誤差變項沒有相關，亦即 $Cov(F,e) = 0$；二階因素 G 與誤差變項沒有相關，亦即 $Cov(G,e) = 0$；二階因素 G 與殘差變項沒有相關，亦即 $Cov(G,\epsilon) = 0$；誤差變項的平均數為 0，亦即 $E(e) = 0$；殘差變項的平均數為 0，亦即 $E(\epsilon) = 0$。

$$X = \Lambda_X F + e \tag{9-8}$$

$$F = \Gamma G + \epsilon \tag{9-9}$$

若以圖 9-10 為例,則有 3 個一階因素的二階因素分析模式之模式設定,為公式 9-10 與公式 9-11 所示。

$$\begin{bmatrix} X_1 \\ X_2 \\ X_3 \\ X_4 \\ X_5 \\ X_6 \\ X_7 \\ X_8 \\ X_9 \end{bmatrix} = \begin{bmatrix} \lambda_{11} & 0 & 0 \\ \lambda_{21} & 0 & 0 \\ \lambda_{31} & 0 & 0 \\ 0 & \lambda_{42} & 0 \\ 0 & \lambda_{52} & 0 \\ 0 & \lambda_{62} & 0 \\ 0 & 0 & \lambda_{73} \\ 0 & 0 & \lambda_{83} \\ 0 & 0 & \lambda_{93} \end{bmatrix} \begin{bmatrix} F_1 \\ F_2 \\ F_3 \end{bmatrix} + \begin{bmatrix} e_1 \\ e_2 \\ e_3 \\ e_4 \\ e_5 \\ e_6 \\ e_7 \\ e_8 \\ e_9 \end{bmatrix} \tag{9-10}$$

$$\begin{bmatrix} F_1 \\ F_2 \\ F_3 \end{bmatrix} = \begin{bmatrix} \gamma_{F_1 G} \\ \gamma_{F_2 G} \\ \gamma_{F_3 G} \end{bmatrix} [G] + \begin{bmatrix} \epsilon_{F_1} \\ \epsilon_{F_2} \\ \epsilon_{F_3} \end{bmatrix} \tag{9-11}$$

將公式 9-8 與公式 9-9,和公式 9-10 與公式 9-11 相比較,可知各向量與矩陣的關係如下:

$$X = \begin{bmatrix} X_1 \\ X_2 \\ X_3 \\ X_4 \\ X_5 \\ X_6 \\ X_7 \\ X_8 \\ X_9 \end{bmatrix} ; \Lambda_X = \begin{bmatrix} \lambda_{11} & 0 & 0 \\ \lambda_{21} & 0 & 0 \\ \lambda_{31} & 0 & 0 \\ 0 & \lambda_{42} & 0 \\ 0 & \lambda_{52} & 0 \\ 0 & \lambda_{62} & 0 \\ 0 & 0 & \lambda_{73} \\ 0 & 0 & \lambda_{83} \\ 0 & 0 & \lambda_{93} \end{bmatrix} ; F = \begin{bmatrix} F_1 \\ F_2 \\ F_3 \end{bmatrix} ; e = \begin{bmatrix} e_1 \\ e_2 \\ e_3 \\ e_4 \\ e_5 \\ e_6 \\ e_7 \\ e_8 \\ e_9 \end{bmatrix} ; \Gamma = \begin{bmatrix} \gamma_{F_1 G} \\ \gamma_{F_2 G} \\ \gamma_{F_3 G} \end{bmatrix}$$

$$G = [G] ; \quad \epsilon = \begin{bmatrix} \epsilon_{F_1} \\ \epsilon_{F_2} \\ \epsilon_{F_3} \end{bmatrix}$$

(四) 雙因素分析模式

雙因子模式(bifactor model)最早是由 Holzinger 與 Swineford(1937)所提出,他們認為最簡單的雙因素分析模式是直接從 Spearman 的「兩個因素模式」

（two-factor model）演化而來，直接將 Spearman 的兩個因素，當作兩個「群組因素」（group factors）。除了「群組因素」之外，雙因素分析模式還存在著一個更高階的「一般因素」（general factor），「一般因素」不僅影響直接「群組因素」，「一般因素」也會直接影響題目。

Gustafsson 與 Balke（1993）以雙因素分析模式探究小學生的性向測驗對學科成就之影響，透過驗證性因素分析，性向測驗獲得一個「一般學校成就因素」（general school achievement factor），以及九個「學科領域特定成就因素」（domain specific achievement factors）。然而 Gustafsson 與 Balke 對採用的驗證性因素分析方法，並非稱作「雙因素分析模式」，而是稱為「巢式因素分析模式」（nested factors model）。

Chen 等人（2006）認為若符合 3 個條件，則可以考慮採用雙因素分析模式：存在著一個一般因素假設能解釋所有題目的共同性；存在著多個領域特定因素，每個領域特定因素對所隸屬的題目，具有獨特於一般因素的解釋力；研究者對於一般因素與領域特定因素同時感到興趣。

圖 9-11 是雙因素分析模式，包含 1 個一般因素 G，以及 3 個沒有相關的群組因素 F1、F2、F3（每個因素包含 3 道題數）。除了 3 個群組因素 F1、F2、F3，各自影響 3 道題目外，一般因素 G 會直接影響 9 道題目。而一般因素 G，與 3 個群組因素 F1、F2、F3，彼此之間皆沒有相關。

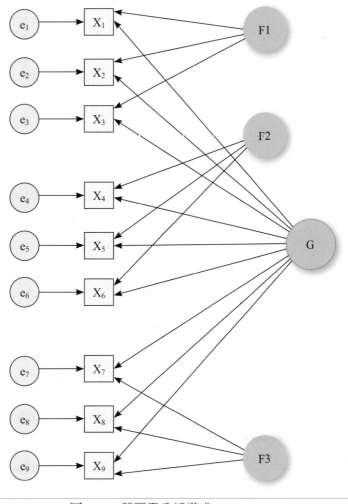

圖 9-11　雙因素分析模式

　　雙因素分析模式的模式設定，如公式 9-12 所示。X 為題目所形成的向量；$\mathbf{\Lambda}_X$ 為題目與「一般因素」、「群組因素」的因素負荷量所形成之矩陣；$\mathbf{F}$ 為「一般因素」與「群組因素」所形成的向量；e 為題目誤差變項所形成的向量。公式 9-12 包含下列幾項假定，分別是群組因素 F 與誤差變項沒有相關，亦即 $\text{Cov}(\mathbf{F},e) = 0$；一般因素 G 與誤差變項沒有相關，亦即 $\text{Cov}(\mathbf{G},e) = 0$；誤差變項的平均數為 0，亦即 $E(e) = 0$。

$$X = \mathbf{\Lambda}_X\mathbf{F} + e \tag{9-12}$$

　　若以圖 9-11 為例，則有 1 個一般因素與 3 個群組因素雙因素分析模式之模式設定，為公式 9-13 所示。

$$\begin{bmatrix} X_1 \\ X_2 \\ X_3 \\ X_4 \\ X_5 \\ X_6 \\ X_7 \\ X_8 \\ X_9 \end{bmatrix} = \begin{bmatrix} \lambda_{1G} & \lambda_{11} & 0 & 0 \\ \lambda_{2G} & \lambda_{21} & 0 & 0 \\ \lambda_{3G} & \lambda_{31} & 0 & 0 \\ \lambda_{4G} & 0 & \lambda_{42} & 0 \\ \lambda_{5G} & 0 & \lambda_{52} & 0 \\ \lambda_{6G} & 0 & \lambda_{62} & 0 \\ \lambda_{7G} & 0 & 0 & \lambda_{73} \\ \lambda_{8G} & 0 & 0 & \lambda_{83} \\ \lambda_{9G} & 0 & 0 & \lambda_{93} \end{bmatrix} \begin{bmatrix} F_G \\ F_1 \\ F_2 \\ F_3 \end{bmatrix} + \begin{bmatrix} e_1 \\ e_2 \\ e_3 \\ e_4 \\ e_5 \\ e_6 \\ e_7 \\ e_8 \\ e_9 \end{bmatrix} \tag{9-13}$$

將公式 9-12 與公式 9-13 相比較，可知各向量與矩陣的關係如下：

$$X = \begin{bmatrix} X_1 \\ X_2 \\ X_3 \\ X_4 \\ X_5 \\ X_6 \\ X_7 \\ X_8 \\ X_9 \end{bmatrix} ; \Lambda_X = \begin{bmatrix} \lambda_{1G} & \lambda_{11} & 0 & 0 \\ \lambda_{2G} & \lambda_{21} & 0 & 0 \\ \lambda_{3G} & \lambda_{31} & 0 & 0 \\ \lambda_{4G} & 0 & \lambda_{42} & 0 \\ \lambda_{5G} & 0 & \lambda_{52} & 0 \\ \lambda_{6G} & 0 & \lambda_{62} & 0 \\ \lambda_{7G} & 0 & 0 & \lambda_{73} \\ \lambda_{8G} & 0 & 0 & \lambda_{83} \\ \lambda_{9G} & 0 & 0 & \lambda_{93} \end{bmatrix} ; F = \begin{bmatrix} F_G \\ F_1 \\ F_2 \\ F_3 \end{bmatrix} ; e = \begin{bmatrix} e_1 \\ e_2 \\ e_3 \\ e_4 \\ e_5 \\ e_6 \\ e_7 \\ e_8 \\ e_9 \end{bmatrix}$$

對於雙因素分析模式的適切性評估，Morgan 等人（2015）的研究結果顯示，雙因素分析模式的模式整體適配情形，通常會優於高階因素分析模式的模式整體適配情形。Gignac（2016）透過模擬的研究結果顯示，高階因素分析模式會符應「比例限制」（proportionality constraint），而雙因素分析模式不會符應比例限制，故雙因素分析模式的模式整體適配情形，通常會優於高階因素分析的整體適配情形。所謂「比例限制」是指對同一個低階因素的題目而言，高階因素對題目的因素負荷量，與低階因素對題目的因素負荷量，會形成一定的比例。

基於上述的原因，對雙因素分析模式的評估，除了採用模式的整體適配指標外，也應透過「模式本位的信度指標」（model-based reliability indices）來評估模式的適切情形。Rodriguez 等人（2016a）建議可採用「總分的 omega 係數」（omega for the total score [ω_T]）、「分量表的 omega 係數」（omega subscale [ω_S]）、一般因素的「ω 階層係數」（omega hierarchical [ω_H]）、群組因素的「ω 階層係數」（omega hierarchical subscale [ω_{HS}]）、「解釋的共同變異量」（explained common variance [ECV]）與「H 係數」（coefficient H）等模式本位的信度指標，來評估雙因素分析模式的適配情形。

1. 總分的 omega 係數（ω_T）

如同第 8 章所介紹的，相對於 α 係數只能適用於「本質的 tau 等值模式」的資料，McDonald（1999）提出 ω 係數則能適用於「同因素模式」的資料，故理論上 ω 係數對於信度的估算，會比 α 係數更為精準。對於 ω_T 係數的評估標準，是採用一般對於信度的評估標準，亦即若 ω_T 係數高於 .80，表示具有良好的信度，ω_T 係數最好至少高於 .70，表示具有普通的信度。

第 8 章介紹的公式 8-16 的 ω 係數公式，是採用單向度因素模式。若採用雙因素分析模式，則 ω_T 係數的計算公式為公式 9-14。

$$\omega_T = \frac{(\sum \lambda_{gen})^2 + \sum_{k=1}^{k}(\sum \lambda_{grp_k})^2}{(\sum \lambda_{gen})^2 + \sum_{k=1}^{k}(\sum \lambda_{grp_k})^2 + \sum(1-h^2)} \tag{9-14}$$

公式 9-14 的 λ_{gen} 表示每道題目的一般因素之因素負荷量；λ_{grp_k} 表示每道題目屬於第 k 個群組因素之因素負荷量；h^2 表示每道題目的「共同性」（communality），而（$1-h^2$）即為每道題目的誤差變項之變異數。

2. 分量表的 omega 係數（ω_S）

以雙因素分析模式進行分析時，除了可採用全量表的方式，計算總分的 omega 係數，也可以採用各分量表的方式，計算出分量表的 omega 係數（ω_S），其計算公式為公式 9-15。

$$\omega_S = \frac{(\sum \lambda_{gen})^2 + (\sum \lambda_{grp_k})^2}{(\sum \lambda_{gen})^2 + \sum_{k=1}^{k}(\sum \lambda_{grp_k})^2 + \sum(1-h^2)} \tag{9-15}$$

公式 9-15 的 λ_{gen} 表示屬於第 k 個分量表（也就是第 k 個群組因素）每道題目的一般因素之因素負荷量；λ_{grp_k} 表示屬於第 k 分量表每道題目之因素負荷量；h^2 表示屬於第 k 分量表每道題目的「共同性」，而（$1-h^2$）即為屬於第 k 分量表每道題目的誤差變項之變異數。

對於 ω_S 係數的評估標準，是採用一般對於信度的評估標準，亦即若 ω_S 係數高於 .80，表示具有良好的信度，ω_S 係數最好至少高於 .70，表示具有普通的信度。

3. 一般因素的「ω 階層係數」（omega hierarchical ω_H）

Zinbarg 等人（2005）根據 McDonald（1999）的 ω 係數定義，提出「ω 階層係數」，ω 階層係數主要是評估「一般因素」可以解釋多少量表總分的變異量，其計算公式為公式 9-16。

$$\omega_{\mathrm{H}} = \frac{\left(\sum \lambda_{\mathrm{gen}}\right)^2}{\left(\sum \lambda_{\mathrm{gen}}\right)^2 + \sum_{k=1}^{k} \left(\sum \lambda_{\mathrm{grp}_k}\right)^2 + \sum(1-h^2)} \tag{9-16}$$

公式 9-16 的 λ_{gen} 表示每道題目的一般因素之因素負荷量；λ_{grp_k} 表示每道題目屬於第 k 個群組因素之因素負荷量；h^2 表示每道題目的「共同性」，而（$1-h^2$）即為每道題目的誤差變項之變異數。

關於 ω_{H} 係數的評估標準，Reise 等人（2013）認為若 ω_{H} 係數高於 .70，即表示該量表總分的變異量主要是受到一般因素的影響。

4. 群組因素的「ω 階層係數」（omega hierarchical ω_{HS}）

群組因素的 ω 階層係數（ω_{HS}）主要是評估控制了「一般因素」的影響後，「群組因素」可以解釋多少分量表分數的變異量，其計算公式為公式 9-17。

$$\omega_{\mathrm{HS}} = \frac{\left(\sum \lambda_{\mathrm{grp}_k}\right)^2}{\left(\sum \lambda_{\mathrm{gen}}\right)^2 + \sum_{k=1}^{k} \left(\sum \lambda_{\mathrm{grp}_k}\right)^2 + \sum(1-h^2)} \tag{9-17}$$

公式 9-17 的 λ_{gen} 表示屬於第 k 個分量表（也就是第 k 個群組因素）每道題目的一般因素之因素負荷量；λ_{grp_k} 表示屬於第 k 分量表每道題目之因素負荷量；h^2 表示屬於第 k 分量表每道題目的「共同性」，而（$1-h^2$）即為屬於第 k 分量表每道題目的誤差變項之變異數。

關於 ω_{HS} 係數的評估標準，Smits 等人（2014）主張若 $\omega_{\mathrm{HS}} \geq .30$，顯示群組因素對分量表分數的解釋量具重大程度（substantial）的影響；若 $.20 \leq \omega_{\mathrm{HS}} < .30$，顯示中度（moderate）的影響；若 $\omega_{\mathrm{HS}} < .20$，顯示低度（low）的影響。

5. 解釋的共同變異量（ECV）

可解釋的共同變異量只考慮一般因素與群組因素對於量表分數的共同解釋變異量，並不包含誤差變項的變異量，其計算公式為公式 9-18。

$$\mathrm{ECV} = \frac{\left(\sum \lambda_{\mathrm{grp}_k}^2\right)^2}{\left(\sum \lambda_{\mathrm{gen}}^2\right) + \sum_{k=1}^{k} \left(\sum \lambda_{\mathrm{grp}_k}^2\right)} \tag{9-18}$$

對於 ECV 的評判依據，其數值介於 0 至 1，數值越接近 1，表示一般因素的解釋力較強，越傾向是單向度的研究工具。Rodriguez 等人（2016b）認為 ECV 高於 .70，即表示該量表雖然是多向度量表，但該量表較受到一般因素的單向度影響。

6. H 係數

Hancock 與 Mueller（2001）以結構方程模式的觀點，提出計算「構念信度」（construct reliability）的 H 係數。H 係數主要是評估一個因素被歸屬該因素的題目所表徵之程度，其計算公式為公式 9-19。

$$H = \cfrac{1}{1 + \cfrac{1}{\sum_{i=1}^{k} \cfrac{\lambda_i^2}{1 - \lambda_i^2}}}$$

(9-19)

公式 9-19 的 λ_i^2 是指歸屬某個因素的第 i 道題目之標準化因素負荷量平方。關於 H 係數的評估標準，Arias 等人（2018）建議若 H 係數低於 .70，表示信度是不佳的；若 H 係數介於 .70 至 .79，表示信度屬可接受的程度；若 H 係數高於 .80，表示具有良好的信度。

四、驗證性因素分析的 AMOS 操作步驟

茲根據前面所介紹的「單向度因素分析模式」、「一階的相關因素分析模式」、「高階因素分析模式」與「雙因素分析模式」等四種驗證性因素分析的類型，以 298 位受試者在 9 道題目的答題資料為例（檔案名稱為「9 道題目的驗證性因素分析 .sav」），介紹如何透過 AMOS 來進行驗證性因素分析。底下將分成 AMOS 操作步驟、AMOS 統計報表解讀，以及統計結果呈現等三個部分介紹。

AMOS 針對參數數值的估計，同時提供採用畫路徑圖與撰寫程式語法等兩種方式。對較不熟悉程式語法的研究人員而言，透過畫路徑圖估算參數數值，是較為簡單的方式，故 AMOS 是量表編製者在進行驗證性因素分析時，較常採用的統計軟體。AMOS 可直接分析 SPSS 的資料檔，無需再另外進行資料檔的轉換。本書重點不在介紹 AMOS 統計軟體的使用，關於如何在 AMOS 上畫路徑圖，建議可參考吳明隆（2010）有關 AMOS 的專書介紹。

(一) 單向度因素分析模式的驗證性因素分析

1. AMOS 的操作步驟

使用 AMOS 進行驗證性因素分析的首要工作，是根據理論依據，畫出因素與題目的關係之路徑圖（即畫出圖 9-8 包含 9 道題目的單向度因素分析模式），再要求 AMOS 進行後續的模式估算工作。其 AMOS 的操作步驟，如圖 9-12 所示。

圖 9-12 步驟 1 與步驟 2 是先根據圖 9-8，所繪製因素與題目之間的路徑圖；步驟 3 至步驟 7 是選擇所要進行分析的資料檔；步驟 8 至步驟 10 是挑選所要的統計結果；步驟 11 是開始進行參數數值的估算。

步驟 1：開啟 AMOS 程式後，請在右邊框框的畫圖區，開始著手畫驗證性因素分析的路徑圖，如下圖所示。讀者可自行畫圖，或是直接開啟資料檔案中的「單向度因素分析模式 .amw」檔案。

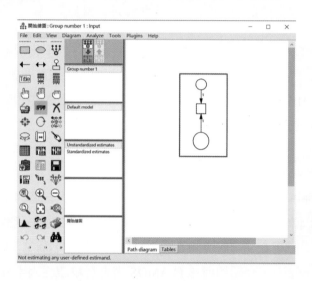

步驟 2：根據圖 9-8 的 9 道題目之單向度因素分析模式，繪製驗證性因素分析的路徑圖，如下圖所示。

在繪製路徑圖過程中，有一點要特別注意的是，由於每道題目屬於觀察變項，故可由受試者的答題資料，獲得每道題目的變異數數值。但每個因素屬於潛在變項，故無法清楚每個因素的實際變異數大小，需藉由每個因素與題目的量尺連結，才能藉由題目的變異數之協助，估算出每個因素的變異數數值。

每個因素與題目的量尺連結方式有兩種：第一種是將每個因素與第一道題目的因素負荷量設定為 1，第二種方式是將每個因素的變異數設定為 1，這兩種方式以第一種方式較為常用。

下圖即是以第一種方式進行每個因素與題目的量尺連結，亦即將因素 F 與題目 X1 的因素負荷量都設定為 1，而 X1 則被稱為參照變項（reference variable）。

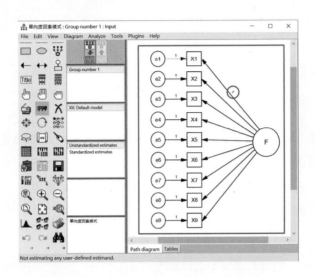

步驟 3：請點選左方「Select data file(s)」按鍵，如下圖所示，此步驟是選擇所要進行驗證性因素分析的資料檔案。

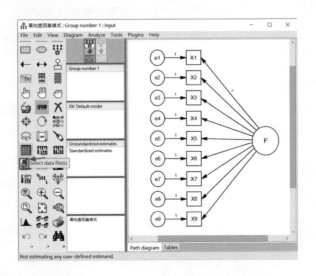

步驟 4：出現「Data Files」對話窗後，請按「File Name」按鈕，如下圖所示，此步驟是開啟所要分析的資料檔案。

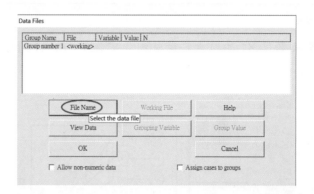

步驟 5：出現「開啟」對話窗後，請選擇 SPSS 資料檔所存放的資料夾位置，下圖所使用的「9 道題目的驗證性因素分析」檔案，是存放在「第 9 章」的「9 道題目 CFA」資料夾中的「單向度因素分析模式」資料夾內，如下圖所示。

步驟 6：AMOS 可直接分析 SPSS 的檔案，故可直接點選驗證性因素分析所需的 SPSS 資料檔，如下圖點選「9 道題目的驗證性因素分析 .sav」，並按「開啟 (O)」按鈕。

步驟7：在 Data Files 對話窗，會出現 Group Name（組別名稱）為 Group
　　　　number 1，File（檔名）為「9 道題目的驗證性因素分析 .sav」，N
　　　　的總人數為 298 人，有效樣本數也是 298 人。確定所挑選的資料檔
　　　　無誤後，按下「OK」按鈕，如下圖所示。

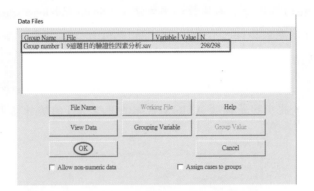

步驟8：請點選左方的「Analysis properties」按鍵，如下圖所示。AMOS 只
　　　　提供少數幾項內定的統計結果，此步驟可要求 AMOS 提供更多的
　　　　統計結果資料。

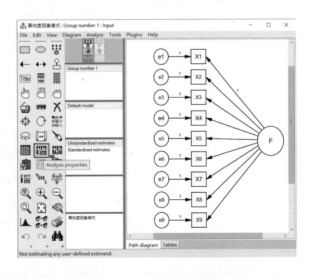

步驟 9：出現「Analysis Properties」對話窗後，可看到在「Estimation」的視窗下，AMOS 內定採用的估算方法為「最大概似法」（maximum likelihood）。另外，AMOS 也提供「廣義最小平方法」（Generalized least squares）、「未加權最小平方法」（Unweighted least squares）、「量尺不拘最小平方法」（Scale-free least squares）與「漸進的分配不拘法」（Asymptotically distribution-free）等其他四種估算方法。

請將「Estimation」的畫面，改為點選上方「Output」按鍵，如下圖所示，此步驟是開啟 AMOS 可提供哪些項目的統計結果。

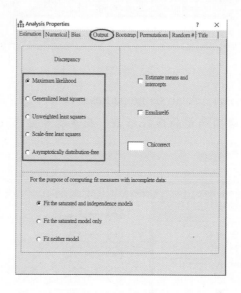

步驟 10：在「Analysis Properties」對話窗的「Output」畫面下，AMOS 提供許多項統計結果的選項，但只有「Minimization history」這一項是 AMOS 事先內定的，其他選項都必須勾選後，AMOS 才會提供統計結果。為了獲得較完整的統計資料，請點選「Standardized estimates」、「Squared multiple correlations」、「All implied moments」、「Residual moments」、「Modification indices」、「Tests for normality and outliers」等 6 項，因為這 6 項是驗證性因素分析常需使用到的統計資料，並按右上方的關閉鍵 ╳，如下圖所示。

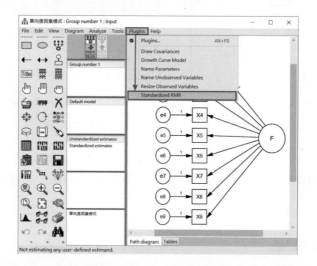

步驟 11：請點選「Plugins」→「Standardized RMR」，如下圖所示，此步驟
　　　　是要求 AMOS 提供 SRMR 的統計結果。

步驟 12：此時會出現「Standardized RMR」的空白對話窗，如下圖所示。
　　　　這個空白對話窗需要等到執行步驟 13，才會出現 SRMR 的統計結
　　　　果。請勿按「Close」按鍵，若按了「Close」按鍵，就不會計算
　　　　SRMR。

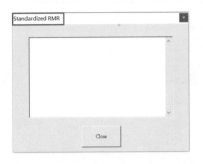

步驟 13：請點選左方「Calculate estimates」按鍵，如下圖所示，此步驟是要求 AMOS 開始進行估算工作。

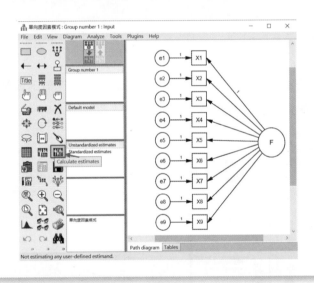

圖 9-12 單向度因素分析模式的 9 道題目驗證性因素分析之 AMOS 操作步驟

2. AMOS 的報表解讀

經過圖 9-12 的 AMOS 操作步驟，等待短暫時間後，即可得到圖 9-13 的 AMOS 統計結果。圖 9-13 報表 1 主要是用來判斷模式估算是否成功，一旦模式屬足夠辨識模式時，才會出現報表 2 至報表 13 的統計結果。報表 2 至報表 4 是提供「未標準化參數數值」與「標準化參數數值」。報表 5 至報表 13 是驗證性因素分析更詳細的統計結果，包括變項的類別與個數、估計參數的類別與個數、常態分配檢驗、估計參數值、模式修正指標、模式適配指標等。

報表 1：當往上的紅色箭頭出現時，如下圖所示，顯示模式估算屬於「足夠辨識模式」，代表已完成驗證性因素分析的估算歷程。

若往上的紅色箭頭未出現時，顯示無法順利進行驗證性因素分析，可能是模式估算產生「不足辨識模式」的情形。

一旦往上的紅色箭頭出現時，下方第二個視窗，也會由原本顯示的「XX:Default model」，變成「OK:Default model」，顯示模式估算結果是 OK 的。

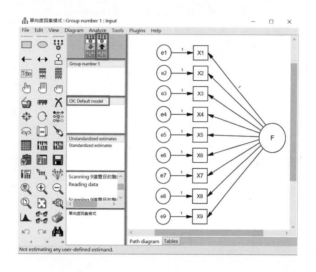

報表 2：點選「往上的紅色箭頭」按鈕時，右邊的驗證性因素分析路徑圖，即會出現所估算的「未標準化參數數值」，如下圖所示。

例如：因素 F 與題目 X2 的未標準化迴歸係數 .94，而因素 F 與題目 X1 的未標準化迴歸係數，為事先所設定的 1。

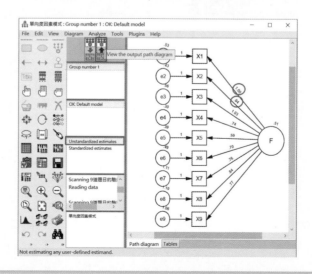

報表 3：點選「標準化參數數值」選項時，如下圖所示。「標準化參數數值」並不是 AMOS 自動提供的統計結果，需在圖 9-12 步驟 10 勾選「Standardized estimates」選項，AMOS 才會提供「標準化參數數值」。

由下圖統計結果可知，因素 F 與 X1 的標準化迴歸係數 .70。在驗證性因素分析中，因素與題目之間的標準化迴歸係數，即是因素與題目之間的因素負荷量。

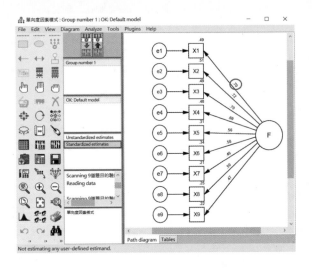

報表 4：請點選左方的「View Text」按鍵，如下圖所示，此動作可讀取更多驗證性因素分析的統計結果。

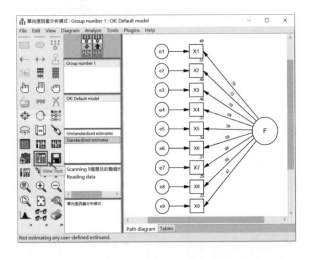

報表 5：在「Amos Output」視窗中，點選左方「Analysis Summary」，在右方視窗中會出現執行此程式的日期與時間，如下圖所示。

報表 6：在「Amos Output」視窗中，點選左方「Variable Summary」。在右方視窗中會出現觀察變項（observed variable）、潛在變項（unobserved variable）、外衍變項（exogenous variable）與內衍變項（endogenous variable）的個數，如下圖所示。

由下圖可知，9 道題目的驗證性因素分析（單向度因素分析模式）包含 19 個變項（包括 1 個因素、9 道題目與 9 個誤差變項）；9 個觀察變項（亦即 9 道題目）；10 個潛在變項（包括 1 個因素與 9 個誤差變項）；10 個外衍變項（包括 1 個因素與 9 個誤差變項）；9 個內衍變項（亦即 9 道題目）。

報表 7：在「Amos Output」視窗中，點選左方「Parameter summary」，在右方視窗中會出現有關模式的參數個數之訊息，例如：有 10 個固定數值的估計參數、有 0 個標示代號的估計參數、有 18 個沒有標示代號的估計參數，所有估計參數共 28 個，如下圖所示。

10 個固定數值的估計參數，包括因素 F 至 X1 指定為 1 的因素負荷量，以及 9 個由每個誤差變項至每道題目指定為 1 的迴歸係數。

18 個沒有標示代號的估計參數個數，包括估計 1 個因素的變異數、估計 8 個因素與題目之間的因素負荷量，以及 9 個誤差變項的變異數。

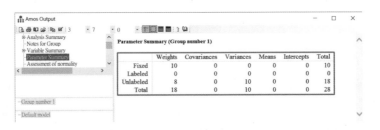

報表 8：在「Amos Output」視窗中，點選左方「Assessment of normality」，在右方視窗中會出現每道題目偏態（skew）與峰度（kurtosis）的統計結果，如下圖所示。

根據 Kline（2016）的建議，偏態指數的絕對值高於 3，則顯示極端的偏態情形；峰度指數的絕對值高於 10，則顯示嚴重的峰度問題。由下圖可知，每道題目偏態指數介於 -1.398 至 .045，所有題目偏態指數絕對值皆低於 3；每道題目峰度指數介於 -.769 至 1.871，所有題目峰度指數絕對值皆低於 10，顯示這 9 道題目沒有嚴重違反常態分配的基本假定。

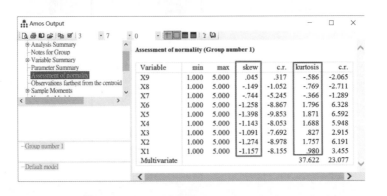

報表 9：在「Amos Output」視窗中，點選左方「Notes for Model」，在右方視窗中會出現自由度的計算結果，以及內定模式的卡方考驗結果，如下圖所示。由下圖可知，$\chi^2 = 311.222, df = 27, p < .001$，由於 $p < .05$，顯示需拒絕虛無假設，亦即模式是不適配的。

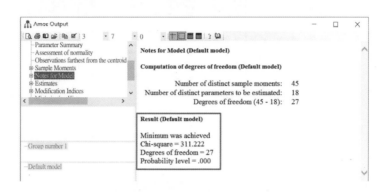

報表 10-1：在「Amos Output」視窗中，點選左方「Estimates」，在右方視窗中會出現「Regression Weights: (Group number1 – Default model)」、「Standardized Regression Weights: (Group number1 – Default model)」、「Variances: (Group number1 – Default model)」、「Squared multiple correlation: (Group number1 – Default model)」、「Implied(for all variables) Covariances (Group number1 – Default model)」、「Implied(for all variables) Correlations (Group number1 – Default model)」、「Implied Covariances (Group number1 – Default model)」、「Implied Correlations (Group number1 – Default model)」、「Residual Covariances (Group number1 – Default model)」與「Standardized Residual Covariances (Group number1 – Default model)」等 10 項參數的估計數值。

上述 10 項參數估計數值，「Implied Covariances (Group number1 – Default model)」、「Implied Correlations (Group number1 – Default model)」與「Residual Covariances (Group number1 – Default model)」這 3 項數值不常使用，故底下只介紹其他 7 項數值。

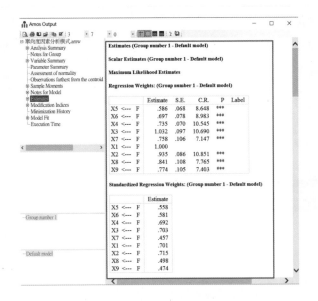

報表 10-2：在右方視窗「Regression Weights: (Group number1 – Default model)」中，主要呈現因素與題目之間的迴歸係數估計值，此即為未標準化迴歸係數（或稱為未標準化因素負荷量）。其中「Estimate」是迴歸係數的估計值，「S.E.」是迴歸係數的估計標準誤。

「C.R.」是所謂的臨界比（critical ratio），其數值等於迴歸係數估計值除以迴歸係數估計標準誤。臨界比主要用來檢定迴歸係數是否為 0，若臨界比的絕對值高於 1.96，顯示迴歸係數不為 0，若臨界比的絕對值小於 1.96，則顯示迴歸係數為 0。以因素 F 與題目 X2 迴歸係數（亦即因素負荷量）為例，因素負荷量估計值為 .935，除以因素負荷量估計標準誤 .086 等於 10.872，與下圖呈現的數值 10.851 有一點小差距，主要四捨五入所造成的誤差結果。由於因素 F 與題目 X2 因素負荷量的臨界比 10.851 高於 1.96，顯示因素 F 與題目 X2 的因素負荷量顯著不為 0。

除了可透過臨界比的數值大小判斷因素負荷量是否顯著不為 0 之外，更簡便方式是透過顯著性 P 值來判斷，當顯著性 P 值小於 .05 時，則要拒絕因素負荷量為 0 的虛無假設，故顯示因素負荷量不為 0，若顯著性 P 值大於 .05 時，顯示因素負荷量為 0。一旦顯著性 P 值小於 .001 時，則 AMOS 會以 *** 表示，如下圖所示。

由於因素 F 與題目 X1 因素負荷量是事先已經指定為 1，故不會進行「S.E.」與「C.R.」的估算。

由下圖可知，因素 F 與題目 X2 至 X9 等 8 題，這 8 個因素負荷量皆顯著不為 0。

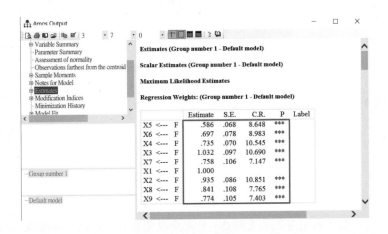

報表 10-3：在右方視窗「Standardized Regression Weights: (Group number1 – Default model)」中，主要呈現因素與題目之間的標準化迴歸係數，亦即因素與題目之間的標準化因素負荷量。

檢視標準化因素負荷量時，需特別注意是否有出現高於 1 的不合理估計值，由下圖的標準化因素負荷量可知，並沒有出現高於 1 的不合理估計值。

因素 F 與題目 X1 至 X9 等 9 個標準化因素負荷量，分別為 .701、.715、.703、.692、.558、.581、.457、.498、.474。要特別注意因素 F 與題目的呈現順序，是否有按照題目的代碼大小依序排列。下圖的呈現並未依題目代碼大小排序，所以讀者在標示因素與題目的標準化因素負荷量時，要特別注意此問題。

根據 Hair 等人（2006）主張題目標準化因素負荷量達到 .50 以上的標準來看（但最好是標準化因素負荷量高於 .70），有 6 個標準化因素負荷量達高於 .50 的標準要求。

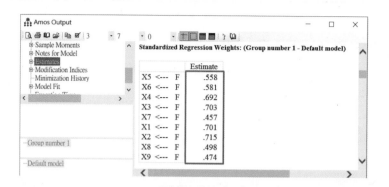

報表 10-4：在右方視窗「Variances: (Group number1 – Default model)」中，主要
呈現因素的變異數估計值，以及誤差變項的變異數估計值。由下圖
可知，因素 F 變異數為 .512，第 1 題誤差項 e1 的變異數至第 9 題
誤差項 e9 的變異數，分別為 .531、.427、.557、.301、.388、.487、
1.114、1.096 與 1.058。不論是因素的變異數或是誤差變項的變異
數，都顯著性的大於 0，且未出現變異數為負的不合理現象。

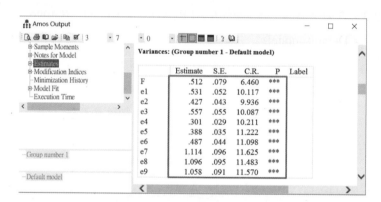

報表 10-5：在右方視窗「Squared multiple correlation: (Group number1 – Default
model)」中，主要呈現每道題目的多元相關係數平方，亦即是因
素與題目的標準化因素負荷量的平方，也被稱為題目的信度。
　　由下圖可知，X2 多元相關係數平方值最大 .512，X7 多元相關
係數平方值最小 .209。若依據 Hair 等人（2006）建議，題目信
度至少要高於 .25，則有 6 道題目符合此要求。但根據 Bagozzi
與 Yi（1988）建議，題目信度最好高於 .50，則只有 1 題達到高
於 .50 的標準。

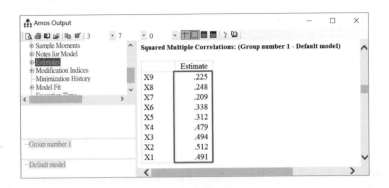

報表 10-6：在右方視窗「Implied(for all variables) Covariances (Group number1 – Default model)」中，主要是呈現每個因素與每道題目之間的變異數與共變數。矩陣中的主對角線的數值為變異數，非主對角線的數值為共變數。

例如：因素 F 的變異數為 .512，X1 至 X9 的題目變異數分別為 1.043、.875、1.103、.578、.564、.735、1.408、1.458 與 1.364。因素 F 與題目 X1 至 X9 的共變數，分別為 .512、.479、.528、.376、.300、.357、.388、.431 與 .396。

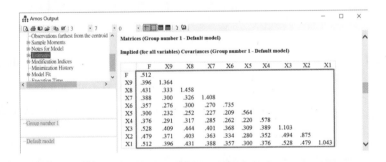

報表 10-7：在右方視窗「Implied(for all variables) Correlations (Group number1 –Default model)」中，主要是呈現每個因素與每道題目之間的積差相關係數，而因素與題目的積差相關係數，即是因素分析中所稱的結構係數。

例如因素 F 與 X1 至 X9 的題目結構係數分別為 .701、.715、.703、.692、.558、.581、.457、.498 與 .474。

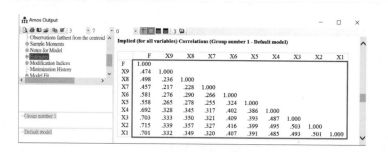

報表 10-8：在右方視窗「Standardized Residual Covariances (Group number1 – Default model)」中，主要呈現每道題目與每道題目之間的標準化殘差。由下圖可知，有 4 個標準化殘差的絕對值高於 2.58，分別是 X4、X6、X7、X8 與 X9 這 5 題所形成的，所以可以檢視報表 11-2 的修正指標，看看這 5 題有沒有需要修正的路徑。

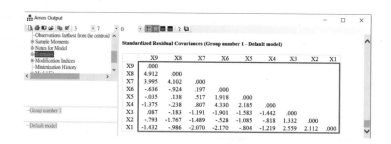

報表 11-1：在「Amos Output」的視窗中，點選左方「Modification Indices」，在右方視窗中會出現「Covariances: (Group number1 – Default model)」與「Regression Weights: (Group number1 – Default model)」等 2 項修正指標的估計數值。

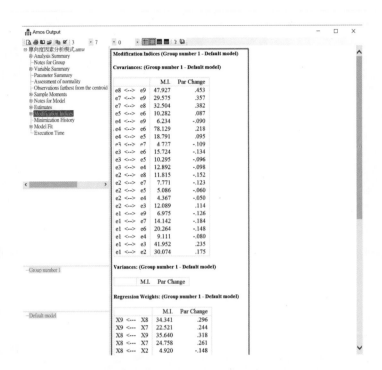

報表 11-2：在右方視窗中的「Covariances: (Group number1 – Default model)」
視窗中，主要是呈現兩個變項之間的共變數之修正指標數值。
下圖的共變數之修正指標數值以 e4 與 e6 之間的數值 78.129 為
最大，代表若將誤差項 e4 與誤差項 e6 之間，增加一條代表相關
的雙箭頭，則能降低卡方值，因而能提高模式的適配情形。

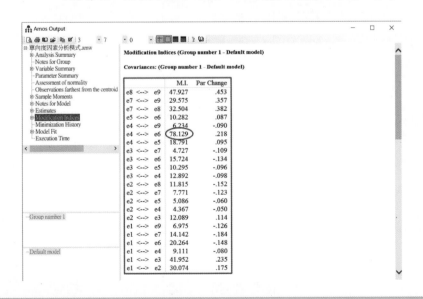

報表 11-3：在右方視窗「Variances: (Group number1 – Default model)」中，主要是呈現變項的變異數之修正指標數值。由於 1 個因素的變異數，以及 9 題誤差項的變異數，全部都是自由估算參數（freely estimated parameters），這些變異數的 MI 皆會為 0，故下圖並未呈現任何 1 個數值。

報表 11-4：在「Regression Weights: (Group number1 – Default model)」視窗中，主要是呈現每一條迴歸係數的修正指標數值。

下圖的迴歸係數之修正指標數值以 X6 指向 X4 的數值 48.444 為最大，代表若增加一條以 X6 來預測 X4 的迴歸預測方程式，則能降低卡方值，因而能提高模式的適配情形。但這樣的建議純粹從統計資料的觀點出發，並非從理論模式的觀點出發。由於驗證性因素分析模式，是假定題目與題目之間是沒有因果關係，故增加一條以 X6 來預測 X4 的迴歸預測方程式是不合適的。

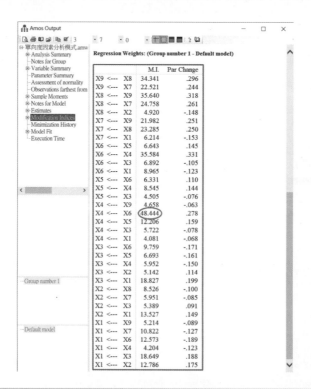

報表 12-1：在「Amos Output」視窗中，點選左方「Model Fit」，在右方視窗中會出現「CMIN」、「RMR, GFI」、「Baseline Comparisons」、「Parsimony-Adjusted Measures」、「NCP」、「FMIN」、「RMSEA」、「AIC」、「ECVI」與「HOELTER」等 10 種整體模式的適配性指標。

在每種適配性指標中，都會顯示「Default model」、「Saturated model」、「Independence model」等三種模式，其中「預設模式」（Default model）是量表編製者所提出的理論模式，也就是我們需關注的數據。「飽和模式」（Saturated model）是一種「恰好辨識模式」，亦即所需估計的參數個數，恰好等於由題目之間所獲得的變異數與共變數個數，故恰可求出一組參數估計值。「獨立模式」（Independence model）是指所有變項都是獨立模式，也就是變項之間的積差相關係數皆為 0。

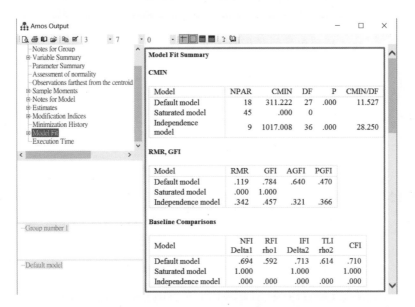

報表 12-2：在右方視窗「CMIN」的「Default model」中，會出現「NPAR」、「CMIN」、「DF」、「P」與「CMIN/DF」等 5 種指標數值。由下圖可知，估計參數有 18 個，包括估計 1 個因素的變異數、估計 8 個因素與題目之間的因素負荷量、估計 9 個誤差變項的變異數。

　　卡方統計量為 311.222，自由度為 27，顯著性 P 值為 .000，由卡
方統計量的顯著性 P 值小於 .05，顯示此模式是不良適配的。

　　卡方統計量與自由度的比值（CMIN/DF）為 11.527，大於 2，根
據表 9-3 的評判參考標準，顯示此模式屬於不良適配情形。

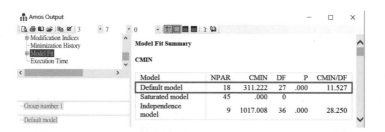

報表 12-3：在右方視窗「RMR, GFI」的「Default model」中，會出現「RMR」、
　　　　　　「GFI」、「AGFI」與「PGFI」等 4 種指標數值。

　　　　　　根據表 9-3 的評判參考標準，RMR 為 .119 高於 .05；GFI 為 .784
　　　　　　小於 .90；AGFI 為 .640 小於 .90；PGFI 為 .470 小於 .50，顯示
　　　　　　這 4 項適配性指標皆屬不良適配狀況。

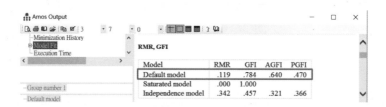

報表 12-4：在右方視窗「Baseline Comparisons」的「Default model」中，會
　　　　　　出現「NFI」、「RFI」、「IFI」、「TLI」與「CFI」等 5 種指
　　　　　　標數值。

　　　　　　根據表 9-3 的評判參考標準，NFI 為 .694、RFI 為 .592、IFI
　　　　　　為 .713、TLI 為 .614 與 CFI 為 .710，由於這五種指標數值皆低
　　　　　　於 .90，顯示這 5 項適配度指標皆屬不良適配。

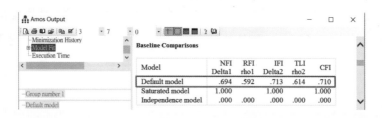

報表 12-5：在右方視窗「Parsimony-Adjusted Measures」的「Default model」
中，會出現「PRATIO」、「PNFI」與「PCFI」等 3 項指標數值。
根據表 9-3 的評判參考標準，PRATIO、PNFI 與 PCFI 這 3 項指
標數值皆高於 .50，顯示這 3 項適配度指標皆屬良好適配。

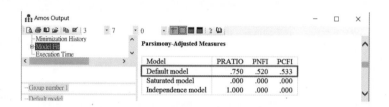

報表 12-6：在右方視窗「NCP」的「Default model」中，會出現「NCP」、
「LO 90」與「HI 90」等 3 個指標數值。根據表 9-3 的評判參考
標準，NCP 這個指標沒有明確的判斷依據，但越小越好。而下圖
的 NCP 為 284.222，90% 信賴區間的下界為 231.138，90% 信賴
區間的上界為 344.761。

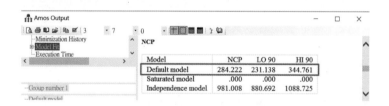

報表 12-7：在右方視窗「FMIN」的「Default model」中，會出現「FMIN」、
「F0」「LO 90」與「HI 90」等 4 項指標數值。這 4 項指標並沒
有明確的判斷標準，現今較少採用此評判標準。

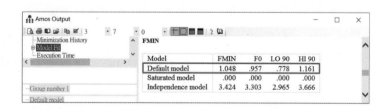

報表 12-8：在 右 方 視 窗「RMSEA」的「Default model」中，會 出 現
「RMSEA」、「LO 90」、「HI 90」與「PCLOSE」等 4 種指標
數值。根據表 9-3 的評判參考標準，RMSEA 這個指標為 .188 高
於 .08，而 RMSEA 的 90% 信賴區間下界為 .170，90% 信賴區間
上界為 .207，顯示模式為不良適配情形。

而 PCLOSE 是針對虛無假設「RMSEA ≦ .05」的考驗顯著性大小，當 PCLOSE 小於 .05，顯示應拒絕虛無假設「RMSEA ≦ .05」。下圖 PCLOSE 為 .000 小於 .05，故顯示 RMSEA ≧ .05，亦即表示模式為不良適配情形。

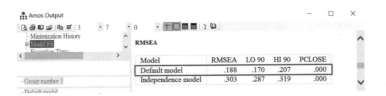

報表 12-9：在右方視窗「AIC」的「Default model」中，會出現「AIC」、「BCC」、「BIC」與「CAIC」等 4 種指標數值。根據表 9-3 的評判參考標準，AIC、BCC、BIC 與 CAIC 這 4 種指標，若其預設模式的數值，同時低於飽和模式與獨立模式的數值，則表示良好適配。而下圖的 AIC、BCC、BIC 與 CAIC 等 4 項指標之預設模式的數值雖然皆小於獨立模式的數值，但皆高於飽和模式的數值，顯示模式為不良適配情形。

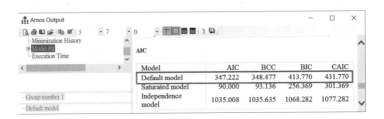

報表 12-10：在右方視窗「ECVI」的「Default model」中，會出現「ECVI」、「LO 90」、「HI 90」與「MECVI」等 4 種指標數值。

根據表 9-3 的評判參考標準，ECVI 這項指標的預設模式數值 1.169，雖然低於獨立模式數值 3.485，卻高於飽和模式數值 .303。

ECVI 的 90% 信賴區間下界的數值，預設模式的數值 .990，低於獨立模式的數值 3.147，但卻高於飽和模式的數值 .303；ECVI 的 90% 信賴區間上界的數值，預設模式的數值 1.373，低於獨立模式的數值 3.848，但卻高於飽和模式的數值 .303，顯示這項適配度指標屬不良適配。

　　根據表9-3的評判參考標準，MECVI這項指標的預設模式數值1.173，低於獨立模式數值3.487，但卻高於飽和模式數值.314，也顯示MECVI這項適配度指標屬不良適配。

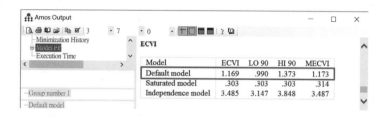

報表12-11：在右方視窗「HOELTER」的「Default model」中，會出現「HOELTER .05」與「HOELTER .01」等2種指標數值。根據表9-3的評判參考標準，HOELTER在.05的顯著水準為39，在.01的顯著水準為45，皆低於200人，顯示樣本人數不適切。

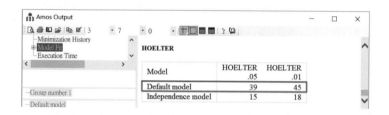

報表12-12：在「Standardized RMR」的視窗中，出現Standardized RMR為.1054，高於表9-3的評判參考標準.08，顯示此模式屬於不良適配情形。

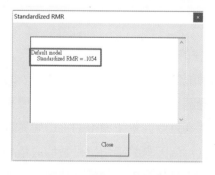

圖 9-13　單向度因素分析模式的9道題目驗證性因素分析的AMOS統計結果

3. 驗證性因素分析的統計結果呈現

在呈現驗證性因素分析的統計結果時，應先說明初步適配效標、整體模式適配，以及模式內在結構適配等三種適配情形。

(1) 初步適配效標的評判情形

根據圖 9-13 的報表 10-4 可知，每個因素的變異數，以及每個誤差變項的變異數，都沒有出現負值的不合理數據。由此可知，此模式初步適配效標是適切的。因單向度因素分析模式只有 1 個因素，報表不會呈現兩兩因素之間的積差相關係數，故不用檢查兩兩因素之間的積差相關係數絕對值是否超過 1 的不合理數據。

(2) 整體適配效標的評判情形

根據圖 9-13 的報表 12-2 至報表 12-11，將模式整體適配情形，就 χ^2、χ^2/df、SRMR、CFI、TLI 與 RMSEA 等適配度指標，整理成表 9-7。由表 9-7 可知，六項適配度指標（$\chi^2 = 311.222, df = 27$，$p < .001$、$\chi^2/df = 11.527$、SRMR = .105、CFI = .710、TLI = .614、RMSEA = .188），皆屬不良適配情形，故就整體適配情形而言 9 道題目的單向度因素分析模式屬不良適配。

表 9-7

單向度因素分析模式之整體適配指標的適配情形

模式	$\chi^2(p)$	χ^2/df	SRMR	CFI	TLI	RMSEA
單向度因素分析模式	311.222 ($p < .001$)	11.527	.105	.710	.614	.188
優良適配評判標準	$p > .05$	< 2	< .05	> .95	> .95	< .05
良好適配評判標準	$p > .05$	< 3	< .08	> .90	> .90	< .08

註：優良與良好適配評判標準是採用表 9-3 的評判標準。

(3) 模式內在結構適配效標的評判情形

有關模式內在結構適配情形的評估，亦是評估量表的聚斂效度與區辨效度。聚斂效度的評估主要透過題目信度、組合信度與平均變異數抽取量等三項指標；區辨效度的評估主要是透過每個因素所獲得的平均變異數抽取量，與因素之間的積差相關平方相比較。當每個因素的平均變異數抽取量高於相對應的因素之間的積差相關平方，則顯示該量表具有不錯的區辨效度。由於單向度因素分析模式只有 1 個因素，故無法進行區辨效度的評估。

　　對於題目信度、組合信度與平均變異抽取量這三項評判指標，AMOS 只提供題目信度的數據，並未提供組合信度與平均變異抽取量的數據。AMOS 提供的題目信度即是圖 9-13 的報表 10-5 中的多元相關係數平方，故 X1 至 X9 的題目信度分別為 .491、.512、.494、.479、.312、.338、.209、.248 與 .225。若依據 Hair 等人（2006）建議，題目信度至少要高於 .25，則 X1 至 X6 等 6 題是符合此標準，而 X7 至 X9 等 3 題是未符合此標準。

　　有關組合信度與平均變異抽取量的數據，可透過筆者所寫的「組合信度與平均變異數抽取量 .xls」EXCEL 程式獲得，其操作步驟如圖 9-14 所示。

步驟 1：開啟「組合信度與平均變異數抽取量 .xls」的 EXCEL 程式，如下圖所示。

步驟 2：在 B8 欄位中，輸入單向度因素分析模式的題數 9 題，如下圖所示。

步驟 3：在 F2 欄位中，輸入 X1 的標準化因素負荷量 .701，如下圖所示。

步驟 4：在 G2 欄位至 N2 欄位中，分別輸入 X2 至 X9 的其他 8 道題目的標準化因素負荷量 .715、.703、.692、.558、.581、.457、.498 與 .474，如下圖所示。

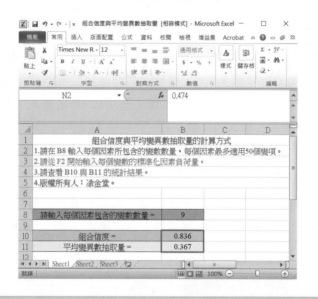

步驟 5：在 B10 與 B11 欄位中，即可得到單向度因素 F 的組合信度為 .836，平均變異數抽取量為 .367，如下圖所示。

圖 9-14　單向度因素分析模式之組合信度與平均變異數抽取量的計算結果

　　根據圖 9-14 組合信度與平均變異數抽取量統計結果，可整理成表 9-8。由表 9-8 可知，單向度因素 F 的 X1 至 X6 等 6 題，其題目信度都高於至少 .25 的標準，但 X7 至 X9 等 3 題，其題目信度未達至少 .25 的標準。組合信度高於 .70，平均變異數抽取量低於 .50，顯示單向度因素分析模式的聚斂效度不佳。

表 9-8

單向度因素分析模式之聚斂效度的評判指標

因素	題目	因素負荷量	題目信度	組合信度	平均變異數抽取量
	X1	.701	.491		
	X2	.715	.512		
	X3	.703	.494		
	X4	.692	.479		
F	X5	.558	.312	.836	.367
	X6	.581	.338		
	X7	.457	.209		
	X8	.498	.248		
	X9	.474	.225		

(二) 一階三個相關因素分析模式之驗證性因素分析

1. AMOS 的操作步驟

一階的相關因素因素分析模式的 AMOS 操作步驟，如圖 9-15 所示。圖 9-15 步驟 1 與步驟 2 是先根據圖 9-9，所繪製因素與題目之間的路徑圖；步驟 3 至步驟 7 是選擇所要進行分析的資料檔；步驟 8 至步驟 10 是挑選所要的統計結果；步驟 11 是開始進行參數數值的估算。

> **步驟 1**：開啟 AMOS 程式後，請在右邊框框的畫圖區，開始著手畫驗證性
> 因素分析的路徑圖，如下圖所示。讀者可自行畫圖，或是直接開啟
> 資料檔案中的「一階三相關因素分析模式 .amw」檔案。

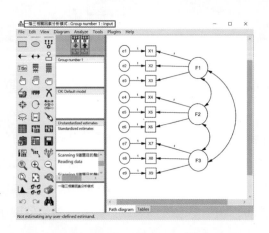

步驟 2：根據圖 9-9 的 9 道題目之一階三個相關因素分析模式，繪製驗證性因素分析的路徑圖，如下圖所示。

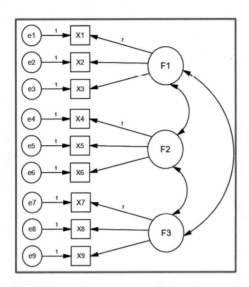

步驟 3：請點選左方「Select data file(s)」按鍵，如下圖所示，此步驟是選擇所要進行驗證性因素分析的資料檔案。

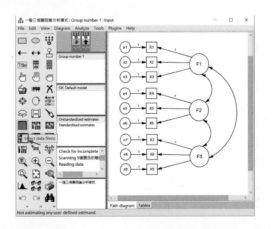

步驟 4：出現「Data Files」對話窗後，請按「File Name」按鈕，如下圖所示，此步驟是開啟所要分析的資料檔案。

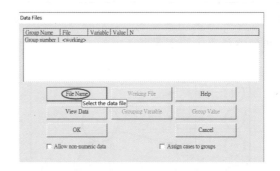

步驟 5：出現「開啟」對話窗後，請從「查詢 (I)」選擇 SPSS 資料檔所存放
的資料夾位置，下圖所使用的「9 道題目的驗證性因素分析」檔案，
是存放在「第 9 章」的「9 道題目 CFA」資料夾中的「一階三相關
因素分析模式」資料夾內，如下圖所示。

步驟 6：AMOS 可直接分析 SPSS 的檔案，故可直接點選驗證性因素分
析所需的 SPSS 資料檔，如下圖點選「9 道題目的驗證性因素分
析 .sav」，並按「開啟 (O)」按鈕。

步驟 7：在 Data Files 對話窗，會出現 Group Name（組別名稱）為 Group
number 1，File（檔名）為「9 道題目的驗證性因素分析 .sav」，N
的總人數為 298 人，有效樣本數也是 298 人。確定所挑選的資料檔
無誤後，按「OK」按鈕，如下圖所示。

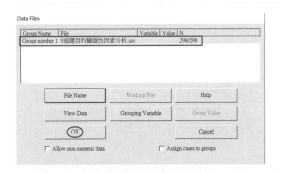

步驟 8：請點選左方的「Analysis properties」按鍵，如下圖所示。AMOS 只提供少數幾項內定的統計結果，此步驟可要求 AMOS 提供更多的統計結果資料。

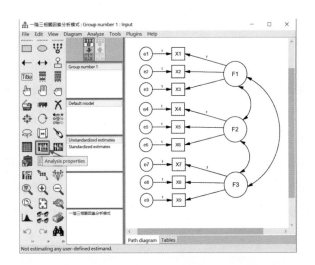

步驟 9：出現「Analysis Properties」對話窗後，點選上方「Output」按鈕，如下圖所示，此步驟是開啟 AMOS 可提供哪些項目的統計結果。由下圖左方可看出，AMOS 內定採用的估算方法為最大概似法。

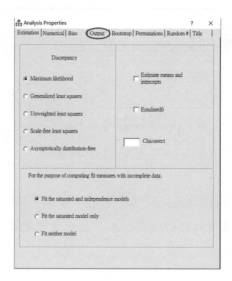

步驟 10：在「Analysis Properties」對話窗的「Output」畫面下，AMOS 提供許多項統計結果的選項，只有「Minimization history」這一項是 AMOS 事先內定的，其他選項都必須勾選後，AMOS 才會提供統計結果。為了獲得較完整的統計資料，請點選「Standardized estimates」、「Squared multiple correlations」、「All implied moments」、「Residual moments」、「Modification indices」、「Tests for normality and outliers」等 6 項，因為這 6 項是驗證性因素分析常需使用到的統計資料，並按右上方的關閉鍵 ╳，如下圖所示。

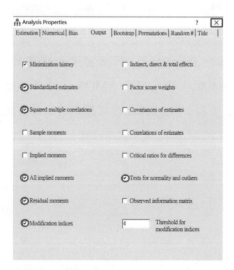

步驟 11：請點選「Plugins」→「Standardized RMR」，如下圖所示，此步驟
是要求 AMOS 提供 SRMR 的統計結果。

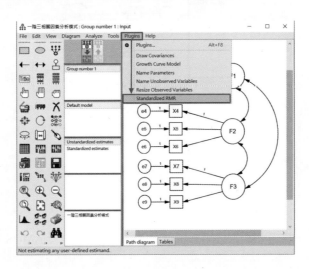

步驟 12：此時會出現「Standardized RMR」的空白對話窗，如下圖所示。
這個空白對話窗需要等到執行步驟 13，才會出現 SRMR 的統計結
果。請勿按「Close」按鍵，若按了「Close」按鍵，就不會計算
SRMR。

步驟 13：請點選左方「Calculate estimates」按鍵，如下圖所示，此步驟是要
求 AMOS 開始進行估算工作。

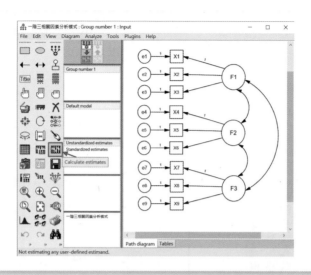

圖 9-15　一階三個相關因素分析模式之驗證性因素分析 AMOS 操作步驟

2. AMOS 的報表解讀

　　經過圖 9-15 的 AMOS 操作步驟，等待短暫時間後，即可得到圖 9-16 的 AMOS 統計結果。圖 9-16 報表 1 主要是用來判斷模式估算是否成功，一旦模式屬足夠辨識模式時，才會出現報表 2 至報表 13 的統計結果。

報表 1：當往上的紅色箭頭出現時，如下圖所示，顯示模式估算屬於「足夠辨識模式」，代表已完成驗證性因素分析的估算歷程。

若往上的紅色箭頭未出現時，顯示無法順利進行驗證性因素分析，可能是模式估算產生「不足辨識模式」的情形。

一旦往上的紅色箭頭出現時，下方第二個視窗，也會由原本顯示的「XX:Default model」，變成「OK:Default model」，顯示模式估算結果是 OK 的。

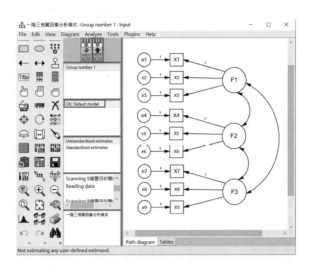

報表 2：點選「往上的紅色箭頭」按鈕時，右邊的驗證性因素分析路徑圖，
即會出現所估算的「未標準化參數數值」，如下圖所示。

例如：因素 F1 與題目 X2 的未標準化迴歸係數 .86，而因素 F1 與
題目 X1 的未標準化迴歸係數，為事先所設定的 1。

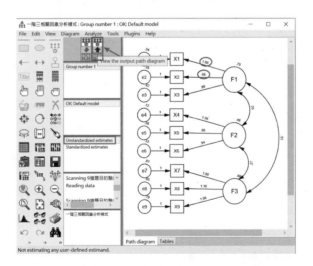

報表 3：點選「標準化參數數值」選項時，如下圖所示。「標準化參數數
值」並不是 AMOS 自動提供的統計結果，需在圖 9-15 步驟 10 勾選
「Standardized estimates」選項，AMOS 才會提供「標準化參數數
值」。

由下圖統計結果可知，因素 F1 與 X1 的標準化迴歸係數 .82。在驗
證性因素分析中，因素與題目之間的標準化迴歸係數，即是因素與
題目之間的因素負荷量。

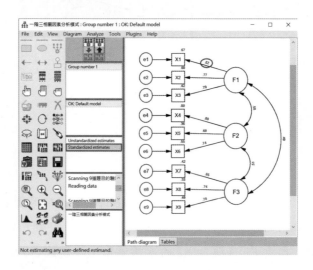

報表 4：請點選左方的「View Text」按鍵，如下圖所示，此動作可讀取更多
驗證性因素分析的統計結果。

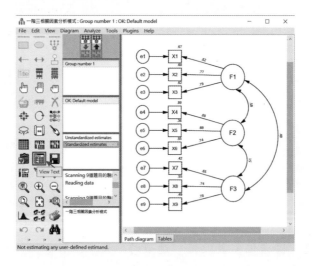

報表 5：在「Amos Output」視窗中，點選左方「Analysis Summary」，在右
方視窗中會出現執行此程式的日期與時間，如下圖所示。

報表 6：在「Amos Output」視窗中，點選左方「Variable Summary」。
在右方視窗中會出現觀察變項（observed variable）、潛在變項
（unobserved variable）、外衍變項（exogenous variable）與內衍變
項（endogenous variable）的個數，如下圖所示。

由下圖可知，9 道題目的驗證性因素分析（一階三個相關因素分析
模式）包含 21 個變項（包括 3 個因素、9 道題目與 9 個誤差變項）；
9 個觀察變項（亦即 9 道題目）；12 個潛在變項（包括 3 個因素與
9 個誤差變項）；12 個外衍變項（包括 3 個因素與 9 個誤差變項）；
9 個內衍變項（亦即 9 道題目）。

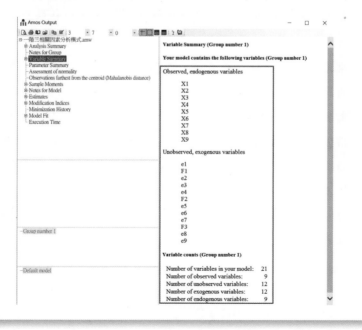

報表 7：在「Amos Output」視窗中，點選左方「Parameter summary」，在右方視窗中會出現有關模式的參數個數之訊息，例如：有 12 個固定數值的估計參數、有 0 個標示代號的估計參數、有 21 個沒有標示代號的估計參數，所有估計參數共 33 個，如下圖所示。

12 個固定數值的估計參數，包括因素 F1 至 X1 指定為 1 的因素負荷量、因素 F2 至 X4 指定為 1 的因素負荷量、因素 F3 至 X7 指定為 1 的因素負荷量，以及 9 個由每個誤差變項至每道題目指定為 1 的迴歸係數。

18 個沒有標示代號的估計參數個數，包括估計 3 個因素的變異數、估計 6 個因素與題目之間的因素負荷量，以及 9 個誤差變項的變異數。

報表 8：在「Amos Output」視窗中，點選左方「Assessment of normality」，在右方視窗中會出現每道題目偏態與峰度的統計結果，如下圖所示。

根據 Kline（2016）的建議，偏態指數的絕對值高於 3，則顯示極端的偏態情形；峰度指數的絕對值高於 10，則顯示嚴重的峰度問題。由下圖可知，每道題目偏態指數介於 -1.398 至 .045，所有題目偏態指數絕對值皆低於 3；每道題目峰度指數介於 -.769 至 1.871，所有題目峰度指數絕對值皆低於 10，顯示這 9 道題目沒有嚴重違反常態分配的基本假定。

由於採用同樣的 9 道題目，所以此部分的統計結果跟圖 9-13 的報表 8 是一樣的。

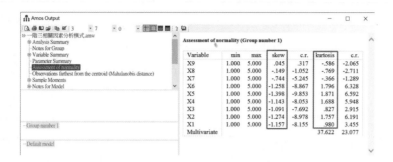

報表 9： 在「Amos Output」視窗中，點選左方「Notes for Model」，在右方視窗中會出現自由度的計算結果，以及內定模式的卡方考驗結果，如下圖所示。由下圖可知，$\chi^2 = 41.625$, $df = 24$, $p = .014$，由於 $p < .05$，顯示需拒絕虛無假設，亦即模式是不適配的。

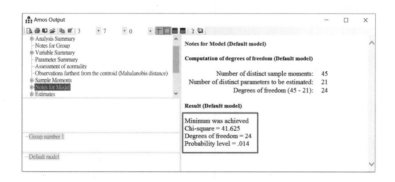

報表 10-1： 在「Amos Output」視窗中，點選左方「Estimates」，在右方視窗中會出現「Regression Weights: (Group number1 – Default model)」、「Standardized Regression Weights: (Group number1 – Default model)」、「Covariances: (Group number1 – Default model)」、「Correlations: (Group number1 – Default model)」、「Variances: (Group number1 – Default model)」、「Squared multiple correlation: (Group number1 – Default model)」、「Implied(for all variables) Covariances (Group number1 – Default model)」、「Implied(for all variables) Correlations (Group number1 – Default model)」、「Implied Covariances (Group number1 – Default model)」、「Implied Correlations (Group number1 – Default model)」、「Residual Covariances (Group number1 –

Default model)」　與「Standardized Residual Covariances (Group number1 – Default model)」等 12 項參數的估計數值。

上述 12 項參數估計數值，「Implied Covariances (Group number1 – Default model)」、「Implied Correlations (Group number1 – Default model)」　與「Residual Covariances (Group number1 – Default model)」這 3 項數值不常使用，故底下只介紹其他 9 項數值。

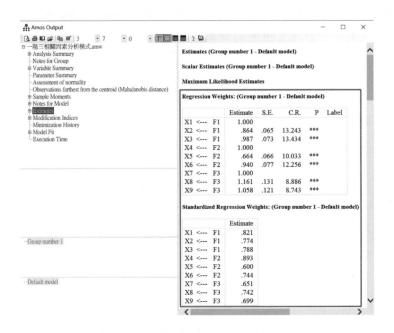

報表 10-2：在 右 方 視 窗「Regression Weights: (Group number1 – Default model)」中，主要呈現因素與題目之間的迴歸係數估計值，此即為未標準化迴歸係數。由於因素 F1 與題目 X1、因素 F2 與題目 X4、因素 F3 與題目 X7 等 3 個因素負荷量，是事先已經指定為 1，故不會進行「S.E.」與「C.R.」的估算。

由下圖可知，因素 F1 與題目 X2、X3；因素 F2 與題目 X5、X6；因素 F3 與題目 X8、X9，這 6 個因素負荷量皆顯著不為 0。

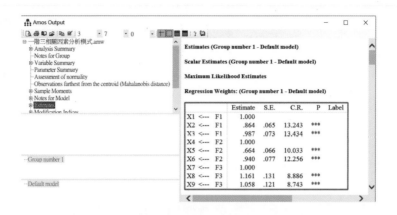

報表 10-3：在右方視窗「Standardized Regression Weights: (Group number1 – Default model)」中，主要呈現因素與題目之間的標準化迴歸係數，亦即因素與題目之間的標準化因素負荷量。

檢視標準化因素負荷量時，需特別注意是否有出現高於 1 的不合理估計值，由下圖的標準化因素負荷量可知，並沒有出現高於 1 的不合理估計值。

因素 F1 與題目 X1、X2、X3；因素 F2 與題目 X4、X5、X6；因素 F3 與題目 X7、X8、X9 等 9 個標準化因素負荷量，分別為 .821、.774、.788、.893、.600、.744、.651、.742、.699。 根 據 Hair 等人（2006）主張題目標準化因素負荷量達到 .50 以上的標準來看（但最好是標準化因素負荷量高於 .70），這 9 個標準化因素負荷量達高於 .50 的標準要求。

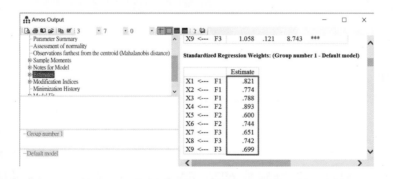

報表 10-4：在右方視窗「Covariances: (Group number1 – Default model)」中，主要是呈現因素與因素之間的共變數數值。

由下圖可知，因素 F1 與因素 F2、因素 F2 與因素 F3、因素 F1 與因素 F3 的共變數分別為 .329、.266 與 .315。

由於所有共變數的顯著性 P 值皆小於 .001，故顯示所有因素之間的共變數皆顯著不為 0。

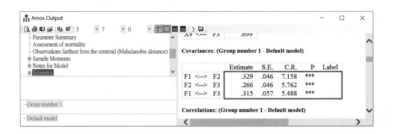

報表 10-5：在右方視窗「Correlations : (Group number1 – Default model)」中，主要是呈現因素與因素之間的積差相關係數。在檢視因素的積差相關係數時，需要特別注意是否有出現高於絕對值 1 的不合理估計值。

由下圖可知，因素 F1 與因素 F2、因素 F2 與因素 F3、因素 F1 與因素 F3 的積差相關分別為 .578、.507 與 .487。上述所有因素之間的積差相關係數，皆未出現絕對值高於 1 的不合理情形。

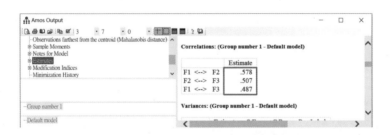

報表 10-6：在右方視窗「Variances: (Group number1 – Default model)」中，主要呈現因素的變異數估計值，以及誤差變項的變異數估計值。由下圖可知，因素 F1、F2、F3 的變異數分別為 .702、.461、.596，誤差項 e1 至 e9 的變異數分別為 .340、.351、.419、.117、.361、.328、.812、.654 與 .697。不論是因素的變異數或是誤差變項的變異數，都顯著性的大於 0，且未出現變異數為負的不合理現象。

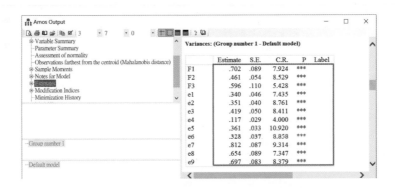

報表 10-7：在右方視窗「Squared multiple correlation: (Group number1 – Default model)」中，主要呈現每道題目的多元相關係數平方，亦即是因素與題目的標準化因素負荷量的平方，也被稱為題目的信度。

由下圖可知，X1 至 X9 的多元相關係數平方值分別為 .674、.598、.620、.798、.360、.554、.424、.551 與 .489，其中 X4 多元相關係數平方值最大 .798，X5 多元相關係數平方值最小 .360。若依據 Hair 等人（2006）建議，題目信度至少要高於 .25，則 9 道題目皆符合此要求。但根據 Bagozzi 與 Yi（1988）建議，題目信度最好高於 .50，則有 6 題達到高於 .50 的標準。

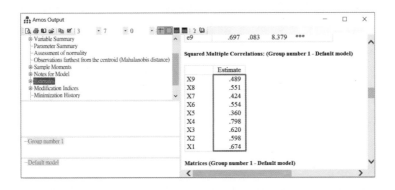

報表 10-8：在右方視窗「Implied(for all variables) Covariances (Group number1 – Default model)」中，主要是呈現每個因素與每道題目之間的變異數與共變數。矩陣中的主對角線的數值為變異數，非主對角線的數值為共變數。

例如：因素 F1、F2、F3 的變異數為 .702、.461、.596；X1 至 X9 的題目變異數分別為 1.043、.875、1.103、.578、.564、.735、

1.408、1.458 與 1.364。因素 F1 與題目 X1 至 X9 的共變數，分別為 .702、.606、.693、.329、.218、.309、.315、.366 與 .333。

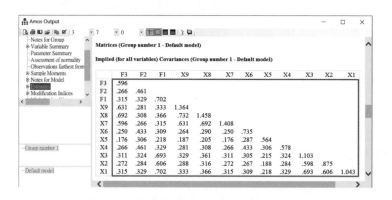

報表 10-9：在右方視窗「Implied(for all variables) Correlations (Group number1 –Default model)」中，主要是呈現每個因素與每道題目之間的積差相關係數，而因素與題目的積差相關係數，即是因素分析中所稱的結構係數。

　　例如：因素 F1 與 X1 至 X9 的題目結構係數分別為 .821、.774、.788、.516、.347、.430、.317、.361 與 .340。

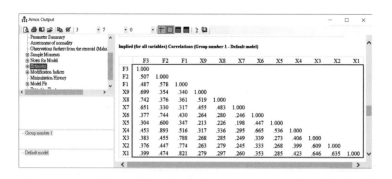

報表 10-10：在右方視窗「Standardized Residual Covariances (Group number1 –Default model)」中，主要呈現每道題目與每道題目之間的標準化殘差之共變數。由下圖可知，沒有任何一個標準化殘差共變數之絕對值高於 2.58，顯示可能沒有需要修正的路徑。

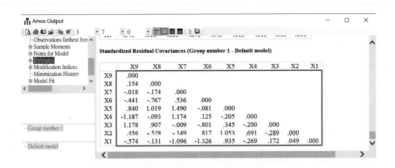

報表 **11-1**：在「Amos Output」的視窗中，點選左方「Modification Indices」，在右方視窗中會出現「Covariances: (Group number1 – Default model)」、「Variances: (Group number1 – Default model)」與「Regression Weights: (Group number1 – Default model)」等 3 項修正指標的估計數值。

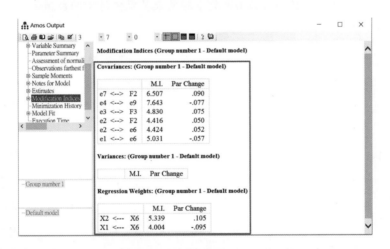

報表 **11-2**：在「Covariances: (Group number1 – Default model)」視窗中，主要是呈現兩個變項之間的共變數之修正指標數值。

下圖的共變數之修正指標數值以 e4 與 e9 之間的數值 7.643 為最大，代表若將誤差項 e4 與誤差項 e9 之間，增加一條代表相關的雙箭頭，則能降低卡方值，因而能提高模式的適配情形。

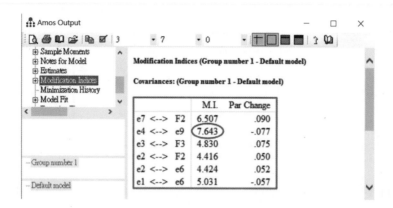

報表 11-3：在右方視窗「Variances: (Group number1 – Default model)」中，主要是呈現變項的變異數之修正指標數值。由於 3 個因素的變異數，以及 9 題誤差項的變異數，全部都是自由估算參數，這些變異數的 MI 皆會為 0，故下圖並未呈現任何 1 個數值。

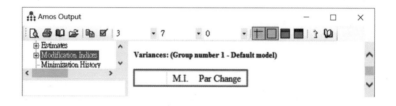

報表 11-4：在「Regression Weights: (Group number1 – Default model)」視窗中，主要是呈現每一條迴歸係數的修正指標數值。

下圖的迴歸係數之修正指標數值以 X6 指向 X2 的數值 5.339 為最大，代表若增加一條以 X6 來預測 X2 的迴歸預測方程式，則能降低卡方值，因而能提高模式的適配情形。但這樣的建議純粹從統計資料的觀點出發，並非從理論模式的觀點出發。由於驗證性因素分析模式，是假定題目與題目之間是沒有因果關係，故增加一條以 X6 來預測 X2 的迴歸預測方程式是不合適的。

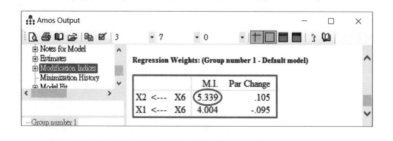

報表 12-1：在「Amos Output」視窗中，點選左方「Model Fit」，在右方視窗中會出現「CMIN」、「RMR, GFI」、「Baseline Comparisons」、「Parsimony-Adjusted Measures」、「NCP」、「FMIN」、「RMSEA」、「AIC」、「ECVI」與「HOELTER」等 10 種整體模式的適配性指標。

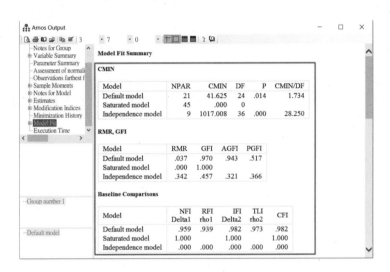

報表 12-2：在右方視窗「CMIN」的「Default model」中，會出現「NPAR」、「CMIN」、「DF」、「P」與「CMIN/DF」等 5 種指標數值。「NPAR」是指估計的參數個數，「CMIN」是卡方統計量，「DF」是自由度，「P」是顯著性，「CMIN/DF」是卡方統計量與自由度的比值。

由下圖可知，估計參數有 21 個，包括估計 3 個因素的變異數、估計 6 個因素與題目之間的因素負荷量、估計 3 個因素之間的積差相關係數、估計 9 個誤差變項的變異數。

卡方統計量為 41.625，自由度為 24，顯著性 P 值為 .014，由卡方統計量的顯著性 P 值小於 .05，顯示此模式是不良適配的。

卡方統計量與自由度的比值（CMIN/DF）為 1.734，小於 2，根據表 9-3 的評判參考標準，顯示此模式屬於優良適配情形。

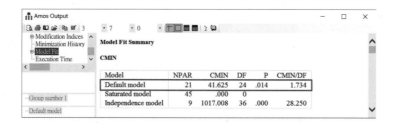

報表 12-3：在右方視窗「RMR, GFI」的「Default model」中，會出現「RMR」、「GFI」、「AGFI」與「PGFI」等 4 種指標數值。

根據表 9-3 的評判參考標準，RMR 為 .037 小於 .05；GFI 為 .970 高於 .90；AGFI 為 .943 高於 .90；PGFI 為 .517 高於 .50，顯示這 4 項適配性指標皆屬良好適配狀況。

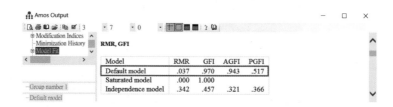

報表 12-4：在右方視窗「Baseline Comparisons」的「Default model」中，會出現「NFI」、「RFI」、「IFI」、「TLI」與「CFI」等 5 種指標數值。

根據表 9-3 的評判參考標準，NFI 為 .959、RFI 為 .939、IFI 為 .982、TLI 為 .973 與 CFI 為 .982，由於這 5 種指標數值皆高於 .95，顯示這 5 項適配度指標皆屬優良適配。

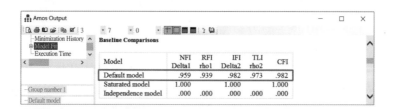

報表 12-5：在右方視窗「Parsimony-Adjusted Measures」的「Default model」中，會出現「PRATIO」、「PNFI」與「PCFI」等 3 項指標數值。

根據表 9-3 的評判參考標準，PRATIO、PNFI 與 PCFI 這 3 項指

標數值分別為 .667、.639 與 .655，皆高於 .50，顯示這 3 項適配
度指標皆屬良好適配。

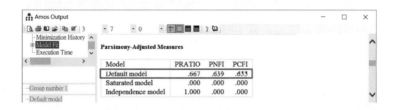

報表 12-6：在右方視窗「NCP」的「Default model」中，會出現「NCP」、
「LO 90」與「HI 90」等 3 個指標數值。根據表 9-3 的評判參考
標準，NCP 這個指標沒有明確的判斷依據，但越小越好。而下
圖的 NCP 為 17.625，90% 信賴區間的下界為 3.524，90% 信賴
區間的上界為 39.574。

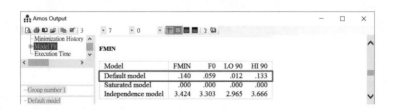

報表 12-7：在右方視窗「FMIN」的「Default model」中，會出現「FMIN」、
「F0」「LO 90」與「HI 90」等 4 項指標數值。這 4 項指標並沒
有明確的判斷標準，現今較少採用此評判標準。

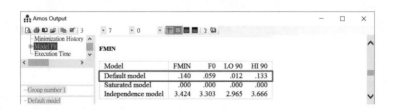

報表 12-8：在右方視窗「RMSEA」的「Default model」中，會出現「RMSEA」、
「LO 90」、「HI 90」與「PCLOSE」等 4 種指標數值。根據表 9-3
的評判參考標準，RMSEA 這個指標為 .050 等於 .05，RMSEA 的
90% 信賴區間下界為 .022，90% 信賴區間上界為 .075，顯示模式
具優良適配情形。

而 PCLOSE 是針對虛無假設「RMSEA ≦ .05」的考驗顯著性大小，當 PCLOSE 高於 .05，顯示應接受虛無假設「RMSEA ≦ .05」。下圖 PCLOSE 為 .475 高於 .05，故顯示 RMSEA ≦ .05，亦即表示模式為優良適配情形。

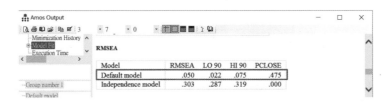

報表 12-9：在右方視窗「AIC」的「Default model」中，會出現「AIC」、「BCC」、「BIC」與「CAIC」等 4 種指標數值。根據表 9-3 的評判參考標準，AIC、BCC、BIC 與 CAIC 這 4 種指標，若其預設模式的數值，同時低於飽和模式與獨立模式的數值，則表示良好適配。而下圖的 AIC、BCC、BIC 與 CAIC 等 4 項指標之預設模式的數值，皆小於獨立模式與飽和模式的數值，顯示模式為良好適配情形。

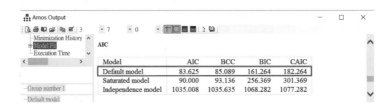

報表 12-10：在右方視窗「ECVI」的「Default model」中，會出現「ECVI」、「LO 90」、「HI 90」與「MECVI」等 4 種指標數值。
根據表 9-3 的評判參考標準，ECVI 這項指標的預設模式數值 .282，同時低於飽和模式數值 .303 與獨立模式數值 3.485。
ECVI 的 90% 信賴區間下界的數值，預設模式的數值 .234，同時低於飽和模式的數值 .303 與獨立模式的數值 3.147；ECVI 的 90% 信賴區間上界的數值，預設模式的數值 .355，低於獨立模式的數值 3.848，高於飽和模式的數值 .303。雖然 ECVI 的 90% 信賴區間上界的數值，預設模式高於飽和模式，但整體考量 ECVI、LO 90、HI 90 這 3 項指標，顯示屬良好適配情形。

根據表 9-3 的評判參考標準，MECVI 這項指標的預設模式數值 .286，同時低於飽和模式數值 .314 與獨立模式數值 3.487，也顯示 MECVI 這項適配度指標屬良好適配。

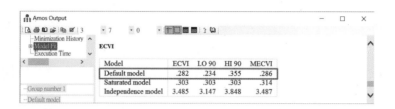

報表 12-11：在右方視窗「HOELTER」的「Default model」中，會出現 「HOELTER .05」與「HOELTER .01」等 2 種指標數值。根據表 9-3 的評判參考標準，HOELTER 在 .05 的顯著水準為 260，在 .01 的顯著水準為 307，皆高於 200 人，顯示樣本人數是屬於適切。

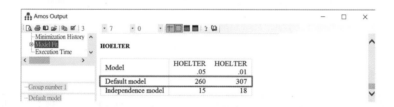

報表 12-12：在「Standardized RMR」的視窗中，出現 Standardized RMR 為 .0383，低於表 9-3 的評判參考標準 .05，顯示此模式屬於優良適配情形。

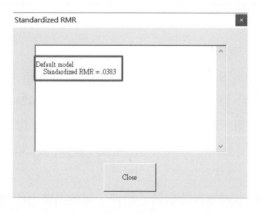

圖 9-16　一階三個相關因素的 9 道題目驗證性因素分析 AMOS 統計結果

3. 驗證性因素分析的統計結果呈現

在呈現驗證性因素分析的統計結果時，應先說明初步適配效標、整體模式適配，以及模式內在結構適配等三種適配情形。

(1) 初步適配效標的評判情形

根據圖 9-16 的報表 10-5 可知，3 個積差相關係數的絕對值沒有超過 1 的不合理情形。由圖 9-16 的報表 10-6 可知，每個因素的變異數，以及每個誤差變項的變異數，都沒有出現負值的不合理數據。由此可知，此模式初步適配效標是適切的。

(2) 整體適配效標的評判情形

根據圖 9-16 的報表 12-2 至報表 12-11，將模式整體適配情形，就 χ^2、χ^2/df、SRMR、CFI、TLI 與 RMSEA 等適配度指標，整理成表 9-9。由表 9-9 可知，六項適配度指標（$\chi^2 = 41.625$, $df = 24$，$p = .014$、$\chi^2/df = 1.734$、SRMR = .038、CFI = .982、TLI = .973、RMSEA = .050），除 χ^2 為不良適配，其他五項皆屬優良適配情形，由於 χ^2 易受到樣本人數的影響，故就整體適配情形而言 9 道題目的一階三個相關因素分析模式屬優良適配。

表 9-9

一階三個相關因素分析模式之整體適配指標的適配情形

模式	$\chi^2(p)$	χ^2/df	SRMR	CFI	TLI	RMSEA
一階三個相關因素分析模式	41.625 ($p = .014$)	1.734	.038	.982	.973	.050
優良適配評判標準	$p > .05$	< 2	< .05	> .95	> .95	< .05
良好適配評判標準	$p > .05$	< 3	< .08	> .90	> .90	< .08

註：優良與良好適配評判標準是採用表 9-3 的評判標準。

(3) 模式內在結構適配效標的評判情形

題目的信度可由圖 9-16 報表 10-7 中的多元相關係數平方，故 X1 至 X9 的題目信度分別為 .674、.598、.620、.798、.360、.554、.424、.551 與 .489。根據 Hair 等人（2006）建議，題目信度至少要高於 .25，則 9 道題目皆符合此要求。但根據 Bagozzi 與 Yi（1988）建議，題目信度最好高於 .50，則有 6 題達到高於 .50 的標準。

有關組合信度與平均變異抽取量的數據，可透過筆者所寫的「組合信度與平均變異數抽取量 .xls」EXCEL 程式獲得，其操作步驟如圖 9-17 所示。

步驟 1：開啟「組合信度與平均變異數抽取量 .xls」的 EXCEL 程式，如下圖所示。

步驟 2：在 B8 欄位中，輸入一階三個相關因素模式的第 1 個因素 F1 題數 3 題，如下圖所示。

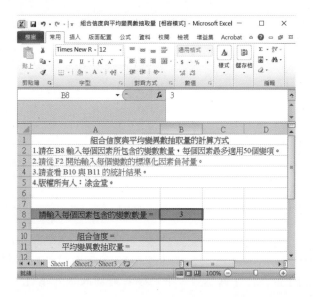

步驟 3：在 F2 欄位中，輸入 X1 的標準化因素負荷量 .821，如下圖所示。

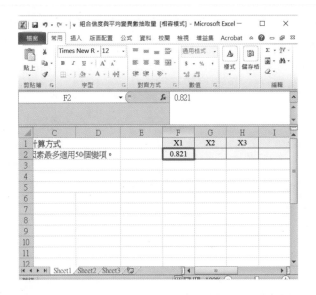

步驟 4：在 G2 欄位與 H2 欄位中，分別輸入 X2 至 X3 的其他 2 道題目的標準化因素負荷量 .774 與 .788，如下圖所示。

步驟 5：在 B10 與 B11 欄位中，即可得到一階三個相關因素模式的第 1 個因素 F1 組合信度為 .837，平均變異數抽取量為 .631，如下圖所示。

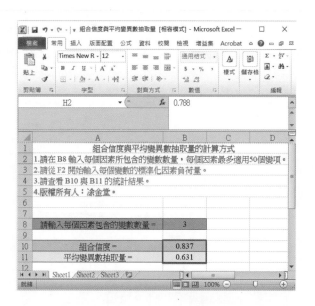

步驟 6： 由於第 2 個因素 F2 也是 3 道題目，所以不用更改 B8 欄位的題目，直接將 F2 欄位至 H2 欄位中的數值，更改為 X4、X5 與 X6 的標準化因素負荷量 .893、.600 與 .744，如下圖所示。

請注意，雖然 F1、G1 與 H1 欄位中的題號是出現 X1、X2 與 X3，但由於是進行第 2 個因素 F2 的組合信度與平均變異抽取量的計算，所以要輸入的是 X4、X5 與 X6 的標準化因素負荷量。

步驟 7：在 B10 與 B11 欄位中，即可得到一階三個相關因素模式的第 2 個
　　　　　因素 F2 組合信度為 .795，平均變異數抽取量為 .570，如下圖所示。

步驟 8：由於第 3 個因素 F3 也是 3 道題目，所以不用更改 B8 欄位的題目，
　　　　　直接將 F2 欄位至 H2 欄位中的數值，更改為 X7、X8 與 X9 的標準
　　　　　化因素負荷量 .651、.742 與 .699，如下圖所示。

　　　　　請注意，雖然 F1、G1 與 H1 欄位中的題號是出現 X1、X2 與 X3，
　　　　　但由於是進行第 3 個因素 F3 的組合信度與平均變異抽取量的計算，
　　　　　所以要輸入的是 X7、X8 與 X9 的標準化因素負荷量。

步驟9：在 B10 與 B11 欄位中，即可得到一階三個相關因素模式的第 3 個因素 F3 組合信度為 .740，平均變異數抽取量為 .488，如下圖所示。

圖 9-17　一階三個相關因素分析模式之組合信度與平均變異數抽取量的計算結果

　　根據圖 9-17 組合信度與平均變異數抽取量統計結果，可整理成表 9-10。由表 9-10 可知，一階三個相關因素分析模式的 X1 至 X9 等 9 題，其題目信度都高於至少 .25 的標準。一階三個相關因素分析模式的 3 個因素之組合信度皆高於 .70；除了第 3 個因素 F3 的平均變異數抽取量低於 .50，F1 與 F2 的平均變異數抽取量皆高於 .50，由此顯示 9 道題目的一階三個相關因素分析模式具有良好的聚斂效度。

表 9-10

一階三個相關因素分析模式之聚斂效度的評判指標

因素	題目	因素負荷量	題目信度	組合信度	平均變異數抽取量
	X1	.821	.674		
F1	X2	.774	.598	.837	.631
	X3	.788	.620		
	X4	.893	.798		
F2	X5	.600	.360	.795	.570
	X6	.744	.554		

表 9-10

（續）

因素	題目	因素負荷量	題目信度	組合信度	平均變異數抽取量
	X7	.651	.424		
F3	X8	.742	.551	.740	.488
	X9	.699	.489		

　　就區辨效度而言，由表 9-11 可知，3 個因素 F1 至 F3 的平均變異數抽取量，皆高於兩兩因素的積差相關係數平方，顯示 9 道題目的一階三個相關因素分析模式具有良好的區辨效度。

表 9-11

一階三相關因素分析模式之驗證性因素分析區辨效度的評判指標

因素	F1	F2	F3
F1	.631		
F2	.334	.570	
F3	.237	.257	.488

註：主對角線呈現每個因素的平均變異數抽取量；矩陣下三角形則呈現各個因素之間的積差相關係數平方。

　　綜合上述的初步適配、整體適配與內在結構適配等三種驗證性因素分析模式適配的評估，可知 9 道題目的一階三個相關因素分析模式是獲得支持的。

(三) 二階因素分析模式之驗證性因素分析

1. AMOS 的操作步驟

　　二階因素分析模式的 AMOS 操作步驟，如圖 9-18 所示。圖 9-18 步驟 1 與步驟 2 是先根據圖 9-10，所繪製因素與題目之間的路徑圖；步驟 3 至步驟 7 是選擇所要進行分析的資料檔；步驟 8 至步驟 10 是挑選所要的統計結果；步驟 11 是開始進行參數數值的估算。

步驟 1：開啟 AMOS 程式後，請在右邊框框的畫圖區，開始著手畫驗證性
因素分析的路徑圖，如下圖所示。讀者可自行畫圖，或是直接開啟
資料檔案中的「二階因素分析模式 .amw」檔案。

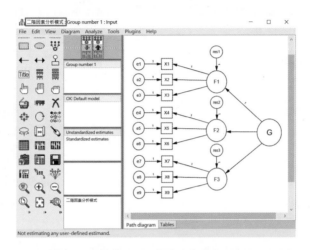

步驟 2：根據圖 9-10 的 9 道題目之二階因素分析模式，繪製驗證性因素分
析的路徑圖，如下圖所示。

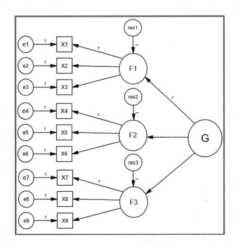

步驟 3：請點選左方「Select data file(s)」按鍵，如下圖所示，此步驟是選擇
所要進行驗證性因素分析的資料檔案。

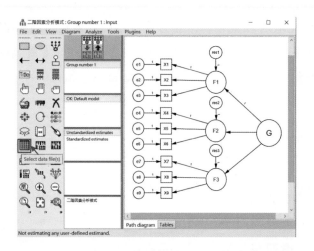

步驟 4：出現「Data Files」對話窗後，請按「File Name」按鈕，如下圖所示，此步驟是開啟所要分析的資料檔案。

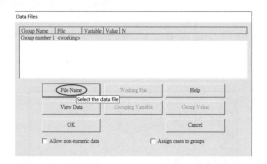

步驟 5：出現「開啟」對話窗後，請從「查詢 (I)」選擇 SPSS 資料檔所存放的資料夾位置，下圖所使用的「9 道題目的驗證性因素分析」檔案，是存放在「第 9 章」的「9 道題目 CFA」資料夾中的「二階因素分析模式」資料夾內，如下圖所示。

步驟 6：AMOS 可直接分析 SPSS 的檔案，故可直接點選驗證性因素分析所需的 SPSS 資料檔，如下圖點選「9 道題目的驗證性因素分析 .sav」，並按「開啟 (O)」按鈕。

步驟 7：在 Data Files 對話窗，會出現 Group Name（組別名稱）為 Group number 1，File（檔名）為「9 道題目的驗證性因素分析 .sav」，N 的總人數為 298 人，有效樣本數也是 298 人。確定所挑選的資料檔無誤後，按「OK」按鈕，如下圖所示。

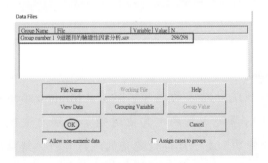

步驟 8：請點選左方的「Analysis properties」按鍵，如下圖所示。AMOS 只提供少數幾項內定的統計結果，此步驟可要求 AMOS 提供更多的統計結果資料。

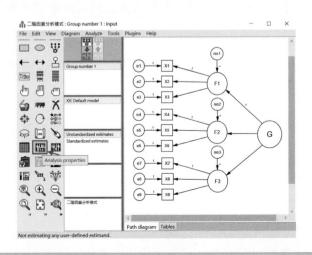

步驟 9：出現「Analysis Properties」對話窗後，點選上方「Output」按鈕，如下圖所示，此步驟是開啟 AMOS 可提供哪些項目的統計結果。由下圖左方可看出，AMOS 內定採用的估算方法為最大概似法。

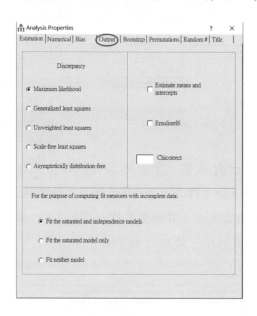

步驟 10：在「Analysis Properties」對話窗的「Output」畫面下，AMOS 提供許多項統計結果的選項，只有「Minimization history」這一項是 AMOS 事先內定的，其他選項都必須勾選後，AMOS 才會提供統計結果。為了獲得較完整的統計資料，請點選「Standardized estimates」、「Squared multiple correlations」、「All implied moments」、「Residual moments」、「Modification indices」、「Tests for normality and outliers」等 6 項，因為這 6 項是驗證性因素分析常需使用到的統計資料，並按右上方的關閉鍵 ×，如下圖所示。

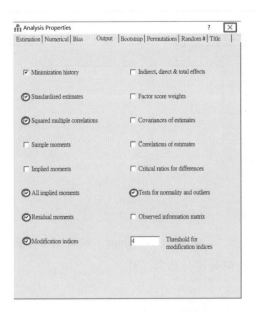

步驟 11：請點選「Plugins」→「Standardized RMR」，如下圖所示，此步驟是要求 AMOS 提供 SRMR 的統計結果。

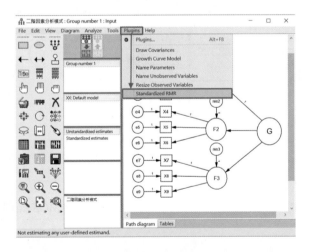

步驟 12：此時會出現「Standardized RMR」的空白對話窗，如下圖所示。這個空白對話窗需要等到執行步驟 13，才會出現 SRMR 的統計結果。請勿按「Close」按鍵，若按了「Close」按鍵，就不會計算 SRMR。

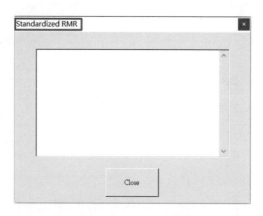

步驟 13：請點選左方「Calculate estimates」按鍵，如下圖所示，此步驟是要求 AMOS 開始進行估算工作。

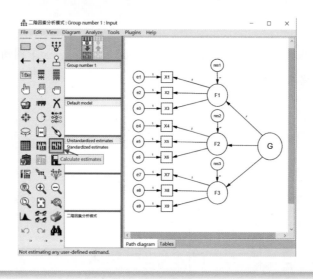

圖 9-18　二階因素分析模式之驗證性因素分析 AMOS 操作步驟

2. AMOS 的報表解讀

經過圖 9-18 的 AMOS 操作步驟，等待短暫時間後，即可得到圖 9-19 的 AMOS 統計結果。圖 9-19 報表 1 主要是用來判斷模式估算是否成功，一旦模式屬足夠辨識模式時，才會出現報表 2 至報表 13 的統計結果。

報表1：當往上的紅色箭頭出現時，如下圖所示，顯示模式估算屬於「足夠辨識模式」，代表已完成驗證性因素分析的估算歷程。

若往上的紅色箭頭未出現時，顯示無法順利進行驗證性因素分析，可能是模式估算產生「不足辨識模式」的情形。

一旦往上的紅色箭頭出現時，下方第二個視窗，也會由原本顯示的「XX:Default model」，變成「OK:Default model」，顯示模式估算結果是 OK 的。

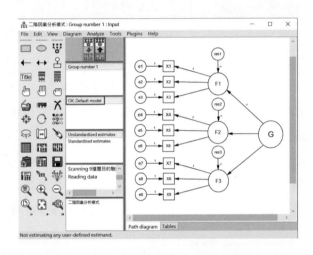

報表2：點選「往上的紅色箭頭」按鈕時，右邊的驗證性因素分析路徑圖，即會出現所估算的「未標準化參數數值」，如下圖所示。

例如：因素 F1 與題目 X2 的未標準化迴歸係數為 .86，而因素 F1 與題目 X1 的未標準化迴歸係數，為事先所設定的 1。第二階因素 G 與第一階因素 F2 的未標準化迴歸係數為 .84，第二階因素 G 與第一階因素 F1 的未標準化迴歸係數，為事先所設定的 1。

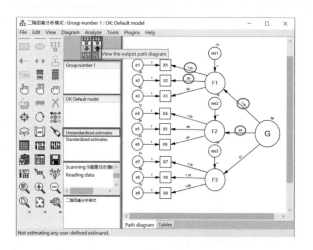

報表 3：點選「標準化參數數值」選項時，如下圖所示。「標準化參數數值」並不是 AMOS 自動提供的統計結果，需在圖 9-18 步驟 10 勾選「Standardized estimates」選項，AMOS 才會提供「標準化參數數值」。

由下圖統計結果可知，因素 F1 與 X1 的標準化迴歸係數為 .82，第二階因素 G 與第一階因素 F1 的標準化迴歸係數為 .74。

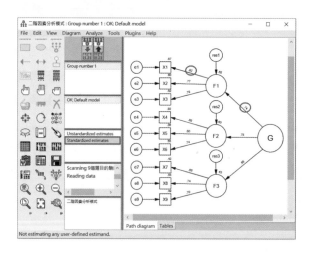

報表 4：請點選左方的「View Text」按鍵，如下圖所示，此動作可讀取更多驗證性因素分析的統計結果。

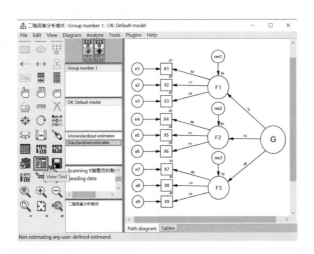

報表 5：在「Amos Output」視窗中，點選左方「Analysis Summary」，在右
方視窗中會出現執行此程式的日期與時間，如下圖所示。

報表 6：在「Amos Output」視窗中，點選左方「Variable Summary」。
在右方視窗中會出現觀察變項（observed variable）、潛在變項
（unobserved variable）、外衍變項（exogenous variable）與內衍變
項（endogenous variable）的個數，如下圖所示。
由下圖可知，9 道題目的驗證性因素分析（二階因素分析模式）包
含 25 個變項（包括 3 個一階因素、1 個二階因素、3 個一階因素的
殘差變項、9 道題目與 9 個題目的誤差變項）；9 個觀察變項（亦
即 9 道題目）；16 個潛在變項（包括 3 個一階因素、1 個二階因素、

3 個一階因素的殘差變項與 9 個題目的誤差變項）；13 個外衍變項（包括 1 個二階因素、3 個一階因素的殘差變項、與 9 個誤差變項）；12 個內衍變項（包括 9 道題目與 3 個一階因素）。

報表 7：在「Amos Output」視窗中，點選左方「Parameter summary」，在右方視窗中會出現有關模式的參數個數之訊息，例如：有 16 個固定數值的估計參數、有 0 個標示代號的估計參數、有 21 個沒有標示代號的估計參數，所有估計參數共 37 個，如下圖所示。

16 個固定數值的估計參數，包括第一階因素 F1 至 X1 指定為 1 的因素負荷量、第一階因素 F2 至 X4 指定為 1 的因素負荷量、第一階因素 F3 至 X7 指定為 1 的因素負荷量、第二階因素 G 至第一階因素 F1 指定為 1 的因素負荷量、3 個由每個殘差變項至每個第一階因素指定為 1 的迴歸係數，以及 9 個由每個誤差變項至每道題目指定為 1 的迴歸係數。

21 個沒有標示代號的估計參數個數，包括估計 1 個第二階因素 G 的變異數、估計 6 個因素與題目之間的因素負荷量、估計 2 個第二階因素 G 與第一階因素之間的因素負荷量（G 至 F2 與 G 至 F3）、3 個第一階因素的殘差變項之變異數，以及 9 個誤差變項的變異數。

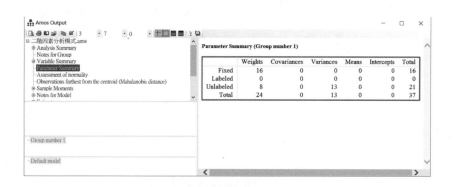

報表 8： 在「Amos Output」視窗中，點選左方「Assessment of normality」，在右方視窗中會出現每道題目偏態與峰度的統計結果，如下圖所示。

根據 Kline（2016）的建議，偏態指數的絕對值高於 3，則顯示極端的偏態情形；峰度指數的絕對值高於 10，則顯示嚴重的峰度問題。由下圖可知，每道題目偏態指數介於 -1.398 至 .045，所有題目偏態指數絕對值皆低於 3；每道題目峰度指數介於 -.769 至 1.871，所有題目峰度指數絕對值皆低於 10，顯示這 9 道題目沒有嚴重違反常態分配的基本假定。

由於採用同樣的 9 道題目，所以此部分的統計結果跟圖 9-13 的報表 8 是一樣的。

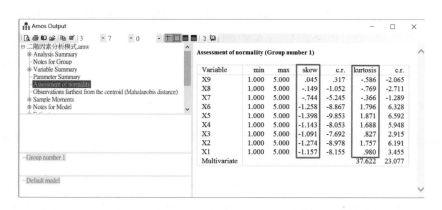

報表 9： 在「Amos Output」視窗中，點選左方「Notes for Model」，在右方視窗中會出現自由度的計算結果，以及內定模式的卡方考驗結果，

如下圖所示。由下圖可知，$\chi^2 = 41.625$, $df = 24$, $p = .014$，由於 $p < .05$，顯示需拒絕虛無假設，亦即模式是不適配的。

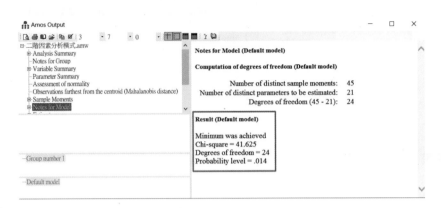

報表 10-1：在「Amos Output」視窗中，點選左方「Estimates」，在右方視窗中會出現「Regression Weights: (Group number1 – Default model)」、「Standardized Regression Weights: (Group number1 – Default model)」、「Variances: (Group number1 – Default model)」、「Squared multiple correlation: (Group number1 – Default model)」、「Implied(for all variables) Covariances (Group number1 – Default model)」、「Implied(for all variables) Correlations (Group number1 – Default model)」、「Implied Covariances (Group number1 – Default model)」、「Implied Correlations (Group number1 – Default model)」、「Residual Covariances (Group number1 – Default model)」與「Standardized Residual Covariances (Group number1 – Default model)」等 10 項參數的估計數值。

上述 10 項參數估計數值，「Implied Covariances (Group number1 – Default model)」、「Implied Correlations (Group number1 – Default model)」與「Residual Covariances (Group number1 – Default model)」這 3 項數值不常使用，故底下只介紹其他 7 項數值。

報表 10-2：在右方視窗「Regression Weights: (Group number1 – Default model)」中，主要呈現 3 個第一階因素與 9 道題目之間的迴歸係數估計值，以及 1 個第二階因素 G 與 3 個第一階因素的迴歸係數估計值，這些迴歸係數即為未標準化迴歸係數。由於第一階因素 F1 與題目 X1、第一階因素 F2 與題目 X4、第一階因素 F3 與題目 X7、第二階因素 G 與第一階因素 F1 等 4 個因素負荷量，是事先已經指定為 1，故不會進行「S.E.」與「C.R.」的估算。由下圖可知，第一階因素 F1 與題目 X2、X3；第一階因素 F2 與題目 X5、X6；第一階因素 F3 與題目 X8、X9；第二階因素 G 與第一階因素 F2、F3 等 8 個因素負荷量皆顯著不為 0。

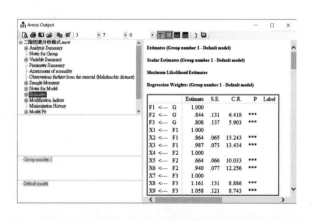

報表 10-3：在右方視窗「Standardized Regression Weights: (Group number1 – Default model)」中，主要呈現 3 個第一階因素與 9 道題目之間的標準化迴歸係數，以及 1 個第二階因素與 3 個第一階因素的標準化迴歸係數，即標準化迴歸係數即為標準化因素負荷量。

檢視標準化因素負荷量時，需特別注意是否有出現高於 1 的不合理估計值，由下圖的標準化因素負荷量可知，並沒有出現高於 1 的不合理估計值。

第一階因素 F1 與題目 X1、X2、X3；第一階因素 F2 與題目 X4、X5、X6；第一階因素 F3 與題目 X7、X8、X9 等 9 個標準化因素負荷量，分別為 .821、.774、.788、.893、.600、.744、.651、.742、.699。而第二階因素 G 與第一階因素 F1、F2、F3 的 3 個標準化因素負荷量，分別為 .745、.776、.653。根據 Hair 等人（2006）主張題目標準化因素負荷量達到 .50 以上的標準來看（但最好是標準化因素負荷量高於 .70），這 12 個標準化因素負荷量達高於 .50 的標準要求。

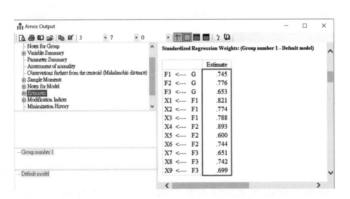

報表 10-4：在右方視窗「Variances: (Group number1 – Default model)」中，主要呈現第二階因素 G 的變異數估計值、3 個第一階因素的殘差變項之變異數，以及 9 道題目的誤差變項之變異數估計值。由下圖可知，第二階因素 G 的變異數分別為 .390，3 個殘差變項 res1、res2、res3 的變異數分別為 .313、.183、.342，誤差項 e1 至 e9 的變異數分別為 .340、.351、.419、.117、.361、.328、.812、.654 與 .697。上述所有的變異數，都顯著性的大於 0，且未出現變異數為負的不合理現象。

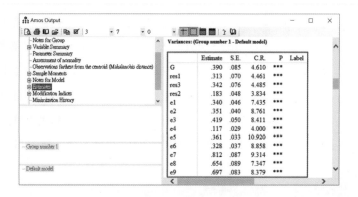

報表 10-5：在 右 方 視 窗「Squared multiple correlation: (Group number1 – Default model)」中，主要呈現每道題目或每個因素的多元相關係數平方，也被稱為變項的信度。

由下圖可知，3 個第一階因素 F1、F2、F3 的多元相關係數平方值分別為 .555、.602、.427；而 9 道題目 X1 至 X9 的多元相關係數平方值分別為 .674、.598、.620、.798、.360、.554、.424、.551 與 .489。若依據 Hair 等人（2006）建議，題目信度至少要高於 .25，則 3 個第一階因素 F1、F2、F3，以及 9 道題目皆符合此要求。但根據 Bagozzi 與 Yi（1988）建議，變項的信度最好高於 .50，則有 2 個第一階因素 F1、F2，以及 X1、X2、X3、X4、X6 與 X8 等 6 題達到高於 .50 的標準。

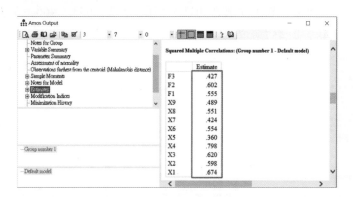

報表 10-6：在右方視窗「Implied(for all variables) Covariances (Group number1 – Default model)」中，主要是呈現每個因素（第二階因素 G、第一階因素 F1、F2、F3）與每道題目之間的變異數與共變數。矩陣中的主對角線的數值為變異數，非主對角線的數值為共變數。

例如：第二階因素 G 的變異數為 .390；第一階因素 F1、F2、F3 的變異數為 .702、.461、.596；X1 至 X9 的題目變異數分別為 1.043、.875、1.103、.578、.564、.735、1.408、1.458 與 1.364。第二階因素 G 與 3 個第一階因素 F1 至 F3 的共變數，分別 .390、.329 與 .315。第二階因素 G 與 9 道題目 X1 至 X9 的共變數，分別為 .390、.336、.384、.329、.218、.309、.315、.366 與 .333。

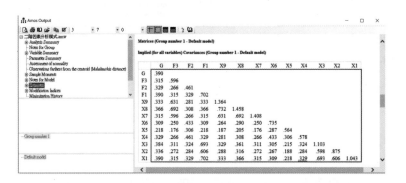

報表 10-7：在右方視窗「Implied(for all variables) Correlations (Group number1 –Default model)」中，主要是呈現每個因素（第二階因素 G、第一階因素 F1、F2、F3）與每道題目之間的積差相關係數。

第二階因素 G 與 3 個第一階因素 F1 至 F3 的積差相關係數，分別 .745、.776 與 .653。第二階因素 G 與 9 道題目 X1 至 X9 的積差相關係數，分別為 .611、.576、.587、.693、.466、.577、.425、.485 與 .457。

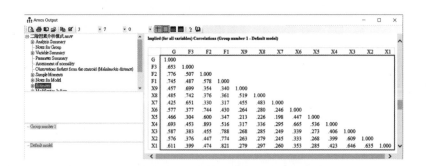

報表 10-8：在右方視窗「Standardized Residual Covariances (Group number1 – Default model)」中，主要呈現每道題目與每道題目之間的標準化殘差之共變數。由下圖可知，沒有任何一個標準化殘差共變數之絕對值高於 2.58，顯示可能沒有需要修正的路徑。

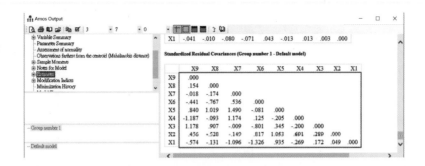

報表 11-1：在「Amos Output」的視窗中，點選左方「Modification
　　　　　　Indices」，在右方視窗中會出現「Covariances: (Group number1
　　　　　　– Default model)」、「Variances: (Group number1 – Default
　　　　　　model)」與「Regression Weights: (Group number1 – Default
　　　　　　model)」等 3 項修正指標的估計數值。

報表 11-2：在「Covariances: (Group number1 – Default model)」視窗中，主
　　　　　　要是呈現兩個變項之間的共變數之修正指標數值。
　　　　　　下圖的共變數之修正指標數值以 e4 與 e9 之間的數值 7.643 為最
　　　　　　大，代表若將誤差項 e4 與誤差項 e9 之間，增加一條代表相關的
　　　　　　雙箭頭，則能降低卡方值，因而能提高模式的適配情形。

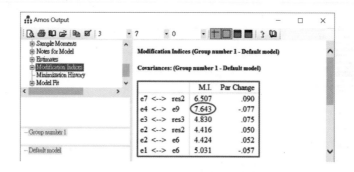

報表 11-3：在右方視窗「Variances: (Group number1 – Default model)」中，
　　　　　主要是呈現變項的變異數之修正指標數值。由於第二階因素 G
　　　　　的變異數、3 個第一階因素的殘差變項之變異數與 9 題誤差項的
　　　　　變異數，全部都是自由估算參數，這些變異數的 MI 皆會為 0，
　　　　　故下圖並未呈現任何 1 個數值。

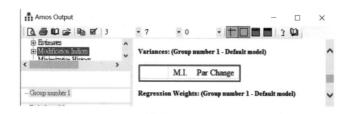

報表 11-4：在「Regression Weights: (Group number1 – Default model)」視窗中，
　　　　　主要是呈現每一條迴歸係數的修正指標數值。

　　　　　下圖的迴歸係數之修正指標數值以 X6 指向 X2 的數值 5.339 為最
　　　　　大，代表若增加一條以 X6 來預測 X2 的迴歸預測方程式，則能
　　　　　降低卡方值，因而能提高模式的適配情形。但這樣的建議純粹從
　　　　　統計資料的觀點出發，並非從理論模式的觀點出發。由於驗證性
　　　　　因素分析模式，是假定題目與題目之間是沒有因果關係，故增加
　　　　　一條以 X6 來預測 X2 的迴歸預測方程式是不合適的。

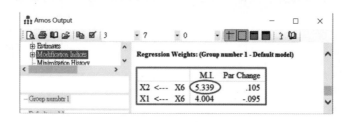

報表 12-1：在「Amos Output」視窗中，點選左方「Model Fit」，在右方視窗中會出現「CMIN」、「RMR, GFI」、「Baseline Comparisons」、「Parsimony-Adjusted Measures」、「NCP」、「FMIN」、「RMSEA」、「AIC」、「ECVI」與「HOELTER」等 10 種整體模式的適配性指標。

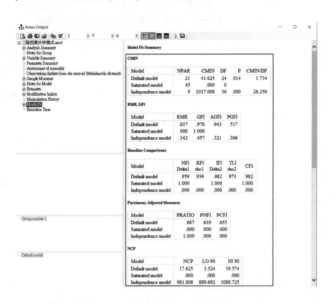

報表 12-2：在右方視窗「CMIN」的「Default model」中，會出現「NPAR」、「CMIN」、「DF」、「P」與「CMIN/DF」等 5 種指標數值。「NPAR」是指估計的參數個數，「CMIN」是卡方統計量，「DF」是自由度，「P」是顯著性，「CMIN/DF」是卡方統計量與自由度的比值。

由下圖可知，估計參數有 21 個，包括估計 1 個第二階因素 G 的變異數、估計 6 個第一階因素與題目之間的因素負荷量、估計 2 個第二階因素與第一階因素之間的迴歸係數、估計 3 個第一階因素的殘差變項之變異數、估計 9 個誤差變項的變異數。

卡方統計量為 41.625，自由度為 24，顯著性 P 值為 .014，由卡方統計量的顯著性 P 值小於 .05，顯示此模式是不良適配的。

卡方統計量與自由度的比值（CMIN/DF）為 1.734，小於 2，根據表 9-3 的評判參考標準，顯示此模式屬於優良適配情形。

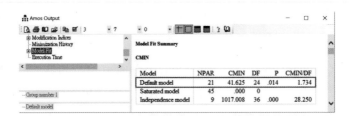

報表 12-3： 在右方視窗「RMR, GFI」的「Default model」中，會出現「RMR」、「GFI」、「AGFI」與「PGFI」等 4 種指標數值。

根據表 9-3 的評判參考標準，RMR 為 .037 小於 .05；GFI 為 .970 高於 .90；AGFI 為 .943 高於 .90；PGFI 為 .517 高於 .50，顯示這 4 項適配性指標皆屬良好適配狀況。

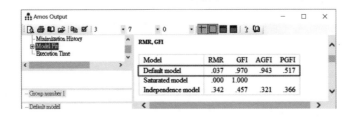

報表 12-4： 在右方視窗「Baseline Comparisons」的「Default model」中，會出現「NFI」、「RFI」、「IFI」、「TLI」與「CFI」等 5 種指標數值。

根據表 9-3 的評判參考標準，NFI 為 .959、RFI 為 .939、IFI 為 .982、TLI 為 .973 與 CFI 為 .982，由於這 5 種指標數值皆高於 .95，顯示這 5 項適配度指標皆屬優良適配。

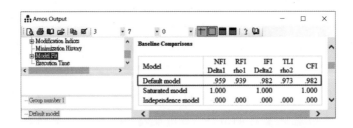

報表 12-5： 在右方視窗「Parsimony-Adjusted Measures」的「Default model」中，會出現「PRATIO」、「PNFI」與「PCFI」等 3 項指標數值。

根據表 9-3 的評判參考標準，PRATIO、PNFI 與 PCFI 這 3 項指標數值分別為 .667、.639 與 .655，皆高於 .50，顯示這 3 項適配度指標皆屬良好適配。

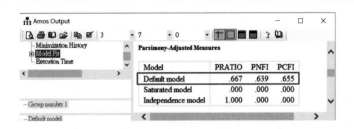

報表 12-6：在右方視窗「NCP」的「Default model」中，會出現「NCP」、「LO 90」與「HI 90」等 3 個指標數值。根據表 9-3 的評判參考標準，NCP 這個指標沒有明確的判斷依據，但越小越好。而下圖的 NCP 為 17.625，90% 信賴區間的下界為 3.524，90% 信賴區間的上界為 39.574。

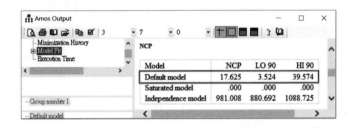

報表 12-7：在右方視窗「FMIN」的「Default model」中，會出現「FMIN」、「F0」、「LO 90」與「HI 90」等 4 項指標數值。這 4 項指標並沒有明確的判斷標準，現今較少採用此評判標準。

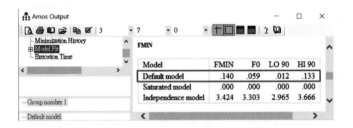

報表 12-8：在右方視窗「RMSEA」的「Default model」中，會出現「RMSEA」、「LO 90」、「HI 90」與「PCLOSE」等 4 種指標數值。根據表 9-3 的評判參考標準，RMSEA 這個指標為 .050 等於 .05，RMSEA 的 90% 信賴區間下界為 .022，90% 信賴區間上界為 .075，顯示模式具優良適配情形。

而 PCLOSE 是針對虛無假設「RMSEA ≦ .05」的考驗顯著性大

小，當 PCLOSE 高於 .05，顯示應接受虛無假設「RMSEA ≦ .05」。下圖 PCLOSE 為 .475 高於 .05，故顯示 RMSEA ≦ .05，亦即表示模式為良好適配情形。

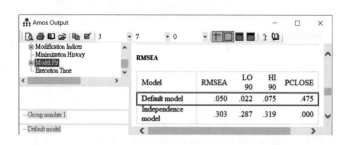

報表 12-9：在右方視窗「AIC」的「Default model」中，會出現「AIC」、「BCC」、「BIC」與「CAIC」等四種指標數值。根據表 9-3 的評判參考標準，AIC、BCC、BIC 與 CAIC 這 4 種指標，若其預設模式的數值，同時低於飽和模式與獨立模式的數值，則表示良好適配。而下圖的 AIC、BCC、BIC 與 CAIC 等 4 項指標之預設模式的數值，皆小於獨立模式與飽和模式的數值，顯示模式為良好適配情形。

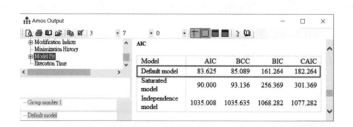

報表 12-10：在右方視窗「ECVI」的「Default model」中，會出現「ECVI」、「LO 90」、「HI 90」與「MECVI」等 4 種指標數值。

根據 9-3 的評判參考標準，ECVI 這項指標的預設模式數值 .282，同時低於飽和模式數值 .303 與獨立模式數值 3.485。

ECVI 的 90% 信賴區間下界的數值，預設模式的數值 .234，同時低於飽和模式的數值 .303 與獨立模式的數值 3.147；ECVI 的 90% 信賴區間上界的數值，預設模式的數值 .355，低於獨立模式的數值 3.848，但高於飽和模式的數值 .303。雖然 ECVI 的 90% 信賴區間上界的數值，預設模式高於飽和模式，但整體考

量 ECVI、LO 90、HI 90 這 3 項指標，顯示屬良好適配情形。根據表 9-3 的評判參考標準，MECVI 這項指標的預設模式數值 .286，同時低於飽和模式數值 .314 與獨立模式數值 3.487，也顯示 MECVI 這項適配度指標屬良好適配。

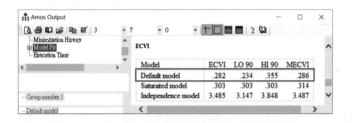

報表 12-11：在右方視窗「HOELTER」的「Default model」中，會出現「HOELTER .05」與「HOELTER .01」等 2 種指標數值。根據表 9-3 的評判參考標準，HOELTER 在 .05 的顯著水準為 260，在 .01 的顯著水準為 307，皆高於 200 人，顯示樣本人數是屬於適切。

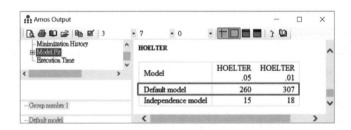

報表 12-12：在「Standardized RMR」的視窗中，出現 Standardized RMR 為 .0383，低於表 9-3 的評判參考標準 .05，顯示此模式屬於優良適配情形。

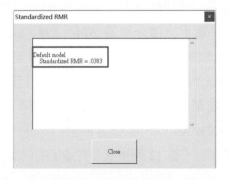

圖 9-19　二階因素分析模式的 9 道題目驗證性因素分析 AMOS 統計結果

3. 驗證性因素分析的統計結果呈現

　　在呈現驗證性因素分析的統計結果時，應先說明初步適配效標、整體模式適配，以及模式內在結構適配等 3 種適配情形。

(1) 初步適配效標的評判情形

　　根據圖 9-19 的報表 10-4 可知，1 個二階因素 G 的變異數、3 個第一階因素的殘差變項之變異數，以及 9 道題目的誤差變項之變異數，都沒有出現負值的不合理數據。由此可知，此模式初步適配效標是適切的。

(2) 整體適配效標的評判情形

　　根據圖 9-19 的報表 12-2 至報表 12-11，將模式整體適配情形，就 χ^2、χ^2/df、SRMR、CFI、TLI 與 RMSEA 等適配度指標，整理成表 9-12。由表 9-12 可知，六項適配度指標（$\chi^2 = 41.625$, $df = 24$，$p = .014$、$\chi^2/df = 1.734$、SRMR = .038、CFI = .982、TLI = .973、RMSEA = .050），除 χ^2 為不良適配，其他五項皆屬優良適配情形，由於 χ^2 易受到樣本人數的影響，故就整體適配情形而言 9 道題目的二階因素分析模式屬優良適配。

表 9-12

二階因素分析模式之整體適配指標的適配情形

模式	$\chi^2(p)$	χ^2/df	SRMR	CFI	TLI	RMSEA
二階因素分析模式	41.625 ($p = .014$)	1.734	.038	.982	.973	.050
優良適配評判標準	$p > .05$	< 2	$< .05$	$> .95$	$> .95$	$< .05$
良好適配評判標準	$p > .05$	< 3	$< .08$	$> .90$	$> .90$	$< .08$

註：優良與良好適配評判標準是採用表 9-3 的評判標準。

(3) 模式內在結構適配效標的評判情形

　　變項的信度可由圖 9-19 報表 10-5 中的多元相關係數平方可知，3 個第一階因素 F1、F2、F3 的多元相關係數平方值分別為 .555、.602、.427；而 9 道題目 X1 至 X9 的多元相關係數平方值分別為 .674、.598、.620、.798、.360、.554、.424、.551 與 .489。若依據 Hair 等人（2006）建議，變項的信度至少要高於 .25，則 3 個第一階因素 F1、F2、F3，以及 9 道題目皆符合此要求。但根據 Bagozzi 與 Yi（1988）建議，變項的信度最好高於 .50，則有 2 個第一階因素 F1、F2，以及 X1、X2、X3、X4、X6 與 X8 等 6 題達到高於 .50 的標準。由此可知，3 個第一階因素與 9 道題目，這 12 個變項具有適切的信度。

　　有關組合信度與平均變異抽取量的數據，可透過筆者所寫的「組合信度與平均變異數抽取量 .xls」EXCEL 程式獲得，其操作步驟如圖 9-20 所示。

步驟 1：開啟「組合信度與平均變異數抽取量 .xls」的 EXCEL 程式，如下圖所示。

步驟 2：在 B8 欄位中，輸入二階因素分析模式的第二階因素 G 包含 3 個第一階因素，如下圖所示。

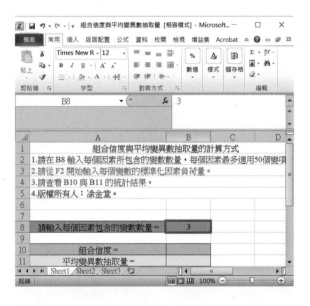

步驟 3：在 F2 欄位中，輸入第一階因素 F1 的標準化因素負荷量 .745，如下圖所示。

步驟 4：在 G2 欄位與 H2 欄位中，分別輸入 F2 至 F3 的其他 2 個第一階因素的標準化因素負荷量 .776 與 .653，如下圖所示。

請注意，雖然 F1、G1 與 H1 欄位中的題號是出現 X1、X2 與 X3，但由於是進行第二階因素 G 的組合信度與平均變異抽取量的計算，所以要輸入的是 F1、F2 與 F3 的標準化因素負荷量。

步驟 5：在 B10 與 B11 欄位中，即可得到二階因素分析模式的組合信度 .769，平均變異數抽取量為 .528，如下圖所示。

步驟 6：由於第一階因素 F1 也是 3 道題目，所以不用更改 B8 欄位的變項數值，直接將 F2 欄位至 H2 欄位中的數值，更改為 X1、X2 與 X3 的標準化因素負荷量 .821、.774 與 .788，如下圖所示。

步驟 7：在 B10 與 B11 欄位中，即可得到第一階因素 F1 組合信度為 .837，平均變異數抽取量為 .631，如下圖所示。

步驟 8：由於第一階因素 F2 也是 3 道題目，所以不用更改 B8 欄位的變項數
值，直接將 F2 欄位至 H2 欄位中的數值，更改為 X4、X5 與 X6 的
標準化因素負荷量 .893、.600 與 .744，如下圖所示。

請注意，雖然 F1、G1 與 H1 欄位中的題號是出現 X1、X2 與 X3，
但由於是進行第一階因素 F2 的組合信度與平均變異抽取量的計
算，所以要輸入的是 X4、X5 與 X6 的標準化因素負荷量。

步驟 9：在 B10 與 B11 欄位中，即可得到第一階因素 F2 組合信度為 .795，平均變異數抽取量為 .570，如下圖所示。

步驟 10：由於第一階因素 F3 也是 3 道題目，所以不用更改 B8 欄位的變項數值，直接將 F2 欄位至 H2 欄位中的數值，更改為 X7、X8 與 X9 的標準化因素負荷量 .651、.742 與 .699，如下圖所示。

請注意，雖然 F1、G1 與 H1 欄位中的題號是出現 X1、X2 與 X3，但由於是進行第一階因素 F3 的組合信度與平均變異抽取量的計算，所以要輸入的是 X7、X8 與 X9 的標準化因素負荷量。

步驟 11：在 B10 與 B11 欄位中，即可得到第一階因素 F3 組合信度為 .740，
平均變異數抽取量為 .488，如下圖所示。

圖 9-20　二階因素分析模式之組合信度與平均變異數抽取量的計算結果

　　根據圖 9-20 組合信度與平均變異數抽取量統計結果，可整理成表 9-13 與
表 9-14。由表 9-13 可知，二階因素分析模式的 F1 至 F3 等 3 個第一階因素，其
因素信度都高於至少 .25 的標準。二階因素分析模式的二階因素之組合信度高於
.70；二階因素的平均變異數抽取量高於 .50，由此顯示二階因素分析模式的二階
因素具有良好的聚斂效度。

表 9-13

二階因素分析模式的二階因素之聚斂效度評判指標

二階因素	一階因素	因素負荷量	一階因素信度	組合信度	平均變異數抽取量
	F1	.745	.555		
G	F2	.776	.602	.769	.528
	F3	.653	.427		

　　由表 9-14 可知，二階因素分析模式的一階因素之 X1 至 X9 等 9 題，其題目
信度都高於至少 .25 的標準。二階因素分析模式的 3 個一階因素之組合信度皆高

於 .70；，除了第 3 個一階因素 F3 的平均變異數抽取量低於 .50，F1 與 F2 的平均變異數抽取量皆高於 .50，由此顯示二階因素分析模式的一階因素具有良好的聚斂效度。

表 9-14

二階因素分析模式的一階因素之聚斂效度評判指標

因素	題目	因素負荷量	題目信度	組合信度	平均變異數抽取量
	X1	.821	.674		
F1	X2	.774	.598	.837	.631
	X3	.788	.620		
	X4	.893	.798		
F2	X5	.600	.360	.795	.570
	X6	.744	.554		
	X7	.651	.424		
F3	X8	.742	.551	.740	.488
	X9	.699	.489		

(四) 雙因素分析模式之驗證性因素分析

1. AMOS 的操作步驟

雙因素分析模式的 AMOS 操作步驟，如圖 9-21 所示。圖 9-21 步驟 1 與步驟 2 是先根據圖 9-11，所繪製因素與題目之間的路徑圖；步驟 3 至步驟 7 是選擇所要進行分析的資料檔；步驟 8 至步驟 10 是挑選所要的統計結果；步驟 11 是開始進行參數數值的估算。

> **步驟 1**：開啟 AMOS 程式後，請在右邊框框的畫圖區，開始著手畫驗證性因素分析的路徑圖，如下圖所示。讀者可自行畫圖，或是直接開啟資料檔案中的「雙因素分析模式 .amw」檔案。

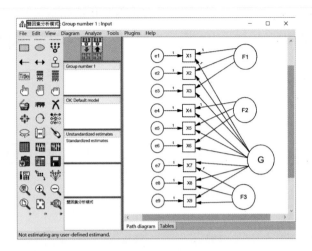

步驟 2：根據圖 9-11 的 9 道題目之雙因素分析模式，繪製驗證性因素分析的路徑圖，如下圖所示。

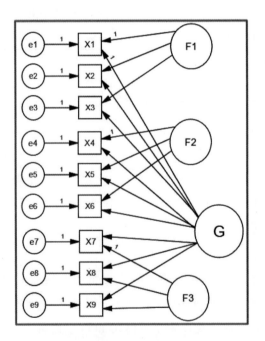

步驟 3：請點選左方「Select data file(s)」按鍵，如下圖所示，此步驟是選擇所要進行驗證性因素分析的資料檔案。

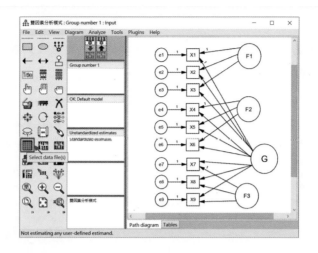

步驟 4：出現「Data Files」對話窗後，請按「File Name」按鈕，如下圖所示，此步驟是開啟所要分析的資料檔案。

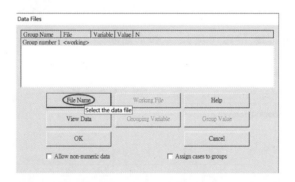

步驟 5：出現「開啟」對話窗後，請從「查詢(I)」選擇 SPSS 資料檔所存放的資料夾位置，下圖所使用的「9道題目的驗證性因素分析」檔案，是存放在「第9章」的「9道題目 CFA」資料夾中的「雙因素分析模式」資料夾內，如下圖所示。

步驟 6：AMOS 可直接分析 SPSS 的檔案，故可直接點選驗證性因素分析所需的 SPSS 資料檔，如下圖點選「9 道題目的驗證性因素分析 .sav」，並按「開啟 (O)」按鈕。

步驟 7：在 Data Files 對話窗，會出現 Group Name（組別名稱）為 Group number 1，File（檔名）為「9 道題目的驗證性因素分析 .sav」，N 的總人數為 298 人，有效樣本數也是 298 人。確定所挑選的資料檔無誤後，按「OK」按鈕，如下圖所示。

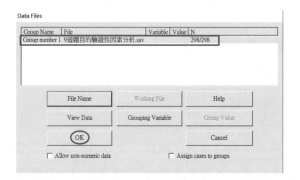

步驟 8：請點選左方的「Analysis properties」按鍵，如下圖所示。AMOS 只提供少數幾項內定的統計結果，此步驟可要求 AMOS 提供更多的統計結果資料。

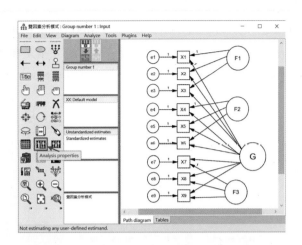

步驟 9： 出現「Analysis Properties」對話窗後，點選上方「Output」按鈕，如下圖所示，此步驟是開啟 AMOS 可提供哪些項目的統計結果。由下圖左方可看出，AMOS 內定採用的估算方法為最大概似法。

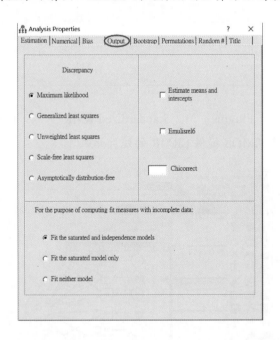

步驟 10： 在「Analysis Properties」對話窗的「Output」畫面下，AMOS 提供許多項統計結果的選項，只有「Minimization history」這一項是 AMOS 事先內定的，其他選項都必須勾選後，AMOS 才會提供統計結果。為了獲得較完整的統計資料，請點選「Standardized estimates」、「Squared multiple correlations」、「All implied moments」、「Residual moments」、「Modification indices」、「Tests for normality and outliers」等 6 項，因為這 6 項是驗證性因素分析常需使用到的統計資料，並按右上方的關閉鍵 ╳，如下圖所示。

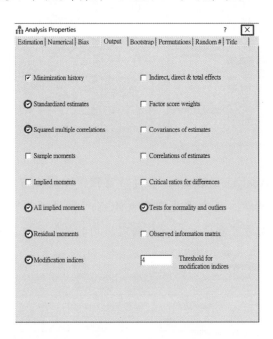

步驟 11：請點選「Plugins」→「Standardized RMR」，如下圖所示，此步驟是要求 AMOS 提供 SRMR 的統計結果。

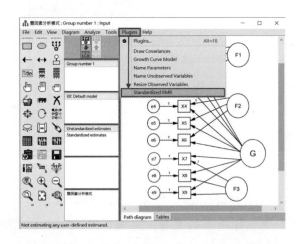

步驟 12：此時會出現「Standardized RMR」的空白對話窗，如下圖所示。這個空白對話窗需要等到執行步驟 13，才會出現 SRMR 的統計結

果。請勿按「Close」按鍵，若按了「Close」按鍵，就不會計算
SRMR。

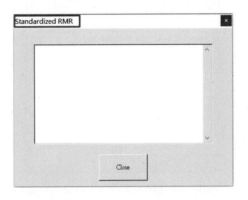

步驟 13：請點選左方「Calculate estimates」按鍵，如下圖所示，此步驟是要
求 AMOS 開始進行估算工作。

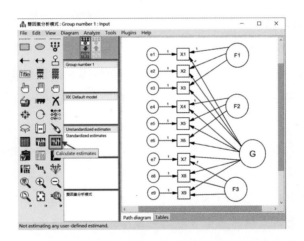

步驟 14：請在出現的「Amos Warnings」對話窗中，點選「Proceed with the
analysis」，表示要繼續進行分析，如下圖所示。

由於圖 9-11 雙因素分析模式假設一般因素 G 與群組因素 F 彼此
之間是沒有相關，故步驟 2 的一般因素 G、群組因素 F1、群組因
素 F2 與群組因素 F3，彼此之間未出現雙箭頭的相關關係。AMOS
對各因素之間未出現因果關係或未出現相關關係，會主動提出警
告，並說明目前的 4 個因素皆屬於無相關的設定，是要繼續進行分
析，或是放棄此次分析。

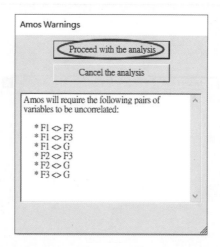

圖 9-21　雙因素分析模式之驗證性因素分析 AMOS 操作步驟

2. AMOS 的報表解讀

經過圖 9-21 的 AMOS 操作步驟，等待短暫時間後，即可得到圖 9-22 的
AMOS 統計結果。圖 9-22 報表 1 主要是用來判斷模式估算是否成功，一旦模式
屬足夠辨識模式時，才會出現報表 2 至報表 13 的統計結果。

報表 1：當往上的紅色箭頭出現時，如下圖所示，顯示模式估算屬於「足夠
辨識模式」，代表已完成驗證性因素分析的估算歷程。

若往上的紅色箭頭未出現時，顯示無法順利進行驗證性因素分析，
可能是模式估算產生「不足辨識模式」的情形。

一旦往上的紅色箭頭出現時，下方第二個視窗，也會由原本顯示的
「XX:Default model」，變成「OK:Default model」，顯示模式估算
結果是 OK 的。

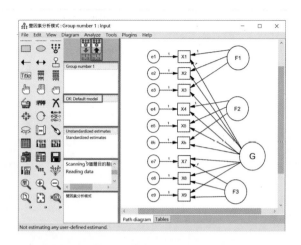

報表 2：點選「往上的紅色箭頭」按鈕時，右邊的驗證性因素分析路徑圖，即會出現所估算的「未標準化參數數值」，如下圖所示。

例如：群組因素因素 F1 與題目 X2 的未標準化迴歸係數為 .67，而群組因素因素 F1 與題目 X1 的未標準化迴歸係數，為事先所設定的 1。一般因素 G 與題目 X2 的未標準化迴歸係數為 .98，而一般因素 G 與題目 X1 的未標準化迴歸係數，為事先所設定的 1。

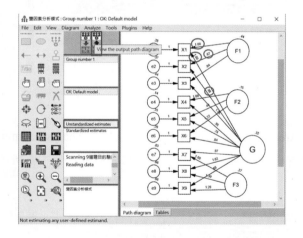

報表 3：點選「標準化參數數值」選項時，如下圖所示。「標準化參數數值」並不是 AMOS 自動提供的統計結果，需在圖 9-21 步驟 10 勾選「Standardized estimates」選項，AMOS 才會提供「標準化參數數值」。

由下圖統計結果可知，群組因素 F1 與 X1 的標準化迴歸係數為 .65，一般因素 G 與 X1 的標準化迴歸係數為 .56。

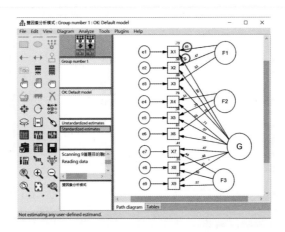

報表 4：請點選左方的「View Text」按鍵，如下圖所示，此動作可讀取更多驗證性因素分析的統計結果。

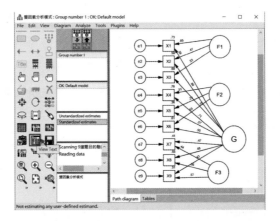

報表 5：在「Amos Output」視窗中，點選左方「Analysis Summary」，在右方視窗中會出現執行此程式的日期與時間，如下圖所示。

報表 6：在「Amos Output」視窗中，點選左方「Variable Summary」。在右方視窗中會出現觀察變項、潛在變項、外衍變項與內衍變項的個數，如下圖所示。

由下圖可知，9 道題目的驗證性因素分析（雙因素分析模式）包含 22 個變項（包括 1 個一般因素、3 個群組因素、9 道題目與 9 個題目的誤差變項）；9 個觀察變項（亦即 9 道題目）；13 個潛在變項（包括 1 個一般因素、3 個群組因素與 9 個題目的誤差變項）；13 個外衍變項（包括 1 個一般因素、3 個群組因素與 9 個題目的誤差變項）；9 個內衍變項（亦即 9 道題目）。

報表 7：在「Amos Output」視窗中，點選左方「Parameter summary」，在右方視窗中會出現有關模式的參數個數之訊息，例如：有 13 個固定數值的估計參數、有 0 個標示代號的估計參數、有 27 個沒有標示代號的估計參數，所有估計參數共 40 個，如下圖所示。

13 個固定數值的估計參數，包括一般因素 G 至 X1 指定為 1 的因素負荷量、群組因素 F1 至 X1 指定為 1 的因素負荷量、群組因素 F2 至 X4 指定為 1 的因素負荷量、群組因素 F3 至 X7 指定為 1 的因素負荷量，以及 9 個由每個誤差變項至每道題目指定為 1 的迴歸係數。

27 個沒有標示代號的估計參數個數，包括估計一般因素 G 與 8 道題目的因素負荷量、群組因素 F1、F2、F3 與 6 道題目之間的因素

負荷量、1 個一般因素 G 的變異數、3 個群組因素的變異數,以及 9 個誤差變項的變異數。

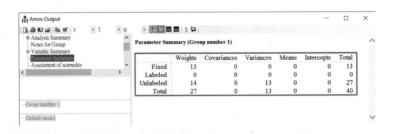

報表 8：在「Amos Output」視窗中,點選左方「Assessment of normality」, 在右方視窗中會出現每道題目偏態與峰度的統計結果,如下圖所示。

根據 Kline（2016）的建議,偏態指數的絕對值高於 3,則顯示極端 的偏態情形;峰度指數的絕對值高於 10,則顯示嚴重的峰度問題。 由下圖可知,每道題目偏態指數介於 -1.398 至 .045,所有題目偏態 指數絕對值皆低於 3;每道題目峰度指數介於 -.769 至 1.871,所有 題目峰度指數絕對值皆低於 10,顯示這 9 道題目沒有嚴重違反常 態分配的基本假定。

由於採用同樣的 9 道題目,所以此部分的統計結果跟圖 9-13 的報 表 8 是一樣的。

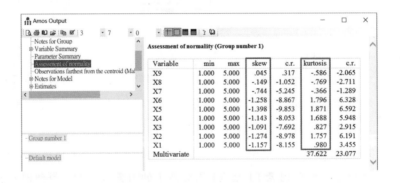

報表 9：在「Amos Output」視窗中,點選左方「Notes for Model」,在右方 視窗中會出現自由度的計算結果,以及內定模式的卡方考驗結果, 如下圖所示。由下圖可知,$\chi^2 = 30.747$, $df = 18$, $p = .031$,由於 $p <$ .05,顯示需拒絕虛無假設,亦即模式是不適配的。

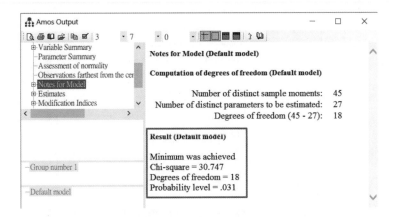

報表 10-1：在「Amos Output」視窗中，點選左方「Estimates」，在右方視窗中會出現「Regression Weights: (Group number1 – Default model)」、「Standardized Regression Weights: (Group number1 – Default model)」、「Variances: (Group number1 – Default model)」、「Squared multiple correlation: (Group number1 – Default model)」、「Implied(for all variables) Covariances (Group number1 – Default model)」、「Implied(for all variables) Correlations (Group number1 – Default model)」、「Implied Covariances (Group number1 – Default model)」、「Implied Correlations (Group number1 – Default model)」、「Residual Covariances (Group number1 – Default model)」與「Standardized Residual Covariances (Group number1 – Default model)」等 10 項參數的估計數值。

　　上述 10 項參數估計數值，「Implied Covariances (Group number1 – Default model)」、「Implied Correlations (Group number1 – Default model)」與「Residual Covariances (Group number1 – Default model)」這 3 項數值不常使用，故底下只介紹其他 7 項數值。

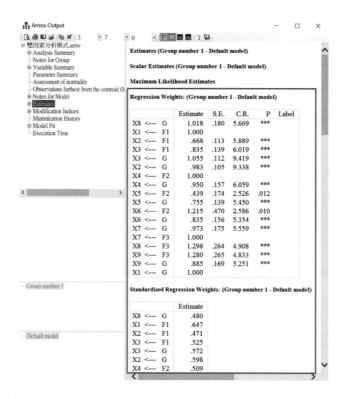

報表 10-2：在右方視窗「Regression Weights: (Group number1 – Default model)」中，主要呈現 1 個一般因素 G 與 9 道題目之間的迴歸係數估計值，以及 3 個群組因素與 9 道題目之間的迴歸係數估計值，這些迴歸係數即為未標準化迴歸係數。由於一般因素 G 與題目 X1、群組因素 F1 與題目 X1、群組因素 F2 與題目 X4、群組因素 F3 與題目 X7 等 4 個因素負荷量，是事先已經指定為 1，故不會進行「S.E.」與「C.R.」的估算。

由下圖可知，一般因素 G 與題目 X2 至 X9 的 8 道題目、群組因素 F1 與題目 X2、X3；群組因素 F2 與題目 X5、X6；群組因素 F3 與題目 X8、X9 等 14 個因素負荷量皆顯著不為 0。

報表 10-3：在右方視窗「Standardized Regression Weights: (Group number1 – Default model)」中，主要呈現 1 個一般因素 G 與 9 道題目之間的標準化迴歸係數，以及 3 個群組因素與 9 道題目之間的標準化迴歸係數，標準化迴歸係數即為標準化因素負荷量。

檢視標準化因素負荷量時，需特別注意是否有出現高於 1 的不合理估計值，由下圖的標準化因素負荷量可知，並沒有出現高於 1 的不合理估計值。

一般因素 G 與 X1 至 X9 等 9 個標準化因素負荷量，分別為 .558、.598、.572、.711、.573、.555、.467、.480、.431。而群組因素 F1 與題目 X1、X2、X3；群組因素 F2 與題目 X4、X5、X6；群組因素 F3 與題目 X7、X8、X9 等 9 個標準化因素負荷量，分別為 .647、.471、.525、.509、.226、.548、.441、.562、.573。根據 Hair 等人（2006）主張題目標準化因素負荷量達到 .50 以上的標準來看（但最好是標準化因素負荷量高於 .70），有 12 個標準化因素負荷量達高於 .50 的標準要求。

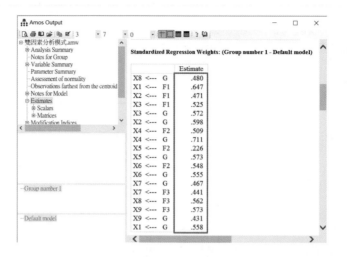

報表 10-4：在右方視窗「Variances: (Group number1 – Default model)」中，
主要呈現 1 個一般因素 G 的變異數估計值、3 個群組因素的變
異數估計值，以及 9 道題目的誤差變項之變異數估計值。由下
圖可知，一般因素 G 的變異數分別為 .324，3 個群組因素 F1、
F2、F3 的變異數分別為 .436、.149、.274，誤差項 e1 至 e9 的
變異數分別為 .283、.367、.438、.136、.350、.288、.827、.661
與 .663。上述所有的變異數，都顯著性的大於 0，且未出現變異
數為負的不合理現象。

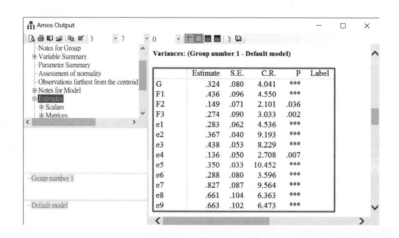

報表 10-5：在右方視窗「Squared multiple correlation: (Group number1 –
Default model)」中，主要呈現每道題目或每個因素的多元相關
係數平方，也被稱為變項的信度。

由下圖可知，9 道題目 X1 至 X9 的多元相關係數平方值分別為 .729、.580、.603、.765、.379、.608、.412、.547 與 .514。若依據 Hair 等人（2006）建議，題目信度至少要高於 .25，則 9 道題目皆符合此要求。但根據 Bagozzi 與 Yi（1988）建議，變項的信度最好高於 .50，則有 7 題達到高於 .50 的標準。

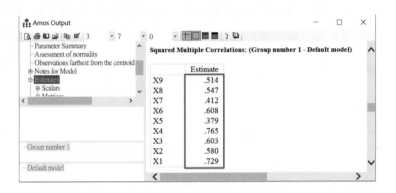

報表 10-6：在右方視窗「Implied(for all variables) Covariances (Group number1– Default model)」中，主要是呈現每個因素（一般因素 G、群組因素 F1、F2、F3）與每道題目之間的變異數與共變數。矩陣中的主對角線的數值為變異數，非主對角線的數值為共變數。

例如：一般因素 G 的變異數為 .324；群組因素 F1、F2、F3 的變異數為 .436、.149、.274；X1 至 X9 的題目變異數分別為 1.043、.875、1.103、.578、.564、.735、1.408、1.458 與 1.364。一般因素 G 與 3 個群組因素 F1 至 F3 的共變數，分別 .000、.000 與 .000（因為圖 9-11 的雙因素分析模式假設各因素沒有相關）。一般因素 G 與 9 道題目 X1 至 X9 的共變數，分別為 .324、.319、.342、.308、.245、.271、.315、.330 與 .287。

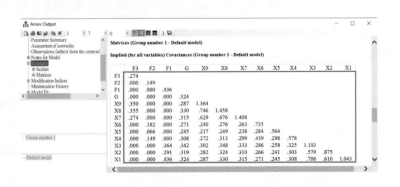

報表 10-7：在右方視窗「Implied(for all variables) Correlations (Group number1–Default model)」中，主要是呈現每個因素（一般因素 G、群組因素 F1、F2、F3）與每道題目之間的積差相關係數。

一般因素 G 與 3 個群組因素 F1 至 F3 的積差相關係數，分別為 .000、.000 與 .000（因為圖 9-11 的雙因素分析模式假設各因素沒有相關）。一般因素 G 與 9 道題目 X1 至 X9 的積差相關係數，分別為 .558、.598、.572、.711、.573、.555、.467、.480 與 .431。

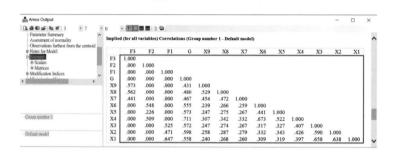

報表 10-8：在右方視窗「Standardized Residual Covariances (Group number1 – Default model)」中，主要呈現每道題目與每道題目之間的標準化殘差之共變數。由下圖可知，沒有任何一個標準化殘差共變數之絕對值高於 2.58，顯示可能沒有需要修正的路徑。

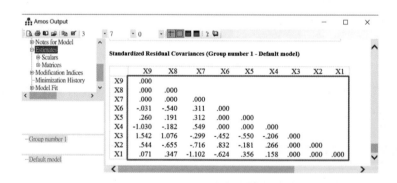

報表 11-1：在「Amos Output」的視窗中，點選左方「Modification Indices」，在右方視窗中會出現「Covariances: (Group number1 – Default model)」、「Variances: (Group number1 – Default model)」與「Regression Weights: (Group number1 – Default model)」等 3 項修正指標的估計數值。

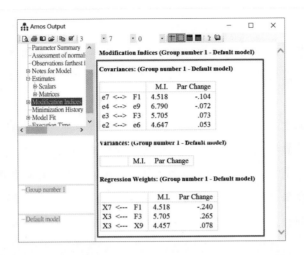

報表 11-2：在「Covariances: (Group number1 – Default model)」視窗中，主
要是呈現兩個變項之間的共變數之修正指標數值。

下圖的共變數之修正指標數值以 e4 與 e9 之間的數值 6.790 為最
大，代表若將誤差項 e4 與誤差項 e9 之間，增加一條代表相關的
雙箭頭，則能降低卡方值，因而能提高模式的適配情形。

報表 11-3：在右方視窗「Variances: (Group number1 – Default model)」中，
主要是呈現變項的變異數之修正指標數值。由於一般因素 G 的
變異數、3 個群組因素的變異數與 9 題誤差項的變異數，全部都
是自由估算參數，這些變異數的 MI 皆會為 0，故下圖並未呈現
任何 1 個數值。

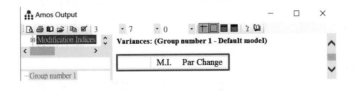

報表 11-4：在「Regression Weights: (Group number1 – Default model)」視窗中，主要是呈現每一條迴歸係數的修正指標數值。

下圖的迴歸係數之修正指標數值以 F3 指向 X3 的數值 5.705 為最大，代表若增加一條以 F3 來預測 X3 的迴歸預測方程式，則能降低卡方值，因而能提高模式的適配情形。但這樣的建議純粹從統計資料的觀點出發，並非從理論模式的觀點出發。由於 X3 並非隸屬群組因素 F3，若增加 F3 來預測 X3 的迴歸預測方程式，則會降低群組因素 F3 的區辨效度，故增加一條以 F3 來預測 X3 的迴歸預測方程式是不合適的。

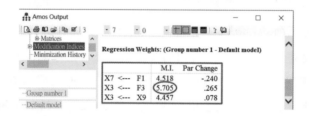

報表 12-1：在「Amos Output」視窗中，點選左方「Model Fit」，在右方視窗中會出現「CMIN」、「RMR, GFI」、「Baseline Comparisons」、「Parsimony-Adjusted Measures」、「NCP」、「FMIN」、「RMSEA」、「AIC」、「ECVI」與「HOELTER」等 10 種整體模式的適配性指標。

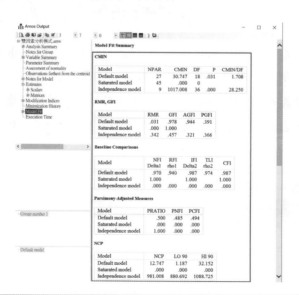

報表 12-2：在右方視窗「CMIN」的「Default model」中，會出現「NPAR」、「CMIN」、「DF」、「P」與「CMIN/DF」等5種指標數值。「NPAR」是指估計的參數個數，「CMIN」是卡方統計量，「DF」是自由度，「P」是顯著性，「CMIN/DF」是卡方統計量與自由度的比值。

由下圖可知，估計參數有27個，包括估計8個一般因素與題目之間的迴歸係數、估計6個群組因素與題目之間的因素負荷量、估計1個一般因素G的變異數、估計3個群組因素的變異數、估計9個誤差變項的變異數。

卡方統計量為30.747，自由度為18，顯著性P值為.031，由卡方統計量的顯著性P值小於.05，顯示此模式是不良適配的。

卡方統計量與自由度的比值（CMIN/DF）為1.708，小於2，根據表9-3的評判參考標準，顯示此模式屬於優良適配情形。

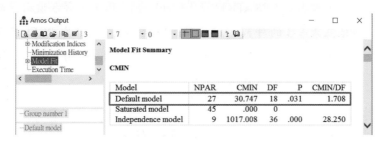

報表 12-3：在右方視窗「RMR, GFI」的「Default model」中，會出現「RMR」、「GFI」、「AGFI」與「PGFI」等4種指標數值。

根據表9-3的評判參考標準，RMR為.031小於.05；GFI為.978高於.90；AGFI為.944高於.90，顯示這3項適配性指標皆屬良好適配狀況。但PGFI為.391小於.50，顯示這項適配性指標是屬不良適配狀況。

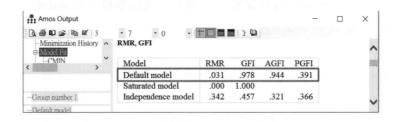

報表 12-4：在右方視窗「Baseline Comparisons」的「Default model」中，會出現「NFI」、「RFI」、「IFI」、「TLI」與「CFI」等 5 種指標數值。

根據表 9-3 的評判參考標準，NFI 為 .970、RFI 為 .940、IFI 為 .982、TLI 為 .974 與 CFI 為 .987，由於這 5 種指標數值皆高於 .95，顯示這 5 項適配度指標皆屬優良適配。

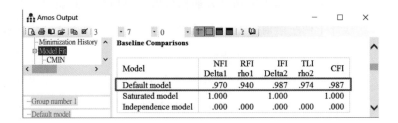

報表 12-5：在右方視窗「Parsimony-Adjusted Measures」的「Default model」中，會出現「PRATIO」、「PNFI」與「PCFI」等 3 項指標數值。

根據表 9-3 的評判參考標準，PRATIO、PNFI 與 PCFI 這 3 項指標數值分別為 .500、.485 與 .494，皆未高於 .50，顯示這 3 項適配度指標皆屬不良適配。

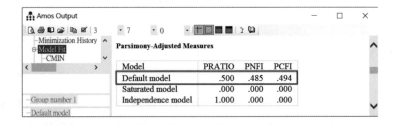

報表 12-6：在右方視窗「NCP」的「Default model」中，會出現「NCP」、「LO 90」與「HI 90」等 3 個指標數值。根據表 9-3 的評判參考標準，NCP 這個指標沒有明確的判斷依據，但越小越好。而下圖的 NCP 為 12.747，90% 信賴區間的下界為 1.187，90% 信賴區間的上界為 32.152。

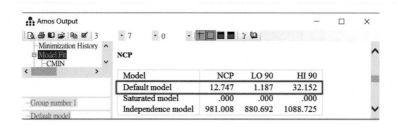

報表 12-7：在右方視窗「FMIN」的「Default model」中，會出現「FMIN」、「F0」、「LO 90」與「HI 90」等 4 項指標數值。這 4 項指標並沒有明確的判斷標準，現今較少採用此評判標準。

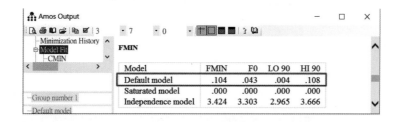

報表 12-8：在右方視窗「RMSEA」的「Default model」中，會出現「RMSEA」、「LO 90」、「HI 90」與「PCLOSE」等 4 種指標數值。根據表 9-3 的評判參考標準，RMSEA 這個指標為 .049 小於 .05，RMSEA 的 90% 信賴區間下界為 .015，90% 信賴區間上界為 .078，顯示模式具優良適配情形。

而 PCLOSE 是針對虛無假設「RMSEA ≦ .05」的考驗顯著性大小，當 PCLOSE 高於 .05，顯示應接受虛無假設「RMSEA ≦ .05」。下圖 PCLOSE 為 .489 高於 .05，故顯示 RMSEA ≦ .05，亦即表示模式為優良適配情形。

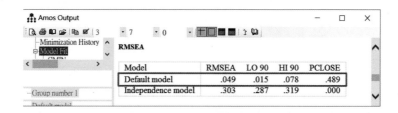

報表 12-9：在右方視窗「AIC」的「Default model」中，會出現「AIC」、「BCC」、「BIC」與「CAIC」等四種指標數值。根據表 9-3 的評判參考標準，AIC、BCC、BIC 與 CAIC 這 4 種指標，若其預

設模式的數值，同時低於飽和模式與獨立模式的數值，則表示良好適配。而下圖的 AIC、BCC、BIC 與 CAIC 等 4 項指標之預設模式的數值，皆小於獨立模式與飽和模式的數值，顯示模式為良好適配情形。

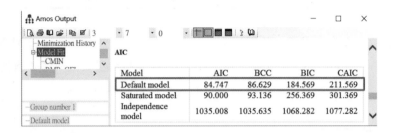

報表 12-10：在右方視窗「ECVI」的「Default model」中，會出現「ECVI」、「LO 90」、「HI 90」與「MECVI」等 4 種指標數值。

根據表 9-3 的評判參考標準，ECVI 這項指標的預設模式數值 .285，同時低於飽和模式數值 .303 與獨立模式數值 3.485。

ECVI 的 90% 信賴區間下界的數值，預設模式的數值 .246，同時低於飽和模式的數值 .303 與獨立模式的數值 3.147；ECVI 的 90% 信賴區間上界的數值，預設模式的數值 .351，低於獨立模式的數值 3.848，但高於飽和模式的數值 .303。雖然 ECVI 的 90% 信賴區間上界的數值，預設模式高於飽和模式，但整體考量 ECVI、LO 90、HI 90 這 3 項指標，顯示屬良好適配情形。

根據表 9-3 的評判參考標準，MECVI 這項指標的預設模式數值 .292，同時低於飽和模式數值 .314 與獨立模式數值 3.487，也顯示 MECVI 這項適配度指標屬良好適配。

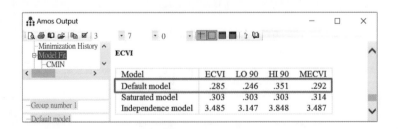

報表 12-11：在右方視窗「HOELTER」的「Default model」中，會出現「HOELTER .05」與「HOELTER .01」等 2 種指標數值。根據

表 9-3 的評判參考標準，HOELTER 在 .05 的顯著水準為 279，
在 .01 的顯著水準為 337，皆高於 200 人，顯示樣本人數是屬於
適切。

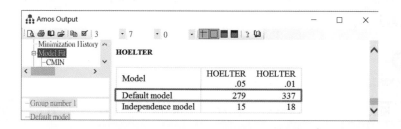

報表 12-12：在「Standardized RMR」的視窗中，出現 Standardized RMR 為
.0285，低於表 9-3 的評判參考標準 .05，顯示此模式屬於優良
適配情形。

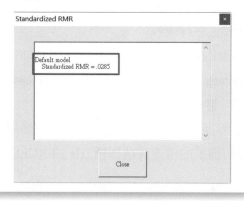

圖 9-22　二階因素分析的 9 道題目驗證性因素分析 AMOS 統計結果

3. 驗證性因素分析的統計結果呈現

在呈現驗證性因素分析的統計結果時，應先說明初步適配效標、整體模式適
配，以及模式本位的信度指標等 3 種適配情形。

(1) 初步適配效標的評判情形

根據圖 9-22 的報表 10-4 可知，1 個一般因素 G 的變異數、3 個群組因素的
變異數，以及 9 道題目的誤差變項之變異數，都沒有出現負值的不合理數據。由
此可知，此模式初步適配效標是適切的。

(2) 整體適配效標的評判情形

根據圖 9-22 的報表 12-2 至報表 12-11，將模式整體適配情形，就 χ^2、χ^2/df、

SRMR、CFI、TLI 與 RMSEA 等適配度指標，整理成表 9-15。由表 9-15 可知，六項適配度指標（$\chi^2 = 30.747$, $df = 18$，$p = .031$、$\chi^2/df = 1.708$、SRMR = .029、CFI = .987、TLI = .974、RMSEA = .049），除 χ^2 為不良適配，其他五項皆屬優良適配情形，由於 χ^2 易受到樣本人數的影響，故就整體適配情形而言 9 道題目的雙因素分析模式屬優良適配。

表 9-15

雙因素分析模式之整體適配指標的適配情形

模式	$\chi^2(p)$	χ^2/df	SRMR	CFI	TLI	RMSEA
雙因素分析模式	30.747 ($p = .031$)	1.708	.029	.987	.974	.049
優良適配評判標準	$p > .05$	< 2	$< .05$	$> .95$	$> .95$	$< .05$
良好適配評判標準	$p > .05$	< 3	$< .08$	$> .90$	$> .90$	$< .08$

註：優良與良好適配評判標準是採用表 9-3 的評判標準。

(3) 模式本位的信度指標之評判情形

　　對於模式本位的信度指標之評判情形，將根據 Rodriguez 等人（2016a）的建議，採用「總分的 omega 係數 ω_T」、「分量表的 omega 係數 ω_S」、一般因素的「ω 階層係數 ω_H」、群組因素的「ω 階層係數 ω_{HS}」、「解釋的共同變異量 [ECV]」與「H 係數」等評判指標。有關模式本位的信度指標的數據，可透過筆者所寫的「雙因素分析模式的信度評估指標 .xls」EXCEL 程式獲得，其操作步驟如圖 9-23 所示。

步驟 1：開啟「雙因素分析模式的信度評估指標 .xls」的 EXCEL 程式，如下圖所示。

步驟 2：在 K2 至 K10 欄位中，輸入一般因素 G 對 X1 至 X9 等 9 題的標準化因素負荷量 .558、.598、.572、.711、.573、.555、.467、.480、.431，如下圖所示。

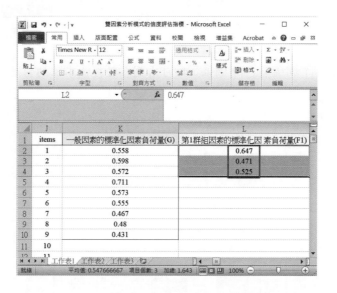

步驟 3：在 L2 至 L4 欄位中，輸入第 1 個群組因素 F1 對 X1 至 X3 等 3 題的標準化因素負荷量 .647、.471、.525，如下圖所示。

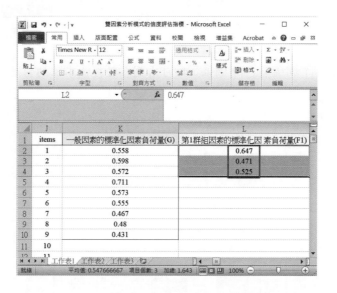

步驟 4：在 M5 至 M7 欄位中，輸入第 2 個群組因素 F2 對 X4 至 X6 等 3 題的標準化因素負荷量 .509、.226、.548，如下圖所示。

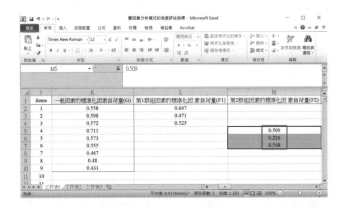

步驟 5：在 N8 至 N10 欄位中，輸入第 3 個群組因素 F3 對 X7 至 X9 等 3 題的標準化因素負荷量 .441、.562、.573，如下圖所示。

步驟 6：在 A11 欄位至 G17 欄位，即可看到各種模式本位的信度估算結果，如下圖所示。

步驟7：在 A11 欄位可看到「量表總分的 ω 係數 ω_T」為 .89，高於 .80，顯示全量表具有良好的信度。

步驟8：在 A15 至 A17 欄位可看到 3 個分量表的「分量表的 ω 係數 ω_S」分別為 .839、.801 與 .742，前兩個分量表的 ω_S 皆高於 .80，第 3 個分量表的 ω_S 皆高於 .70，顯示前兩個分量表具有良好的信度，第 3 個分量表具有普通的信度。

步驟9：在 E11 欄位可看到「一般因素的 ω 階層係數 ω_H」為 .696，根據 Reise 等人（2013）的見解，若 ω_H 係數高於 .70，即表示該量表總分的變異量主要是受到一般因素的影響。根據此標準，顯示量表總分的變異量主要是受到一般因素的影響。

步驟 10： 在 E15 至 E17 欄位可看到 3 個「群組因素的 ω 階層係數 ω_{HS}」分別為 .399、.262 與 .420，根據 Smits 等人（2014）的看法，若 ω_{HS} 高於 .30，顯示群組因素對分量表分數的解釋量具重大程度的影響；若 ω_{HS}，介於 .20 至 .30 之間，顯示群組因素對分量表分數的解釋量具中度的影響；若 ω_{HS} 低於 .20，顯示群組因素對分量表分數的解釋量具低度的影響。根據此標準，顯示第 1 個與第 3 個群組因素對分量表的分數解釋量具有重大程度的影響，而第 2 個群組因素對第 2 個分量表的分數解釋量具有中度的影響。

步驟 11： 在 F12 欄位中，即可得到一般因素的 ECV 為 .540，如下圖所示。根據 Rodriguez 等人（2016b）的看法，若 ECV 高於 .70，即表示該量表雖然是多向度量表，但該量表較受到一般因素的單向度影

響。由於一般因素的 ECV 未高於 .70，顯示受到一般因素的影響
程度較低。

步驟 12：在 F15 至 F17 欄位中，即可得到 3 個群組因素的 ECV，分別為為
　　　　.479、.348 與 .569，如下圖所示。由於 3 個群組因素的 ECV 皆未
　　　　高於 .70，顯示每個分量表受到各自群組因素的影響程度較低。

步驟 13：在 G12 欄位中，即可得到一般因素的 H 係數為 .810，如下圖所示。
　　　　根據 Arias 等人（2018）的看法，若 H 係數低於 .70，表示信度是
　　　　不佳的；若 H 係數介於 .70 至 .79，表示信度屬可接受的程度；若
　　　　H 係數高於 .80，表示具有良好的信度。由於 H 係數高於 .80，顯
　　　　示全量表具有良好的信度。

步驟 14：在 G15 至 G17 欄位中，即可得到 3 個群組因素的 H 係數，分別為
為 .581、.454 與 .544，如下圖所示。由於 3 個群組因素的 H 係數
皆未高於 .70，顯示每個分量表的信度屬於不佳的情形。

圖 9-23　二階因素分析模式之組合信度與平均變異數抽取量的計算結果

　　根據圖 9-22 與圖 9-23 的統計結果，可整理成表 9-16。由表 9-16 可知，雙
因素分析模式的一般因素 G 對 9 道題目的標準化因素負荷量介於 .43 至 .71；第
1 個群組因素 F1 對 3 道題目的標準化因素負荷量介於 .47 至 .65；第 2 個群組因
素 F2 對 3 道題目的標準化因素負荷量介於 .23 至 .55；第 3 個群組因素 F3 對 3
道題目的標準化因素負荷量介於 .44 至 .57。上述的標準化因素負荷量只有 1 個
未高於 .40，顯示不論是一般因素或群組因素，對題目皆具有適切的解釋力。在

模式本位的信度評估方面，ω_T 為 .89、ω_H 為 .70、H 係數 .81，顯示全量表具有適切的信度。全量表的 ECV 為 .54，未高於 .70，顯示全量表屬於多向度的量表。3 個分量表的 ω_S 皆高於 .70，顯示 3 個分量表具有適切的信度。3 個分量表的 ω_{HS}，顯示第 1 個與第 3 個群組因素對分量表的分數解釋量具有重大程度的影響，第 2 個群組因素對第 2 個分量表的分數解釋量具有中度的影響。而 3 個分量表的 ECV 與 H 係數，顯示 3 個分量表的群組因素，並未具有適切的信度。由此上述討論可知，雙因素分析模式具有良好的適配情形。

表 9-16

雙因素分析模式的題目標準因素負荷量與模式本位信度之評判指標

題目／模式本位信度	全量表	第 1 分量表	第 2 分量表	第 3 分量表
X1	.56	.65		
X2	.60	.47		
X3	.57	.53		
X4	.71		.51	
X5	.57		.23	
X6	.56		.55	
X7	.47			.44
X8	.48			.56
X9	.43			.57
ω_T	.89			
ω_S		.84	.80	.74
ω_H	.70			
ω_{HS}		.40	26	.42
ECV	.54	.48	.35	.57
H 係數	.81	.58	.45	.54

註：ω_T 表示總分的 ω 係數；ω_S 表示分量表的 ω 係數；ω_H 表示一般因素的 ω 階層係數；ω_{HS} 表示群組因素的 ω 階層係數；ECV 表示解釋的共同變異量。

　　綜合上述單向度因素分析模式、一階三相關因素分析模式、二階因素分析模式與雙因素分析模式等四種驗證性因素分析的整體性適配指標評估情形，統整成表 9-17。由表 9-17 可知，一階三相關因素分析模式、二階因素分析模式與雙因素分析模式等三種驗證性因素分析，是能獲得實徵資料支持的適切驗證性因素分析模式。

表 9-17

四種因素分析模式之整體適配指標的適配情形

模式	$\chi^2(p)$	χ^2/df	SRMR	CFI	TLI	RMSEA
單向度因素分析模式	311.222 ($p < .001$)	11.527	.105	.710	.614	.188
一階三個相關因素分析模式	41.625 ($p = .014$)	1.734	.038	.982	.973	.050
二階因素分析模式	41.625 ($p = .014$)	1.734	.038	.982	.973	.050
雙因素分析模式	30.747 ($p = .031$)	1.708	.029	.987	.974	.049
優良適配評判標準	$p > .05$	< 2	$< .05$	$> .95$	$> .95$	$< .05$
良好適配評判標準	$p > .05$	< 3	$< .08$	$> .90$	$> .90$	$< .08$

註：優良與良好適配評判標準是採用表 9-3 的評判標準。

貳、「進行驗證性因素分析」之實例分析

　　茲以前面幾章所介紹的數學態度量表為例，說明如何進行驗證性因素分析。在第 5 章我們將數學態度量表所抽樣的 404 位受試者，隨機選取 150 位受試者作為進行探索性因素分析的樣本，其餘 254 位作為進行驗證性因素分析的樣本。經過圖 5-4 的步驟 6，獲得進行驗證性因素分析的樣本，其檔案名稱為「數學態度量表 (驗證性因素分析).sav」。

　　以 AMOS 進行驗證性因素分析時，當檔案有遺漏值時，雖然也可進行統計分析，卻無法提供修正指標的參考數值。因此，遇到檔案有遺漏值時，且遺漏值數量不多時，可考慮將遺漏值的樣本直接刪除，亦即有遺漏值的樣本不進行驗證性因素分析。當遺漏值數量不少時，則應考慮採用替代遺漏值的處理方式。

　　以 AMOS 統計軟體進行驗證性因素分析前，務必先判斷檔案是否有遺漏值，再決定如何處理遺漏值，底下將介紹刪除遺漏值的處理方式。首先透過圖 9-24 的 SPSS 操作步驟，可檢視每個變項是否有遺漏值。

步驟 1：請點選「分析 (A)」→「敘述統計 (E)」→「次數分配表 (F)」，如
下圖所示。

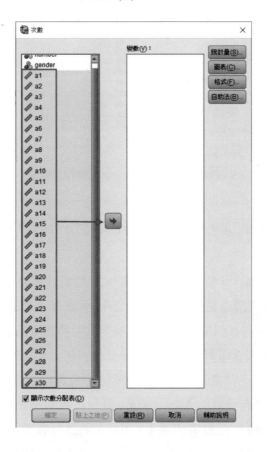

步驟 2：在「次數分配表」對話窗中，從左方變數清單中，將 a1 至 a30 等
30 題，移至右上方「變數 (V)」空格中，如下圖所示。

步驟 3：在「次數分配表」對話窗中，按「確定」按鈕，即完成所有操作步驟，如下圖所示。

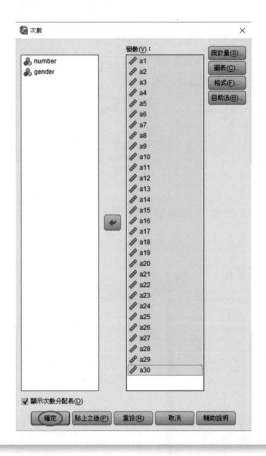

圖 9-24　檢查每道題目是否有遺漏值的 SPSS 操作步驟

　　經過圖 9-24 的操作步驟，即可得到圖 9-25 的統計報表。由圖 9-25 的報表 1 可知，每道題目有幾個遺漏值，例如：a1 有 3 個遺漏，亦即有 3 位受試者沒有填答 a1 這題；a2 則有 0 個遺漏，亦即所有受試者都有填答 a2 這題。

　　由圖 9-25 的報表 2 可更清楚瞭解所有受試者在 a1 這題的填答情形，例如：有 2 位受試者勾選 1（非常不同意），占所有受試者 0.8%；有 12 位受試者勾選 2（不同意），占所有受試的 4.7%；有 61 位受試者勾選 3（不確定），占所有受試者 24.0%；有 89 位受試者勾選 4（同意），占所有受試者 35.0%；有 87 位受試者勾選 5（非常同意），占所有受試者 34.3%；有 3 位受試者沒有填答 a1 這題（也就是「遺漏值　系統界定的遺漏值」），占所有受試者 1.2%。所謂「遺

漏值　系統界定的遺漏值」是指在資料輸入時，將遺漏值採用空白的方式處理，
則 SPSS 會自動將這些未輸入任何符號的遺漏值，稱為「遺漏值　系統界定的遺
漏值」。有些研究者會將遺漏值設定為「9」，則 SPSS 會以「遺漏值　9」的型
態出現。

報表 1： 在「統計量」表格中，會顯示每道題目的遺漏值數量。例如：第 1
　　　題（a1）有效值數量為 251，遺漏值數量為 3，顯示有 3 個遺漏值。
　　　第 2 題（a2）有效值數量為 254，遺漏值數量為 0，顯示沒有任何 1
　　　個遺漏值。

統計量

		a1	a2	a3	a4	a5	a6	a7	a8	a9	a10	a11	a12	a13	a14	a15	a16	a17	a18	a19	a20
個數	有效的	251	254	252	252	254	254	253	254	251	254	254	254	254	254	254	254	254	254	254	253
	遺漏值	3	0	2	2	0	0	1	0	3	0	0	0	0	0	0	0	0	0	0	1

報表 2： 在「次數分配表」表格中，會呈現所有受試者在每題的作答統計數
　　　據。下圖為第 1 題（a1）次數分配情形，有 2 位受試者勾選 1（非
　　　常不同意）；有 12 位受試者勾選 2（不同意）；有 61 位受試者勾
　　　選 3（不確定）；有 89 位受試者勾選 4（同意）；有 87 位受試者
　　　勾選 5（非常同意）。有 3 個「遺漏值　系統界定的遺漏值」，也
　　　就是有 3 位受試者未填答第一題。

a1

		次數	百分比	有效百分比	累積百分比
有效的	1	2	.8	.8	.8
	2	12	4.7	4.8	5.6
	3	61	24.0	24.3	29.9
	4	89	35.0	35.5	65.3
	5	87	34.3	34.7	100.0
	總和	251	98.8	100.0	
遺漏值	系統界定的遺漏	3	1.2		
總和		254	100.0		

報表 3： 在「次數分配表」表格中，會呈現所有受試者在每題的作答統計數
　　　據。下圖為第 2 題（a2）答題情形，有 3 位受試者勾選 1（非常不
　　　同意）；有 17 位受試者勾選 2（不同意）；有 83 位受試者勾選 3（不
　　　確定）；有 75 位受試者勾選 4（同意）；有 76 位受試者勾選 5（非
　　　常同意）；沒有任何 1 個遺漏值。

a2

		次數	百分比	有效百分比	累積百分比
有效的	1	3	1.2	1.2	1.2
	2	17	6.7	6.7	7.9
	3	83	32.7	32.7	40.6
	4	75	29.5	29.5	70.1
	5	76	29.9	29.9	100.0
	總和	254	100.0	100.0	

圖 9-25　檢查每道題目遺漏值的 SPSS 統計報表

　　藉由圖 9-25 的統計報表可知道每題的遺漏值個數，由於「數學態度量表 (驗證性因素分析).sav」這個檔案的遺漏值個數並不多，故決定採用直接刪除有遺漏值的受試者之遺漏值處理方式。透過圖 9-26 的操作方式，可迅速找出每題有遺漏值的受試者編號。

步驟 1： 請在「數學態度量表 (驗證性因素分析).sav」檔的「資料檢視」工作視窗中，將 a1 這個變項標示起來，如下圖所示。

步驟 2：請點選「編輯 (E)」→「尋找 (F)」，如下圖所示。

步驟 3：在「尋找與置換 - 資料檢視」對話窗中的「尋找 (N)」空格中，輸入 1 個小黑點「.」，然後按「找下一筆 (F)」按鈕，如下圖所示。
輸入小黑點的理由是：若未在 SPSS 檔案中界定遺漏值的數值（例如：設定遺漏值為 9），則 SPSS 會自動以小黑點表示系統界定的遺漏值。由於此檔案並未界定遺漏值的數值，故需在「尋找 (N)」空格中，輸入小黑點，才能找出遺漏值的位置。若檔案中是以 9 作為遺漏值，則在「尋找 (N)」空格中，需輸入 9，才能找出遺漏值的位置。

步驟 4：在「資料檢視」工作視窗中，在 a1 這個欄位，游標會出現在黃色底色遺漏值細格中。對照左方的編號，即可知道該位受試者編號代碼為 39，如下圖所示。

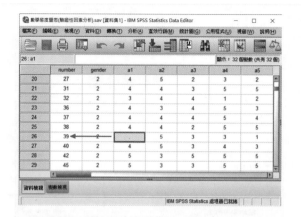

步驟 5：找到編號 39 的 a1 有遺漏值之後，若決定刪除該筆資料，則將游標
移至最左邊的欄位，按滑鼠右鍵，點選「清除(E)」，如下圖所示。

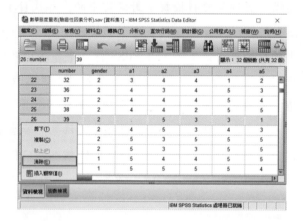

步驟 6：為了找尋下一筆遺漏值，請再將 a1 這個變項標示起來，如下圖所
示。

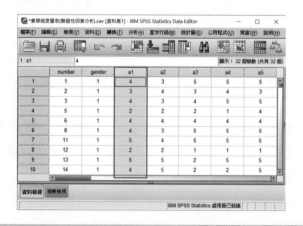

步驟 7：為了找尋下一筆遺漏值，在「尋找與置換 - 資料檢視」對話窗中，按「找下一筆 (F)」按鈕，如下圖所示。

步驟 8：在 a1 這個欄位會出現下一筆遺漏值的位置，請對照左方的編號，即可知道該位受試者的編號代碼為 132，如下圖所示。

步驟 9：找到編號 132 的 a1 有遺漏值之後，若決定刪除該筆資料，則將游標移至最左邊的欄位，按滑鼠右鍵，點選「清除 (E)」，如下圖所示。

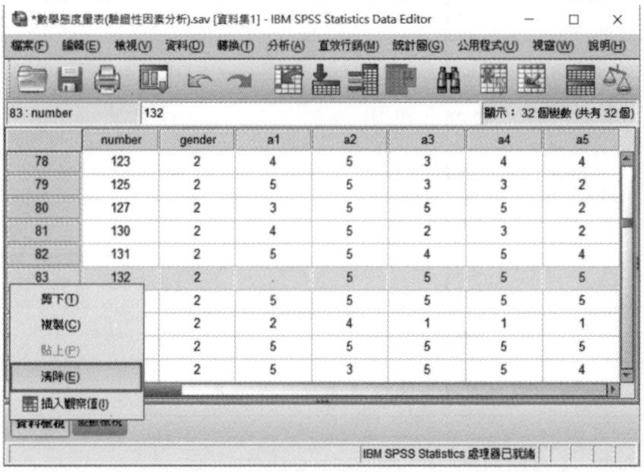

圖 9-26　找出題目有遺漏值的 SPSS 操作步驟

　　將圖 9-26 找出具有遺漏值的編號，整理成表 9-18。表 9-18 並未呈現全部的 30 題，只呈現要進行驗證性因素分析的 21 道題目。由表 9-18 可知有遺漏值的受試者編號分別為 39、61、132、204、220、237、249、315、323、332 與 387 等 11 位。由於所有受試者有 254 位，只有 11 位受試者有遺漏值，故決定採用刪除這 11 位受試者的遺漏值處理方式。把這 11 位受試者刪除後，將原本的檔案名稱「數學態度量表 (驗證性因素分析 .sav)」更改為「數學態度量表 (刪除遺漏值的驗證性因素分析 .sav)」，最後進行驗證性因素分析的受試者為 243 位。

表 9-18

具有遺漏值的受試者編號

題號	有效的個數	遺漏值個數	編號
a1	251	3	39, 132, 249
a3	252	2	323, 332
a4	252	2	220, 387
a5	254	0	
a6	254	0	
a10	254	0	
a11	254	0	
a12	254	0	
a14	254	0	
a15	254	0	
a16	254	0	
a17	254	0	
a19	254	0	
a21	254	0	
a22	253	1	237
a23	254	0	
a24	254	0	
a25	254	0	
a26	253	1	315
a28	252	2	61, 204
a29	254	0	

底下即以「數學態度量表 (刪除遺漏值的驗證性因素分析 .sav)」檔案，說明如何根據第 7 章探索性因素分析的統計結果，進行驗證性因素分析。從第 7 章的探索性因素分析結果，得到數學態度量表包含「數學學習信心」、「數學學習動機」、「數學焦慮」與「數學的實用性」等 4 個分量表，除了「數學焦慮」這個分量表有 6 道題目之外，其餘 3 個分量表都有 5 道題目，故總量表共有 21 道題目。每個分量表的題目分布如下：

1. 數學學習信心：包含 a1、a3、a4、a5 與 a6 等 5 題。

2. 數學學習動機：包含 a10、a11、a12、a14 與 a15 等 5 題。

3. 數學焦慮：包含 a16、a17、a19、a21、a22 與 a23 等 6 題。

4. 數學的實用性：包含 a24、a25、a26、a28 與 a29 等 5 題。

底下將根據「數學態度量表 (刪除遺漏值的驗證性因素分析 .sav)」這個檔案，進行驗證性因素分析，分成「單向度因素分析模式」、「一階四相關因素模式」、「二階因素分析模式」與「雙因素分析模式」等四種驗證性因素分析的類型，以 243 位受試者在 21 道數學態度題目的答題資料為例（檔案名稱為「數學態度量表 (刪除遺漏值的驗證性因素分析 .sav)」），茲將介紹如何透過 AMOS 來進行驗證性因素分析，將分成 AMOS 操作步驟、AMOS 統計報表解讀，以及統計結果呈現等 3 個部分。

一、數學態度量表單向度因素分析模式之驗證性因素分析

茲以第 7 章探索性因素分析所獲得的 21 道題目，採用「數學態度量表 (刪除遺漏值的驗證性因素分析 .sav)」檔案，進行數學態度量表單向度因素分析之驗證性因素分析。底下將分成 AMOS 的操作步驟、AMOS 的報表解讀，以及驗證性因素分析統計結果的呈現等三部分。

(一) 數學態度量表單向度因素分析模式之驗證性因素分析AMOS的操作步驟

數學態度量表單向度因素分析模式之驗證性因素分析 AMOS 的操作步驟，如圖 9-27 所示。由於前面以 9 道題目為例的驗證性因素分析，已詳細介紹單向度因素分析模式的 AMOS 操作步驟，避免重複同樣的步驟，故底下只呈現重要的步驟。

步驟 1：開啟 AMOS 程式後，請直接開啟資料檔案中的「數學態度單向度因素分析模式 .amw」檔案。

步驟 2：下圖是根據第 7 章的圖 7-69 所進行的探索性因素分析結果，最後保留 21 道題目，所繪製的單向度因素分析模式之路徑圖。

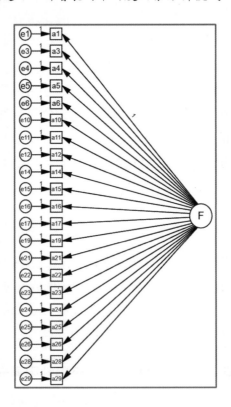

步驟 3：請點選左方「Select data file(s)」按鍵，如下圖所示，此步驟主要是選擇所要進行驗證性因素分析的資料檔案。

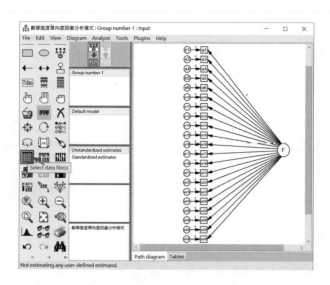

步驟 4：出現 Data Files 對話窗後，請按「File Name」按鈕，如下圖所示，此步驟是開啟所要分析的資料檔案。

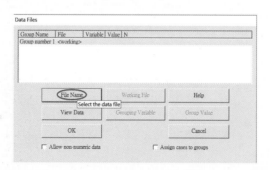

步驟 5：出現「開啟」對話窗後，請從「查詢 (I)」選擇 SPSS 資料檔所存放的資料夾位置，下圖所使用的「數學態度量表 (刪除遺漏值的驗證性因素分析).sav」檔案，是存放在「第 9 章」的「21 題數學態度量表 CFA」資料夾中的「單向度因素分析模式」資料夾內，如下圖所示。

步驟 6：點選驗證性因素分析所需的 SPSS 資料檔：「數學態度量表(刪除遺漏值的驗證性因素分析).sav」，並按「開啟(O)」按鈕，如下圖所示。

步驟 7：在 Data Files 對話窗，會出現 Group Name（組別名稱）為 Group number 1，File（檔名）為「數學態度量表(刪除遺漏值的驗證性因素分析).sav」，N 的總人數為 243 人，有效樣本數也是 243 人。確定所挑選的資料檔案無誤後，按「OK」按鈕，如下圖所示。

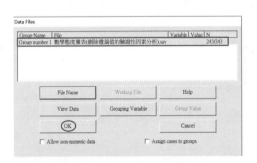

步驟 8：請點選「Plugins」→「Standardized RMR」，如下圖所示，此步驟是要求 AMOS 提供 SRMR 的統計結果。

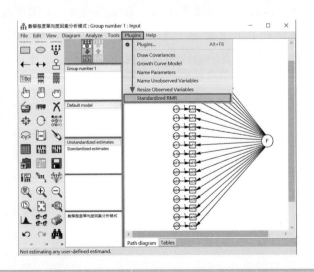

步驟 9：此時會出現「Standardized RMR」的空白對話窗，如下圖所示。這
個空白對話窗需要等到執行步驟 10，才會出現 SRMR 的統計結果。
請勿按「Close」按鍵，若按了「Close」按鍵，就不會計算 SRMR。

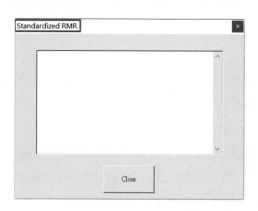

步驟 10：請點選左方「Calculate estimates」按鍵，如下圖所示，此步驟是要
求 AMOS 開始進行估算工作。

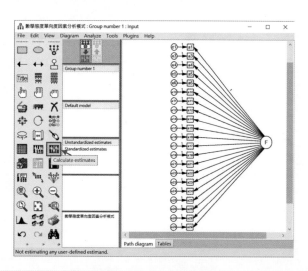

圖 9-27　數學態度量表單向度因素分析模式之驗證性因素分析 AMOS 操作步驟

(二) 數學態度量表單向度因素分析模式之驗證性因素分析AMOS的報表解讀

　　經過圖 9-27 的 AMOS 操作步驟，等待短暫時間後，即可得到圖 9-28 的 AMOS 統計結果。由於前面以 9 道題目為例的驗證性因素分析，已詳細介紹單向度因素分析模式的 AMOS 報表解讀，避免重複同樣的步驟，故底下只呈現重要的報表。

報表 1：當往上的紅色箭頭出現時，如下圖所示，顯示模式估算是屬「足夠辨識模式」，代表已完成驗證性因素分析的估算歷程。一旦往上的紅色箭頭出現時，下方第二個視窗，也會由原本顯示的「XX:Default model」，變成「OK:Default model」，顯示模式估算結果是 OK 的。此時右邊的驗證性因素分析路徑圖，即會出現所估算的「未標準化參數數值」。

　　　　若往上的紅色箭頭未出現時，顯示無法順利進行驗證性因素分析，可能是模式估算產生「不足辨識模式」的情形。

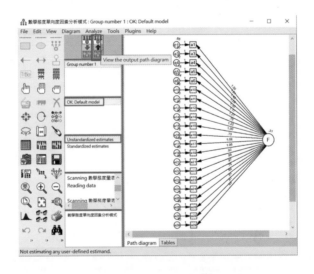

報表 2：點選「標準化參數數值」選項時，如下圖所示，可知單向度因素 F 對題目 a1 的標準化因素負荷量 .60。

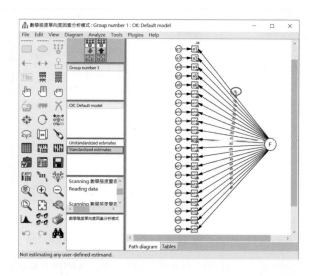

報表 3：請點選左方「View Text」按鍵，如下圖所示，此動作是要讀取更多驗證性因素分析的統計結果。

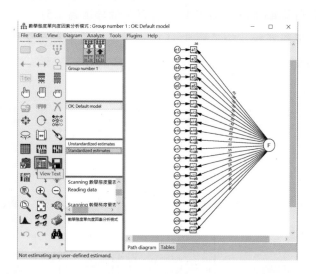

報表 4：在「Amos Output」視窗中，點選左方「Assessment of normality」，在右方視窗中會出現每題偏態與峰度的統計結果，如下圖所示。

根據 Kline（2016）的建議，偏態指數絕對值高於 3，則顯示極端偏態情形；峰度指數絕對值高於 10，則顯示嚴重峰度問題。由下圖可知，每題偏態指數介於 -1.406 至 .037，所有題目偏態指數絕對值皆低於 3；每題峰度指數介於 -1.027 至 1.558，所有題目峰度指數絕對值皆低於 10，顯示這數學態度量表 21 題未嚴重違反常態分配的基本假定。

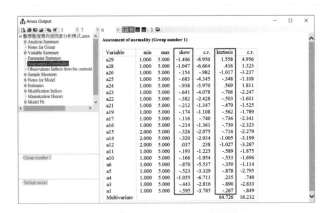

報表 5-1：在「Amos Output」視窗中，點選左方「Estimates」，在右方視窗「Regression Weights: (Group number1 – Default model)」中，主要呈現因素與題目之間的迴歸係數估計值，此迴歸係數估計值即為因素與題目的未標準化因素負荷量估計值。例如：單向度因素 F 與題目 a3 的未標準化因素負荷量估計值為 1.511。

由下圖可知，除了題目 a1 的未標準化因素負荷量指定為 1，其他 20 個未標準化因素負荷量皆顯著不為 0。

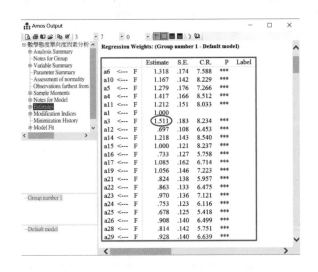

報表 5-2：在右方視窗「Standardized Regression Weights: (Group number1 – Default model)」中，主要是呈現因素與題目之間的標準化迴歸係數，也就是因素與題目之間的標準化因素負荷量。

根據 Hair 等人（2006）主張題目標準化因素負荷量達到 .50 以上的標準來看（但最好是標準化因素負荷量高於 .70），全部 21 個

標準化因素負荷量，有 10 個（a12、a16、a17、a21、a22、a24、a25、a26、a28 與 a29）標準化因素負荷量未達到高於 .50 的標準。

報表 5-3：在右方視窗「Variances: (Group number1 – Default model)」中，主要是呈現因素的變異數估計值，以及誤差變項的變異數估計值。由下圖可知，不論是因素的變異數或是誤差變項的變異數，都顯著性的大於 0，沒有出現變異數為負的不合理現象。

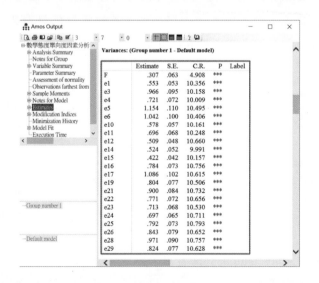

報表 5-4：在右方視窗「Squared multiple correlation: (Group number1 – Default model)」中，主要是呈現每道題目的多元相關係數平方，亦即因

素與題目的標準化因素負荷量的平方，也被稱為題目的信度。

由下圖可知，a14 的多元相關係數平方值最大 .465，a25 的多元相關係數平方值最小 .151。根據 Bagozzi 與 Yi（1988）的建議，題目信度最好高於 .50，由下表可知，全部 21 題皆未達高於 .50 的標準。

報表 5-5：在右方視窗「Standardized Residual Covariances (Group number1–Default model)」中，主要是呈現每道題目與每道題目之間的標準化殘差。由下圖可知，標準化殘差的絕對值超過 2.58 的共有 24個，顯示模式可能是不良適配情形。

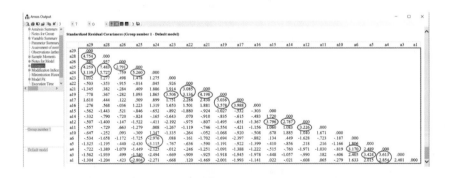

報表 6-1：在「Amos Output」視窗中，點選左方「Modification Indices」，在右方視窗「Covariances: (Group number1 – Default model)」中，主要是呈現兩個變項之間的共變數之修正指標數值。

下圖的共變數之修正指標數值以 e25 與 e28 之間的數值 84.976 為

最大，代表若將誤差項 e25 與誤差項 e28 之間，增加一條代表相
關的雙箭頭，能增加模式的適配情形。

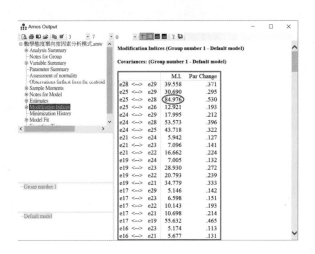

報表 6-2：在右方視窗「Regression Weights: (Group number1 – Default model)」
　　　　中，主要是呈現每條迴歸係數的修正指標數值。雖然增加一條 a25
　　　　至 a28 的單箭頭因果關係線，將有最大的修正指標數值 70.924，但
　　　　增加此條因果關係線並沒有實質的意義。

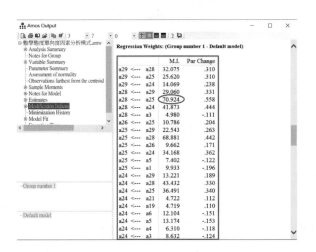

報表 7-1：在「Amos Output」視窗中，點選左方「Model Fit」，在右方視窗
　　　　「CMIN」的「Default model」中，會出現「NPAR」、「CMIN」、
　　　　「DF」、「P」與「CMIN/DF」等五項指標數值。
　　　　由下圖可知，估計的參數有 42 個，卡方統計量為 939.467，自
　　　　由度為 189，顯著性 P 值為 .000，由卡方統計量的顯著性 P 值小

於 .05，顯示此模式是不良適配情形。但由於卡方統計量容易受到樣本人數的影響，故應該參考其他的適配度評判指標。

卡方統計量與自由度的比值（CMIN/DF）為 4.971，大於 2，根據表 9-3 的評判參考標準，顯示此模式是不良適配情形。

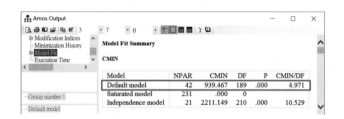

報表 7-2：在右方視窗「Baseline Comparisons」的「Default model」中，會出現「NFI」、「RFI」、「IFI」、「TLI」與「CFI」等五項指標數值。

根據表 9-3 的評判參考標準，TLI 為 .583、CFI 為 .625，這兩項適配度指標數值皆未高於 .90，顯示這兩項適配度指標皆屬不良適配。

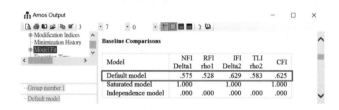

報表 7-3：在右方視窗「RMSEA」的「Default model」中，會出現「RMSEA」、「LO 90」、「HI 90」與「PCLOSE」等四項指標數值。

根據表 9-3 的評判參考標準，RMSEA 這項指標為 .128 高於 .05，而 RMSEA 的 90% 信賴區間下界為 .120，90% 信賴區間上界為 .136，顯示為不良適配情形。

而 PCLOSE 是針對虛無假設「RMSEA ≦ .05」的考驗顯著性大小，當 PCLOSE 小於 .05，顯示應拒絕「RMSEA ≦ .05」的虛無假設。下圖 PCLOSE 為 .000 小於 .05，故顯示 RMSEA ≧ .05，顯示不良適配情形。

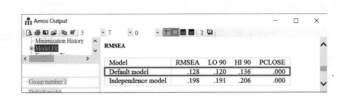

報表 7-4：在「Standardized RMR」的視窗中，出現 Standardized RMR 為 .111，高於表 9-3 的評判參考標準 .05，顯示此模式屬不良適配情形。

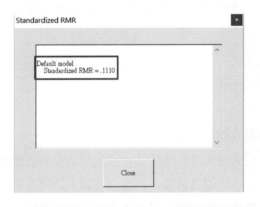

圖 9-28　數學態度量表單向度因素分析模式之驗證性因素分析 AMOS 統計報表

(三) 數學態度量表單向度因素分析模式之驗證性因素分析統計結果呈現

在呈現驗證性因素分析的統計結果時，應先說明初步適配效標、整體模式適配，以及模式內在結構適配等三種適配情形。

1. 初步適配效標的評判情形

根據圖 9-28 的報表 5-3 可知，每個因素的變異數，以及每個誤差變項的變異數，都沒有出現負值的不合理數據。由此可知，此模式初步適配效標是適切的。因單向度因素分析模式只有 1 個因素，報表不會呈現兩兩因素之間的積差相關係數，故不用檢查兩兩因素之間的積差相關係數絕對值是否超過 1 的不合理數據。

2. 整體適配效標的評判情形

根據圖 9-28 的報表 7-1 至報表 7-4，將模式整體適配情形，就 χ^2、χ^2/df、

SRMR、CFI、TLI 與 RMSEA 等適配度指標，整理成表 9-19。由表 9-19 可知，六項適配度指標（$\chi^2 = 939.467$, $df = 189$，$p < .001$、$\chi^2/df = 4.971$、SRMR = .111、CFI = .625、TLI = .583、RMSEA = .128），皆屬不良適配情形，故就整體適配情形而言 21 道題目數學態度量表單向度因素分析模式屬不良適配。

表 9-19

數學態度量表單向度因素分析模式之整體適配指標的適配情形

模式	$\chi^2(p)$	χ^2/df	SRMR	CFI	TLI	RMSEA
單向度因素分析模式	939.467 ($p < .001$)	4.971	.111	.625	.583	.128
優良適配評判標準	$p > .05$	< 2	$< .05$	$> .95$	$> .95$	$< .05$
良好適配評判標準	$p > .05$	< 3	$< .08$	$> .90$	$> .90$	$< .08$

註：優良與良好適配評判標準是採用表 9-3 的評判標準。

3. 模式內在結構適配效標的評判情形

有關模式內在結構適配情形的評估，亦是評估量表的聚斂效度與區辨效度。聚斂效度的評估主要透過題目信度、組合信度與平均變異數抽取量等三項指標；區辨效度的評估主要是透過每個因素所獲得的平均變異數抽取量，與因素之間的積差相關平方相比較。由於單向度因素分析模式只有 1 個因素，故無法進行區辨效度的評估。

由圖 9-28 的報表 5-4 中的多元相關係數平方可知，21 道數學態度量表題目（a1、a3、a4、a5、a6、a10、a11、a12、a14、a15、a16、a17、a19、a21、a22、a23、a24、a25、a26、a28 與 a29），其題目信度分別為 .357、.420、.460、.303、.339、.419、.393、.227、.465、.421、.174、.249、.299、.188、.229、.288、.200、.151、.231、.173 與 .243。若依據 Hair 等人（2006）建議，題目信度至少要高於 .25，則有 10 道題目未符合此標準。

有關組合信度與平均變異抽取量的數據，可透過筆者所寫的「組合信度與平均變異數抽取量 .xls」EXCEL 程式獲得，其操作步驟如圖 9-29 所示。

> **步驟 1**：開啟「組合信度與平均變異數抽取量 .xls」的 EXCEL 程式，如下圖所示。

步驟 2：在 B8 欄位中，輸入單向度因素分析模式的題數 21 題，如下圖所示。

步驟 3：在 F2 欄位至 Z2 欄位中，分別輸入 a1 至 a29 的 21 道題目的標準
化因素負荷量 .597、.648、.679、.551、.582、.648、.627、.476、
.682、.649、.417、.499、.546、.433、.478、.537、.447、.389、.480、
.416 與 .493，如下圖所示。

	F	G	H	I	J	K	L	M	N	O	P	Q	R	S	T	U	V	W	X	Y	Z
1	X1	X2	X3	X4	X5	X6	X7	X8	X9	X10	X11	X12	X13	X14	X15	X16	X17	X18	X19	X20	X21
2	0.597	0.648	0.679	0.551	0.582	0.648	0.627	0.476	0.682	0.649	0.417	0.499	0.546	0.433	0.478	0.537	0.447	0.389	0.48	0.416	0.493

步驟 4：在 B10 與 B11 欄位中，即可得到單向度因素 F 的組合信度為 .896，平均變異數抽取量為 .297，如下圖所示。

圖 9-29　數學態度量表單向度因素分析模式之組合信度與平均變異數抽取量的計算結果

　　根據圖 9-29 組合信度與平均變異數抽取量統計結果，可整理成表 9-20。由表 9-20 可知，單向度因素 F 的 a1 至 a29 等 21 題，只有 11 題的題目信度高於至少 .25 的標準，其他 10 題的題目信度未達至少 .25 的標準。組合信度高於 .70，平均變異數抽取量低於 .50，顯示數學態度量表單向度因素分析模式的聚斂效度不佳。

表 9-20

數學態度量表單向度因素分析模式之聚斂效度的評判指標

因素	題目	因素負荷量	題目信度	組合信度	平均變異數抽取量
	a1	.597	.357		
	a3	.648	.420		
	a4	.679	.460		
	a5	.551	.303		
F	a6	.582	.339	.866	.297
	a10	.648	.419		
	a11	.627	.393		
	a12	.476	.227		
	a14	.682	.465		

表 9-20

（續）

因素	題目	因素負荷量	題目信度	組合信度	平均變異數抽取量
	a15	.649	.421		
	a16	.417	.174		
	a17	.499	.249		
	a19	.546	.299		
	a21	.433	.188		
	a22	.478	.229		
F	a23	.537	.288		
	a24	.447	.200		
	a25	.389	.151		
	a26	.480	.231		
	a28	.416	.173		
	a29	.493	.243		

二、數學態度量表一階四相關因素分析模式之驗證性因素分析

茲同樣以第 7 章探索性因素分析所獲得的 21 道題目，採用「數學態度量表 (刪除遺漏值的驗證性因素分析 .sav)」檔案，進行數學態度量表一階四相關因素分析模式之驗證性因素分析。底下將分成 AMOS 的操作步驟、AMOS 的報表解讀，以及驗證性因素分析統計結果的呈現等三部分。

(一) 數學態度量表一階四相關因素分析模式之驗證性因素分析AMOS的操作步驟

數學態度量表一階四相關因素分析模式之驗證性因素分析 AMOS 的操作步驟，如圖 9-30 所示。由於前面以 9 道題目為例的驗證性因素分析，已詳細介紹一階三相關因素分析模式的 AMOS 操作步驟，避免重複同樣的步驟，故底下只呈現重要的步驟。

步驟 1：開啟 AMOS 程式後，請直接開啟資料檔案中的「數學態度一階四相關因素分析模式 .amw」檔案。

步驟 2：下圖是根據第 7 章的圖 7-69 所進行的探索性因素分析結果，最後保留 21 道題目，所繪製的一階四相關因素分析模式之路徑圖。

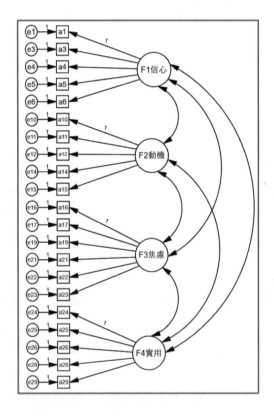

步驟 3：請點選左方「Select data file(s)」按鍵，如下圖所示，此步驟主要是選擇所要進行驗證性因素分析的資料檔案。

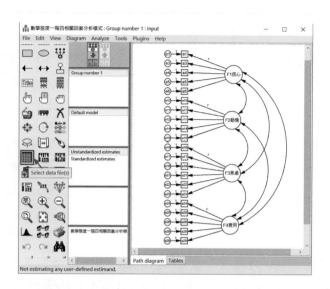

步驟 4：出現 Data Files 對話窗後，請按「File Name」按鈕，如下圖所示，
此步驟是開啟所要分析的資料檔案。

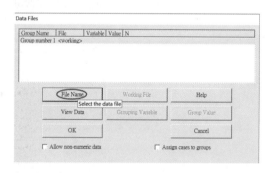

步驟 5：出現「開啟」對話窗後，請從「查詢 (I)」選擇 SPSS 資料檔所存放
的資料夾位置，下圖所使用的「數學態度量表 (刪除遺漏值的驗證
性因素分析).sav」檔案，是存放在「第 9 章」的「21 題數學態度
量表 CFA」資料夾中的「一階四相關因素分析模式」資料夾內，如
下圖所示。

步驟 6：點選驗證性因素分析所需的 SPSS 資料檔：「數學態度量表 (刪除遺漏值的驗證性因素分析).sav」，並按「開啟 (O)」按鈕，如下圖所示。

步驟 7：在 Data Files 對話窗，會出現 Group Name（組別名稱）為 Group number 1，File（檔名）為「數學態度量表 (刪除遺漏值的驗證性因素分析).sav」，N 的總人數為 243 人，有效樣本數也是 243 人。確定所挑選的資料檔案無誤後，按「OK」按鈕，如下圖所示。

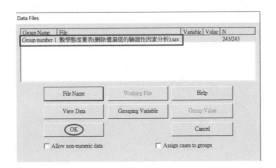

步驟 8：請點選「Plugins」→「Standardized RMR」，如下圖所示，此步驟是要求 AMOS 提供 SRMR 的統計結果。

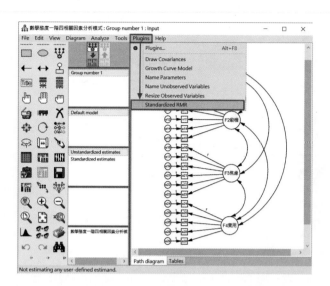

步驟 9：此時會出現「Standardized RMR」的空白對話窗，如下圖所示。這個空白對話窗需要等到執行步驟 10，才會出現 SRMR 的統計結果。請勿按「Close」按鍵，若按了「Close」按鍵，就不會計算 SRMR。

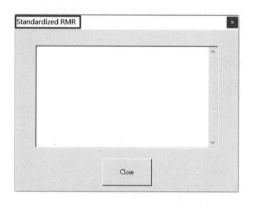

步驟 10：請點選左方「Calculate estimates」按鍵，如下圖所示，此步驟是要求 AMOS 開始進行估算工作。

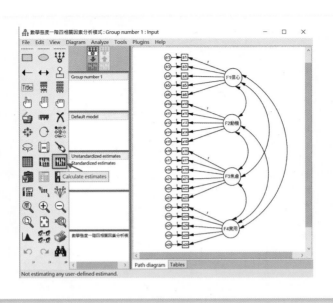

圖 9-30　數學態度量表一階四相關因素分析模式之驗證性因素分析 AMOS 操作步驟

(二) 數學態度量表一階四相關因素分析模式之驗證性因素分析AMOS的報表解讀

經過圖 9-30 的 AMOS 操作步驟，等待短暫時間後，即可得到圖 9-31 的 AMOS 統計結果。由於前面以 9 道題目為例的驗證性因素分析，已詳細介紹一階三相關因素分析模式的 AMOS 報表解讀，避免重複同樣的步驟，故底下只呈現重要的報表。

報表 1：當往上的紅色箭頭出現時，如下圖所示，顯示模式估算是屬「足夠辨識模式」，代表已完成驗證性因素分析的估算歷程。一旦往上的紅色箭頭出現時，下方第二個視窗，也會由原本顯示的「XX:Default model」，變成「OK:Default model」，顯示模式估算結果是 OK 的。此時右邊的驗證性因素分析路徑圖，即會出現所估算的「未標準化參數數值」。

若往上的紅色箭頭未出現時，顯示無法順利進行驗證性因素分析，可能是模式估算產生「不足辨識模式」的情形。

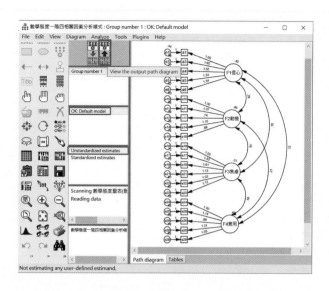

報表 2：點選「標準化參數數值」選項時，如下圖所示，可知第 1 個因素 F1
　　　　對題目 a1 的標準化因素負荷量 .70。

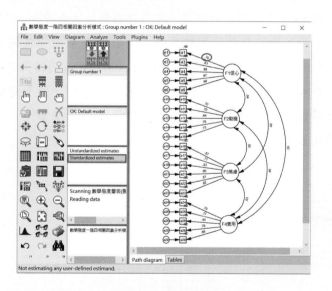

報表 3：請點選左方「View Text」按鍵，如下圖所示，此動作是要讀取更多
　　　　驗證性因素分析的統計結果。

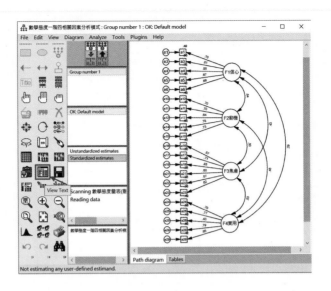

報表 4：在「Amos Output」視窗中，點選左方「Assessment of normality」，
在右方視窗中會出現每題偏態與峰度的統計結果，如下圖所示。

根據 Kline（2016）的建議，偏態指數絕對值高於 3，則顯示極端偏
態情形；峰度指數絕對值高於 10，則顯示嚴重峰度問題。由下圖
可知，每題偏態指數介於 -1.406 至 .037，所有題目偏態指數絕對值
皆低於 3；每題峰度指數介於 -1.027 至 1.558，所有題目峰度指數
絕對值皆低於 10，顯示這數學態度量表 21 題未嚴重違反常態分配
的基本假定。

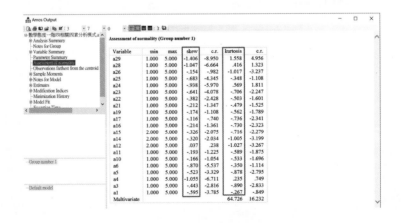

報表 5-1：在「Amos Output」視窗中，點選左方「Estimates」，在右方視窗
「Regression Weights: (Group number1 – Default model)」中，主要
呈現因素與題目之間的迴歸係數估計值，此迴歸係數估計值即為

因素與題目的未標準化因素負荷量估計值。例如：第 1 個因素 F1
與題目 a3 的未標準化因素負荷量估計值為 1.621。

由下圖可知，除了題目 a1、a10、a16 與 a24 等 4 個未標準化因素
負荷量指定為 1，其他 17 個未標準化因素負荷量皆顯著不為 0。

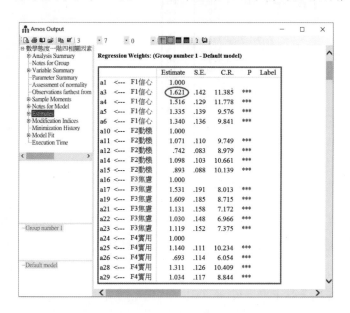

報表 5-2：在右方視窗「Standardized Regression Weights: (Group number1 –
　　　　Default model)」中，主要是呈現因素與題目之間的標準化迴歸係
　　　　數，也就是因素與題目之間的標準化因素負荷量。

　　　　根據 Hair 等人（2006）主張題目標準化因素負荷量達到 .50 以上
　　　　的標準來看（但最好是標準化因素負荷量高於 .70），全部 21 個
　　　　標準化因素負荷量，只有 a26 這題的標準化因素負荷量未達到高
　　　　於 .50 的標準。

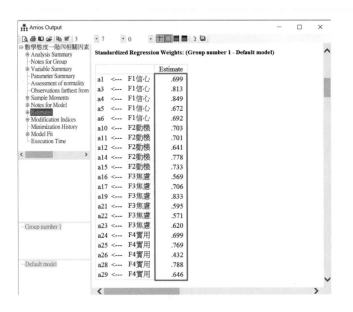

報表 5-3：在右方視窗「Covariances: (Group number1 – Default model)」中，主要是呈現因素與因素之間的共變數數值。

由下圖可知，4 個因素 F1、F2、F3 與 F4 所形成的 6 個共變數，其顯著性 P 值皆小於 .001，故顯示所有因素之間的共變數皆顯著不為 0。

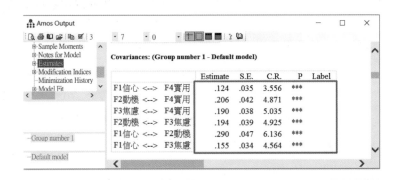

報表 5-4：在右方視窗「Correlations : (Group number1 – Default model)」中，主要是呈現因素與因素之間的積差相關係數。在檢視因素的積差相關係數時，需要特別注意是否有出現高於絕對值 1 的不合理估計值。

由下圖可知，4 個因素 F1、F2、F3 與 F4 所形成的 6 個積差相關係數，皆未出現絕對值高於 1 的不合理情形。

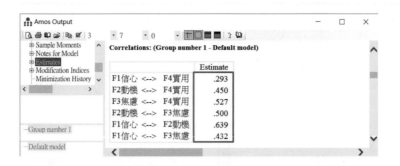

報表 5-5：在右方視窗「Variances: (Group number1 – Default model)」中，主要是呈現因素的變異數估計值，以及誤差變項的變異數估計值。由下圖可知，不論是因素的變異數或是誤差變項的變異數，都顯著性的大於 0，沒有出現變異數為負的不合理現象。

報表 5-6：在右方視窗「Squared multiple correlation: (Group number1 – Default model)」中，主要是呈現每道題目的多元相關係數平方，亦即因素與題目的標準化因素負荷量的平方，也被稱為題目的信度。

由下圖可知，a4 的多元相關係數平方值最大 .721，a26 的多元相關係數平方值最小 .182。根據 Bagozzi 與 Yi（1988）的建議，題目信度最好高於 .50，由下表可知，有 7 題（a3、a4、a14、a15、a19、a25 與 a28）達到高於 .50 的標準。

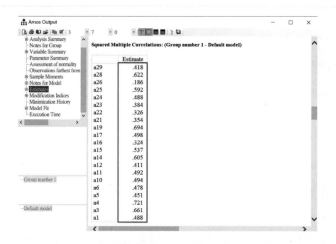

報表 5-7：在右方視窗「Standardized Residual Covariances (Group number1 – Default model)」中，主要是呈現每道題目與每道題目之間的標準化殘差。由下圖可知，標準化殘差的絕對值超過 2.58 的只有 5 個，顯示模式可能是良好適配情形。

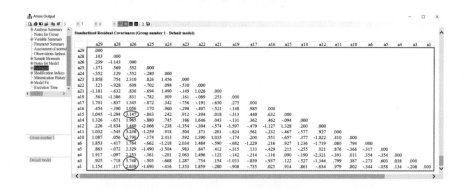

報表 6-1：在「Amos Output」視窗中，點選左方「Modification Indices」，在右方視窗「Covariances: (Group number1 – Default model)」中，主要是呈現兩個變項之間的共變數之修正指標數值。

下圖的共變數之修正指標數值以 e12 與 e15 之間的數值 10.228 為最大，代表若將誤差項 e12 與誤差項 e15 之間，增加一條代表相關的雙箭頭，能增加模式的適配情形。

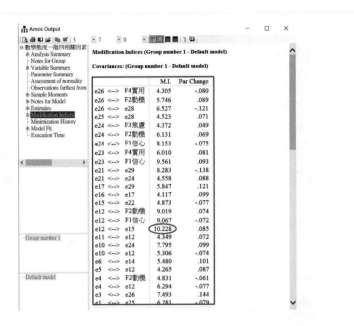

報表 6-2：在右方視窗「Regression Weights: (Group number1 – Default model)」中，主要是呈現每條迴歸係數的修正指標數值。雖然增加一條 a3 至 a26 的單箭頭因果關係線，將有最大的修正指標數值 18.536，但增加此條因果關係線並沒有實質的意義。

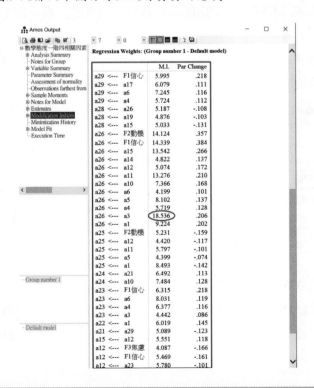

報表 7-1：在「Amos Output」視窗中，點選左方「Model Fit」，在右方視窗「CMIN」的「Default model」中，會出現「NPAR」、「CMIN」、「DF」、「P」與「CMIN/DF」等五項指標數值。

由下圖可知，估計的參數有 48 個，卡方統計量為 276.006，自由度為 183，顯著性 P 值為 .000，由卡方統計量的顯著性 P 值小於 .05，顯示此模式是不良適配情形。但由於卡方統計量容易受到樣本人數的影響，故應該參考其他的適配度評判指標。

卡方統計量與自由度的比值（CMIN/DF）為 1.508，大於 1 且小於 2，根據表 9-3 的評判參考標準，顯示此模式是優良適配情形。

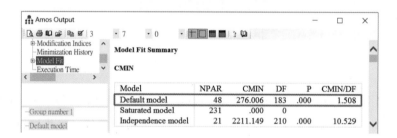

報表 7-2：在右方視窗「Baseline Comparisons」的「Default model」中，會出現「NFI」、「RFI」、「IFI」、「TLI」與「CFI」等五項指標數值。

根據表 9-3 的評判參考標準，TLI 為 .947、CFI 為 .954，這兩項適配度指標數值皆高於 .90，顯示這兩項適配度指標皆屬優良適配。

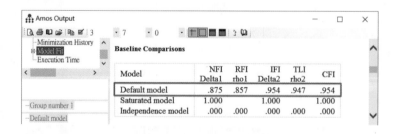

報表 7-3：在右方視窗「RMSEA」的「Default model」中，會出現「RMSEA」、「LO 90」、「HI 90」與「PCLOSE」等四項指標數值。

根據表 9-3 的評判參考標準，RMSEA 這項指標為 .046 小於 .05，

而 RMSEA 的 90% 信賴區間下界為 .034，90% 信賴區間上界為 .057，顯示為優良適配情形。

而 PCLOSE 是針對虛無假設「RMSEA ≦ .05」的考驗顯著性大小，當 PCLOSE 小於 .05，顯示應拒絕「RMSEA ≦ .05」的虛無假設。下圖 PCLOSE 為 .727 高於 .05，故顯示 RMSEA ≦ .05，顯示優良適配情形。

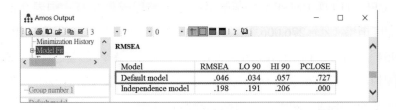

報表 7-4：在「Standardized RMR」的視窗中，出現 Standardized RMR 為 .065，高於表 9-3 的評判參考標準 .05，顯示此模式屬良好適配情形。

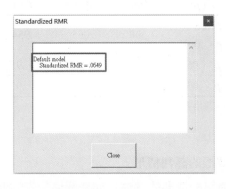

圖 9-31　數學態度量表一階四相關因素分析模式之驗證性因素分析 AMOS 統計報表

(三) 數學態度量表一階四相關因素分析模式之驗證性因素分析統計結果呈現

在呈現驗證性因素分析的統計結果時，應先說明初步適配效標、整體模式適配，以及模式內在結構適配等三種適配情形。

1. 初步適配效標的評判情形

根據圖 9-31 的報表 5-4 與表 5-5 可知，每個積差相關係數，皆為高於絕對值 1；且每個因素的變異數，以及每個誤差變項的變異數，都沒有出現負值的不合理數據。由此可知，此模式初步適配效標是適切的。

2. 整體適配效標的評判情形

根據圖 9-31 的報表 7-1 至報表 7-4，將模式整體適配情形，就 χ^2、χ^2/df、SRMR、CFI、TLI 與 RMSEA 等適配度指標，整理成表 9-21。由表 9-21 可知，六項適配度指標（$\chi^2 = 276.006$, $df = 183$，$p < .001$、$\chi^2/df = 1.508$、SRMR = .065、CFI = .954、TLI = .947、RMSEA = .046），除了 χ^2 為不良適配情形，SRMR 為良好適配情形，其他四項皆為優良適配情形，故就整體適配情形而言 21 道題目數學態度量表一階四相關因素分析模式屬優良適配。

表 9-21

數學態度量表一階四相關因素分析模式之整體適配指標的適配情形

模式	$\chi^2(p)$	χ^2/df	SRMR	CFI	TLI	RMSEA
一階四相關因素分析模式	276.006 ($p < .001$)	1.508	.065	.954	.947	.046
優良適配評判標準	$p > .05$	< 2	< .05	> .95	> .95	< .05
良好適配評判標準	$p > .05$	< 3	< .08	> .90	> .90	< .08

註：優良與良好適配評判標準是採用表 9-3 的評判標準。

3. 模式內在結構適配效標的評判情形

有關模式內在結構適配情形的評估，亦是評估量表的聚斂效度與區辨效度。聚斂效度的評估主要透過題目信度、組合信度與平均變異數抽取量等三項指標；區辨效度的評估主要是透過每個因素所獲得的平均變異數抽取量，與因素之間的積差相關平方相比較。

由圖 9-31 的報表 5-6 中的多元相關係數平方可知，一階四相關因素分析模式中的第 1 個因素 F1 之 5 道題目（a1、a3、a4、a5、a6），其題目信度分別為 .488、.661、.721、.451 與 .478；第 2 個因素 F2 之 5 道題目（a10、a11、a12、a14、a15），其題目信度分別為 .494、.492、.411、.605 與 .537；第 3 個因素 F3 之 6 道題目（a16、a17、a19、a21、a22、a23），其題目信度分別為 .324、.498、.694、.354、.326 與 .384；第 4 個因素 F4 之 5 道題目（a24、a25、 a26、a28、a29），其題目信度分別為 .488、.592、.186、.622 與 .418。若依據 Hair 等人（2006）建議，題目信度至少要高於 .25，則只有 1 道題目（a26）未符合此標準。

有關組合信度與平均變異抽取量的數據，可透過筆者所寫的「組合信度與平均變異數抽取量 .xls」EXCEL 程式獲得，其操作步驟如圖 9-32 所示。

步驟 1：開啟「組合信度與平均變異數抽取量 .xls」的 EXCEL 程式，如下圖所示。

步驟 2：在 B8 欄位中，輸入一階四相關因素分析模式的第 1 個因素 F1 之題數 5 題，如下圖所示。

步驟 3：在 F2 欄位至 J2 欄位中，分別輸入 a1、a3、a4、a5 與 a6 等 5 道題目的標準化因素負荷量 .699、.813、.849、.672 與 .692，如下圖所示。

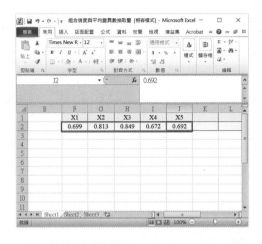

步驟 4：在 B10 與 B11 欄位中，即可得到第 1 個因素 F1 的組合信度為 .863，平均變異數抽取量為 .560，如下圖所示。

步驟 5：由於第 2 個因素 F2 同樣是 5 道題目，所以不用更改 B8 欄位的變項數量，直接在 F2 欄位至 J2 欄位中，改為輸入 a10、a11、a12、a14 與 a15 等 5 道題目的標準化因素負荷量 .703、.701、.641、.778 與 .733，如下圖所示。

步驟 6：在 B10 與 B11 欄位中，即可得到第 2 個因素 F2 的組合信度為 .837，平均變異數抽取量為 .508，如下圖所示。

步驟 7：由於第 4 個因素 F4 同樣是 5 道題目，所以不用更改 B8 欄位的變項數量，直接在 F2 欄位至 J2 欄位中，改為輸入 a24、a25、a26、a28 與 a29 等 5 道題目的標準化因素負荷量 .699、.769、.432、.788 與 .646，如下圖所示。

步驟 8：在 B10 與 B11 欄位中，即可得到第 4 個因素 F4 的組合信度為 .805，平均變異數抽取量為 .461，如下圖所示。

步驟 9：由於第三因素 F3 有 6 道題目，所以在 B8 欄位中，將原先輸入的 5 題，更改為 6 題，如下圖所示。

步驟 10：在 F2 欄位至 K2 欄位中，分別輸入 a16、a17、a19、a21、a22 與 a23 等 6 道題目的標準化因素負荷量 .569、.706、.833、.595、.571 與 .620，如下圖所示。

步驟 11：在 B10 與 B11 欄位中，即可得到第 3 個因素 F3 的組合信度為 .816，平均變異數抽取量為 .430，如下圖所示。

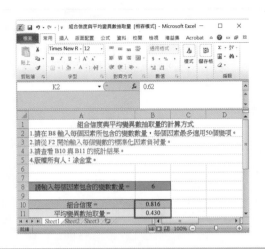

圖 9-32　數學態度量表一階四相關因素分析模式之組合信度與平均變異數抽取量的計算結果

　　根據圖 9-32 組合信度與平均變異數抽取量統計結果，可整理成表 9-22。由表 9-22 可知，一階四相關因素分析模式，只有 1 題 a26 的題目信度未高於至少 .25 的標準；4 個因素的組合信度皆高於 .70；4 個因素有兩個因素的平均變異數抽取量低於 .50，其中 F3 與 F4 的平均變異數抽取量分別為 .430 與 .461（雖然未高於 .50，但接近 .50），顯示數學態度量表一階四相關因素分析模式的聚斂效度良好。

表 9-22

數學態度量表一階四相關因素分析模式之聚斂效度的評判指標

因素	題目	因素負荷量	題目信度	組合信度	平均變異數抽取量
	a1	.699	.488		
	a3	.813	.661		
F1	a4	.849	.721	.863	.560
	a5	.672	.451		
	a6	.692	.478		
	a10	.703	.494		
	a11	.701	.492		
F2	a12	.641	.411	.837	.508
	a14	.778	.605		
	a15	.733	.537		

表 9-22

（續）

因素	題目	因素負荷量	題目信度	組合信度	平均變異數抽取量
F3	a16	.569	.324	.816	.430
	a17	.706	.498		
	a19	.833	.694		
	a21	.595	.354		
	a22	.571	.326		
	a23	.620	.384		
F4	a24	.699	.488	.805	.461
	a25	.769	.592		
	a26	.432	.186		
	a28	.788	.622		
	a29	.646	.418		

就區辨效度而言，由表 9-23 可知，4 個因素 F1 至 F4 的平均變異數抽取量，皆高於其他兩兩因素的積差相關係數平方，顯示數學態度量表一階四個相關因素分析模式具有良好的區辨效度。

表 9-23

數學態度量表一階四相關因素分析模式之驗證性因素分析區辨效度的評判指標

因素	F1	F2	F3	F4
F1	.560			
F2	.408	.508		
F3	.187	.250	.431	
F4	.086	.203	.278	.461

註：主對角線呈現每個因素的平均變異數抽取量；矩陣下三角形則呈現各個因素之間的積差相關係數平方。

綜合上述的初步適配、整體適配與內在結構適配等三種驗證性因素分析模式適配的評估，可知數學態度量表一階四相關因素分析模式是獲得支持的。

三、數學態度量表二階因素分析模式之驗證性因素分析

茲同樣以第 7 章探索性因素分析所獲得的 21 道題目，採用「數學態度量表（刪除遺漏值的驗證性因素分析 .sav)」檔案，進行數學態度量表二階因素分析模

式之驗證性因素分析。底下將分成 AMOS 的操作步驟、AMOS 的報表解讀，以及驗證性因素分析統計結果的呈現等三部分。

(一) 數學態度量表二階因素分析模式之驗證性因素分析AMOS的操作步驟

數學態度量表二階因素分析模式之驗證性因素分析 AMOS 的操作步驟，如圖 9-33 所示。由於前面以 9 道題目為例的驗證性因素分析，已詳細介紹二階因素分析模式的 AMOS 操作步驟，避免重複同樣的步驟，故底下只呈現重要的步驟。

步驟 1： 開啟 AMOS 程式後，請直接開啟資料檔案中的「數學態度二階因素分析模式 .amw」檔案。

步驟 2： 下圖是根據第 7 章的圖 7-69 所進行的探索性因素分析結果，最後保留 21 道題目，所繪製的二階因素分析模式之路徑圖。

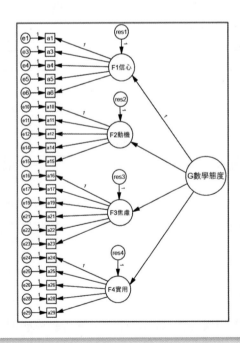

步驟 3：請點選左方「Select data file(s)」按鍵，如下圖所示，此步驟主要是
選擇所要進行驗證性因素分析的資料檔案。

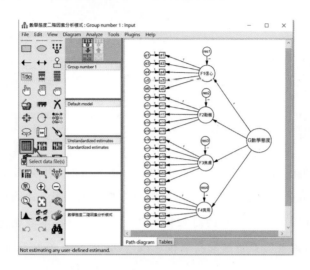

步驟 4：出現 Data Files 對話窗後，請按「File Name」按鈕，如下圖所示，
此步驟是開啟所要分析的資料檔案。

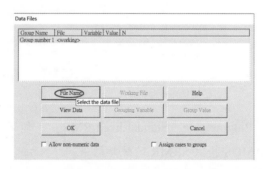

步驟 5：出現「開啟」對話窗後，請從「查詢 (I)」選擇 SPSS 資料檔所存放
的資料夾位置，下圖所使用的「數學態度量表 (刪除遺漏值的驗證
性因素分析).sav」檔案，是存放在「第 9 章」的「21 題數學態度量
表 CFA」資料夾中的「二階因素分析模式」資料夾內，如下圖所示。

步驟 6：點選驗證性因素分析所需的 SPSS 資料檔：「數學態度量表 (刪除遺漏值的驗證性因素分析).sav」，並按「開啟(O)」按鈕，如下圖所示。

步驟 7：在 Data Files 對話窗，會出現 Group Name（組別名稱）為 Group number 1，File（檔名）為「數學態度量表 (刪除遺漏值的驗證性因素分析).sav」，N 的總人數為 243 人，有效樣本數也是 243 人。確定所挑選的資料檔案無誤後，按「OK」按鈕，如下圖所示。

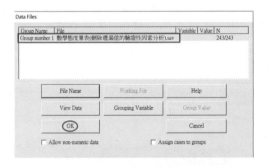

步驟 8：請點選「Plugins」→「Standardized RMR」，如下圖所示，此步驟是要求 AMOS 提供 SRMR 的統計結果。

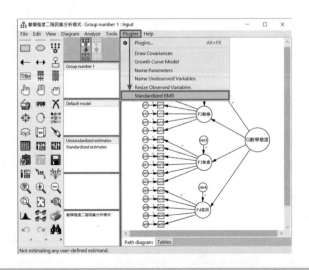

步驟 9：此時會出現「Standardized RMR」的空白對話窗，如下圖所示。這個空白對話窗需要等到執行步驟 10，才會出現 SRMR 的統計結果。請勿按「Close」按鍵，若按了「Close」按鍵，就不會計算 SRMR。

步驟 10：請點選左方「Calculate estimates」按鍵，如下圖所示，此步驟是要求 AMOS 開始進行估算工作。

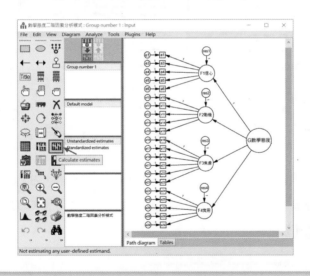

圖 9-33　數學態度量表二階因素分析模式之驗證性因素分析 AMOS 操作步驟

(二) 數學態度量表二階因素分析模式之驗證性因素分析AMOS的報表解讀

經過圖 9-33 的 AMOS 操作步驟，等待短暫時間後，即可得到圖 9-34 的 AMOS 統計結果。由於前面以 9 道題目為例的驗證性因素分析，已詳細介紹二階因素分析模式的 AMOS 報表解讀，避免重複同樣的步驟，故底下只呈現重要的報表。

報表 1：當往上的紅色箭頭出現時，如下圖所示，顯示模式估算是屬「足夠辨識模式」，代表已完成驗證性因素分析的估算歷程。一旦往上的紅色箭頭出現時，下方第二個視窗，也會由原本顯示的「XX:Default model」，變成「OK:Default model」，顯示模式估算結果是 OK 的。此時右邊的驗證性因素分析路徑圖，即會出現所估算的「未標準化參數數值」。

若往上的紅色箭頭未出現時，顯示無法順利進行驗證性因素分析，可能是模式估算產生「不足辨識模式」的情形。

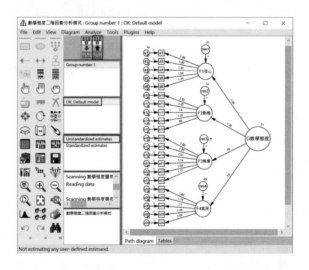

報表 2：點選「標準化參數數值」選項時，如下圖所示，可知第 1 個因素 F1 對題目 a1 的標準化因素負荷量 .70；第二階因素 G 對第一階第 1 個因素 F1 的標準化迴歸係數為 .70。

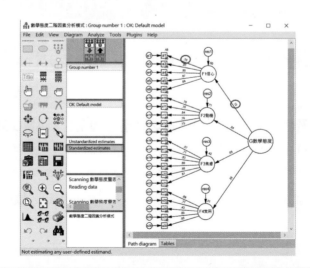

報表 3：請點選左方「View Text」按鍵，如下圖所示，此動作是要讀取更多驗證性因素分析的統計結果。

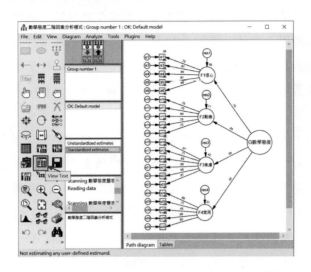

報表 4：在「Amos Output」視窗中，點選左方「Assessment of normality」，在右方視窗中會出現每題偏態與峰度的統計結果，如下圖所示。

根據 Kline（2016）的建議，偏態指數絕對值高於 3，則顯示極端偏態情形；峰度指數絕對值高於 10，則顯示嚴重峰度問題。由下圖可知，每題偏態指數介於 -1.406 至 .037，所有題目偏態指數絕對值皆低於 3；每題峰度指數介於 -1.027 至 1.558，所有題目峰度指數絕對值皆低於 10，顯示這數學態度量表 21 題未嚴重違反常態分配的基本假定。

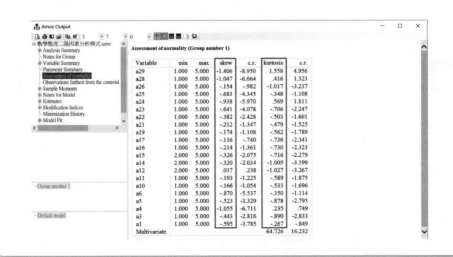

報表 5-1：在「Amos Output」視窗中，點選左方「Estimates」，在右方視窗「Regression Weights: (Group number1 – Default model)」中，主要呈現第一階因素與題目之間的未標準化迴歸係數估計值，以及第二階因素與第一階因素的未標準化迴歸係數估計值。例如：第一階第1個因素 F1 與題目 a3 的未標準化因素負荷量估計值為 1.625；而第二階因素 G 與第一階第 2 個因素 F2 的未標準化迴歸係數估計值為 1.301。

由下圖可知，除了題目 a1、a10、a16 與 a24 等 4 個未標準化因素負荷量指定為 1，其他 17 個第一階因素與題目的未標準化因素負荷量皆顯著不為 0。並且，除了第二階因素 G 與第一階第 1 個因素 F1 的未標準化迴歸係數指定為 1 外，其他 3 個第二階因素與第一階因素的未標準化迴歸係數也皆顯著不為 0。

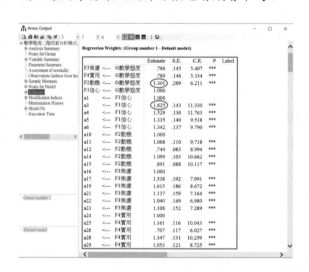

報表 5-2：在右方視窗「Standardized Regression Weights: (Group number1 – Default model)」中，主要是呈現因素與題目之間的標準化迴歸係數。

根據 Hair 等人（2006）主張題目標準化因素負荷量達到 .50 以上的標準來看（但最好是標準化因素負荷量高於 .70），全部 21 個第一階因素與題目的標準化因素負荷量，只有 a26 這題的標準化因素負荷量未達到高於 .50 的標準。而第二階因素與第一階因素的 4 個標準化迴歸係數達到皆高於 .50 的標準。

報表 5-3：在右方視窗「Variances: (Group number1 – Default model)」中，主要是呈現第二階因素 G 的變異數估計值、3 個第一階因素的殘差變項之變異數估計值，以及誤差變項的變異數估計值。由下圖可知，各種不同變項的變異數，都顯著性的大於 0，沒有出現變異數為負的不合理現象。

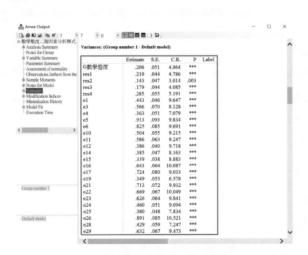

報表 5-4：在右方視窗「Squared multiple correlation: (Group number1 – Default model)」中，主要是呈現每道題目的多元相關係數平方，以及每個第一階因素的多元相關係數平方。

由下圖可知，題目的多元相關係數平方值，a4 的 .728 為最大，a26 的 .187 為最小。第一階因素的多元相關係數平方，以第一階

第 2 個因素 F2 的 .710 為最大，以第一階第 4 個因素 F4 的 .305 為最小。根據 Bagozzi 與 Yi（1988）的建議，變項的多元相關係數平方最好高於 .50，由下表可知，有 7 題（a3、a4、a14、a15、a17、a19 與 a28）與 1 個第一階因素（F2），達到高於 .50 的標準。

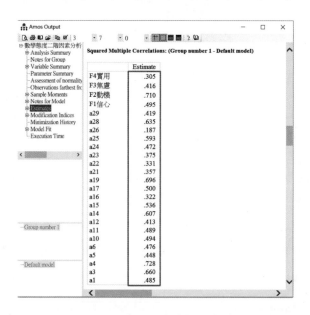

報表 5-5：在右方視窗「Standardized Residual Covariances (Group number1 – Default model)」中，主要是呈現每道題目與每道題目之間的標準化殘差。由下圖可知，標準化殘差的絕對值超過 2.58 的只有 9 個，顯示模式可能是良好適配情形。

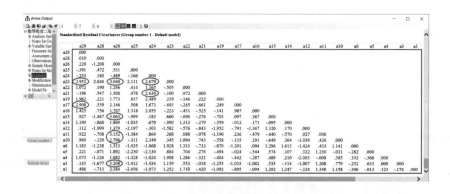

報表 6-1：在「Amos Output」視窗中，點選左方「Modification Indices」，在右方視窗「Covariances: (Group number1 – Default model)」中，主要是呈現兩個變項之間的共變數之修正指標數值。

下圖的共變數之修正指標數值以題目的誤差項 e26 與第二階因素
G 之間的數值 12.135 為最大，代表若將誤差項 e26 與第二階因素
G 之間，增加一條代表相關的雙箭頭，能增加模式的適配情形。

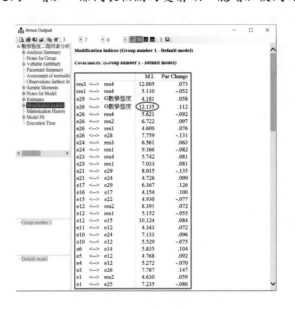

報表 6-2：在右方視窗「Regression Weights: (Group number1 – Default model)」
中，主要是呈現每條迴歸係數的修正指標數值。雖然增加一條 a3
至 a26 的單箭頭因果關係線，將有最大的修正指標數值 17.321，但
增加此條因果關係線並沒有實質的意義。

報表 7-1：在「Amos Output」視窗中，點選左方「Model Fit」，在右方視窗「CMIN」的「Default model」中，會出現「NPAR」、「CMIN」、「DF」、「P」與「CMIN/DF」等五項指標數值。

由下圖可知，估計的參數有 46 個，卡方統計量為 292.885，自由度為 185，顯著性 P 值為 .000，由卡方統計量的顯著性 P 值小於 .05，顯示此模式是不良適配情形。但由於卡方統計量容易受到樣本人數的影響，故應該參考其他的適配度評判指標。

卡方統計量與自由度的比值（CMIN/DF）為 1.583，大於 1 且小於 2，根據表 9-3 的評判參考標準，顯示此模式是優良適配情形。

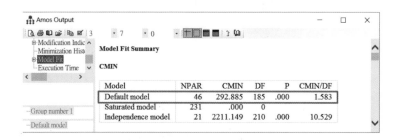

報表 7-2：在右方視窗「Baseline Comparisons」的「Default model」中，會出現「NFI」、「RFI」、「IFI」、「TLI」與「CFI」等五項指標數值。

根據表 9-3 的評判參考標準，TLI 為 .939、CFI 為 .946，這兩項適配度指標數值皆高於 .90，顯示這兩項適配度指標皆屬良好適配。

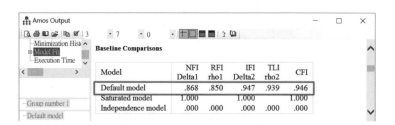

報表 7-3：在右方視窗「RMSEA」的「Default model」中，會出現「RMSEA」、「LO 90」、「HI 90」與「PCLOSE」等四項指標數值。

根據表 9-3 的評判參考標準，RMSEA 這項指標為 .049 小於 .05，而 RMSEA 的 90% 信賴區間下界為 .038，90% 信賴區間上界為 .059，顯示為優良適配情形。

而 PCLOSE 是針對虛無假設「RMSEA ≦ .05」的考驗顯著性大小，當 PCLOSE 小於 .05，顯示應拒絕「RMSEA ≦ .05」的虛無假設。下圖 PCLOSE 為 .545 高於 .05，故顯示 RMSEA ≦ .05，顯示優良適配情形。

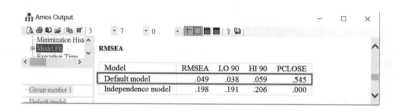

報表 7-4：在「Standardized RMR」的視窗中，出現 Standardized RMR 為 .0741，高於表 9-3 的評判參考標準 .05，顯示此模式屬良好適配情形。

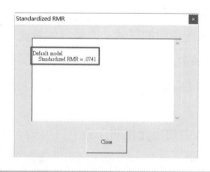

圖 9-34　數學態度量表二階因素分析之驗證性因素分析 AMOS 統計報表

(三) 數學態度量表二階因素分析模式之驗證性因素分析統計結果呈現

在呈現驗證性因素分析的統計結果時，應先說明初步適配效標、整體模式適配，以及模式內在結構適配等三種適配情形。

1. 初步適配效標的評判情形

根據圖 9-34 的報表 5-3 可知，所有變項的變異數，都沒有出現負值的不合理數據。由此可知，此模式初步適配效標是適切的。

2. 整體適配效標的評判情形

根據圖 9-34 的報表 7-1 至報表 7-4，將模式整體適配情形，就 χ^2、χ^2/df、SRMR、CFI、TLI 與 RMSEA 等適配度指標，整理成表 9-24。由表 9-24 可知，

六項適配度指標（$\chi^2 = 292.885$, $df = 185$，$p < .001$、$\chi^2/df = 1.583$、SRMR = .074、CFI = .946、TLI = .939、RMSEA = .049），除了 χ^2 為不良適配情形，χ^2/df 與 RMSEA 為優良適配情形，其他三項為良好適配情形，故就整體適配情形而言 21 道題目數學態度量表二階因素分析模式屬良好適配。

表 9-24

數學態度量表二階因素分析模式之整體適配指標的適配情形

模式	$\chi^2(p)$	χ^2/df	SRMR	CFI	TLI	RMSEA
二階因素分析模式	292.885 ($p < .001$)	1.583	.074	.946	.939	.049
優良適配評判標準	$p > .05$	< 2	< .05	> .95	> .95	< .05
良好適配評判標準	$p > .05$	< 3	< .08	> .90	> .90	< .08

註：優良與良好適配評判標準是採用表 9-3 的評判標準。

3. 模式內在結構適配效標的評判情形

　　有關模式內在結構適配情形的評估，亦是評估量表的聚斂效度與區辨效度。聚斂效度的評估主要透過題目信度、組合信度與平均變異數抽取量等三項指標；區辨效度的評估主要是透過每個因素所獲得的平均變異數抽取量，與因素之間的積差相關平方相比較。

　　由圖 9-34 的報表 5-4 中的多元相關係數平方可知，第一階第 1 個因素 F1 之 5 道題目（a1、a3、a4、a5、a6），其題目信度分別為 .485、.660、.728、.448 與 .476；第一階第 2 個因素 F2 之 5 道題目（a10、a11、a12、a14、a15），其題目信度分別為 .494、.489、.413、.607 與 .536；第一階第 3 個因素 F3 之 6 道題目（a16、a17、a19、a21、a22、a23），其題目信度分別為 .322、.500、.696、.357、.331 與 .375；第一階第 4 個因素 F4 之 5 道題目（a24、a25、a26、a28、a29），其題目信度分別為 .472、.593、.187、.635 與 .419。而第二階因素 G 與 4 個第一階因素的多元相關係數平方分別為 .495、.710、.416 與 .305。若依據 Hair 等人（2006）建議，變項的多元相關係數平方至少要高於 .25，則只有 1 道題目（a26）未符合此標準。

　　有關組合信度與平均變異抽取量的數據，可透過筆者所寫的「組合信度與平均變異數抽取量.xls」EXCEL 程式獲得，其操作步驟如圖 9-35 所示。

步驟 1：開啟「組合信度與平均變異數抽取量.xls」的 EXCEL 程式，如下
圖所示。

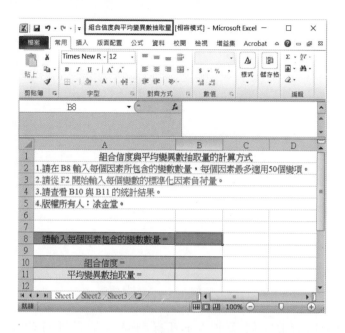

步驟 2：在 B8 欄位中，輸入二階因素分析模式的第二階因素 G 對 4 個第一
階因素，如下圖所示。

步驟 3：在 F2 欄位至 I2 欄位中，分別輸入 F1、F2、F3 與 F4 等 4 個第一階因素的標準化迴歸係數 .704、.843、.645 與 .553，如下圖所示。

步驟 4：在 B10 與 B11 欄位中，即可得到第二階因素 G 的組合信度為 .784，平均變異數抽取量為 .482，如下圖所示。

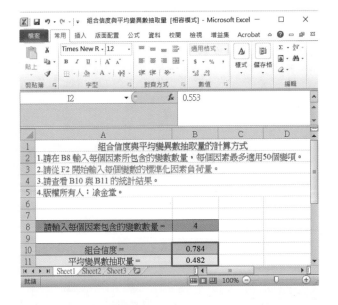

步驟 5：由於第一階第 1 個因素 F1 有 5 道題目，所以在 B8 欄位中，將原先
輸入的變數數量 4，更改為變數數量 5，如下圖所示。

步驟 6：在 F2 欄位至 J2 欄位中，改為輸入 a1、a3、a4、a5 與 a6 等 5 道題
目的標準化因素負荷量 .696、.813、.853、.670 與 .690，如下圖所
示。

步驟 7：在 B10 與 B11 欄位中，即可得到第一階第 1 個因素 F1 的組合信度
為 .863，平均變異數抽取量為 .560，如下圖所示。

步驟 8：由於第一階第 2 個因素 F2 同樣是 5 道題目，所以不用更改
B8 欄位的變項數量，直接在 F2 欄位至 J2 欄位中，改為輸入
a10、a11、a12、a14 與 a15 等 5 道題目的標準化因素負荷量
.703、.699、.643、.779 與 .732，如下圖所示。

步驟 9：在 B10 與 B11 欄位中，即可得到第一階第 2 個因素 F2 的組合信度為 .837，平均變異數抽取量為 .508，如下圖所示。

步驟 10：由於第一階第 4 個因素 F4 同樣是 5 道題目，所以不用更改 B8 欄位的變項數量，直接在 F2 欄位至 J2 欄位中，改為輸入 a24、a25、a26、a28 與 a29 等 5 道題目的標準化因素負荷量 .687、.770、.433、.797 與 .647，如下圖所示。

步驟 11：在 B10 與 B11 欄位中，即可得到第一階第 4 個因素 F4 的組合信度為 .805，平均變異數抽取量為 .461，如下圖所示。

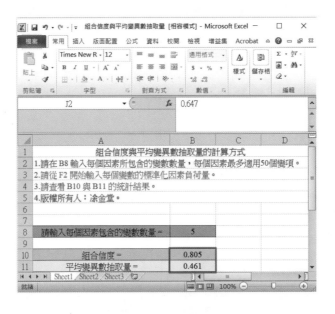

步驟 12：由於第一階第 3 個因素 F3 有 6 道題目，所以在 B8 欄位中，將原先輸入的 5 題，更改為 6 題，如下圖所示。

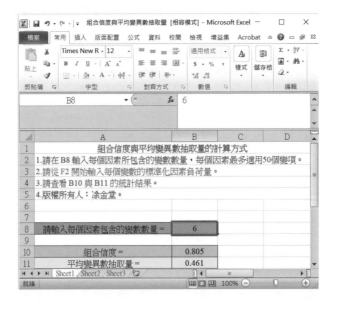

步驟 13：在 F2 欄位至 K2 欄位中，分別輸入 a16、a17、a19、a21、a22 與 a23 等 6 道題目的標準化因素負荷量 .568、.707、.834、.597、.575 與 .613，如下圖所示。

步驟 14：在 B10 與 B11 欄位中，即可得到第一階第 3 個因素 F3 的組合信度為 .816，平均變異數抽取量為 .430，如下圖所示。

圖 9-35　數學態度量表二階因素分析模式之組合信度與平均變異數抽取量的計算結果

　　根據圖 9-35 組合信度與平均變異數抽取量統計結果，可整理成表 9-25 與表 9-26。由表 9-25 可知，二階因素分析模式的 F1 至 F4 等 4 個第一階因素，其因素信度都高於至少 .25 的標準。二階因素分析模式的二階因素之組合信度高於 .70；二階因素的平均變異數抽取量為 .482，接近 .50，由此顯示二階因素分析模式的二階因素具有良好的聚斂效度。

表 9-25

數學態度量表二階因素分析模式的二階因素之聚斂效度評判指標

二階因素	一階因素	因素負荷量	一階因素信度	組合信度	平均變異數抽取量
	F1	.704	.495		
	F2	.843	.710		
G	F3	.645	.416	.784	.482
	F4	.553	.305		

　　由表 9-26 可知，二階因素分析模式的 4 個一階因素，只有 1 題 a26 的題目信度未高於至少 .25 的標準；4 個一階因素的組合信度皆高於 .70；4 個一階因素有兩個一階因素的平均變異數抽取量低於 .50，其中一階因素 F3 與 F4 的平均變異數抽取量分別為 .430 與 .461（雖然未高於 .50，但接近 .50），顯示數學態度量表二階因素分析模式的 4 個一階因素具有良好的聚斂效度。

表 9-26

數學態度量表二階因素分析模式的一階因素之聚斂效度評判指標

因素	題目	因素負荷量	題目信度	組合信度	平均變異數抽取量
	a1	.696	.485		
	a3	.813	.660		
F1	a4	.853	.728	.863	.560
	a5	.670	.448		
	a6	.690	.476		
	a10	.703	.494		
	a11	.699	.489		
F2	a12	.643	.413	.837	.508
	a14	.779	.607		
	a15	.732	.536		

表 9-26

（續）

因素	題目	因素負荷量	題目信度	組合信度	平均變異數抽取量
	a16	.568	.322		
	a17	.707	.500		
F3	a19	.834	.696	.816	.430
	a21	.597	.357		
	a22	.575	.331		
	a23	.613	.375		
	a24	.687	.472		
	a25	.770	.593		
F4	a26	.433	.187	.805	.461
	a28	.797	.635		
	a29	.647	.419		

　　綜合上述的初步適配、整體適配與內在結構適配等三種驗證性因素分析模式
適配的評估，可知數學態度量表二階因素分析模式是獲得支持的。

四、數學態度量表雙因素分析模式之驗證性因素分析

　　茲同樣以第 7 章探索性因素分析所獲得的 21 道題目，採用「數學態度量表
(刪除遺漏值的驗證性因素分析 .sav)」檔案，進行數學態度量表雙因素分析模式
之驗證性因素分析。底下將分成 AMOS 的操作步驟、AMOS 的報表解讀，以及
驗證性因素分析統計結果的呈現等三部分。

(一) 數學態度量表雙因素分析模式之驗證性因素分析AMOS的操作步驟

　　數學態度量表雙因素分析模式之驗證性因素分析 AMOS 的操作步驟，如圖
9-36 所示。由於前面以 9 道題目為例的驗證性因素分析，已詳細介紹雙因素分
析模式的 AMOS 操作步驟，避免重複同樣的步驟，故底下只呈現重要的步驟。

步驟 1：開啟 AMOS 程式後，請直接開啟資料檔案中的「數學態度雙因素分析模式 .amw」檔案。

步驟 2：下圖是根據第 7 章的圖 7-69 所進行的探索性因素分析結果，最後保留 21 道題目，所繪製的雙因素分析模式之路徑圖。

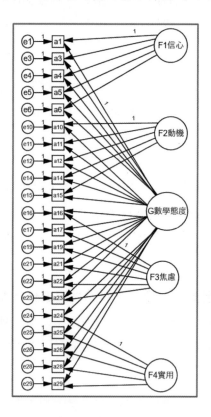

步驟 3：請點選左方「Select data file(s)」按鍵，如下圖所示，此步驟主要是選擇所要進行驗證性因素分析的資料檔案。

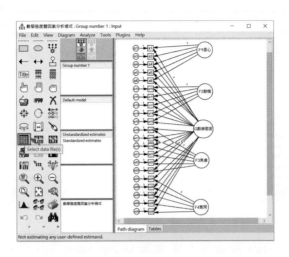

步驟 4：出現 Data Files 對話窗後，請按「File Name」按鈕，如下圖所示，此步驟是開啟所要分析的資料檔案。

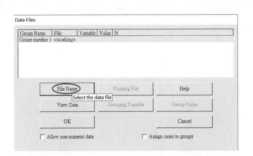

步驟 5：出現「開啟」對話窗後，請從「查詢 (I)」選擇 SPSS 資料檔所存放的資料夾位置，下圖所使用的「數學態度量表 (刪除遺漏值的驗證性因素分析).sav」檔案，是存放在「第 9 章」的「21 題數學態度量表 CFA」資料夾中的「雙因素分析模式」資料夾內，如下圖所示。

步驟 6：點選驗證性因素分析所需的 SPSS 資料檔：「數學態度量表 (刪除遺漏值的驗證性因素分析).sav」，並按「開啟(O)」按鈕，如下圖所示。

步驟 7：在 Data Files 對話窗，會出現 Group Name（組別名稱）為 Group number 1，File（檔名）為「數學態度量表 (刪除遺漏值的驗證性因素分析).sav」，N 的總人數為 243 人，有效樣本數也是 243 人。確定所挑選的資料檔案無誤後，按「OK」按鈕，如下圖所示。

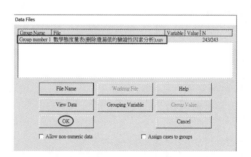

步驟 8：請點選「Plugins」→「Standardized RMR」，如下圖所示，此步驟是要求 AMOS 提供 SRMR 的統計結果。

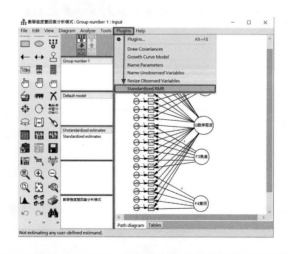

步驟 9： 此時會出現「Standardized RMR」的空白對話窗，如下圖所示。這個空白對話窗需要等到執行步驟 10，才會出現 SRMR 的統計結果。請勿按「Close」按鍵，若按了「Close」按鍵，就不會計算 SRMR。

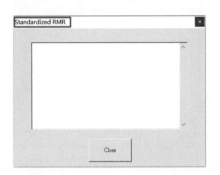

步驟 10： 請點選左方「Calculate estimates」按鍵，如下圖所示，此步驟是要求 AMOS 開始進行估算工作。

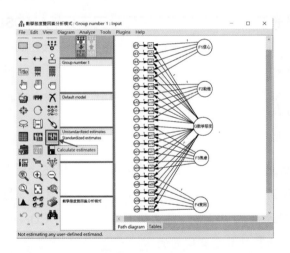

步驟 11： 請在出現的「Amos Warnings」對話窗中，點選「Proceed with the analysis」，表示要繼續進行分析，如下圖所示。

由於數學態度量表雙因素分析模式假設一般因素 G 與群組因素 F 彼此之間是沒有相關，故步驟 2 的一般因素 G、4 個群組因素 F1、F2、F3 與 F4，彼此之間未出現雙箭頭的相關關係。AMOS 對各因素之間未出現因果關係或未出現相關關係，會主動提出警告，並說明目前的五個因素皆屬於無相關的設定，是要繼續進行分析，或是放棄此次分析。

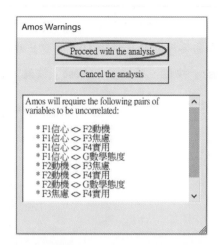

圖 9-36　數學態度量表雙因素分析模式之驗證性因素分析 AMOS 操作步驟

(二) 數學態度量表雙因素分析模式之驗證性因素分析AMOS的報表解讀

　　經過圖 9-36 的 AMOS 操作步驟，等待短暫時間後，即可得到圖 9-37 的 AMOS 統計結果。由於前面以 9 道題目為例的驗證性因素分析，已詳細介紹雙因素分析模式的 AMOS 報表解讀，避免重複同樣的步驟，故底下只呈現重要的報表。

　報表 1：由於往上的紅色箭頭未出現，顯示無法順利進行雙因素分析模式的驗證性因素分析，可能是模式估算產生「不足辨識模式」的情形。同時下方第二個視窗，還是維持原本的「XX:Default model」，顯示模式估算結果是有問題的。

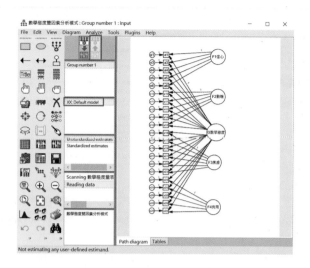

報表 2：請點選左方「View Text」按鍵，如下圖所示，此動作是要讀取更多
驗證性因素分析的統計結果。

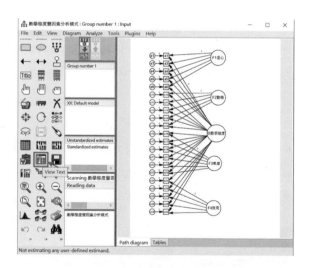

報表 3：在「Amos Output」視窗中，點選左方「Notes for Model」。在右方
視窗中，可見到「Iteration limit reached」的訊息，如下圖所示。此
訊息表示 AMOS 進行參數的估計時，是採用的「迭代」（iteration）
方式。由於 AMOS 的迭代次數內定為 50 次，但目前進行的迭代次
數，是無法順利地估計所有的參數數值。故可以考慮將 AMOS 內
定的 50 次，修改為 200 次。

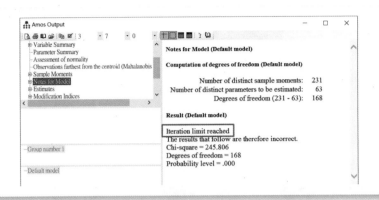

圖 9-37　數學態度量表雙因素分析模式之驗證性因素分析 AMOS 統計報表

修改 AMOS 的迭代次數設定，其操作步驟如圖 9-38 所示。由於此步驟是接續圖 9-36 的操作，所以回到圖 9-36 所開啟的 AMOS「數學態度雙因素分析模式 .amw」檔案。

步驟 1：請點選左方「Analysis properties」按鍵，如下圖所示，此步驟是要求修改 AMOS 內定的迭代次數。

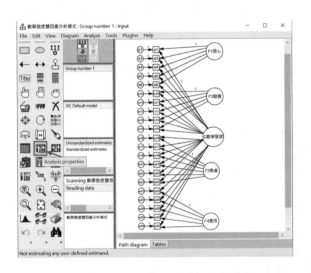

步驟 2：出現 Analysis properties 對話窗後，請點選「Numerical」按鈕，如下圖所示，此步驟是開啟修改迭代次數的對話窗。

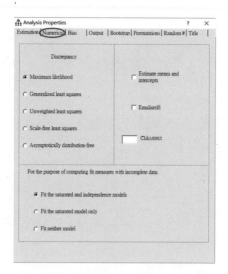

步驟 3：在「Analysis properties」對話窗內的「Numerical」項目中，找到「Iteration limit」內定的 50 次，如下圖所示。

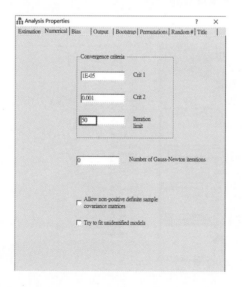

步驟 4：在「Analysis properties」對話窗內的「Numerical」項目中，將「Iteration limit」內定的 50 次，修改為 200 次，並按右上方關閉「Analysis properties」對話窗的按鍵，如下圖所示。

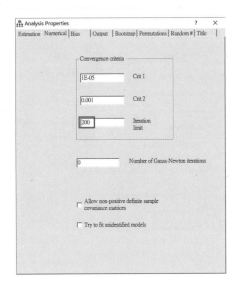

步驟 5：請點選左方「Calculate estimates」按鍵，如下圖所示，此步驟是要求 AMOS 開始進行估算工作。

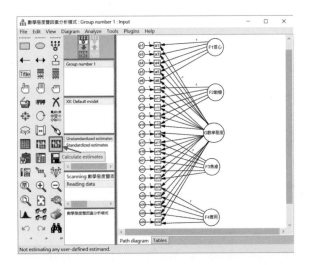

步驟 6：請在出現的「Amos Warnings」對話窗中，點選「Proceed with the analysis」，表示要繼續進行分析，如下圖所示。

由於數學態度量表雙因素分析模式假設一般因素 G 與群組因素 F 彼此之間是沒有相關，故步驟 2 的一般因素 G、4 個群組因素 F1、F2、F3 與 F4，彼此之間未出現雙箭頭的相關關係。AMOS 對各因素之間未出現因果關係或未出現相關關係，會主動提出警告，並說

明目前的五個因素皆屬於無相關的設定，是要繼續進行分析，或是
放棄此次分析。

圖 9-38　數學態度量表雙因素分析模式之驗證性因素分析 AMOS 操作步驟

　　經過圖 9-38 的 AMOS 操作步驟，等待短暫時間後，即可得到圖 9-39 的
AMOS 統計結果。

報表 1：由於往上的紅色箭頭未出現，顯示無法順利進行雙因素分析模式的
　　　　驗證性因素分析，可能是模式估算產生「不足辨識模式」的情形。
　　　　同時下方第二個視窗，還是維持原本的「XX:Default model」，顯
　　　　示模式估算結果是有問題的。

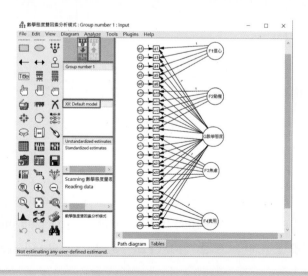

報表 2：請點選左方「View Text」按鍵，如下圖所示，此動作是要讀取更多
驗證性因素分析的統計結果。

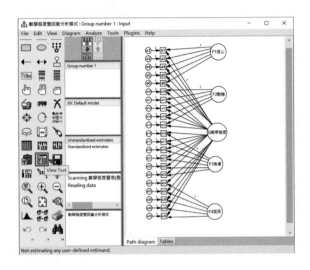

報表 3：在「Amos Output」視窗中，點選左方「Notes for Model」。在右
方視窗中，可見到「Minimization was unsuccessful」與「The results
that follow are therefore incorrect」兩則訊息，如下圖所示。雖然經
過調整迭代的次數，但這兩則訊息表示 AMOS 進行參數的估計時，
還是屬於未成功的狀態，故所獲得的統計數值是不正確的。AMOS
出現此種訊息，一定要仔細檢查參數估計數值的合理性。當模式考
驗出現此種訊息時，有可能是因為模式的適配情形不良或是樣本人
數過少的緣故所造成。

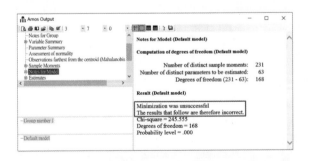

報表 4-1：在「Amos Output」視窗中，點選左方「Estimates」，在右方視
窗「Regression Weights: (Group number1 – Default model)」 中，
主要呈現群組因素（F1、F2、F3 與 F4）與題目之間的未標準

化迴歸係數估計值，以及一般因素 G 與題目之間的未標準化迴歸係數估計值。由下圖可知，第 1 個群組因素 F1 與 a3、a4、a5 與 a6 等 4 道題目的未標準化因素負荷量估計值異常的小，分別是 -7070.105、-10130.058、-9343.792 與 -12142.194，顯示這些估計數值是有問題的。亦即報表 3 所提到的「所獲得的統計數值是不正確的」。

報表 4-2：在右方視窗「Standardized Regression Weights: (Group number1 – Default model)」中，主要是呈現群組因素（F1、F2、F3 與 F4）與題目之間的標準化迴歸係數估計值，以及一般因素 G 與題目之間的標準化迴歸係數估計值。由下圖可知，第 1 個群組因素 F1 與 a3、a4、a5 與 a6 等 4 道題目的標準化因素負荷量估計值皆為負值，分別是 -.505、-.434、-.422 與 -.302，此結果跟第 1 個群組因素 F1 數學信心對題目的標準化因素負荷量應該是正值的預期結果不符，顯示數值估算結果是有問題的。

根據報表 4-1 的未標準化迴歸係數與報表 4-2 的標準化迴歸係數，可知數學態度量表雙因素分析模式是不適切，即可停止後續的分析討論。為了讓讀者瞭解，參數估計數值有問題時，模式的整體適配指標有可能會出現適配的情形，故底下繼續呈現模式整體適

配指標。因而對於模式的適配情形，不能單單只看模式的整體適配指標，還應同時考量每個參數數值的估計情況，以及模式內在結構的適配情形。

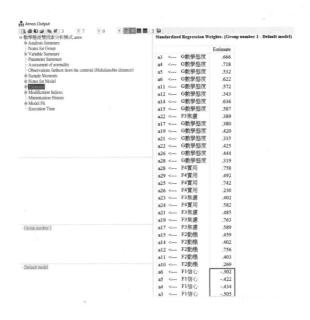

報表 5-1：在「Amos Output」視窗中，點選左方「Model Fit」，在右方視窗「CMIN」的「Default model」中，會出現「NPAR」、「CMIN」、「DF」、「P」與「CMIN/DF」等五項指標數值。

由下圖可知，估計的參數有 63 個，卡方統計量為 245.555，自由度為 168，顯著性 P 值為 .000，由卡方統計量的顯著性 P 值小於 .05，顯示此模式是不良適配情形。但因卡方統計量容易受到樣本人數的影響，故應該參考其他的適配度評判指標。

卡方統計量與自由度的比值（CMIN/DF）為 1.462，大於 1 且小於 2，根據表 9-3 的評判參考標準，顯示此模式是優良適配情形。

CMIN

Model	NPAR	CMIN	DF	P	CMIN/DF
Default model	63	245.555	168	.000	1.462
Saturated model	231	.000	0		
Independence model	21	2211.149	210	.000	10.529

報表 5-2：在右方視窗「Baseline Comparisons」的「Default model」中，會出現「NFI」、「RFI」、「IFI」、「TLI」與「CFI」等五項指標數值。

根據表 9-3 的評判參考標準，TLI 為 .952、CFI 為 .961，這兩項適配度指標數值皆高於 .90，顯示這兩項適配度指標皆屬優良適配。

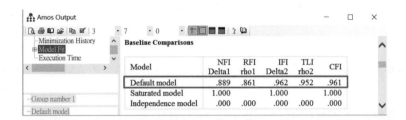

報表 5-3：在右方視窗「RMSEA」的「Default model」中，會出現「RMSEA」、「LO 90」、「HI 90」與「PCLOSE」等四項指標數值。

根據表 9-3 的評判參考標準，RMSEA 這項指標為 .044 小於 .05，而 RMSEA 的 90% 信賴區間下界為 .031，90% 信賴區間上界為 .055，顯示為優良適配情形。

而 PCLOSE 是針對虛無假設「RMSEA ≦ .05」的考驗顯著性大小，當 PCLOSE 小於 .05，顯示應拒絕「RMSEA ≦ .05」的虛無假設。下圖 PCLOSE 為 .810 高於 .05，故顯示 RMSEA ≦ .05，顯示優良適配情形。

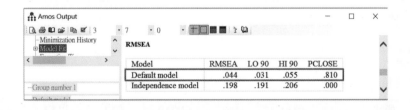

報表 5-4：在「Standardized RMR」的視窗中，由於參數估計有問題，故無法呈現 Standardized RMR 的數值，顯示此模式是有問題的。

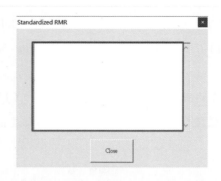

圖 9-39　數學態度量表雙因素分析模式之驗證性因素分析 AMOS 統計報表

(三) 數學態度量表雙因素分析模式之驗證性因素分析統計結果呈現

　　根據圖 9-39 的報表 4-1 與報表 4-2 可知，數學態度量表雙因素分析模式在參數估計上，出現不合理的數值，顯示此模式未獲得實證資料支持，故停止後續的分析。

　　綜合上述對數學態度量表所進行的單向度因素分析模式、一階四相關因素分析模式、二階因素分析模式與雙因素分析模式等四種驗證性因素分析結果。由於雙因素分析模式出現不合理的參數估計結果，顯示數學態度量表雙因素分析模式未能獲得實證資料的支持。

　　茲將數學態度量表所進行的單向度因素分析模式、一階四相關因素分析模式與二階因素分析模式等三種驗證性因素分析結果的模式整體適配指標，統整成表 9-27。由表 9-27 可知，一階四相關因素分析模式與二階因素分析模式等兩種驗證性因素分析，是能獲得實徵資料支持的適切驗證性因素分析模式。

表 9-27

數學態度量表三種因素分析模式之整體適配指標的適配情形

模式	$\chi^2(p)$	χ^2/df	SRMR	CFI	TLI	RMSEA
單向度因素分析模式	939.467 ($p<.001$)	4.971	.111	.625	.583	.128
一階四相關因素分析模式	276.006 ($p<.001$)	1.508	.065	.954	.947	.046
二階因素分析模式	292.885 ($p<.001$)	1.583	.074	.946	.939	.049
優良適配評判標準	$p>.05$	<2	$<.05$	$>.95$	$>.95$	$<.05$
良好適配評判標準	$p>.05$	<3	$<.08$	$>.90$	$>.90$	$<.08$

註：優良與良好適配評判標準是採用表 9-3 的評判標準。

10

呈現完整的量表資料

壹、「呈現完整的量表資料」之理論基礎

貳、「呈現完整的量表資料」之實例分析

一份量表的編製，經過前面幾章所介紹的信效度考驗後，若確定量表具有不錯的信效度，則最後工作便是將整個量表編製的資料，完整呈現出來。底下將分別介紹「呈現完整的量表資料」之理論基礎，以及「呈現完整的量表資料」之實例分析兩個部分。

壹、「呈現完整的量表資料」之理論基礎

編製好的量表，可能會成為別人使用的現成量表，故有必要將量表編製的相關資料，完整呈現出來，有利於別人在挑選該量表時的參考。量表資料的呈現，可根據量表編製的理論依據、量表的效度考驗結果、量表的信度考驗結果，以及量表編製的正式題目與適用對象等部分，逐一說明量表的相關資料。

一、呈現量表編製的理論依據

在呈現量表編製的理論依據部分，主要需說明量表編製的理論依據、清楚界定量表每個向度所包含的意涵、量表所採用的型態，以及試題編擬的題數等。

量表題目的編寫，通常是根據某種理論或是某位學者的主張。而清楚說明量表編製的理論依據，能讓量表使用者清楚此量表是根據何種理論編製的。若量表編製目的是為碩博士學位論文時，則在碩博士論文第二章文獻探討，應清楚說明研究者所編製的量表，是以文獻探討中哪種理論或哪位學者的主張為參考依據。

社會科學的研究，同一個構念可能因不同學派或不同學者的主張，而有不同的意涵。為了讓量表使用者清楚量表每個構念的確切意涵，量表編製者應清楚界定每個構念的意涵。

量表有許多不同的答題型態，例如：Likert scale、Thurstone scale、Guttman scale、Semantic differential scale。一般而言，對受試者意見、態度、情意的調查，常採用李克特量表型態。量表編製者應清楚說明採用何種答題型態，以及選用該種答題型態的理由。

量表題目如何產生？初擬題目參考哪些資料？編幾道初擬題目？等這些問題也都應清楚呈現。初擬題目的數量，可參考第 3 章的建議：若屬標準化量表的編製，初擬試題數量，可選擇定稿試題的 3 至 4 倍；若編製量表用於學位論文的研究，則初擬試題數量可為定稿試題的 1.5 至 2 倍。

二、呈現量表的效度考驗結果

在量表效度考驗結果呈現方面，主要包括專家審題的內容效度、項目分析結果、探索性因素分析結果，以及驗證性因素分析結果等。

量表通常是藉由專家審題方式，確保具適切的內容效度。在呈現內容效度考驗時，應說明聘請幾位專家、專家對量表所提的建議、量表編製者對專家建議的採納情形。

在呈現項目分析結果時，應先說明量表預試資料，包括預試樣本選取方式、樣本抽樣數量、預試施測所花時間。在項目分析結果呈現上，建議呈現採用哪些項目分析的評鑑指標，以及這些評鑑指標的判斷標準。

在探索性因素分析結果呈現上，建議說明進行探索性因素分析的樣本人數、採用何種統計軟體與何種版本、KMO 與 Bartlett 球形檢定的數據、萃取因素的方法、決定因素個數的方法、未轉軸前的特徵值大小與解釋變異量百分比、轉軸平方和負荷量與解釋變異量百分比、因素轉軸的方法、決定題目歸屬因素的標準、因素負荷量或樣式係數與結構係數、因素的命名等。

在驗證性因素分析結果呈現上，建議說明進行驗證性因素分析的樣本人數、採用何種統計軟體與何種版本、因素分析的理論模式（最好同時呈現因素分析的路徑圖）、資料是否符合常態分配假定、遺漏值處理方法、採用的參數估計方法、初步適配效標評判結果、整體模式適配評判結果、模式內在結構適配評判結果、修正後的模式、組合信度與平均變異數抽取量等。

三、呈現量表信度考驗結果

在量表信度考驗結果呈現方面，若採用李克特量表型態時，主要是呈現內部一致性 α 係數與其 95% 的信賴區間。但使用 α 係數時，量表的資料需要滿足「單一向度」、「本質的 tau 等值模式」與「誤差項之間沒有相關」等三項基本假定，才適合採用 α 係數。而量表的資料，常不容易滿足「本質的 tau 等值模式」基本假定，故對於量表的信度考驗，除了採用 α 係數之外，建議也應該同時呈現 ω 係數。

一般而言，一份量表的信度係數若高於 .80 以上，即具良好信度；一份量表信度係數最好不要低於 .70；但當分量表的題數只有 3 至 5 題時，則信度 .60 至 .69 也是可接受的。

四、說明量表正式題目與適用對象

　　量表編製的歷程,從構念的理論依據,編擬足夠數量題目,經過信效度考驗後,確定了最後定稿的正式題目。在說明正式題目時,應清楚說明預試題目的題號與正式題目的題號,兩者之間的關聯性。

　　每份量表都有其設定的研究母群體,故量表便有其適用對象,量表編製者應清楚說明量表適用對象,如此可作為量表使用者,在挑選量表時的參考。

　　綜合上述討論,量表編製完成後,應清楚呈現量表編製的理論依據、量表的預試、量表效度考驗、量表信度考驗,以及量表編製的正式題目與適用對象等部分,以協助量表使用者在挑選量表時的參考。

貳、「呈現完整的量表資料」之實例分析

　　茲以前面幾章所介紹的「數學態度量表」編製為例,說明如何呈現完整的量表資料,底下將分成量表編製的理論依據、量表的預試、量表效度考驗、量表信度考驗,以及量表編製的正式題目與適用對象等部分,說明數學態度量表的呈現方式。

一、編製數學態度量表的理論依據

　　數學態度是指個人對數學的一般性觀感、看法、喜歡或厭惡的程度(譚寧君、涂金堂,2000),對於數學態度的測量,較常採用自陳量表的方式。Fennema 與 Sherman(1976) 所編製的數學態度量表(Fennema-Sherman Mathematics Attitude Scales) 是最常被使用的數學態度量表,該量表包含「對數學成功的態度量表」、「數學是男生領域量表」、「父親對數學興趣量表」、「母親對數學興趣量表」、「教師對數學興趣量表」、「數學學習信心量表」、「數學焦慮量表」、「數學學習動機量表」與「數學實用性量表」等九個分量表,共108 道題目,九個分量表可單獨使用,也可合併幾個分量表使用(九個分量表的名稱引自 Tapia & Marsh, 2004)。

　　雖然 Fennema-Sherman Mathematics Attitude Scales 有九個分量表,但有些分量表與學生的數學態度並沒有直接關聯性,Chamberlin(2010)即認為直接與學生數學態度較相關的只有「對數學成功的態度量表」、「數學學習動機量表」、「數學焦慮量表」與「數學實用性量表」等四個分量表。國內探討國小學童數學態度的數學態度量表,魏麗敏(1988)選用 Fennema-Sherman Mathematics

Attitude Scales 九個分量表的中「學習數學的信心」、「對數學成功的態度」、「數學為男生領域」、「數學探究動機」與「數學有用性」等五個分量表。曹宗萍與周文忠（1998）則挑選「學習數學的信心」、「數學有用性」、「數學探究動機」、「對數學成功的態度」、「重要他人的數學態度」與「數學焦慮」等六個分量表。

筆者認為 Fennema-Sherman Mathematics Attitude Scales 九個分量表，與學生數學態度有直接關聯性的分量表是「數學學習信心量表」、「數學學習動機量表」、「數學焦慮量表」與「數學實用性量表」等四個分量表，故選用這四個分量表來探討國小學生的數學態度。每個分量表內涵界定如下：

(一) **數學學習信心**：指學生對自己學習數學的能力與表現，所持的信心程度。

(二) **數學學習動機**：指學生學習數學時，所展現出投入、堅持的意願與傾向。

(三) **數學焦慮**：指學生接觸數學時，所引發不安、緊張、害怕等情緒反應。

(四) **數學的實用性**：指學生認定數學對其有何實用價值的看法。

由於態度的測量，採用李克特量表較為合適，故數學態度量表以李克特五點量表型態，五點量表分別為「非常不同意」、「不同意」、「不確定」、「同意」與「非常同意」。

正向題的記分，勾選「非常不同意」選項為 1 分、勾選「不同意」選項為 2 分、勾選「不確定」選項為 3 分、勾選「同意」選項為 4 分與勾選「非常同意」選項為 5 分。

反向題的記分，則恰好與正向題相反，亦即勾選「非常不同意」選項為 5 分、勾選「不同意」選項為 4 分、勾選「不確定」選項為 3 分、勾選「同意」選項為 2 分與勾選「非常同意」選項為 1 分。

題目的編擬，除根據每個向度的內涵實際編寫外，也參考高石城（1999）、曹宗萍與周文忠（1998）、魏麗敏（1988）等人所編製的數學態度量表題目。四個分量表在編擬試題時，每個分量表擬定編製 10 道題目，總共編擬的題目為 40 題。其中「數學學習信心」包含 8 道正向題與 2 道反向題；「數學學習動機」包含 9 道正向題與 1 道反向題；「數學焦慮」包含 3 道正向題與 7 道反向題；「數學的實用性」包含 6 道正向題與 4 道反向題，四個向度的正向題與反向題分布，如表 10-1 所示。

表 10-1

數學態度量表每個向度題目的分布情形

向度	題號	總題數
數學學習信心	1, 2, 3, 4(r), 5(r), 6, 7, 8, 9, 10	10
數學學習動機	11, 12(r), 13, 14, 15, 16, 17, 18, 19, 20	10
數學焦慮	21(r), 22(r), 23, 24, 25(r), 26, 27(r), 28(r), 29(r), 30(r)	10
數學的實用性	31, 32(r), 33, 34, 35, 36(r), 37(r), 38, 39, 40(r)	10

註：r 表示反向題。

二、數學態度量表效度考驗結果

　　有關量表效度考驗，主要分成專家審題、項目分析、探索性因素分析統計結果，以及驗證性因素分析統計結果等四個部分來呈現。

(一) 專家審題的結果呈現

　　數學態度量表的審閱工作，聘請 8 位專家學者，包括 2 位學術專長為數學教育的大學教授、1 位學術專長為教育心理學的大學教授、1 位學術專長為測驗編製的大學教授、2 位國教輔導團數學科老師，以及 2 位資深國小高年級數學教師。

　　經過 8 位專家審題後，根據專家提供的修正建議，刪除「數學學習信心」分量表的第 3、6 與 10 等三題；刪除「數學學習動機」分量表的第 3 與 8 等兩題；刪除「數學焦慮」分量表的第 3 與 10 等兩題；刪除「數學的實用性」分量表的第 2、7 與 9 等三題。四個分量表總共刪除 10 題，讓原本 40 題數學態度量表，變成 30 道題目。在剩下 30 道題目中，有 13 道題目根據專家建議，進行局部修改，題目的刪除、保留或修正之相關資料，如表 10-2 所示。

表 10-2

專家審題後的題目修正結果

向度	初擬的 40 道數學態度量表題目	經專家修正後的 30 道題目
數學學習信心	1. 我覺得我的數學和班上其他同學比起來還不錯。	1. 我覺得我的數學能力和班上其他同學相比，還算不錯（修改）。
	2. 只要真正瞭解數學課本的內容，我就可以把數學學好。	2. 只要真正瞭解數學課本的內容，我就可以把數學學好（保留原題目）。
	3. 我覺得要將數學學好不是一件困難的事。	刪此題。
	4. 我沒有信心學好數學。	3. 我很有信心可以把數學學好（修改）。
	5. 我認為數學是一門困難的科目。	4. 我認為數學是一門困難的科目（保留原題目）。
	6. 我覺得數學很簡單。	刪此題。

表 10-2

（續）

向度	初擬的 40 道數學態度量表題目	經專家修正後的 30 道題目
數學學習信心	7. 只要上課用心學習，我就可以瞭解老師所教的內容。	5. 只要上課用心學習，我就可以瞭解老師所教的內容（保留原題目）。
	8. 老師出的數學題目，我大部分都能算出來。	6. 老師出的數學題目，我大部分都能算出來（保留原題目）。
	9. 只要努力，我就可以把數學考好。	7. 只要肯努力，我就可以把數學考好（修改）。
	10. 只要多做一些練習題目，我就可以更加瞭解數學課本的內容。	刪此題。
數學學習動機	1. 我自己會想把數學學好。	8. 我自己很想把數學學好（修改）。
	2. 遇到不會算的數學題目，我就會放棄，不再去想它。	9. 遇到不會算的數學題目，我就會放棄，不再去想它（保留原題目）。
	3. 不必人家提醒，我就會自己主動算數學。	刪此題。
	4. 把數學學好，會讓我成為同學羨慕的對象。	10. 把數學學好，會讓我成為同學羨慕的對象（保留原題目）。
	5. 算出正確的數學答案，會讓我很有成就感。	11. 算出正確的數學答案，會讓我很有成就感（保留原題目）。
	6. 如果我的數學成績沒有達到我的理想標準時，我會更用功。	12. 數學成績沒有達到我的目標時，我會更用功（修改）。
	7. 因為師長們常常鼓勵我，所以我會想多做數學。	13. 我會因師長的鼓勵，而想多做一些數學題目（修改）。
	8. 除了老師指定的數學作業以外，我還會主動找其他題目練習。	刪此題。
	9. 我會事先預習老師要教的內容。	14. 我會事先預習老師要教的內容（保留原題目）。
	10. 我會複習老師今天所教的內容。	15. 我會複習老師今天所教的內容（保留原題目）。
數學焦慮	1. 上數學課時，我很怕老師問我問題。	16. 上數學課時，我很怕老師問我問題（保留原題目）。
	2. 我很害怕上數學課。	17. 我很害怕上數學課（保留原題目）。
	3. 我不會怕數學。	刪此題。
	4. 上數學課時，我不會緊張。	18. 上數學課時，我不會緊張（保留原題目）。
	5. 需要用到數學時，我會很緊張。	19. 需要用到數學時，我會很緊張（保留原題目）。
	6. 我認為數學不難，沒什麼好怕的。	20. 我認為數學不難，沒什麼好怕的（保留原題目）。
	7. 當我看到數學題目時，就覺得不舒服。	21. 當我看到數學題目時，就覺得不舒服（保留原題目）。
	8. 想到要考數學，我就會很焦慮。	22. 想到要考數學，我就會很焦慮（保留原題目）。
	9. 碰到和數學有關的問題時，我會感到很頭痛。	23. 碰到和數學有關的問題時，我就會很頭痛（修改）。
	10. 數學問題解不出來時，我會覺得很厭煩。	刪此題。

表 10-2

（續）

向度	初擬的 40 道數學態度量表題目	經專家修正後的 30 道題目
數學的實用性	1. 把數學學好，以後找工作比較容易。	24. 把數學學好，以後比較容易找到好工作（修改）。
	2. 學數學除了考試之外，對我幫助不大。	刪此題。
	3. 學數學讓我的思考更敏銳。	25. 學數學讓我的思考更敏銳（保留原題目）。
	4. 學數學對我日常生活幫助很大。	26. 學數學對我的日常生活幫助很大（修改）。
	5. 把數學學好，可以讓我以後讀比較好的學校。	27. 學好數學可以讓我以後讀比較好的學校（修改）。
	6. 我覺得學數學，很浪費時間。	28. 我覺得學數學很浪費時間（修改）。
	7. 我覺得長大以後，用到數學的機會不多。	刪此題。
	8. 我覺得學數學，可以讓我更聰明。	29. 我覺得學數學可以讓我更聰明（修改）。
	9. 學好數學有助於解決遭遇的困難。	刪此題。
	10. 數學一點用也沒有。	30. 我覺得數學一點用也沒有（修改）。

　　將表 10-2 最後定稿 30 道題目，與初擬 40 道題目相比較，整理成表 10-3 數學態度量表初擬試題與預試試題的對照表。由表 10-3 可知，「數學學習信心」分量表初擬 10 道試題，經專家意見修改成 7 道題目；「數學學習動機」分量表初擬 10 道試題，經專家意見修改成 8 道題目；「數學焦慮」分量表初擬 10 道試題，經專家意見修改成 8 道題目；「數學的實用性」分量表初擬 10 道試題，經專家意見修改成 7 道題目。初擬 40 道題目中，包含 26 道正向題與 14 道反向題，而進行預試的 30 道題目中，則包含 19 道正向題與 11 道反向題。

表 10-3

40 道初擬試題與 30 道預試試題的對照表

總量表	分量表	初擬試題題號	預試問卷題號	預試題數
數學態度總量表	數學學習信心	1	1	7
		2	2	
		3	刪除	
		4(r)	3(r)	
		5(r)	4(r)	
		6	刪除	
		7	5	
		8	6	
		9	7	
		10	刪除	

（續）

總量表	分量表	初擬試題題號	預試問卷題號	預試題數
數學態度總量表	數學學習動機	1	8	8
		12(r)	9(r)	
		13	刪除	
		14	10	
		15	11	
		16	12	
		17	13	
		18	刪除	
		19	14	
		20	15	
	數學焦慮	21(r)	16(r)	8
		22(r)	17(r)	
		23	刪除	
		24	18	
		25(r)	19(r)	
		26	20	
		27(r)	21(r)	
		28(r)	22(r)	
		29(r)	23(r)	
		30(r)	刪除	
	數學的實用性	31	24	7
		32(r)	刪除	
		33	25	
		34	26	
		35	27	
		36(r)	28(r)	
		37(r)	刪除	
		38	29	
		39	刪除	
		40(r)	30(r)	

註：r表示反向題。

(二) 項目分析結果呈現

數學態度量表的預試樣本抽樣，是採分層叢集抽樣方式，從高雄縣市未合併前之原高雄市十一個行政區的五年級學生，挑選 13 個五年級班級（大型學校抽 6 個班級，中型學校抽 5 個班級，小型學校抽 2 個班級），總共抽取樣本為 418 位，

扣除填答不完全的無效樣本 14 位，預試有效樣本共 404 位。由於數學態度量表的預試樣本，同時用來進行探索性因素分析與驗證性因素分析，而驗證性因素分析所需的樣本人數要高於探索性因素分析，故決定將 404 位受試者，隨機選取 150 位受試者先進行探索性因素分析，其餘 254 位受試者進行驗證性因素分析。

進行數學態度量表的項目分析，同時考量「遺漏值的百分比」、「題目的平均數」、「題目的變異數」、「題目的偏態係數」、「題目的高低分組獨立樣本 t 考驗」、「修正後題目與總分之相關」與「刪除該題後的 α 係數」等七項指標，而這七項指標以「題目的高低分組獨立樣本 t 考驗」與「修正後題目與總分相關」這兩項，是較具代表性的評判指標。

故決定兩種刪題標準：第一，當「題目的高低分組獨立樣本 t 考驗」與「修正後題目與總分之相關」這兩項評判指標只要有一項不良指標時，則將該題視為不良題目。第二，當「題目的高低分組獨立樣本 t 考驗」與「修正後題目與總分相關」這兩項評判指標皆符合優良的標準，但其他 5 個評判指標有 4 項以上不符合優良指標，也將該題視為不良題目。

根據上述兩個刪題的標準，預試題目總共有 30 題，決定刪除第 9 題與第 18 題後，最後保留 28 題。30 道題目的項目分析統計結果，如表 10-4 所示。

表 10-4

項目分析的統計結果

題號	題目內容	遺漏值的百分比	題目的平均數	題目的變異數	題目的偏態係數	題目的高低分組獨立樣本 t 考驗	修正後題目與總分之相關	刪除該題後的 α 係數	不良指標數量	題目評判結果
1	我覺得我的數學能力和班上其他同學相比，還算不錯。	0.00%	3.84	1.67	-0.93	9.05***	.58	.925	0	保留
2	只要真正瞭解數學課本的內容，我就可以把數學學好。	1.33%	3.29	1.26	-0.24	10.73***	.64	.924	0	保留
3	我很有信心可以把數學學好。	1.33%	3.54	1.57	-0.42	8.98***	.60	.924	0	保留
4	我認為數學是一門困難的科目。	0.00%	3.89	1.61	-0.91	10.40***	.65	.924	0	保留
5	只要上課用心學習，我就可以瞭解老師所教的內容。	1.33%	3.84	1.46	-0.77	7.87***	.56	.925	0	保留
6	老師出的數學題目，我大部分都能算出來。	0.00%	3.58	1.63	-0.54	7.96***	.55	.925	0	保留
7	只要肯努力，我就可以把數學考好。	0.00%	4.04	1.17	-0.99	9.80***	.60	.925	0	保留
8	我自己很想把數學學好。	0.00%	3.53	1.20	-0.38	6.46***	.45	.926	0	保留

表 10-4

（續）

題號	題目內容	遺漏值的百分比	題目的平均數	題目的變異數	題目的偏態係數	題目的高低分組獨立本樣本 t 考驗	修正題後的題目與總分相關	刪除該題後的 α 係數	不良指標數量	題目評判結果
9	遇到不會算的數學題目，我就會放棄，不再去想它。	0.67%	2.99	1.11	-0.06	2.61*	**.09**	**.930**	**2**	刪題
10	把數學學好，會讓我成為同學羨慕的對象。	0.00%	3.25	1.19	-0.14	7.50***	.47	.926	0	保留
11	算出正確的數學答案，會讓我很有成就感。	0.00%	3.79	1.15	-0.66	10.30***	.60	.925	0	保留
12	數學成績沒有達到我的目標時，我會更用功。	0.67%	2.96	1.27	-0.18	6.96***	.51	.926	0	保留
13	我會因師長的鼓勵，而想多做一些數學題目。	0.00%	4.09	1.29	**-1.30**	8.77***	.52	.925	1	保留
14	我會事先預習老師要教的內容。	0.00%	3.21	1.39	-0.11	7.33***	.48	.926	0	保留
15	我會複習老師今天所教的內容。	0.00%	2.81	1.40	0.15	5.98***	.48	.926	0	保留
16	上數學課時，我很怕老師問我問題。	0.00%	3.87	1.28	-0.88	6.18***	.46	.926	0	保留
17	我很害怕上數學課。	0.00%	3.81	1.25	-0.76	5.12***	.36	.927	0	保留
18	上數學課時，我不會緊張。	0.00%	3.97	1.16	**-1.01**	3.74***	**.26**	.928	**2**	刪題
19	需要用到數學時，我會很緊張。	0.00%	3.75	1.31	-0.53	6.29***	.48	.926	0	保留
20	我認為數學不難，沒什麼好怕的。	0.00%	3.93	1.36	-0.99	7.89***	.56	.925	0	保留
21	當我看到數學題目時，就覺得不舒服。	0.00%	3.81	1.37	-0.67	12.64***	.71	.923	0	保留
22	想到要考數學，我就會很焦慮。	1.33%	3.86	1.35	-0.86	5.97***	.46	.926	0	保留
23	碰到和數學有關的問題時，我就會很頭痛。	0.00%	4.05	**.99**	-0.95	8.85***	.70	.923	**1**	保留
24	把數學學好，以後比較容易找到好工作。	0.00%	3.21	1.08	0.03	6.82***	.57	.925	0	保留
25	學數學讓我的思考更敏銳。	0.00%	2.84	1.42	0.10	9.95***	.69	.923	0	保留
26	學數學對我的日常生活幫助很大。	0.00%	3.50	1.38	-0.38	11.75***	.68	.923	0	保留
27	學好數學可以讓我以後讀比較好的學校。	0.67%	4.07	**0.88**	**-1.09**	5.74***	.38	.927	**2**	保留
28	我覺得學數學很浪費時間。	0.00%	3.10	1.12	-0.10	7.53***	.54	.925	0	保留
29	我覺得學數學可以讓我更聰明。	0.67%	3.30	1.81	-0.31	6.83***	.55	.925	0	保留
30	我覺得數學一點用也沒有。	0.00%	3.52	1.82	-0.48	7.58***	.59	.925	0	保留

註：不良指標的參考依據如下：遺漏值的百分比高於 10%；平均數高於 4.5 或低於 1.5；變異數低於 1；偏態係數高於絕對值 1；高低分組獨立樣本 t 考驗的顯著性高於 .05；修正後的題目與總分相關低於 .3；刪除該題的 α 係數提高。30 道題目 α 係數為 .928。

$*p < .05$ $**p < .01$ $***p < .001$

(三) 探索性因素分析統計結果呈現

數學態度量表預試 30 道題目，經過項目分析後，刪除 2 道不良的題目（第 9 題與第 18 題），接著以 28 題進行探索性因素分析。

探索性因素分析的進行，採用的統計軟體為 SPSS 21.0，樣本人數 150 人。在進行探索性因素分析的過程中，先採用主成分分析法的因素抽取方法，獲得每個成分的特徵值大小，再透過平行分析法與陡坡圖的因素個數決定方法，決定抽取 4 個因素。

其次，採用指定 4 個因素的因素分析，配合主軸因子法的因素抽取方法，以及最大變異法的直交轉軸法，結果發現第 2 題與第 30 題所歸屬的向度不符合原先的構念；第 7 題、第 13 題與第 20 題這三題同時歸屬兩個構念；第 8 題與第 27 題無法歸屬某個構念，故刪除了第 2 題、第 7 題、第 8 題、第 13 題、第 20 題、第 27 題與第 30 題等 7 題，重新進行 21 道題目的探索性因素分析。

以 21 道題目進行的探索性因素分析，採用主軸因子法的因素抽取方法，配合直接斜交法的斜交轉軸方法。探索性因素分析統計結果的 KMO 值為 .886 符合 Kaiser（1974）建議的 KMO 判斷標準的「不錯」，代表資料適合進行因素分析。而 Bartlett 球形檢定的近似卡方分配為 1447.211，自由度為 210，顯著性 $p < .001$，顯示 21 道題目所形成的積差相關矩陣不是單元矩陣，故適合進行因素分析。

未轉軸的最大的四個特徵值分別為 7.80、2.18、1.51 與 1.39。第 1 個特徵值可解釋總變異量的 37.13%，第 2 個特徵值可解釋總變異量的 10.37%，第 3 個特徵值可解釋總變異量的 7.20%，第 4 個特徵值可解釋總變異量的 6.61%，前 4 個特徵值合計可以解釋總變異量的 61.317%。

由於採用 Promax 法的斜交轉軸方式，因素之間是有相關的，因而無法單純估算每個因素可解釋的總變異量，故只呈現轉軸後的平方和負荷量，這 4 個因素的「平方和負荷量」大小，分別為 5.367、4.820、5.408 與 5.158。

有關各因素的樣式係數與結構係數，以及因素命名，可參考表 10-5 所示。由表 10-5 可知，因素一命名為「數學學習信心」、因素二命名為「數學焦慮」、因素三命名為「數學的實用性」、因素四命名為「數學學習動機」。

表 10-5

數學態度量表各分量表的樣式係數與結構係數

因素命名	題目	因素一 樣式係數（結構係數）	因素二 樣式係數（結構係數）	因素三 樣式係數（結構係數）	因素四 樣式係數（結構係數）
數學學習信心	a1	**.63(.71)**	-.06(.30)	.21**(.50)**	-.02**(.42)**
	a3	**.77(.78)**	-.06(.29)	-.01**(.41)**	.06**(.46)**
	a4	**.99(.92)**	.06(.38)	-.10**(.41)**	-.07**(.45)**
	a5	**.66(.70)**	-.03(.29)	.10**(.43)**	.00**(.41)**
	a6	**.68(.71)**	.00(.32)	.05**(.41)**	.02**(.42)**
數學學習動機	a10	-.04(.27)	.19(.39)	-.03(.31)	**.44(.50)**
	a11	.09**(.44)**	.12**(.45)**	-.04**(.42)**	**.59(.68)**
	a12	.05**(.41)**	-.16(.27)	-.09(.36)	**.85(.74)**
	a14	-.06(.31)	-.02(.31)	.12**(.41)**	**.56(.59)**
	a15	-.06(.32)	-.07(.30)	.11**(.42)**	**.64(.64)**
數學焦慮	a16	-.02(.25)	**.54(.58)**	.29**(.45)**	-.19(.26)
	a17	-.31(.04)	**.64(.60)**	.20(.35)	-.03(.25)
	a19	.08(.29)	**.78(.70)**	-.17(.26)	-.04(.31)
	a21	.20**(.52)**	**.55(.73)**	-.02**(.49)**	.20**(.59)**
	a22	.06(.29)	**.81(.73)**	-.18(.27)	-.02(.34)
	a23	-.01**(.41)**	**.60 (.77)**	.17**(.57)**	.14**(.56)**
數學的實用性	a24	.18**(.46)**	.06(.40)	**.59(.66)**	-.10(.39)
	a25	.11**(.52)**	.01**(.46)**	**.68(.79)**	.09**(.55)**
	a26	.10**(.52)**	.08**(.51)**	**.50(.73)**	.21**(.61)**
	a28	-.15(.32)	-.06(.38)	**.88(.81)**	.07**(.48)**
	a29	.25**(.50)**	-.07(.32)	**.61(.66)**	-.08(.39)
未轉軸特徵值		7.80	2.18	1.51	1.39
未轉軸解釋變異量		37.13%	10.37%	7.20%	6.61%
未轉軸總解釋變異量		61.317%			
轉軸後平方和負荷量		5.37	4.82	5.41	5.16

註：樣式係數或結構係數大於 .40 的以粗體字呈現。

(四) 驗證性因素分析統計結果呈現

　　驗證性因素分析的進行，是以第 7 章探索性因素分析獲得的統計結果，作為驗證性因素分析模式的依據。

　　以 254 位受試者作為進行驗證性因素分析的樣本，但 254 位受試者中，由於遺漏值只有 11 位，故決定採刪除這 11 位受試者的遺漏值處理方式。最後實際進行驗證性因素分析的受試者為 243 位，並採用 Amos 21.0 作為驗證性因素分析的統計軟體。

　　首先以第 7 章數學態度量表之探索性因素分析獲得的 21 道題目進行驗證性因素分析，數學態度量表包含 4 個分量表，其中「數學學習信心」包含 a1、a3、a4、a5 與 a6 等 5 題；「數學學習動機」包含 a10、a11、a12、a14 與 a15 等 5 題；「數學焦慮」包含 a16、a17、a19、a21、a22 與 a23 等 6 題；「數學的實用性」包含 a24、a25、a26、a28 與 a29 等 5 題。

　　針對 21 題所進行的第一階四個相關因素數學態度量表之驗證性因素分析，採用最大概似法作為參數估計方法。統計結果顯示資料符合單變量常態分配的假定，且在適配情形方面，初步適配、整體適配與內在結構適配情形都屬於良好。就聚斂效度而言，在題目信度、組合信度與平均變異數抽取量等方面，可由表 10-6 清楚得知，21 道題目數學態度量表一階四相關因素之驗證性因素分析，具有良好的聚斂效度。

表 10-6

數學態度量表一階四相關因素分析模式之聚斂效度的評判指標

因素	題目	因素負荷量	題目信度	組合信度	平均變異數抽取量
F1	a1	.699	.488		
	a3	.813	.661		
	a4	.849	.721	.863	.560
	a5	.672	.451		
	a6	.692	.478		
F2	a10	.703	.494		
	a11	.701	.492		
	a12	.641	.411	.837	.508
	a14	.778	.605		
	a15	.733	.537		

表 10-6

（續）

因素	題目	因素負荷量	題目信度	組合信度	平均變異數抽取量
F3	a16	.569	.324	.816	.430
	a17	.706	.498		
	a19	.833	.694		
	a21	.595	.354		
	a22	.571	.326		
	a23	.620	.384		
F4	a24	.699	.488	.805	.461
	a25	.769	.592		
	a26	.432	.186		
	a28	.788	.622		
	a29	.646	.418		

　　就區辨效度而言，由表 10-7 可知，四個因素 F1 至 F4 的平均變異數抽取量，皆高於其他兩兩因素的積差相關係數平方，顯示數學態度量表一階四個相關因素分析模式具有良好的區辨效度。

表 10-7

數學態度量表一階四相關因素分析模式之驗證性因素分析區辨效度的評判指標

因素	F1	F2	F3	F4
F1	.560			
F2	.408	.508		
F3	.187	.250	.431	
F4	.086	.203	.278	.461

註：主對角線呈現每個因素的平均變異數抽取量；矩陣下三角形則呈現各個因素之間的積差相關係數平方。

　　綜合上述的初步適配、整體適配與內在結構適配等三種驗證性因素分析模式適配的評估，可知數學態度量表一階四相關因素分析模式是獲得支持的。

　　而針對 21 題數學態度量表所進行的二階因素分析模式之驗證性因素分析，同樣採用最大概似法作為參數估計的方法。統計結果顯示資料符合單變量常態分配的假定，且在適配情形方面，初步適配、整體適配與內在結構適配情形都屬於良好。

　　就聚斂效度而言，在題目信度、組合信度與平均變異數抽取量等方面，可由表 10-8 清楚得知，數學態度量表二階因素分析模式之驗證性因素分析，具有良好的聚斂效度。

表 10-8

數學態度量表二階因素分析模式的二階因素之聚斂效度評判指標

二階因素	一階因素	因素負荷量	一階因素信度	組合信度	平均變異數抽取量
數學態度	F1	.704	.495	.784	.482
	F2	.843	.710		
	F3	.645	.416		
	F4	.553	.305		

　　由於數學態度量表一階四相關因素分析模式之驗證性因素分析模式獲得支持，而數學態度量表二階因素分析模式之驗證性因素分析模式也獲得支持，茲將兩個模式的整體適配情形考驗結果，統整成表 10-9。

表 10-9

數學態度量表兩種因素分析模式之整體適配指標的適配情形

模式	$\chi^2(p)$	χ^2/df	SRMR	CFI	TLI	RMSEA
一階四相關因素分析模式	276.006 ($p < .001$)	1.508	.065	.954	.947	.046
二階因素分析模式	292.885 ($p < .001$)	1.583	.074	.946	.939	.049
優良適配評判標準	$p > .05$	< 2	< .05	> .95	> .95	< .05
良好適配評判標準	$p > .05$	< 3	< .08	> .90	> .90	< .08

註：優良與良好適配評判標準是採用表 9-3 的評判標準。

　　由表 10-9 就整體指標的適配情形而言，一階四相關因素分析模式與二階因素分析模式，這兩個模式的整體適配情形皆顯示良好，各項的整體適配指標數值也都很接近。而組合信度與平均變異數抽取量而言，兩個模式的數值也很接近。顯示數學態度量表一階四相關因素分析模式與二階因素分析模式，皆能獲得實徵資料的支持。

三、數學態度量表信度考驗結果

　　由於數學態度量表的效度考驗，先進行探索性因素分析，再進行驗證性因素分析，故數學態度量表的信度考驗，也分成以探索性因素分析資料與以驗證性因素分析資料兩個部分進行。

　　以探索性因素分析 150 位受試者答題資料，所進行的數學態度總量表與各分量表之 α 係數、分層 α 係數，以及 ω 係數，如表 10-10 所示。

　　由表 10-10 可知，數學態度總量表的信度，以分層 α 係數考驗結果為 .93，顯示數學態度總量表具有適切的信度。數學態度 4 個分量表，透過 α 係數的考驗，4 個分量表的信度介於 .76 至 .87；透過 ω 係數的考驗，4 個分量表的信度介於 .77 至 .87。由於 4 個分量表的信度，除了「數學學習動機」分量表未高於 .80（但高於至少 .70 的標準），其他 3 個分量表的信度皆高於 .80，顯示數學態度量表的 4 個分量表皆具有適切的信度。

表 10-10

數學態度量表各分量表與總量表的信度估算結果

變項	題數	α 係數	95% 信賴區間		ω 係數	分層 α 係數
			下界	上界		
數學學習信心	5	.87	.83	.90	.87	
數學學習動機	5	.76	.70	.82	.77	
數學焦慮	6	.83	.79	.87	.84	
數學的實用性	5	.85	.81	.89	.85	
測驗總分	21					.93

　　而以驗證性因素分析的 243 位受試者答題資料，所進行的數學態度總量表與各分量表的信度分析結果，如表 10-11 所示。由表 10-11 可知，在題目信度部分，除了 a26 這題的題目信度未高於至少 .25 的標準，其他題目皆高於至少 .25 的標準；而 4 個因素的組合信度皆高於 .70，顯示數學態度量表一階四相關因素分析模式具有良好的信度。

表 10-11

數學態度量表一階四相關因素分析模式之驗證性因素分析的信度考驗結果

因素	題目	題目信度	組合信度
	a1	.488	
	a3	.661	
F1	a4	.721	.863
	a5	.451	
	a6	.478	

表 10-11

（續）

因素	題目	題目信度	組合信度
F2	a10	.494	.837
	a11	.492	
	a12	.411	
	a14	.605	
	a15	.537	
F3	a16	.324	.816
	a17	.498	
	a19	.694	
	a21	.354	
	a22	.326	
	a23	.384	
F4	a24	.488	.805
	a25	.592	
	a26	.186	
	a28	.622	
	a29	.418	

綜合上述表 10-10 與表 10-11 的信度分析結果可知，不論是採用探索性因素分析的資料或驗證性因素分析的資料，兩種資料皆顯示數學態度總量表與各分量表具有良好的信度。

四、數學態度量表的正式題目與適用對象

綜合上述數學態度量表編製的理論基礎、效度考驗、信度考驗可知，數學態度量表具有良好的信效度，其適用對象為高雄市國小五年級的學童，其最後正式的題目有 20 題，如表 10-12 所示。

表 10-12

20 題正式問卷題號與 30 題預試問卷題號的對照表

總量表	分量表	正式問卷題號	預試問卷題號	預試題數
		1	1	
		2(r)	3(r)	
	數學學習信心	3	4	5
		4	5	
		5	6	
		6	10	
		7	11	
	數學學習動機	8	12	5
		9	14	
數學態度總量表		10	15	
		11(r)	16(r)	
		12(r)	17(r)	
	數學焦慮	13(r)	19(r)	6
		14(r)	21(r)	
		15(r)	22(r)	
		16(r)	23(r)	
		17	24	
	數學的實用性	18	25	4
		19(r)	28(r)	
		20	29	

註：r 表示反向題。

　　由表 10-12 可知，「數學學習信心」分量表正式題目有 5 題；「數學學習動機」分量表正式題目有 5 題；「數學焦慮」分量表正式題目有 6 題；「數學的實用性」分量表正式題目有 4 題。在所有 20 道正式題目中，包含 12 道正向題與 8 道反向題。數學態度量表的正式型態，如圖 10-1 所示。

數學學習狀態調查表

親愛的小朋友：

下面的問題只是想要知道你對數學的感覺。這不是考試，也不會計算分數。每個題目也沒有標準答案，只要按照你自己的想法回答就可以了。每一題都要填寫，填寫完畢之後，請仔細檢查是否有漏答的題目！最後祝各位小朋友

學業進步

〇〇〇〇大學〇〇系
指導教授：〇〇〇博士
研究生：〇〇〇敬上
中華民國〇〇年〇〇月

_____國小五年____班____號　姓名：_____　性別：□男　□女

	非常不同意	不同意	不確定	同意	非常同意
1. 我覺得我的數學能力和班上其他同學相比，還算不錯。………	□	□	□	□	□
2. 我很有信心可以把數學學好。……………………………………	□	□	□	□	□
3. 我認為數學是一門困難的科目。…………………………………	□	□	□	□	□
4. 只要上課用心學習，我可以瞭解老師所教的內容。…………	□	□	□	□	□
5. 老師出的數學題目，我大部分都能算出來。…………………	□	□	□	□	□
6. 把數學學好，會讓我成為同學羨慕的對象。…………………	□	□	□	□	□
7. 算出正確的數學答案，會讓我很有成就感。…………………	□	□	□	□	□
8. 數學成績**沒有**達到我的目標時，我會更用功。……………	□	□	□	□	□
9. 我會事先預習老師要教的內容。…………………………………	□	□	□	□	□
10. 我會複習老師今天所教的內容。………………………………	□	□	□	□	□
11. 上數學課時，我很怕老師問我問題。…………………………	□	□	□	□	□
12. 我很害怕上數學課。……………………………………………	□	□	□	□	□
13. 需要用到數學時，我會很緊張。………………………………	□	□	□	□	□
14. 當我看到數學題目時，就覺得**不舒服**。……………………	□	□	□	□	□
15. 想到要考數學，我就會很焦慮。………………………………	□	□	□	□	□
16. 碰到和數學有關的問題時，我會感到很頭痛。………………	□	□	□	□	□
17. 把數學學好，以後比較容易找到好工作。……………………	□	□	□	□	□

	非常不同意	不同意	不確定	同意	非常同意
18. 學數學對我的日常生活幫助很大。⋯⋯⋯⋯⋯⋯⋯⋯	□	□	□	□	□
19. 我覺得學數學很浪費時間。⋯⋯⋯⋯⋯⋯⋯⋯⋯⋯	□	□	□	□	□
20. 我覺得學數學可以讓我更聰明。⋯⋯⋯⋯⋯⋯⋯⋯	□	□	□	□	□

圖 10-1　數學態度量表的正式版本

參考書目

方雅雯（2010）。**高雄市國中教師正向心理與情緒管理關係之研究**（未出版之碩士論文）。國立高雄師範大學。

吳明隆（2010）。**結構方程模式：AMOS 的操作與應用**。五南。

吳明隆（2011）。**SPSS 操作與應用：問卷統計分析實務**。五南。

吳蕙如（2008）。**國小高年級學生數學知識信念、數學學習動機與數學學業成就之研究**（未出版之碩士論文）。國立高雄師範大學。

涂金堂（2023a）。**SPSS 與量化研究**（第四版）。五南。

涂金堂（2023b）。**學習評量：評量理論與素養的實踐**。三民。

高石城（1999）。**數學新課程對學生數學解題能力與數學態度影響之研究**（未出版之碩士論文）。國立台南師範學院。

康雅芳（2007）。**國小五年級學童認知風格、數學態度與數學解題表現之關係研究**（未出版之碩士論文）。國立高雄師範大學。

曹宗萍、周文忠（1998）。國小數學態度量表編製之研究。**八十七學年度教育學術研討會論文集**（1211–1246 頁）。臺北市立師範學院。

劉盈利（2010）。**國小高年級學生認知風格、自我調整學習策略與學業成就關係之研究**（未出版之碩士論文）。國立高雄師範大學。

蔡旻凌（2011）。**高雄市國小高年級學童樂觀信念與挫折容忍力之相關研究**（未出版之碩士論文）。高雄師範大學。

魏麗敏（1988）。**國小學生數學焦慮、數學態度與數學成就之關係暨數學學習團體諮商之效果研究**（未出版之碩士論文）。國立臺灣師範大學。

譚寧君、涂金堂（2000）。**國小數學實驗班與非實驗班學生數學學習成效之比較研究**。國立台北師範學院學報，13，397–434。

Anastasi, A. (1988). *Psychological testing.* Macmillan.

Arias, V. B., Ponce, F. P., & Núñez, D. E. (2018). Bifactor models of attention-deficit/hyperactivity disorder (ADHD): An evaluation of three necessary but underused psychometric indexes. *Assessment, 25*(7), 885–897. https://doi.org/10.1177/1073191116679260.

Bagozzi, R, P., & Yi, Y. (1988). On the evaluation of structural equation models. *Journal of the Academy of Marketing Science, 16*, 74–94. https://doi.org/10.1007/BF02723327

Bernstein, I. H., & Teng, G. (1989). Factoring items and factoring scales are different: Spurious evidence for multidimensionality due to item categorization. *Psychological Bulletin*, *105*(3), 467–477. https://doi.org/10.1037/0033-2909.105.3.467

Blunch, N. J. (2008). *Introduction to structural equation modelling using SPSS and AMOS*. Sage.

Bollen, K. A. (1989). *Structural equations with latent variables*. Wiley.

Bradburn, N. M., Sudman, S., & Wansink, B. (2004). *Asking questions: The definitive guide to questionnaire design*. Jossey–Bass.

Brown, T. A. (2006). *Confirmatory factor analysis for applied research*. Guilford.

Browne, M. W. (2001). An overview of analytic rotation in exploratory factor analysis. *Multivariate Behavioral Research*, *36*(1), 111–150. https://doi.org/10.1207/S15327906MBR3601_05

Bryant, F. B., & Yarnold, P. R. (1995). Principal components analysis and exploratory and confirmatory factor analysis. In L. G. Grimm & R. R. Yarnold (Eds.), *Reading and understanding multivariate statistics* (pp. 99–136). American Psychological Association.

Byrne, B. M. (1996). *Measuring self-concept across the life span: Issues and instrumentation*. American Psychological Association.

Byrne, B. M. (2001). *Structural equation modeling with AMOS: Basic concepts, applications, and programming*. Lawrence Erlbaum.

Carpenter, S. (2018). Ten steps in scale development and reporting: A guide for researchers. *Communication Methods and Measures*, *12*(1), 25–44. https://doi.org/10.1080/19312458.2017.1396583

Chamberlin, S. A. (2010). A review of Instruments Created to Assess Affect in Mathematics. *Journal of Mathematics Education*, *3*, 167–182.

Chen, F. F., West, S. G., & Sousa, K. H. (2006). A comparison of bifactor and second-order models of quality of life. *Multivariate Behavioral Research*, *41*, 189–225.

Child, D. (2006). *The essentials of factor analysis* (3rd ed.). Continuum.

Clark, L. A., & Watson, D. (1995). Constructing validity: Basic issues in objective scale development. *Psychological Assessment*, *7*(3), 309–319. https://doi.org/10.1037/1040-3590.7.3.309

Collier, J. E. (2020). *Applied structural equation modeling using AMOS: Basic to advanced techniques*. Routledge.

Colton, D., & Covert, R.W. (2007). *Designing and constructing instruments for social research and evaluation*. John Wiley & Sons.

Comrey, A. L., & Lee, H. B. (1992). *A first course in factor analysis* (2nd ed.). Lawrence Erlbaum.

Conway, J. M., & Huffcutt, A. I. (2003). A review and evaluation of exploratory factor analysis practices in organizational research. *Organizational Research Methods, 6*(2), 147–168. https://doi.org/10.1177/1094428103251541

Costello, A. B., & Osborne, J. W. (2005). Best practices in exploratory factor analysis: four recommendations for getting the most from your analysis. *Practical Assessment, Research and Evaluation, 10*, 1–9.

Crocker, L., & Algina, J. (1986). *Introduction to classical and modern test theory*. Holt, Rinehart, and Winston.

Cronbach, L. J. (1951). Coefficient alpha and the internal structure of tests. *Psychometrika, 16*, 297–334. https://doi.org/10.1007/BF02310555

Cronbach, L. J., Schönemann, P., & McKie, D. (1965). Alpha coefficients for stratified-parallel tests. *Educational and Psychological Measurement, 25*(2), 291–312. https://doi.org/10.1177/001316446502500201

Czaja, R., & Blair, J. (2005). *Designing surveys: A guide to decisions and procedures* (2nd ed). Pine Forge Press.

Dawis, R. V. (1987). Scale construction. *Journal of Counseling Psychology, 34*(4), 481–489. https://doi.org/10.1037/0022-0167.34.4.481

DeVellis, R. F. (2003). *Scale development: Theory and application*. (2nd ed.). Sage.

Dillman, D.A., Smyth, J.D., & Christian, L.M. (2009). *Internet, mail, and mixed-mode surveys: The tailored design method*. John Wiley & Sons.

Dunn, T. J., Baguley, T., & Brunsden, V. (2014). From alpha (α) to omega: A practical solution to the pervasive problem of internal consistency estimation. The British *Journal of Psychology, 105*(3), 399–412. https://doi.org/10.1111/bjop.12046

Dunn, K. J., & McCray, G. (2020). The place of the bifactor model in confirmatory factor analysis investigations into construct dimensionality in language testing. *Frontiers in Psychology, 11*, article 1357, 1-16. https://doi.org/10.3389/fpsyg.2020.01357

Dunteman, G. H. (1994). Principal component analysis. In M. S. Lewis-Beck(Ed.), *Factor analysis and related techniques* (pp. 157–245). Sage.

Enzmann, D. (1997). RanEigen: a program to determine the parallel analysis criterion for the number of principal components. *Applied Psychological Measurement*, *21*(3), 232. https://doi.org/10.1177/014662169702130003

Fabrigar, L. R., Wegener, D. T., MacCallum, R. C., & Strahan, E. J. (1999). Evaluating the use of exploratory factor analysis in psychological research. *Psychological Methods*, *4*(3), 272–299. https://doi.org/10.1037/1082-989X.4.3.272

Fan, X., & Thompson, B. (2001). Confidence intervals about score reliability coefficients, please: An EPM guidelines editorial. *Educational and Psychological Measurement*, *61*(4), 517–531. https://doi.org/10.1177/00131640121971365

Flora, D. B. (2020). Your coefficient alpha is probably wrong, but which coefficient omega is right? A tutorial on using R to obtain better reliability estimates. *Advances in Methods and Practices in Psychological Science*, *3*, 484–501. https://doi.org/10.1177/2515245920951747

Floyd, F. J. & Widaman, K. F. (1995). Factor analysis in the development and refinement of clinical assessment instruments. *Psychological Assessment*, *7*(3), 286–299. https://doi.org/10.1037/1040-3590.7.3.286

Ford, J. K., MacCallum, R. C., & Tait, M. (1986). The application of exploratory factor analysis in applied psychology: A critical review and analysis. *Personnel Psychology*, *39*(2), 291–314. https://doi.org/10.1111/j.1744-6570.1986.tb00583.x

Fornell, C., & Larcker, D. F. (1981). Evaluating structural equation models with unobservable variables and measurement error. *Journal of Marketing Research*, *18*(1), 39–50.

Foster, J., Barkus, E., & Yavorsky, C. (2006). *Understanding and using advanced statistics*. Sage.

Frankfort-Nachmias, C., & Nachmias, D. (2000). *Research methods in the social sciences* (6th ed.). Worth Publishers.

Gana, K., & Broc, G. (2019). *Structural equation modeling with lavaan*. John Wiley & Sons.

Gignac, G. E. (2016). The higher-order model imposes a proportionality constraint: That is why the bifactor model tends to fit better. *Intelligence*, *55*, 57–68. https://doi.org/10.1016/j.intell.2016.01.006

Goodboy, A. K., & Martin, M. M. (2020). Omega over alpha for reliability estimation of unidimensional communication measures. *Annals of the International Communication Association, 44*(4), 422–439. https://doi.org/10.1080/23808985.2020.1846135

Gorsuch, R. L. (1983). *Factor analysis* (2nd ed). Lawrence Erlbaum.

Gorsuch, R. L. (1990). Common factor-analysis versus component analysis - some well and little known facts. *Multivariate Behavioral Research, 25*(1), 33–39. https://doi.org/10.1207/s15327906mbr2501_3

Gorsuch, R. L. (1997). Exploratory factor analysis: Its role in item analysis. *Journal of Personality Assessment, 68*(3), 532–560. https://doi.org/10.1207/s15327752jpa6803_5

Guadagnoli, E., & Velicer, W. F. (1988). Relation of sample size to the stability of component patterns. *Psychological Bulletin, 103*(2), 265–275. https://doi.org/10.1037/0033-2909.103.2.265

Gustafsson, J., & Balke, G. (1993). General and specific abilities as predictors of school achievement. *Multivariate Behavioral Research, 28*(4), 407–434. https://doi.org/10.1207/s15327906mbr2804_2

Guttman, L. (1945). A basis for analyzing test-retest reliability. *Psychometrika, 10*, 255–282. https://doi.org/10.1007/BF02288892

Hair, J., Black, W., Babin, B., Anderson, R., & Tatham, R. (2006). *Multivariate data analysis* (6th ed.). Pearson.

Hair, J., Black, W., Babin, B., & Anderson, R. (2010). *Multivariate data analysis: A global perspective* (7th ed.). Pearson.

Hancock, G. R., & Mueller, R. O. (2001). Rethinking construct reliability within latent variable systems. In R. Cudeck, S. H. C. du Toit & D. Sörbom (Eds.), *Structural equation modeling: Past and present. A Festschrift in honor of Karl G.* Jörestog (pp. 195–261). Scientific Software International.

Harrington, D. (2009). *Confirmatory factor analysis*. Oxford University Press.

Harvey, R. J., Billings, R. S., & Nilan, K. J. (1985). Confirmatory factor analysis of the Job Diagnostic Survey: Good news and bad news. *Journal of Applied Psychology, 70*(3), 461–468. https://doi.org/10.1037/0021-9010.70.3.461

Hayton, J.C., Allen, D.G. & Scarpello,V. (2004). Factor retention decisions in exploratory factor analysis: A tutorial on parallel analysis. *Organizational Research Methods*, *7*(2), 191–205. https://doi.org/10.1177/1094428104263675

Henson, R. K., & Roberts, J. K. (2006). Use of exploratory factor analysis in published research: Common errors and some comment on improved practice. *Educational and Psychological Measurement*, *66*(3), 393–416. https://doi.org/10.1177/0013164405282485

Hinkin, T. R. (1998). A brief tutorial on the development ofmeasures for use in survey questionnaires. *Organizational Research Methods*, *1*(1), 104–121. https://doi.org/10.1177/109442819800100106

Hoelter, J. (1983). The analysis of covariance structures: Goodness-of fit indices. *Sociological Methods and Research*, *11*(3), 325–344. https://doi.org/10.1177/0049124183011003003

Holzinger, K. J., & Swineford, F. (1937). The Bi-factor method. *Psychometrika*, *2*, 41–54. https://doi.org/10.1007/BF02287965

Horn, J. L. (1965). A rationale and test for the number of factors in factor analysis. *Psychometrika*, *30*, 179–185. https://doi.org/10.1007/BF02289447

Hoyle, R. H. (2000). Confirmatory factor analysis. In H. E. A. Tinsley & S. D. Brown (Eds.), *Handbook of applied multivariate statistics and mathematical modeling* (pp. 466–497). Academic Press.

Huck, S. W. (2008). *Reading statistics and research*. Pearson.

Humphreys, L. G., & Montanelli, R. G. (1975). An investigation of the parallel analysis criterion for determining the number of common factors. *Multivariate Behavioral Research*, *10*(2), 193–206. https://doi.org/10.1207/s15327906mbr1002_5

Jackson, D. (2003). Revisiting sample size and number of parameter estimates: Some support for the N:q hypothesis. *Structural Equation Modeling*, *10*(1), 128–141. https://doi.org/10.1207/S15328007SEM1001_6

Jackson, D. L., Gillaspy, J. A., & Purc-Stephenson, R. (2009). Reporting practices in confirmatory factor analysis: An overview and some recommendations. *Psychological Methods*, *14*, 6　23.

Jöreskog, K. G. (1969). A general approach to confirmatory maximum likelihood factor analysis. *Psychometrika*, *34*, 183–202. https://doi.org/10.1007/BF02289343

Jöreskog, K. G. (2007). Factor analysis and its extensions. In R. Cudeck & R. C. MacCallum (Eds.), *Factor analysis at 100: Historical developments and future directions* (pp. 47–77). Lawrence Erlbaum.

Kaiser, H. F. (1960). The application of electronic computers to factor analysis. *Educational and Psychological Measurement, 20*(1), 141–151. https://doi.org/10.1177/001316446002000116

Kaiser, H. F. (1974). An index of factorial simplicity. *Psychometrika, 39*(1), 31–36. https://doi.org/10.1007/BF02291575

Kamata, A., Turhan, A., & Darandari, E. (2003, April). *Estimating reliability for multidimensional composite scale scores*. Paper presented at the annual meeting of the American Educational Research Association, Chicago, IL.

Kline, R. B. (2016). *Principles and practice of structural equation modeling* (4th ed.). The Guilford Press.

Kuder, G. F., & Richardson, M. W. (1937). The theory of the estimation of test reliability. *Psychometrika, 2*(3), 151–161. https://doi.org/10.1007/BF02288391

Lattin, J. M., Carroll, J.D., & Green, P. E. (2003). *Analyzing multivariate data*. Brooks.

Lautenschlager, G. J. (1989). A comparison of alternatives to conducting Monte Carlo analyses for determining parallel analysis criteria. *Multivariate Behavioral Research, 24*(3), 365–395. https://doi.org/10.1207/s15327906mbr2403_6

Lautenschlager, G. J., Lance, C. E., & Flaherty, V. L. (1989). Parallel analysis criteria: Revised regression equations for estimating the latent roots of random data correlation matrices. *Educational and Psychological Measurement,* 49(2), 339–345. https://doi.org/10.1177/0013164489492006

Leandre, R., Fabrigar, L. R., & Wegener, D. T. (2012). *Exploratory factor analysis*. Oxford University Press.

Lester, P., & Bishop, L.K. (2000). *Handbook of tests and measurement in education and the social sciences*. The Scarecrow Press.

Liu, O. L., & Rijmen, F. (2008). A modified procedure for parallel analysis of ordered categorical data. *Behavior Research Methods, 40*, 556–562. https://doi.org/10.3758/BRM.40.2.556

Longman, R. S., Cota, A. A., Holden, R. R., & Fekken, G. C. (1989). A regression equation for the parallel analysis criterion in principal components analysis: Mean and 95th percentile eigenvalues. *Multivariate Behavioral Research, 24*(1), 59–69. https://doi.org/10.1207/s15327906mbr2401_4

McDonald, R. P. (1999). *Test theory: A unified treatment.* Lawrence Erlbaum.

McIver, J. P., & Carmines, E. G. (1981). *Unidimensional scaling.* Sage.

Morgan, G. B., Hodge, K. J.,Wells, K. E., & Watkins, M.W. (2015). Are Fit indices biased in favor of bi-factor models in cognitive ability research?: A comparison of fit in correlated factors, higher-order, and bi-factor models via Monte Carlo simulations. *Journal of Intelligence, 3*, 2–20.

Mulaik, S. A. (1990). Blurring the distinctions between component analysis and common factor-analysis. *Multivariate Behavioral Research, 25*(1), 53–59. https://doi.org/10.1207/s15327906mbr2501_6

Netemeyer, R.G., Bearden, W.O., & Sharma, S. (2003). *Scaling procedures: Issues and applications.* Sage.

Noar, S. M. (2003). The role of structural equation modeling in scale development. *Structural Equation Modeling, 10*(4), 622–647. https://doi.org/10.1207/S15328007SEM1004_8

Nunnally, J. C. (1978). *Psychometric theory.* McGraw-Hill.

Nunnally, J. C., & Bernstein, I. H. (1994). *Psychometric theory* (3rd ed.). McGraw-Hill.

O'Connor, B. P. (2000). SPSS and SAS programs for determining the number of components using parallel analysis and Velicer's MAP test. *Behavior Research Methods,Instruments, & Computers, 32*, 396–402. https://doi.org/10.3758/BF03200807

Onwuegbuzie, A. J., & Daniel, L. G. (2002). A framework for reporting and interpreting internal consistency reliability estimates. *Measurement and Evaluation in Counseling and Development, 35*(2), 89–103.

Osburn, H. G. (2000). Coefficient alpha and related internal consistency reliability coefficients. *Psychological Methods, 5*(3), 343–355. https://doi.org/10.1037/1082-989X.5.3.343

Peters, G. J. (2014). The alpha and the omega of scale reliability and validity: Why and how to abandon Cronbach's alpha and the route towards more comprehensive assessment of scale quality. *European Health Psychologist, 16*, 56–69. https://doi.org/10.31234/osf.io/h47f

Peterson, R. (2000). *Constructing effective questionnaires*. Sage.

Pett, M. A., Lackey, N. R., & Sullivan, J. J. (2003). *Making sense of factor analysis: The use of factor analysis for instrument development in health care research*. Sage.

Qualls, A. (1995). Estimating the reliability of a test containing multiple items formats. Applied *Measurement in Education, 8*(2), 111–120. https://doi.org/10.1207/s15324818ame0802_1

Rae, G. (2007). A note on using stratified alpha to estimate the composite reliability of a test composed of interrelated nonhomogeneous items. P*sychological Methods, 12*(2), 177–184. https://doi.org/10.1037/1082-989X.12.2.177

Raykov, T., & Widaman, K.F. (1995). Issues in applied structural equations modeling research. *Structural Equation Modeling, 2*(4), 289–318. https://doi.org/10.1080/10705519509540017

Reise, S. P., Scheines, R., Widaman, K. F., & Haviland, M. G. (2013). Multidimensionality and structural coefficient bias in structural equation modeling: A bifactor perspective. *Educational and Psychological Measurement, 73*(1), 5–26. https://doi.org/10.1177/0013164412449831

Reise, S. P., Waller, N. G., & Comrey, A. L. (2000). Factor analysis and scale revision. *Psychological Assessment, 12*(3), 287–297. https://doi.org/10.1037/1040-3590.12.3.287

Revelle, W. (1979). Hierarchical cluster analysis and the internal structure of tests. *Multivariate Behavioral Research, 14*, 57–74. https://doi.org/10.1207/s15327906mbr1401_4

Revelle, W. (2013). *Using R and the psych package to find ω*. https://personality-project.org/r/psych/HowTo/omega.tutorial/omega.html

Revelle, W., & Condon, D. M. (2019). Reliability from α to ω: A tutorial. *Psychological Assessment, 31*, 1395–1411. https://doi.org/10.1037/pas0000754

Revelle, W., & Zinbarg, R. E. (2009). Coefficients alpha, beta, omega, and the glb: Comments on sijtsma. *Psychometrika, 74*, 145–154. https://doi.org/10.1007/s11336-008-9102-z

Rodriguez, A., Reise, S. P., & Haviland, M. G. (2016a). Evaluating bifactor models: Calculating and interpreting statistical indices. *Psychological Methods, 21*, 137–150. https://doi.org/10.1037/met0000045

Rodriguez, A., Reise, S. P., & Haviland, M. G. (2016b). Applying bifactor statistical indices in the evaluation of psychological measures. *Journal of Personality Assessment, 98*, 223–237. https://doi.org/10.1080/00223891.2015.1089249

Robinson, M. A. (2018). Using multi-item psychometric scales for research and practice in human resource management. *Human Resource Management, 57*(3), 739–750. https://doi.org/10.1002/hrm.21852

Schonemann, P. H. (1990). Facts, fictions, and common-sense about factors and components. *Multivariate Behavioral Research, 25*(1), 47–51. https://doi.org/10.1207/s15327906mbr2501_5

Schriesheim, C. A. & Denisi, A. S. (1980). Item presentation as an influence on questionnaire validity: A field experiment. *Educational and Psychological Measurement, 40*(1), 175–182. https://doi.org/10.1177/001316448004000130

Schriesheim, C. A., Kopelman, R. E., & Solomon, E. (1989). The effect of grouped versus randomized questionnaire format on scale reliability and validity: A three-study investigation. *Educational and Psychological Measurement, 49*, 487–508. https://doi.org/10.1177/001316448904900301

Schumacker, R. E., & Lomax, R. G. (1996). *A beginner's guide to structural equation modeling.* Lawrence Erlbaum.

Smits, I. A., Timmerman, M. E., Barelds, D. P., & Meijer, R. R. (2014). The Dutch Symptom Checklist-90-Revised. *European Journal of Psychological Assessment, 31*, 263-271. https://doi.org/10.1027/1015-5759/a000233

Sparfeldt, J. R., Schilling, S. R., Rost, D. H., & Thiel, A. (2006). Blocked versus randomized format of questionnaires: A confirmatory multigroup analysis. *Educational and Psychological Measurement, 66*, 961–974. https://doi.org/10.1177/0013164405285906

Spector, P. (1992). S*ummated rating scale construction.* Sage.

Steiger, J. H. (1990). Some additional thoughts on components, factors, and factor indeterminacy. *Multivariate Behavioral Research, 25*(1), 41–45. https://doi.org/10.1207/s15327906mbr2501_4

Stevens, J. (2002). *Applied multivariate statistics for the social sciences* (4th ed.). Lawrence Erlbaum.

Streiner, D. L. & Norman, G. R. (2008). *Health measurement scales: A practical guide to their development and use* (4th ed.). Oxford University Press.

Tabachnick, B., & Fidell, L. (2007). *Using multivariate analysis* (5th ed.). Allyn & Bacon.

Tapia, M., & Marsh I, G. (2004). An instrument to measure mathematics attitudes. *Academic Exchange Quarterly*, *8*(2), 1–8.

Thompson, B., & Daniel, L. G. (1996). Factor analytic evidence for the construct validity of scores: A historical overview and some guidelines. *Educational and Psychological Measurement*, *56*, 197–208. https://doi.org/10.1177/0013164496056002001

Ullman, J. B. (2001). Structural equation modeling. In B. G. Tabachnick & L. S. Fidell (2001). *Using Multivariate Statistics* (4th ed, pp. 653–771). Allyn & Bacon.

Velicer, W. F., Eaton, C. A., & Fava, J. L. (2000). Construct explication through factor or component analysis: A review and evaluation of alternative procedures for determining the number of factors or components. In R. D. Goffin & E. Helmes (Eds.), *Problems and solutions in human assessment: Honoring Douglas N. Jackson at seventy*. Kluwer Academic.

Velicer, W. F., & Jackson, D. N. (1990). Component analysis versus common factor-analysis – some further observations. *Multivariate Behavioral Research*, *25*(1), 97–114. https://doi.org/10.1207/s15327906mbr2501_12

Watkins, M. W. (2017). The reliability of multidimensional neuropsychological measures: From alpha to omega. *The Clinical Neuropsychologist*, *31*, 1113–1126. https://doi.org/10.1080/13854046.2017.1317364

Woodhouse, B., & Jackson, P. H. (1977). Lower bounds for the reliability of the total score on a test composed of nonhomogeneous items: II: A search procedure to locate the greatest lower bound. *Psychometrika*, *42*, 579–591. https://doi.org/10.1007/BF02295980

Yang, Y., & Green. S. B. (2011). Coefficient alpha: A reliability coefficient for the 21st century? *Journal of Psychoeducational Assessment*, *29*, 377–392. https://doi.org/10.1177/0734282911406668

Yong, A. G., & Pearce, S. (2013). A beginner's guide to factor analysis focusing on exploratory factor analysis. *Tutorials in Quantitative Methods for Psychology*, *9*, 79–94. https://doi.org/10.20982/tqmp.09.2.p079

Zeller, R.A. (1997). Validity. In J.P. Keeves (Ed.), *Educational research, methodology, and measurement: An international handbook* (pp. 822-829). Pergamon.

Zhang, Z., & Yuan, K.-H. (2016). Robust coefficients alpha and omega and confidence intervals with outlying observations and missing data: Methods and software. *Educational and Psychological Measurement*, *76*(3), 387–411. https://doi.org/10.1177/0013164415594658

Zinbarg, R. E., Revelle, W., Yovel, I., & Li, W. (2005). Cronbach's α, Revelle's β and McDonald's ωH: Their relations with each other and two alternative conceptualizations of reliability. *Psychometrika*, *70*, 123–133. https://doi.org/10.1007/s11336-003-0974-7

Zwick, W. R., & Velicer, W. F. (1986). Factors influencing five rules for determining the number of components to retain. *Psychological Bulletin*, *99*, 432–442. https://doi.org/10.1037/0033-2909.99.3.432

國家圖書館出版品預行編目（CIP）資料

量表編製與SPSS/凃金堂著. -- 二版. --
臺北市　：　五南圖書出版股份有限公司，
2023.10
　　面；　公分
ISBN 978-626-366-691-7(平裝)

1.CST：統計套裝軟體 2.CST：統計分析

512.4　　　　　　　　　　112016758

1H75

量表編製與 SPSS

作　　　者：凃金堂
發 行 人：楊榮川
總 經 理：楊士清
總 編 輯：楊秀麗
主　　　編：侯家嵐
責任編輯：吳瑀芳
文字編輯：鐘秀雲
封面設計：陳亭瑋
出 版 者：五南圖書出版股份有限公司
地　　　址：106 臺北市大安區和平東路二段 339 號 4 樓
電　　　話：(02)2705-5066　傳　　　真：(02)2706-6100
網　　　址：https://www.wunan.com.tw
電子郵件：wunan@wunan.com.tw
劃撥帳號：01068953
戶　　　名：五南圖書出版股份有限公司
法律顧問：林勝安律師
出版日期：2012 年 4 月初版一刷
　　　　　　2023 年 3 月初版五刷
　　　　　　2023 年 10 月二版一刷

定　　　價：新臺幣 790 元

經典永恆・名著常在

五十週年的獻禮 —— 經典名著文庫

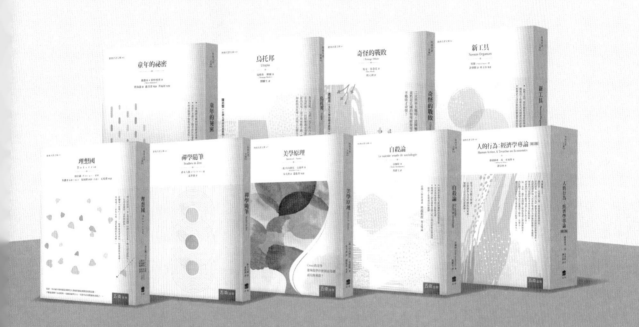

五南，五十年了，半個世紀，人生旅程的一大半，走過來了。

思索著，邁向百年的未來歷程，能為知識界、文化學術界作些什麼？

在速食文化的生態下，有什麼值得讓人雋永品味的？

歷代經典・當今名著，經過時間的洗禮，千錘百鍊，流傳至今，光芒耀人；

不僅使我們能領悟前人的智慧，同時也增深加廣我們思考的深度與視野。

我們決心投入巨資，有計畫的系統梳選，成立「經典名著文庫」，

希望收入古今中外思想性的、充滿睿智與獨見的經典、名著。

這是一項理想性的、永續性的巨大出版工程。

不在意讀者的眾寡，只考慮它的學術價值，力求完整展現先哲思想的軌跡；

為知識界開啟一片智慧之窗，營造一座百花綻放的世界文明公園，

任君遨遊、取菁吸蜜、嘉惠學子！